国家社科基金
后期资助项目
GUOJIA SHEKE JIJIN HOUQI ZIZHU XIANGMU

# 风险管理会计建构问题研究

## Research on the Construction of Risk Management Accounting

张友棠　著

中国财经出版传媒集团

经济科学出版社
Economic Science Press
·北　京·

# 国家社科基金后期资助项目
## 出版说明

后期资助项目是国家社科基金设立的一类重要项目，旨在鼓励广大社科研究者潜心治学，支持基础研究多出优秀成果。它是经过严格评审，从接近完成的科研成果中遴选立项的。为扩大后期资助项目的影响，更好地推动学术发展，促进成果转化，全国哲学社会科学工作办公室按照"统一设计、统一标识、统一版式、形成系列"的总体要求，组织出版国家社科基金后期资助项目成果。

全国哲学社会科学工作办公室

# 前　言

《全球管理会计原则》的发布是管理会计发展史上的重大事件。其最大亮点在于探寻管理会计对风险管理的作用路径，亦被全球会计学界公认为是管理会计体系建构的重大突破。

怎样探寻管理会计对风险管理的作用路径？中国政府在这一管理会计应用的挑战领域，实现了管理会计发展史上具有里程碑意义的突破。2016年正式颁发《管理会计基本指引》，2018年8月正式颁发《管理会计应用指引第700号——风险管理》和《管理会计应用指引第701号——风险矩阵》，这是新中国管理会计发展历史上第一个政府颁发的行业性实务指引。《管理会计应用指引第700号——风险管理》是中国政府在管理会计应用领域，第一次实现了管理会计和风险管理这两个学科领域的交叉融合，它必将催生出管理会计应用的全新领域——风险管理会计。

**为什么要建构"风险管理会计"呢？**

2022年3月16日，国务院金融稳定发展委员会召开专题会议，研究当前经济形势和资本市场问题。会议由中共中央政治局委员、国务院副总理、金融委主任刘鹤主持，有关部门负责同志参加会议。会议指出："关于房地产企业，要及时研究和提出有力有效的防范化解风险应对方案，提出向新发展模式转型的配套措施。……关于平台经济治理，有关部门要按照市场化、法治化、国际化的方针完善既定方案，坚持稳中求进，通过规范、透明、可预期的监管，稳妥推进并尽快完成大型平台公司整改工作，红灯、绿灯都要设置好，促进平台经济平稳健康发展，提高国际竞争力。"

怎样"提出有力有效的防范化解风险应对方案"呢？怎样把"红灯、绿灯都要设置好，促进平台经济平稳健康发展，提高国际竞争力"呢？这就必须探寻行业周期风险早期监测与企业风险早期预警的风险管控预案，因此，"风险管理会计"建构是摆在我们会计理论工作者面前的一项迫在眉睫的科研课题！

**怎样建构"风险管理会计"呢？**

"风险管理会计"建构正是在我国经济高质量发展和深入推进供给侧结构性改革背景下，探究行业"融资周期风险－经营周期风险－投资周期风险"的时间继起性、空间并存性和逻辑关联性的互动机理，探寻行业风险监测与企业风险预警的风险管控工具的必然选择！供给侧结构性改革中"三去一降一补"的互动机理、逻辑结构及其变动规律的研究是国民经济和社会发展中迫切需要解决的财经领域的关键科技问题之一，而"风险管理会计"创建的宗旨，正是在全球经济发展的不确定性愈来愈大，特别是在后"疫"时代，人们特别关注风险管理的精准施策、精准评估、精准计量的背景下，寻找的行业风险监测与企业风险预警关键路径的必然选择！

当前世界正处于百年未有之大变局。一方面，国际格局剧烈动荡，中美贸易摩擦不断升级，第四次工业革命方兴未艾，加之以5G、人工智能为代表的科学技术等蓬勃发展，经济发展的不确定性愈来愈大；另一方面，我国经济正处在数字经济转换的关键期，深化供给侧结构性改革、防范系统性风险已成为经济高质量发展的中国选择！

"去产能、去库存、去杠杆、降成本、补短板"是党的十九大报告中指出的供给侧结构性改革的五大任务。这五大任务的关键点是怎样寻找应对与化解行业"去杠杆风险－去库存风险－去产能风险"的关键实施路径。而对行业"去杠杆风险－去库存风险－去产能风险"这三者之间的波动要素、互动机理、逻辑关联及其变动规律的研究，本课题研究将其定义为"风险管理会计"建构的"三维"风险视角。

"三维"风险视角下每个"维度"的风险都涉及到两个层面：一是"外部环境风险层面"；二是"内部营运风险层面"。而人们更关注"外部环境风险层面"，更关注外部环境风险中的政策风险，尤其关注行业周期波动中政策拐点的风险，因此，风险管理会计研究的外部环境风险既涉及国民经济的宏观层面，又涉及行业发展的中观层面，本研究聚焦影响企业相关性最强的行业层面，研究行业"去杠杆风险－去库存风险－去产能风险"这"三维"周期风险变动规律，运用HP滤波等动态监测方法探建行业周期波动风险测度模型，重点探建行业周期波动的区域风险因子、政策风险因子与周期波动拐点识别模型。风险管理会计在行业层面的监测重点为：基于行业"三维"周期波动拐点识别的反映行业周期波动的区域风险因子、政策风险因子这一投资者最为关切的动态监测报告。

在"内部营运风险层面"，本研究将运用卡尔曼滤波等测度工具，探寻基于行业周期波动序列的企业资金链断裂阈值分割点的测度模型，基于行业"三维"风险周期波动监测模型，分别探建企业层面"三维"风险预警"临界值"：企业"经营泡沫风险－投资泡沫风险－融资泡沫风险"的预警"临界值"。

风险管理会计的"三维"风险演化始于"融资周期风险"，这是因为金融信贷扩张通常将引致商品库存增长和产能投资增长，进而演化为"融资周期－经营周期－投资周期"这样的行业"三维"周期波动。行业"三维"周期波动的关键驱动要素和传导路径如表0－1所示。

表0－1　　行业"融资风险—经营风险—投资风险"周期波动解析

| 周期阶段 | 驱动要素 | 行业"三维"周期波动传导路径 |
|---|---|---|
| 适配期→发展期→扩张期→去杠杆期→去库存期 | 去杠杆→去库存 | 信贷增长↑→商品需求↑→加库存↑→加杠杆↑→商品需求平稳→稳库存→稳杠杆→商品需求↓→降库存→降杠杆↓→债务压力↑→去杠杆↓→去库存↓ |
| 适配期→发展期→扩张期→去杠杆期→去产能期 | 去杠杆→去产能 | 信贷增长↑→产能需求↑→加产能↑→加杠杆↑→产能需求平稳→稳产能→稳杠杆→产能需求↓→降产能→降杠杆↓→债务压力↑→去杠杆↓→去产能↓ |

资料来源：根据瑞·达利欧著《债务周期》（中信出版社2019年3月出版）整理而得。

行业层面与企业层面的"三维"风险是具有相互传导的关联性特征的。现阶段，我国企业普遍存在过度扩张导致的"泡沫化"现象，具体呈现为库存积压、周转不灵导致的"经营泡沫风险"，产能过剩、资金无法回笼导致的"投资泡沫风险"和短贷长投、金融杠杆导致的"融资泡沫风险"。当企业"融资泡沫风险""经营泡沫风险""投资泡沫风险"这"三维"风险预警堆积或超过一个"阈值"即企业"三维"风险预警"临界值"范围时，则会多点触发行业层面的"融资风险""经营风险""投资风险"的行业"三维"风险，导致行业内企业大面积的"破产"和"死亡潮"等毁灭性打击。

风险管理会计作为管理会计的重要分支，它将为行业层面提供全面的风险监测思路，为企业层面提供风险预警方法。本研究以风险管理会计报表创建为逻辑起点，以行业"三维"周期拐点识别和企业"三维"风险预警临界值测度为逻辑支点，创建风险管理会计体系。本研究分为上、中、下三篇，对风险管理会计的体系建构进行系统阐述。

上篇为"基础篇"，包括第一章至第四章。以美国反虚假财务报告委员会下属的发起人委员会（COSO）制定的《与战略和绩效相结合的企业风险管理框架》（ERM-ISP 框架）和由英国风险管理研究所（Institute of Risk Management，IRM）制定的《风险管理框架》（ISO 31000）为"他山之石"，创新设计"风险管理资产负债表""风险管理现金流量表"，以及行业层面和企业层面的指标分析体系，创新设计行业"三维"周期风险监测方程式和企业"三维"风险预警方程式，以此探寻微观企业"三维"风险到中观行业"三维"周期风险的演化路径。具体如图 0 - 1 所示。

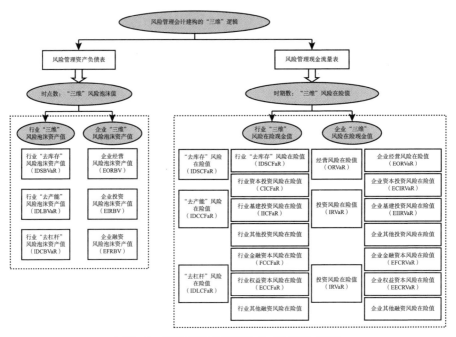

图 0 - 1  风险管理会计建构的"三维"逻辑

中篇为"行业篇"，包括第五章至第八章。以运用 STAR 模型进行行业"三维"周期风险波动的拐点（峰谷点）识别为关键点。为了揭示中国行业"去杠杆风险 - 去库存风险 - 去产能风险"的"三维"周期风险波动的区域差异及其来源，运用泰尔指数法测度行业"三维"周期风险波动区域因子。为了揭示中国行业"去杠杆风险 - 去库存风险 - 去产能风险"这"三维"周期风险波动的政策调控效应，利用干预分析模型测度行业"三维"周期风险波动政策因子。具体如图 0 - 2 所示。

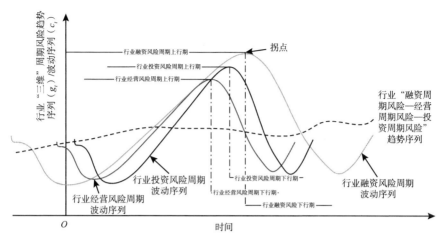

**图 0 - 2　行业"三维"周期风险波动**

注：行业"三维"周期风险时间序列分解公式：时间序列（$y_t$）= 趋势序列（$g_t$）+ 波动序列（$c_t$）。

下篇为"企业篇"，包括第九章至第十二章。以企业"三维"风险预警临界值测度为关键点。企业"三维"风险预警临界值具有"同步性""关联性""耦合性"三大特征。第一，同步性：行业"去杠杆风险 - 去库存风险 - 去产能风险"的"三维"周期风险的拐点与企业"三维"风险的预警临界值具有时间维度的同步性。第二，关联性：供给侧结构性改革背景下，一方面，行业"去杠杆风险 - 去库存风险 - 去产能风险""三维"风险周期具有波动拐点上的逻辑关联性，另一方面，行业"去杠杆风险 - 去库存风险 - 去产能风险"这"三维"周期风险与企业"三维"风险预警临界值具有风险传染上的逻辑关联性。第三，耦合性：行业"去杠杆风险 - 去库存风险 - 去产能风险"的"三维"周期风险的"上行期"和"下行期"与企业"三维"风险警临界值具有空间维度的耦合性。

本研究根据企业"三维"风险预警临界值测度结果，运用风险矩阵图技术，根据行业"融资周期风险 - 经营周期风险 - 投资周期风险"的"三维"周期风险阶段和企业"三维"风险警度结果，构建风险管理会计"三维"风险预警定位矩阵。正确选择风险管理会计工具可以精确且合理地计量与报告企业经营、投资、筹资活动的风险状况，科学制定行业化解"融资周期风险 - 经营周期风险 - 投资周期风险"的调控政策，最终实现产业结构的调整与企业资源配置的优化。

风险管理会计建构所涉及的问题可谓"千头万绪"，需要研究的命题和解决的问题可谓"千差万别"。本研究聚焦于风险管理会计建构的"三维"监测预警逻辑,着眼于行业"三维"周期拐点监测与企业动态预警定位探寻,本研究仅在于建构"风险管理会计"的抛砖引玉,仅在于引起理论界、实务界和政府相关部门对风险管理会计基本理论问题的重视与探讨,"待到山花烂漫时,它在丛中笑",我们坚信,风险管理会计研究的山花烂漫、繁花似锦的明天一定会到来!

*"风险管理会计建构问题研究"课题组*
*2022 年春于武汉·武昌·马房山*

# 目　　录

## 上篇　基础篇

## 中篇　行业篇

## 下篇　企业篇

上 篇

基 础 篇

# 第一章 风险管理会计建构的"三维"监测预警逻辑

《管理会计应用指引第 700 号——风险管理》是中国政府在管理会计应用领域,第一次实现管理会计和风险管理这两个学科领域的交叉融合,它催生出管理会计应用的全新领域——风险管理会计。

风险管理会计建构的"三维"预警逻辑图,如图 1 – 1 所示。

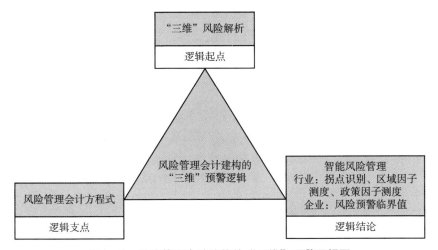

图 1 – 1 风险管理会计建构的"三维"预警逻辑图

## 第一节 风险管理会计建构是管理会计角色转变的必然选择

### 一、管理会计发展沿革

管理会计萌芽于 20 世纪初,顺应社会经济发展的客观需求,泰罗的科学管理理论应运而生，在后期的经济发展中得到了广泛应用。美国全国会计师协会下设管理会计实务委员会（Management Accounting Practice Committee，MAPC），1969 年发布了一系列《管理会计公告》，旨在为解决一系列管理会计问题提供指导，构建规范管理会计体系，1981 年发布《管理会计公告》中，将管理会计定义为：管理者提供关于企业内部规制、评估、控制以及保障资源合理使用和管理人员履行职责所需信息的收集、计量、整理、归集、分析、编报、解释和传递。从"过程会计"到"成本会计"，从"成本会计"到"管理会计"，再从企业成本管理到企业价值管理，科学管理理论不断进步发展，到 21 世纪，信息化和知识驱动经济时代到来，20 世纪 80 年代的管理会计过于专注经营问题，无法满足 21 世纪管理者的风险管理需求，顺应时代的发展，形成了综合性、集成性的会计子领域管理科学，集成性管理会计理论步入大众的视野。管理会计发展演进过程如图 1 - 2 所示。

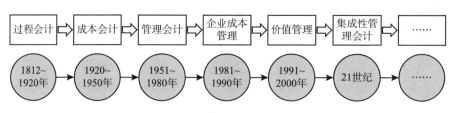

图 1 - 2　管理会计演进过程

**（一）过程会计**

过程会计是按照一定的会计制度或会计准则的要求所使用的一整套特定的会计方法和会计流程，是对企业经营过程中关于资金往来的过程记录。

**（二）成本会计**

成本会计是基于商品经济条件下，为求得产品的总成本和单位成本而核算全部生产成本和费用的会计活动。成本会计研究早期，劳伦斯（Lawrence，1949）对成本会计的定义是："成本会计就是应用普通会计的原理、原则，系统地记录某一工厂生产和销售产品时所发生的一切费用，并确认各种产品或服务的单位成本和总成本，以供工厂管理当局决定经济的、有效的和有利的产销政策时参考。"近现代会计学家杰·贝蒂（Batty，1997）定义为："成本会计是用来详细描述企业在预算和控制它的资源（指资产、设备、人员及所耗的各种材料和劳动）利用情况方面的原理、惯例、技术和制度的一种综合术语。"

### （三）管理会计

管理会计指以提高企业经济效益为目的，通过特定的技术方法，对原始财务会计资料及其他来源资料进行处理加工，为企业各级管理人员规划和控制日常发生的各项经济活动提供数据支持，辅助决策者做出恰当决策的一种信息处理技术。

### （四）企业成本管理

企业成本管理立足企业全局，综合企业内部结构和外部环境条件，寻求成本管理与企业整体战略相匹配。将成本管理贯穿企业战略管理整个循环过程之中，通过全面解析公司成本结构和成本行为，不断改善优化，提升企业竞争优势。

### （五）价值管理

价值管理是一种基于价值观念的企业管理方法（通常是指最大化股东价值）。根据企业的组织愿景，设定一系列符合企业远景和文化观念的价值信念，并以此指导公司员工的日常工作、一般的工作性质的执行或问题的解决。

### （六）集成性管理会计

企业是市场的主体，是行业构成的基本细胞。行业周期性波动对企业风险具有显著的传作用。真实商业周期理论①认为行业周期波动持续时间的长短往往由经济活动的性质决定。一些周期前后时间较短，例如，基钦周期，一般为2~4年；而其他的一些周期，其前后时间可能存续较长，例如，康德拉季耶夫周期，一般为40~60年。集成性管理会计是外部行业信息与内部企业信息的集成，是管理会计结合目前大数据、云平台等信息技术与企业内外部经营环境变化而发展的，是一种效率和效果并重的管理模式，它突出了一体化的整合思想，其核心就是强调运用集成化思想理念，综合企业外部行业环境和内部营商环境，多方因素协同考虑，为企业的经营管理行为提供指导。集成性管理会计不仅仅是一种技术手段，更是一种集成性管理的思想，是实现企业战略发展目标的重要基础。

---

① 真实商业周期理论，于2004年度获诺贝尔经济学奖。由挪威经济学家芬恩·E. 基德兰德（Finn E. Kydland）与美国经济学家爱德华·普雷斯科特（Edward Prescott）共同创建。

## 二、"风险管理会计"是"风险管理"与"管理会计"两大学术领域交叉融合发展的必然趋势

国际经济交流合作活动日益频繁，全球市场逐渐开放，随着信息技术的发展，资本市场呈现出了新的发展形势，企业不得不调整自身的经营管理控制体系，以适应外部信息的冲击，同时在管理控制层面上寻求突破，以增强其管理会计的风险管理功能①。一些公司缺乏对管理会计研究开发的动力，减少了企业对相关经验和交流传播，互相借鉴利用的可能性，从而企业竞争力下降。在此经营背景下，国际管理会计在传统管理会计框架体系的基础上，形成以战略决策为目标，以企业价值创造为重点，以风险管控为难点的管理会计应用领域的颠覆性变革。管理会计和风险管理之间的联系以及管理会计如何发挥对风险的有效监控与预警，进而为企业的战略决策提供依据，已成为管理会计的发展目标，因此，风险管理会计建构已成为管理会计发展的必然趋势。

近年来，也有很多学者在"风险管理"与"管理会计"领域的交叉融合，开启了卓有成效的研究。近年有关"风险管理"与"管理会计"领域交叉融合的研究进行梳理，如表1-1所示。

表1-1    "风险管理"与"管理会计"领域交叉融合研究梳理

| 研究组织及学者（时间） | 国内外相关研究的学术史梳理 |
| --- | --- |
| IMA 管理会计能力素质框架（2018） | IMA 管理会计能力素质框架将企业风险管理作为领域的一个专门能力类别，从业人员应当拥有用全面的组织战略计划和治理实施企业风险管理 |
| ISO 31000（2018） | ISO 31000 认为风险管理工作应该与组织的所有管理活动整合，称为任何管理经营活动的一部分。并强调了领导层在风险管理工作中的角色和职责 |
| COSO-ERM（2017） | COSO-ERM 将风险管理定义为组织实现价值增值的过程中，依据企业战略目标，对企业风险进行管理的能力、文化和实践过程。强调要将风险管理嵌入企业管理业务活动和核心价值链中 |
| Bento R F（2016） | Bento R F（2016）企业风险管理的核心是企业财务管理，在发掘两者之间联系的同时也要抓住风险给企业带来的超额收益，在有效控制风险的基础上实现企业的风险收益 |

---

① 风险管理功能概念由美国经济学家罗伯特·C. 莫顿（Robert C. Merton）提出，于1997年获诺贝尔奖。其代表作为《连续时间金融》《风险管理》。

| 研究组织及学者（时间） | 国内外相关研究的学术史梳理 |
| --- | --- |
| Frank Lupi, Xiaodong Chen, Jianguo Liu（2015） | Frank Lup 等（2015）提出风险管理实际上是公司如何积极选择适合自身的风险类型和水平，多数经营决策都是牺牲当前资源以换取未来的不确定性收益，并认为风险管理系统需要学术模型和研究与实际应用结合起来 |
| Ali Uyar, Cemil Kuzey（2017） | 在 2014 年走访调研 600 多家英国、法国的上市企业，深入调查发现建立内控制度的企业能更好地应对内外部环境变化发生的风险 |

以国际管理会计协会（International Management Accounting Association, IMAA）、英国风险管理研究所（British Institute of Risk Management, BIRM）为代表的国外研究机构和学者从不同维度开展了"风险管理"与"管理会计"领域交叉融合的相关研究，这些研究可谓"风险管理会计"发展的雏形。

同时，我国在管理会计领域也取得了丰硕的研究成果，特别是财政部于 2014 年发布的《关于全面推进管理会计体系建设的指导意见》更是极大地推动了我国管理会计事业的向前发展，国内相关学者对我国管理会计研究进行了梳理、总结和展望。

总体来看，国外对风险管理会计的研究也刚刚起步，我国政府部门正开始尝试制定规范化的管理会计指引，怎样依据《管理会计应用指引第700 号——风险管理》，在借鉴国际管理会计经验的基础上，创建具有中国特色的风险管理会计，是摆在我们面前一项极具挑战性的探索性课题。

### 三、风险管理会计建构是管理会计应用角色转变的必然结果

对管理会计与企业风险管理（enterprise risk management，ERM）的交叉融合研究已迫在眉睫。2008 年国际金融危机爆发后，国际会计准则委员会（International Accounting Standards Board，IASB）和美国财务会计准则委员会（Financial Accounting Standards Board，FASB）针对现行财务报表体系的改进联合发布了《财务报表列报初步意见》。美国反虚假财务报告委员会下属的发起人委员会（The Committee of Sponsoring Organizations of the Treadway Commission，COSO）和英国风险管理研究所 BIRM 等机构，展开了风险管理框架研究和标准制定。管理会计和风险管理相互补充和帮助企业决策是管理会计应用角色转变的必然结果。国外学者们也从不同角度开展对风险管理会计的研究。拉希德（Rasid）等研究了管理会计系统、

企业风险管理和组织绩效之间的联系。巴卢（Ballou）等将平衡计分卡与企业风险管理进行整合。卡尔孛和詹费利奇（Culasso and Gianfelici, 2016）等调查了管理会计师在风险管理中的角色以及管理会计师的角色演变。

**（一）IASB 与 FASB 联合概念框架项目评述**

2008 年国际金融危机爆发后，国际会计准则委员会（IASB）和美国财务会计准则委员会（FASB）联合发布《财务报表列报初步意见》，针对现行财务报表存在的诸多问题，分别从重要术语和财务报表列报格式两个方面提出改进意见。

1. 重要术语的定义

《财务报表列报初步意见》重新对企业业务活动进行界定，将其定义为创造价值的活动，主要包括经营活动、投资活动和融资活动三个部分。

经营部分：与实体业务活动核心目的相关的资产和负债。经营资产和经营负债的任何变动都应列示于综合收益表和现金流量表的经营部分。

投资部分：与实体业务活动核心目的无关的资产和负债。通过投资资产和负债，实体可通过与实体核心业务活动无关的方式，例如，利息、股利等方式取得回报。投资资产和投资负债的任何变动都应列示于综合收益表的投资类别和现金流量表的投资部分。

融资部分：指为实体的核心业务活动和其他活动筹措资金所形成的资产和负债。融资资产和融资负债的任何变动都应列示于综合收益表和现金流量表的相应融资类别。

2. 财务报表列报格式

（1）资产负债表。资产、负债、所有者权益分别按照经营活动、投资和融资进行归类，并根据其计量属性的不同分别列示，其中现金等价物应以类似"其他短期投资"方式列示，不得将其视为现金的组成部分。在财务状况表或附注中，对资产、负债合计数以及短期和长期资产、负债的合计数进行列示说明。

（2）现金流量表。取消"间接法"，采用直接法进行编制，这可以协助现金流量表使用者将经营性资产和负债、经营收入和费用与经营现金流入和流出联系起来。现金流量表中只列示现金的期初余额、本期变化额和期末余额。

**（二）COSO 的 ERM 框架评述**

COSO 于 2004 年首次发布了《企业风险管理集成框架》（ERM 框架）定义企业风险管理是由一个实体的董事会、管理层和其他人员实施的过程，应用于战略制定和整个企业，旨在识别可能影响该实体的潜在事件，并将风险控制在其风险偏好范围内，为实现实体目标提供合理保证。2017年 COSO 对 ERM 框架进行了修订，发布一个新的框架《与战略和绩效相结合的企业风险管理框架》，将企业风险管理定义为 5 个相互关联的部分，分别为"公司治理和企业文化""战略和目标设定""绩效""审查和修订""信息、沟通和报告"，具体如图 1-3 所示。

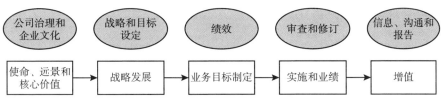

**图 1-3　COSO 的 ERM 框架**

1. 公司治理和企业文化

公司治理是企业实施风险管理的基础，是一个组织进行风险管理的基调，以此为基础，明确各部门监督责任划分；企业文化是企业道德价值观和行为期望的内在体现，是企业实施风险管理、提高内部控制管理水平的基础。

2. 战略和目标设定

企业风险管理的目标设定是站在战略规划的基础上，适应企业风险管理偏好而定，与企业战略目标保持一致。而企业业务目标的确定有助于确定企业风险管理的实施重点，并且对战略付诸实施提供指引。

3. 绩效

一个企业对风险的有效控制同样也是对风险绩效的追求，基于风险偏好的背景下，对风险等级的划分，同样对企业所产生的绩效也有所不同。因此企业基于对绩效目标差异，识别、评估可能会影响到企业战略实施和业务目标实现的风险。

4. 审查和修订

通过审查一个企业的实际绩效水平，企业管理者可以审查企业风险管理部门是否发挥其作用，其指定的风险管理方案是否合理，根据重大变化和需要确定现有风险管理方案需要进行哪些修订。

5. 信息、沟通和报告

企业的风险管理需要持续地获得企业外部行业环境和企业内部经营情

况信息的变化，需要对获取和共享的内部和外部的信息进行持续更新，并通过报告的形式在组织内部进行沟通。

### （三）BIRM 的 ISO 31000 框架评述

BIRM 于 2009 年发布了《风险管理框架》（ISO 31000）（见图 1-4），定义风险管理是"一个组织系统地处理其行为所附带的风险的过程，其目标是在每个活动及所有活动的组合中实现持续效益。"2018 年更新发布了ISO 31000 的修订版，并将风险管理过程定义为"风险评估、风险辨识、风险处理、风险分析"四个方面。

**图 1-4    BIRM 的 ISO 31000 框架**

1. 风险评估

从信息安全的角度出发，在风险发生之前，从风险关键点、造成的影响和预计会造成的损失三个方面进行量化评估，进而对企业制定战略风险管理提供建议。

2. 风险辨识

风险辨识应坚持全面系统地分析各种风险事件存在的风险因素及可能导致的其他问题，并详细了解其发生的概率以及损失程度，以便及时而清楚地为决策者提供比较完备的决策信息。

3. 风险处理

针对不同风险所呈现的结果和对企业造成的危害性质，通过风险预防、风险规避、风险分散、风险转嫁和风险抑制将其进行有效控制。

4. 风险分析

通过对风险评估、风险辨识和风险处理结果进行分析，以确定有关因素与决策之间的关联程度，了解给定条件下投资方案或生产经营方案对特定因素变动的敏感程度，为管理者做出正确决策提供支持。

在目前的市场竞争环境中，风险被定义为在未来有可能对企业战略、运营和财务目标的实现产生负面影响的不确定事件，所造成危险、损失、伤害等后果的可能性，是不确定对目标的影响，这个影响是现实与预期值的差异，会给企业带来危机，但也会给企业带来机遇。基于目前对企业风险的定义，风险管理会计建构模式的路径选择应合理审视风险对企业所带来的影响，消除风险对企业带来的损失，抓住为其带来的机遇，实现对企业风险的综合管理。因此，风险管理会计建构是管理会计应用角色转变的必然结果。

## 第二节 面向供给侧结构性改革的风险管理会计建构的理论探源

供给侧结构性改革的关键点就是探寻"去产能－去库存－去杠杆"这三者之间的波动要素、互动机理、逻辑关联及其变动规律，我们简称为风险管理会计的"三维"风险研究。

风险管理会计建构的"三维"逻辑前提，如图1－5所示。

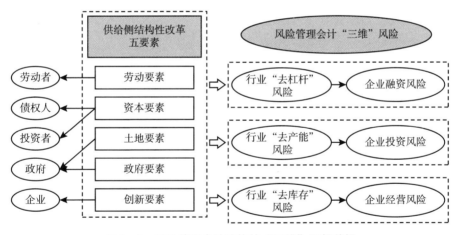

图1－5 风险管理会计建构的"三维"逻辑前提

### 一、面向供给侧结构性改革的风险管理会计建构的"三维"逻辑前提

供给侧结构性改革不是针对经济形势的临时性措施，而是面向全局的战略性部署。2015年11月10日，习近平总书记在中央财经领导小组第十一次会议上指出："在适度扩大总需求的同时，着力加强供给侧结构性改

革，着力提高供给体系质量和效率，增强经济持续增长动力"。① 供给侧结构性改革就是"要促进过剩产能有效化解，促进产业优化重组""要化解房地产库存，促进房地产业持续发展""要防范化解金融风险，加快形成资本功能完备、基础制度扎实、市场监管有效、投资者权益得到充分保护的股票市场"。因此，为了实现供给侧结构性改革的核心目标，在行业层面将"去杠杆、去库存、去产能"周期风险作为本次供给侧结构性改革的重点，并结合行业的周期管理对企业的"经营风险泡沫、投资风险泡沫、融资风险泡沫"进行管理。

供给侧结构性改革通过对企业价值创造模式进行变革，对管理会计在企业价值增值中的地位与作用产生诱导，从"价值增值""管理控制系统""信息支持系统"等方面对管理会计的内部结构产生冲击。

### 二、供给侧结构性改革对风险管理会计建构的影响分析

#### （一）供给侧结构性改革对风险管理会计"风险控制系统"的影响

供给侧结构性改革推动产业结构强化升级，风险管理会计的结构特征也随之发生改变。从管理会计价值管理的供给端入手，坚守创新驱动的价值链发展理念，紧紧把握住供给侧结构性改革浪潮积极转变观念，结合国家相关政策修改或完善自身管理会计制度体系，全面推进管理会计理论与方法体系在企业风险管理中的应用。

#### （二）供给侧结构性改革对风险管理会计"信息支持系统"的影响

传统的管理会计信息支持系统主要依赖于财务会计信息，信息来源形式单一，缺乏灵活性，以事后反馈信息为主，相关性较弱，以此为依据可能为企业经营活动造成严重的损失。在传统的管理会计预测过程中，过于关注眼前收益状况，多采用"推式"营销等管理方式，缺乏以体验理论为代表的"拉式"现代营销管理理念。为此，风险管理会计的信息支持系统需要与时俱进，与管理控制系统进一步融合，实现对未来风险的精准定位，结合价值创造过程中"链式价值管理"可以为企业的价值增值创造新的动力。

### 三、面向供给侧结构性改革的风险管理会计建构的核心理论工具

#### （一）去杠杆风险理论工具

杠杆风险是指行业金融信贷的扩张而使得资本结构不适配企业的发展

---

① 《习近平主持召开中央财经领导小组第十一次会议》，载新华网，2015 年 11 月 10 日。

而产生的金融风险。而资本结构是指企业的所有资本来源中权益资本与债务资本的比例，以及在权益资本中各类股本比重和债务资本中各类债务所占比例。莫迪格利安尼（Modigliani）和米勒（Miller）于 1958 年提出的 MM 理论开创了资本结构理论的先河。

去杠杆风险理论工具主要为优序融资理论。[①] 优序融资理论在 MM 理论的基础上提出企业融资方式，即内源融资、债务融资、权益融资，其先后顺序影响企业融资效果。优序融资理论否认权衡理论中的最佳资本结构假设，认为企业的财务杠杆只是过去筹资活动的结果。优序融资理论中融资顺序考虑如下：基于现实经济社会中的交易成本，其他外部融资需要支付各种成本，同时考虑到信息不对称和逆向选择行为，企业进行权益融资会向市场传递企业经营的负面信息，从而导致企业股价下降，债务融资会提高企业的财务费用，增加企业资金压力。而内源融资现金流源于企业内部，既不需要与投资者签订契约，也无需支付各种费用，所受限制少，为企业首选的融资方式。

**（二）去产能风险理论工具**

去产能，即化解产能过剩，为解决因供过于求而造成的恶性竞争局面，通过对生产设备及产品进行转型和升级，提升固定资产等长期投资的投资效率。经济学界对投资的研究由来已久，但直到 20 世纪后期才形成完整体系的投资理论。而投资理论发展到现代，学者们不仅将信息不对称理论和代理理论进行规范和实证研究，针对目前企业内外部所面对的风险特征，提出要实现对投资的有效控制。控制，是指依据既定条件和目标，对系列过程或事件有目的施以影响的行为，可进一步划分为直接控制和间接控制两种形式。直接控制是指控制者施加影响者个人的控制。与直接控制有所不同，间接控制是施加影响者的上级管理人员对直接作业人员实施的控制。

实现对企业去产能风险的有效化解，就要对企业的固定资产等长期投资进行有效控制，在权衡企业权益资本、现金留存收益等自身实际掌握资产的基础上，并通过化解信息不对称和代理风险，从而实现投资效率的提升，化解企业因产能过剩所带来的风险。

**（三）去库存风险理论工具**

去库存，即是要去掉"市场过剩"的、未能合理匹配市场需求的库存

---

① 优序融资理论，由美国金融学家迈尔斯与智利学者迈勒夫于 1984 年提出。

积压。而库存风险的发生一定程度上是因为供给与需求错配而导致的。供给和需求是经济学研究的基本问题。透析概念是进一步研究的基础，通过对供给、需求及其相关概念的仔细分析，明确了解其深层内涵及性质。马克思对供给需求的分析包含了个别商品供给需求、社会总产品供给需求和产品国际供给需求三个层次。其中个别商品的供给必须具备以下条件：一是供给的商品的特性为具有使用价值；二是商品的使用价值以满足社会的使用价值为目的；三是商品的供给必然具有价值量，凝结了社会必要劳动在其中。马克思对资本主义市场深度剖析，从宏观视角诠释了资本主义经济的运行规律、生产方式和未来发展趋势，并指出经济危机是资本主义经济发展过程中的周期性爆发现象，突出表现为供给需求失衡，究其根本是人民币购买力不足的相对过剩。

通过分析库存风险发生的根本原因，是因金融扩张引起的经营投资过多而出现的超出市场需求的产品积压。因此实现行业"去库存"风险的有效控制，在对金融扩张实施有效控制的情况下，也要兼顾市场上供给与需求之间的平衡，审视市场需求的变化，合理地调整经营决策，减少库存商品的积压。

## 四、面向供给侧结构性改革的风险管理会计建构的支撑理论

### （一）风险管理预警理论

风险管理包含风险辨识、估计和控制多个组成，通过建立预先决策的规范环境实现既定目标：第一，评估过程中哪些点易出错；第二，评估划分风险等级；第三，依据风险评估结果提出解决方案和建议。

国际上，梅尔（Mehr）与赫奇斯（Hedges）在《企业风险管理》中指出风险管理是通过对风险的识别、衡量和控制，以最小的成本将风险可能导致的各种不利后果最小化。而约尼思与福德（2001）认为风险管理是指为了识别和回应风险所采用的各类监控方法与过程的统称。在国内，陈秉正（1999）将风险管理定义为：通过对风险进行识别、衡量和控制，以最小成本将风险所造成的损失控制到最低的管理活动。许瑾良（2003）认为，风险管理就是通过相应管理原理管理控制一个组织的资源和活动，并以合理的成本尽可能减少灾害事故损失和它对组织及其环境的不良影响。

就企业为什么要进行风险管理活动，传统观念认为：风险管理是企业为降低违约风险、减少财务困境成本所采取的对冲操作（史密斯与舒尔

茨，1985）。这种观点源于市场的"不完美理论"，市场"不完美理论"认为，市场环境本身并不完美，财务困境存在发生的可能性，并会因此而产生相应的固定成本。这意味着企业的规模越小，进行风险对冲活动的动力也就越强（南斯等，1993）。另一个观点是，管理者基于自身利益考虑，在无法将自己在企业中直接或间接积累的个人财富分散化，就有必要采取措施减少波动性（舒尔茨，1984）。这种方法与"代理理论"一脉相承，并隐含地假定管理者认识到在市场中分散风险的成本很高。企业的经营成果一定程度上反映了管理层的能力，企业会尽力降低资本成本并提高为增加融资的能力，避免因为企业现金流波动而错失投资机会，以及影响企业偿债能力造成不利影响。

风险识别技术帮助企业管理者在错综复杂环境下辨识经营过程中的潜在风险，并采取相应的风险管控和规避措施，提高企业的发展能力。因此企业风险管理与企业适应战略环境的程度密切相关，当战略环境变化速率超出了企业承受能力，企业便会因为无法及时应对战略环境的急剧变化，从而对企业造成损失。

企业风险管理预警运用相应技术手段，实时监测企业的活动及状态，设置合适的警情辨识指标，及时捕捉风险因素，事前及时预测、防范和控制风险。

### （二）现金流风险理论

现金流风险是指由于难以预料或控制因素的影响，导致企业现金收支的不匹配从而使企业蒙受损失的可能性。参考相关文献，本研究将现金流风险界定为：在一定置信水平下，企业在未来一段时间内现金流的最大短缺额度。在此需要区分两个概念：一是流动性风险，二是偿付能力不足。所谓流动性，是指企业为了偿还到期债务和利息，将提供的现金资产或其他资产转化为现金资产的能力，而流动性风险就是流动性不足所造成的风险，其更多地体现为企业无法快速地将其资产转变为现金，更多地强调企业在现金支付能力上的要求。现金流风险是流动性风险处理不善的后果，其中流动性风险包含资产流动性风险和融资流动性风险，资产流动性风险表现为资产变现的难易程度，融资流动性风险体现在筹资难度的变化致使企业的现金支付能力不足。所谓偿付能力，是指企业支付债务及利息的能力。偿付能力的范畴不仅包括现金，还包括公司的其他资产，现金流风险的出现并不一定意味着企业偿付能力不足。因此，偿付能力不足包含现金流风险。如果企业的现金流风险过大，超过了企业最低偿付能力，企业的偿付能力不足的问题也就会逐渐暴露，因此，现金流风险也可以称为技术上的偿付能力不足。

　　企业的经营内部环境由经营、投资和筹资三项业务组成，而企业不同的现金流管理水平会使得企业处于不同维度的风险泡沫之中，因此加强企业的现金流管理水平，合理地控制企业在经营、投资和筹资活动的现金流量，使其保持在可控的水平是实现企业风险管理的主要目的。

## 第三节　风险管理会计建构的"三维"监测预警的逻辑起点

### 一、风险管理会计建构的"三维"监测预警研究评述

　　风险管理会计建构的逻辑前提是以风险管理会计建构的"三维"预警机理分析为基础，通过结合国际美国反虚假财务报告委员会下属的发起人委员会（COSO）制定的《与战略和绩效相结合的企业风险管理框架》（ERM-ISP 框架）和由英国风险管理研究所（BIRM）制定的《风险管理框架》（ISO 31000），来阐述风险管理会计建构是必然趋势。结合我国供给侧结构性改革目标，以风险管理会计建构的理论为基础，创新设计行业"三维"周期风险监测方程式和企业"三维"风险预警方程式，以此探寻微观企业"三维"风险到中观行业"三维"周期风险的演化路径，并为风险管理会计行业监测报告和风险管理会计企业预警报告的研究思路与实施路径建立基础。

　　为了加强企业风险管理，推动相关管理会计工具方法在风险管理领域的有效应用，我国开始制定管理会计的应用指引。除此之外，国内外研究学者通过不同视角和维度对企业的风险管理进行了分类和研究，梳理如表1-2所示。

表 1-2　　　　　　　　　　　　风险管理"三维"视角

| 研究文件及学者（时间） | | 学术观点 |
| --- | --- | --- |
| 研究文件 | 《管理会计应用指引第 700 号——风险管理》（2018 年） | 指出企业按照设定目标，识别和分析风险，对风险进行检测、预警和应对，沟通风险信息，考核和评价风险管理等程序，通过风险管理工具方法进行风险管理 |

续表

| 研究文件及学者（时间） | | 学术观点 |
|---|---|---|
| 研究文件 | 《管理会计应用指引第701号——风险矩阵》（2018年） | 提出风险矩阵，按照风险发生的可能性和风险发生后果的严重程度，将风险绘制在矩阵图中，展示风险及其重要性等级的风险管理工具方法 |
| | 《管理会计应用指引第702号——风险清单》（2018年） | 提出企业根据自身战略、业务特点和风险管理要求，以表单形式进行风险识别、风险分析、风险应对措施、风险报告和沟通，运用风险清单可使企业了解风险、明晰风险责任、规范风险管理流程 |
| | 《管理会计应用指引第801号——企业管理会计报告》（2018年） | 规范了财务会计报告的定义、目标、组织体系等，指出按照企业管理会计报告使用者所处的管理层级可分为战略层管理会计报告、经营层管理会计报告和业务层管理会计报告 |
| 国际管理会计与中国风险管理会计的融合 | 刘运国（2019） | 对过往的管理会计研究文献进行了系统的梳理、总结与述评，发现管理会计无论从研究主题、研究方法还是所应用的理论都发生了显著的变化，但与国外的管理会计研究相比还存在较大差距 |
| | 黄虹（2017） | 由中国会计学会管理会计专业委员会主办、上海师范大学承办的中国会计学会管理会计专业委员会2016年学术年会暨高层论坛在上海师范大学召开。本次年会的主题是"管理会计与中国企业的市场化、智能化、多元化和国际化" |
| 行业去杠杆 | 任泽平（2016） | 通过研究各部门、各行业杠杆率的现状，分析杠杆率攀升的原因及引发的问题和风险，提出去杠杆的应对措施，指出去杠杆过程中存在的机会和风险 |
| | 陆岷峰（2017） | 通过金融去杠杆为研究背景，商业银行实施金融风险管控与实施路径的选择 |
| 行业去产能 | 侯方宇（2018） | 研究发现，在扭曲的政商关系下，企业与地方政府会利用信息优势来规避产业政策，从而导致产业政策在治理"潮涌现象"中的低效甚至无效 |
| | 任泽平（2016） | 我国传统行业面临严重的产能过剩，去产能可能引发失业、通缩、金融不良等风险，同时将会带来行业并购、行业集中度提升等投资机会 |
| 行业去库存 | 洪银兴（2016） | 阐述供给结构不能适应需求，一方面，不仅涉及供给的产品结构，还涉及供给品的数量和质量；另一方面低端和无效产能占用资源，造成库存和积压。归根到底还是现行供给体系停留在低收入阶段 |
| | 刘斌（2018） | 依托我国经济转型时期的特殊制度背景，以政府干预为切点，从房地产企业存量投资这一视角出发，研究产权性质对房地产企业去库存行为的影响 |

续表

| 研究文件及学者（时间） | | 学术观点 |
| --- | --- | --- |
| 企业筹资 | Amarjit Gill（2019） | 认为金融风险管理的评估价值对小企业主的财务绩效的信念产生了积极影响，具有足够内部筹资的新小型企业相对于没有足够内部筹资的新小型企业而言，财务绩效显著提高 |
| | 陈勇强（2017） | 将企业筹资分为资金要求、企业自身、筹资风险、筹资成本和资本结构五个方面，要针对不同规模、风险承受力、资本结构的企业做出筹资渠道和筹资方式最恰当的选择策略，以达到企业持续经营和效益最大化的目的 |
| 企业投资 | 彭俞超（2018） | 从企业金融投资如何影响股价崩盘风险的视角，研究了企业"脱实向虚"对金融市场稳定的影响，发现上市公司为了隐藏负面信息而持有金融资产会提升企业股价崩盘的概率 |
| | 胡志颖（2018） | 风险投资的参与影响了 IPO 公司的盈余管理，具体表现在风险投资的参与降低 IPO 前的盈余管理，以实现在锁定期结束当年的盈余反转，从而获得更高的股份减持收益 |
| | Ahmed Mohamed（2017） | 提出了经济危机时期的"信用风险传染"效应，即供应链中一家企业陷入财务困境后其信用风险会沿着供应链传递并对其他公司造成不利影响，这会促使供应链企业逐级控制商业信用的使用规模 |
| 企业经营 | 王竹泉（2017） | 供应商等利益相关者会依据企业经营风险大小对其进行"信用配给"，经营风险提高了供应链中发生"信用风险传染"的可能性。随着经营风险上升，会导致企业的自发融资难度上升，营运资金融资缺口扩大 |
| | 徐晨阳（2017） | 提出了包括目标层、管理层和基础层三个层面，管理目标、实施主体、程序方法、保障体系和管理基础五要素在内的新型集团企业经营风险管理框架 |
| | 池国华（2017） | 基于 EVA 价值管理模型对企业的经营风险进行测度，并针对具体风险运用模型对企业内部与外部的风险进行区分 |

我国相继推出《管理会计应用指引第 700 号——风险管理》《管理会计应用指引第 701 号——风险矩阵》《管理会计应用指引第 702 号——风险清单》，对企业风险管理提出了方法的指导，鼓励将管理会计方法应用于企业的风险控制领域。同时，以阿玛吉特·吉尔（Amarjit Gill）等国内外学者为代表的学术界对企业经营风险、投资风险、筹资风险的风险管理展开了积极的研究，且取得了丰硕成果。

然而，现有研究主要着眼于企业"经营－投资－筹资"单一维度的风险管理，忽视了企业的经营、投资、筹资行为本身就是一个相互关联、相互依赖、不可分割的系统。在国家实行供给侧结构性改革目标，实现"去杠杆、去库存、去产能"的背景下，并未将企业的风险与行业的周期波动风险进行关联。与此同时，尽管我国相继推出"管理会计应用指引"第700号、701号、702号，在制度层面对企业风险管理的方法工具进行了规范，但如何高效应用于我国企业的风险管理，如何进一步对企业"三维"风险做到系统的监测和预警，是一个尚未探索的领域。

### 二、现行财务报表"三维"逻辑断点风险解析

资产负债表和现金流量表一直是学术界争论"风险测度"逻辑断点风险的焦点（Dichev，2008）。资产负债表强调资产和负债的确认与计量是财务会计报告的主要目标；现金流量表反映企业的现金流转情况以及企业的经营管理水平。两个财务报表分别从风险管理静态视角和风险管理动态视角两个方面反映企业的风险状况。但新技术发展和全球金融市场的深度融合，使得企业将面对更为复杂及严重的风险。为更好地系统开展风险管理，许多风险组织都发布了风险管理框架。美国反虚假财务报告委员会下属的发起人委员会（COSO）和英国风险管理研究所（BIRM）都积极地开展风险管理框架研究。在新的历史背景下，本研究经过梳理发现现行财务报表存在"三维"预警的逻辑断点。

#### （一）现行财务报表混淆"资金、资本和资产"概念

资本（capital）是企业资金投入者投入的货币及非货币资源，资金（fund）即资本在企业中的运用。资本是货币资源的来源，资金反映货币资源的具体运用情况。资产（asset）是企业所拥有的、预期能为企业带来利益的资源。

现行资产负债表是根据会计恒等式"资产＝负债＋所有者权益"建构报表及列示报表项目。资产的表现形态并不全部表示资金的运用，例如，企业采购原料但并未立即支付货币，资金未获得运用但企业的资产却增加了，当企业运用人力资源生产产品而未支付薪酬，资产增加了但资金却并未得到运用，而是产生了负债。这类负债与债权人无关，而是企业在营业活动中与客户、供应商、员工、税务部门等之间产生的，因此可以称为营业性负债，包括应付账款、应付票据、应付职工薪酬、预收账款、应交税费等。

由此可以看出,现行资产负债表只聚焦资产、负债及所有者权益的逻辑关系,并未对资本、资金的用途和来源进行计量、列示和说明。同时,现行资产负债表在进行资产列示时,并未对企业区分活动性质范围,报表使用者无法从中获得资金运用的详细信息,了解分析其资金运用效率。

**(二) 现行财务报表缺乏"三维"视角内在一致性**

现行的现金流量表将企业资金流动分为经营性现金流、投资性现金流和筹资性现金流三部分,并分别列示其流入、流出及净流动情况。筹资性现金流反映主体的资金来源信息;而投资性现金流和经营性现金流反映了资金的运用情况,是现行三大财务报表中最符合财务报告信息使用者要求的报表。但是现行现金流量表的经济活动分类与其他财务报表之间缺乏"内在一致性"。例如,投资性现金流包含了购建固定资产、无形资产和其他长期资产所支付的现金,以及处理固定资产、无形资产和其他长期资产所收到的现金,但固定资产、无形资产主要用于企业经营活动,其相应现金流应属于经营性现金流;在利润表中,"投资收益"主要指企业通过资本运营等方式间接为企业创造的收益,不包含固定资产、无形资产处置取得的相应收益。因此,为保证财务报表间的"内在一致性",对现行现金流量表的项目分类进行调整。

**(三) 现行财务报表的分析指标易受"人为操纵"**

财务报表的信息质量直接决定着信息使用者利用财务报表对企业状况分析的结果。现行财务报表中只有现金流量表区分了经营活动、投资活动与筹资活动,无法准确反映企业的实际活动状态特征,无法对"三维"风险进行确认、记录和计量。以"应计制"为基础构建的分析指标体系,指标往往跨越多个不同维度活动,无法准确反映企业经营、投资、筹资活动真实特征,给予不法之人可乘之机,从而陷入人为操纵、粉饰报表导致的"会计戏法",无从探寻行业"去杠杆-去库存-去产能"周期风险与企业"三维"风险的互动机理和逻辑关联。

## 三、风险管理会计建构的"三维"风险管控的逻辑起点

我国经济已由高速增长阶段转向高质量发展阶段,正处在转变发展方式、优化经济结构、转换增长动力的攻关期。党的十九大报告明确指出"深化供给侧结构性改革。坚持去产能、去库存、去杠杆、降成本、补短板,优化存量资源配置,扩大优质增量供给,实现供需动态平衡。"由此

可见，经济高质量发展背景下的我国微观企业层面和中观行业层面的关键风险为："企业经营风险泡沫累积—导致行业'去库存'风险泡沫""企业投资风险泡沫累积—导致行业'去产能'风险泡沫""企业融资风险泡沫累积—导致行业'去杠杆'风险泡沫"。怎样去风险泡沫？怎样测度风险泡沫值，则是风险管理会计建构的"三维"风险管控的逻辑起点，如图1-6所示。

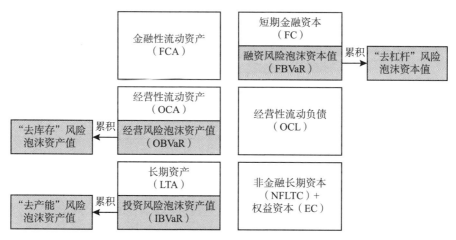

**图1-6 风险管理会计建构的"三维"风险管控的逻辑起点**

资料来源：课题组根据资产负债表统计整理而得。

### （一）企业经营风险泡沫资产累积导致行业"去库存"风险泡沫资产

营运资本需求（working capital requirement，WCR），又称营运资金需求、循环资本需求，是指一个企业长期性资金来源用于日常经营活动的资金数额。美国注册会计师协会（American Institute of Certified Public Accountants，AICPA）在会计研究公告第7章43号中指出营运资金是指在资产负债表测量流动性的部分，营运资本需求对于测量企业资产的流动性具有重要意义，并指出营运资本需求是以为了满足企业日常营业活动周转的保证或缓冲为特征的。作为企业"流动的血液"，营运资本需求管理的好坏直接关系到企业经营的成败。

营运资本需求的数值为经营性资产与经营性负债的差额。通常而言，企业生产经营环节所需要的资金，即经营性流动资产，应等于经营环节的资金占用，即经营性流动负债。当企业经营性流动负债不能满足经营性流动资产的需求时，企业产生经营泡沫。如果企业不能及时填补经营泡沫，则正常的生产经营活动就无法顺利进行。由此可见，经营风险泡沫即为营运资本需求，营运资本需求越小，企业经营风险泡沫越小。

当行业内企业经营风险泡沫普遍存在时，企业经营风险泡沫经过传染累积，超过风险阈值时，将会引发行业层面"去库存"风险泡沫。"企业经营风险泡沫—行业'去库存'风险泡沫"传导路径，如图1-7所示。

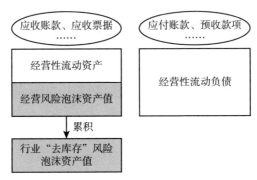

图1-7 "企业经营风险泡沫—行业'去库存'风险泡沫"传导路径

### （二）企业投资风险泡沫累积导致行业"去产能"风险泡沫

依据优序融资理论企业融资一般会遵循"内源融资—债务融资—权益融资"的先后顺序，而企业投资战略资本结构协同必须保持长期资产增量与长期资本增量的数量相等，通过有效的资本增量来保障长期资产的增加，避免落入"短贷长投"的陷阱，并解决好稳健型战略的匹配和风险型战略的匹配问题。

（1）"短贷长投"的陷阱。通常短期融资是用来维持企业流动资金需要，而不是用来满足长期资本需求。由于企业投资到固定资产上的资金一般不可能短期内收回，如果用短期融资去支持长期资本需求，当短期融资到期时，只能用新的短期融资来抵补，这样必将形成"短贷长投"的陷阱，使企业陷入利率风险和短期偿债风险的困境。

（2）稳健型战略的匹配。在稳健型长期投融资协同战略下，企业长期资金全部靠内生资金所支持，不涉及价值低估和投资不足。

（3）风险型战略的匹配。在风险型投融资协同战略下，企业长期资金不仅需要内生资金支持，还需要债务融资和股权融资。这种战略将承受长期偿债风险或股东利益稀释的风险，但只要投融资战略匹配，仍将有助于企业持续成长的需求。

综上所述，由于成长是企业发展历程的自然规律，成长产生了新的投资需求，即长期投资需求。企业长期投资需要与长期融资相匹配。随着企业的持续经营，会不断产生资本积累，形成新的融资资金来源——非金融长期资本和权益资本。这种新生的融资资金来源是企业扩张型战略的关键立足点。可以说，没有内生资本的积累，企业扩张性战略就是"无源之水，无本之木"。按照优序融资理论，内生资金是基于扩张的企业融资战略的优先选择。在企业长期投资战略中，内生融资资本比重愈大，原有投融资战略匹配效果愈好，企业投资风险泡沫愈小，新的投融资战略的稳健性就愈好。

当行业内企业投资风险泡沫普遍存在时，企业投资风险泡沫经过传染累积，超过风险阈值时，将会引发行业层面"去产能"风险泡沫。"企业投资风险泡沫—行业'去产能'风险泡沫"传导路径如图 1-8 所示。

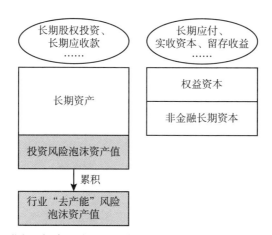

图 1-8　"企业投资风险泡沫—行业'去产能'风险泡沫"传导路径

### （三）企业融资风险泡沫累积导致行业"去杠杆"风险泡沫

企业融资风险泡沫从单个经济主体出发，考察微观主体权益资本撬动总资本的倍数，一般根据其资本结构进行测度。以非金融企业为例，传统财务分析体系一般是通过资产负债率（负债总额/资产总额）或权益乘数（资产总额/净资产总额）衡量其杠杆率，资产负债率或权益乘数越高，则杠杆作用越强，融资风险泡沫越高。

但是，传统财务分析体系中企业总资产，既包括在经营活动中形成的如应付账款、预收账款、应付职工薪酬、未交税费等经营性流动负债，也包括在经营、投资活动中获得的如长期应付款等非金融长期资本与从股权投资者中获得的权益资本。如果将应付账款、应付票据、预收账款等经营性流动负债和非金融长期资本、权益资本也计入总资本中，等同于将供应商、客户、企业员工、政府职能部门以及企业自身等都纳入投资者行列，泛化了投资者和资本的概念，严重扭曲了企业的融资风险泡沫信息。事实上，非金融性负债是实体经济的微观主体之间在正常交易中形成的债权债务关系，而非实体经济与金融主体之间所形成的债权债务，可以通过实体企业的正常经营无限存续下去，即无须提供抵押物，亦无融资成本，相对于金融性负债来说其预算约束相对较"软"。

测度企业融资风险泡沫的根本目的在于防控金融风险，重心是控制总资本投入中金融性负债的占比。而传统财务分析体系将"总资产"等同于"总资金（或总资本）"势必导致杠杆率测度结果与非金融企业的真实杠杆率之间存在偏差。

为了真实反映微观主体的融资风险泡沫，本书将经营性流动负债、非金融长期资本和权益资本从总资本中剔除，用金融性流动资产与金融资本的差额来测度企业真实的融资风险泡沫。

当行业内企业融资风险泡沫普遍存在时，企业融资风险泡沫经过传染累积，超过风险阈值时，将会引发行业层面"去杠杆"风险泡沫。"企业融资风险泡沫—行业'去杠杆'风险泡沫"传导路径，如图1-9所示。

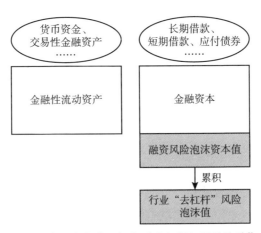

图1-9 "企业融资风险泡沫—行业'去杠杆'风险泡沫"传导路径

## 第四节 风险管理会计建构的"三维" 监测预警的逻辑支点

风险管理会计作为管理会计的重要分支，为行业层面和企业层面风险管理提供了新的思路、工具和方法。本书试图以风险管理会计报表为"三维"监测预警的逻辑支点，从行业和企业两个层面，探索风险管理会计要素及其会计方程式创建逻辑。

### 一、风险管理会计方程式之一

在现行资产负债表基础上，新增"金融性流动资产"（financial current assets，FCA）、"营运资本需求"（working capital requirement，WCR）、"长期资产"（long-term assets，LTA）、"短期金融资本"（short-term financial capital，STFC）、"长期金融资本"（long-term financial capital，LTFC）、"非金融长期资本"（non-financial long-term capital，NFLTC）、"权益资本"（equity capital，EC）等风险管理会计科目，构建风险管理资产负债表恒等式，定期对企业和行业风险管理会计科目进行核算。风险管理资产负债表的风险管理会计方程式之一：

$$\underset{(\text{risk management total assets，RMTA})}{\text{风险管理总资产}} = \underset{(\text{risk management total capital，RMTC})}{\text{风险管理总资本}}$$

$$(1-1)$$

本质是将传统会计恒等式"资产 = 负债 + 所有者权益"转换为风险管理会计建构等式：

$$\underset{(\text{RMTA})}{\text{风险管理总资产}} = \underset{(\text{FCA})}{\text{金融性流动资产}} + \underset{(\text{WCR})}{\text{营运资本需求}} + \underset{(\text{LTA})}{\text{长期资产}}$$

$$(1-1-1)$$

$$\underset{(\text{RMTC})}{\text{风险管理总资本}} = \underset{(\text{STFC})}{\text{短期金融资本}} + \underset{(\text{LTFC})}{\text{长期金融资本}}$$

$$+ \underset{(\text{NFLTC})}{\text{非金融长期资本}} + \underset{(\text{EC})}{\text{权益资本}} \quad (1-1-2)$$

以上会计等式反映投资者投入资金的来源及运用信息：会计等式左边为资金的运用，会计等式右边为资金的来源。

## 二、风险管理会计方程式之二

### （一）"融资—投资—经营"风险泡沫风险管理会计方程式构建

现行资产负债表从报表结构和报表项目上未对"三维"风险泡沫项目进行区分，无法准确确认和计量"三维"风险泡沫。为了反映"融资—经营—投资"三个维度的风险泡沫，在风险管理资产负债表创建基础上，根据风险管理资产负债表附注，以权责发生制为会计基础的，遵循风险管理会计"三维"监测预警逻辑构建不同维度之间逻辑关联的方程式之二：

$$
\begin{array}{c}
\text{融资风险泡沫资本值} \\
\text{(financial bubble value} \\
\text{at risk, FBVaR)}
\end{array}
=
\begin{array}{c}
\text{经营风险泡沫资产值} \\
\text{(operating bubble value} \\
\text{at risk, OBVaR)}
\end{array}
+
\begin{array}{c}
\text{投资风险泡沫资产值} \\
\text{(investing bubble value} \\
\text{at risk, IBVaR)}
\end{array}
$$

$$(1-2)$$

其中：经营风险泡沫资产值是经营活动中营运资本需求变动值。经营风险泡沫资产值为越大越坏型指标。

$$
\begin{array}{c}
\text{经营风险泡沫资产值} \\
\text{(OBAVaR)}
\end{array}
=
\begin{array}{c}
\text{营运资本需求} \\
\text{(WCR)}
\end{array}
$$

$$
=
\begin{array}{c}
\text{经营性流动资产} \\
\text{(OCA)}
\end{array}
-
\begin{array}{c}
\text{经营性流动负债} \\
\text{(OCL)}
\end{array}
\qquad (1-2-1)
$$

投资风险泡沫资产值是非金融长期资本变动值与权益资本变动值之和与长期资产变动值间的缺口值。投资风险泡沫资产值为越大越坏型指标。

$$
\begin{array}{c}
\text{投资风险泡沫资产值} \\
\text{(IBAVaR)}
\end{array}
=
\begin{array}{c}
\text{长期资产} \\
\text{(LTA)}
\end{array}
-
\begin{array}{c}
\text{长期金融资本} \\
\text{(LTFC)}
\end{array}
-
\begin{array}{c}
\text{权益资本} \\
\text{(EC)}
\end{array}
$$

$$(1-2-2)$$

融资风险泡沫具有先导性，是影响投资风险泡沫和经营风险泡沫的主要因素。

$$
\begin{array}{c}
\text{融资风险泡沫资本值} \\
\text{(FBCVaR)}
\end{array}
=
\begin{array}{c}
\text{短期融资风险泡沫资本值} \\
\text{(SFBCVaR)}
\end{array}
+
\begin{array}{c}
\text{长期融资风险泡沫资本值} \\
\text{(LFBCVaR)}
\end{array}
$$

$$(1-2-3)$$

$$
\begin{array}{c}
\text{短期融资风险泡沫资本值} \\
\text{(short-term financial bubble} \\
\text{capital value at risk, SFBCVaR)}
\end{array}
=
\begin{array}{c}
\text{短期金融资本} \\
\text{(STFC)}
\end{array}
-
\begin{array}{c}
\text{金融性流动资产} \\
\text{(FCA)}
\end{array}
$$

$$(1-2-3-1)$$

$$
\begin{array}{c}
\text{长期融资风险泡沫资本值} \\
\text{(long-term financial bubble} \\
\text{capital value at risk, LFBCVaR)}
\end{array}
=
\begin{array}{c}
\text{长期金融资本} \\
\text{(LTFC)}
\end{array}
-
\begin{array}{c}
\text{其他带息} \\
\text{长期资本}
\end{array}
$$

$$(1-2-3-2)$$

融资风险泡沫资本值是金融性流动资产变动值与金融资本变动值之间的缺口值，反映拥有的金融性流动资产承担金融性流动负债的能力。融资风险泡沫资本值为越大越坏型指标。

**（二）"融资—投资—经营"风险泡沫要素解析**

"融资—投资—经营"三维活动因资本结构与现金流量上的异常而存在风险泡沫。"三维"风险泡沫相互关联，互相影响，存在时间上继起性和空间上的并存性。

"融资—投资—经营"风险泡沫在时间上存在继起性。前期的权益资产的积累和对外融资为生产经营和对外投资提供资金，提升经营和投资规模，反之，更大的经营和投资规模为企业赚取更多的现金流用以偿付融资所产生的利息费用和本金。融资活动根据其渠道可以分为内部融资和外部融资，从企业风险角度，过多的外部融资显著提高企业现金流水平，但同时会加大企业的还本付息压力，形成融资泡沫；现金流水平提升推动企业扩大投资，固定资产规模增大，资产总规模提升，但现金持有量下降，削弱企业债务偿付能力，形成投资泡沫；资产规模提升促使企业加大经营，经营规模增大，但企业应收账款和承兑汇票等未来不确定收益增多，企业的经营活动现金净流量减少，并且不确定性增大，形成经营泡沫。"三维"风险泡沫紧密联系，层层递进，风险泡沫在空间上存在并存性。

"融资—投资—经营"风险泡沫在空间上存在并存性。企业"融资—投资—经营"活动的共存性表明三个维度风险泡沫在空间上具有并存性，经营活动和投资活动所产生的资金无法满足企业筹资活动所要还本付息的资金需求时，会加剧企业筹资泡沫，而融资泡沫的加剧会影响企业的融资渠道和融资规模，从而反过来影响经营活动和投资活动，加重企业经营泡沫和投资风险泡沫，最终导致"三维"泡沫破裂，企业破产倒闭。究其最根本原因是企业现金流量风险导致的企业泡沫的生成到破裂的全过程，进而也证实企业"经营风险泡沫—投资风险泡沫—融资风险泡沫"方面的空间并存性。

1. 融资风险泡沫管理会计要素

"三维"风险始于金融信贷扩张而引发的融资风险泡沫。过多运用外部融资会增加企业的现金流水平，进而诱发非效率投资，进一步引起投资泡沫与经营泡沫的增加。当企业的投资泡沫与经营泡沫积累到一定程度最终破裂时，企业融资风险不断加剧引发融资风险泡沫。结合资产负债表和现金流量表所表现出财务数据的时点性和流动性，企业融资风险泡沫既包括企业融资风险泡沫资本值，又包括企业金融资本筹资现金在险预警值和企业权益资本筹资现金在险预警值。

2. 投资风险泡沫管理会计要素

投资泡沫是因企业金融扩张带来非效率投资的不断增加，随着非效率投资导致的产能过剩不断积累而引发的投资风险泡沫。企业投资风险泡沫的破裂会促使企业金融风险的加剧。而结合资产负债表和现金流量表所表现出财务数据的时点性和流动性，企业投资风险泡沫既包括企业投资风险泡沫资产值，又包括企业资本投资现金在险预警值和企业基建投资现金在险预警值。

3. 经营风险泡沫管理会计要素

经营泡沫同样也是企业金融扩张所引发的库存积压所导致的经营风险。过多的经营投资增加了企业产品的生产效率，当无法匹配市场需求时就会发生库存商品的积压，并逐渐演化成为企业的经营泡沫，最终影响企业的融资风险泡沫。而结合资产负债表和现金流量表所表现出财务数据的时点性和流动性，企业经营风险泡沫分为企业经营风险泡沫资产值和企业现金留存收益现金在险预警值。

### 三、风险管理会计方程式之三

现金流量是企业资产中最具流动性，最活跃的部分，与企业"生命"维系息息相关；现金流量表一定程度上可以反映企业财务状况的变动以及现金获取能力的高低，而资产负债表则主要体现企业在某一特定时点的财务状况、在某一时期内财务状况的变动情况，以及企业资金结构、资金风险问题，但是其缺点在于无法解释财务风险变动的原因。

根据"现金流入量－现金流出量＝现金净流量"恒等式，在现行现金流量表基础上，新增"经营活动现金净流量"（net cash flow from operating，NCFO）、"资本投资现金净流量"（net cash flow from capital investment，NCFCI）、"基建投资现金净流量"（net cash flow from infrastructure investment，NCFII）、"其他投资现金净流量"、"金融资本筹资现金净流量"（net cash flow from financial capital，NCFFC）、"权益资本筹资现金净流量"（net cash flow from equity capital，NCFEC）和"其他融资现金流量"七个风险管理现金流量表报表栏目，构建风险管理现金流量表恒等式。由公式可知"三维"现金在险预警值由经营现金在险预警值、投资现金在险预警值和融资现金在险预警值构成，该指标为越大越坏型指标。

$$\text{风险管理"三维"} \atop \text{现金在险预警值} = \text{经营现金在险} \atop \text{预警值} + \text{投资现金在险} \atop \text{预警值} + \text{融资现金在险} \atop \text{预警值}$$

$$(1-3)$$

本书根据现金流风险理论，通过创建的风险管理现金流量表，设计"三维"现金在险预警值，具体包括"经营现金在险预警值"（operating cash flow at risk，OCFaR）、"资本投资现金在险预警值"（capital investment cash flow at risk，CICFaR）、"基建投资现金在险预警值"（infrastructure investment cash flow at risk，IICFaR）、"其他投资现金在险预警值"、"金融资本现金在险预警值"（financial capital cash flow at risk，FCCFaR）、"权益资本现金在险预警值"（equity capital cash flow at risk，ECCFaR）和"其他融资现金在险预警值"的测度公式，直观反映和刻画企业的经营、投资和融资维度的风险变动。计算公式如下所示：

1. 经营现金在险预警值

$$\text{经营现金在险预警值} \atop \text{（OCFaR）} = \text{经营活动现金流出量} \atop \text{（OCFo）} - \text{经营活动现金流入量} \atop \text{（OCFi）}$$

$$(1-3-1)$$

经营现金在险预警值（OCFaR）是指经营活动现金流入量无法弥补经营活动现金流出量的缺口值。经营现金在险预警值为越大越坏型指标。

2. 投资现金在险预警值

$$\text{投资现金在险} \atop \text{预警值（ICFaR）} = \text{资本投资现金在险} \atop \text{预警值（CICFaR）} + \text{基建投资现金在险} \atop \text{预警值（IICFaR）} + \text{其他投资现金} \atop \text{在险预警值}$$

$$(1-3-2)$$

（1）资本投资现金在险预警值。

$$\text{资本投资现金在险} \atop \text{预警值（CICFaR）} = \text{投资支付} \atop \text{的现金} + \text{取得子公司及其他营业} \atop \text{单位支付的现金净额} - \text{收回投资} \atop \text{收到的现金}$$
$$- \text{处置子公司或其他营业} \atop \text{单位收到的现金净额} - \text{取得投资收益} \atop \text{收到的现金}$$

$$(1-3-2-1)$$

资本投资风险（CICFaR）是基于现金流视角衡量吸收投资获取的现金收入与支付投资的现金支出之间的缺口值。资本投资风险值为越大越坏型指标。

（2）基建投资现金在险预警值。

$$\begin{array}{ccc} \text{基建投资现金} & \text{购建固定资产、无形资产、} & \text{处置固定资产、无形资产、} \\ \text{在险预警值} = & \text{投资性房地和其他长期} & - \text{投资性房地和其他长期} \\ \text{（IICFaR）} & \text{资产所支付的现金} & \text{资产收回的现金净额} \end{array}$$

$$(1-3-2-2)$$

基建投资现金在险预警值（IICFaR）是基于现金流视角衡量企业处置固定资产、无形资产、投资性房地和其他长期资产收回的现金与购建固定资产、无形资产、投资性房地产和其他长期资产所支付的现金之间的缺口值。基建投资现金在险预警值为越大越坏型指标。

（3）其他投资现金在险预警值。

$$\begin{array}{cc} \text{其他投资现金} & \text{支付的其他与投资} & \text{收到其他与投资} \\ \text{在险预警值} = & \text{活动有关现金} & - \text{活动有关的现金} \end{array}$$

$$(1-3-2-3)$$

其他投资现金在险预警值是基于现金流量视角衡量投资活动现金净流量中除资本投资现金净流量和基建投资现金净流量之外的收到其他与投资活动有关的现金与支付的其他与投资活动有关的现金之间的缺口值。其他投资现金在险预警值为越大越坏型指标。

3. 融资现金在险预警值

$$\begin{array}{cccc} \text{融资现金在险} & \text{金融资本现金在险} & \text{权益资本现金在险} & \text{其他融资现金} \\ \text{预警值（FCFaR）} = & \text{预警值（FCCFaR）} + & \text{预警值（ECCFaR）} + & \text{在险预警值} \end{array}$$

$$(1-3-3)$$

（1）金融资本现金在险预警值。

$$\begin{array}{cc} \text{金融资本现金在险} & \text{偿还债务} & \text{分配股利、利润或} \\ \text{预警值（FCCFaR）} = & \text{支付的现金} + & \text{偿付利息支付的现金} \\ & \text{取得借款} & \text{发行债券} \\ & - \text{收到的现金} & - \text{收到的现金} \end{array} \quad (1-3-3-1)$$

金融资本现金在险预警值（FCCFaR）是基于现金流视角衡量取得借款、发行债券收到的现金与偿还债务、分配股利、利润或偿付利息支付的现金之间的缺口值。金融资本现金在险预警值为越大越坏型指标。

（2）权益资本现金在险预警值。

$$\begin{array}{cc} \text{权益资本现金在险预警值} & \text{归还投资} & \text{吸收投资} \\ \text{（ECCFaR）} = & \text{支付的现金} - & \text{收到的现金} \end{array}$$

$$(1-3-3-2)$$

权益资本现金在险预警值（ECCFaR）是基于现金流视角衡量吸收投资收到的现金与归还投资支付的现金之间的缺口值。权益资本现金在险预警值为越大越坏型指标。

（3）其他融资现金在险预警值。

$$其他融资现金在险预警值 = \frac{支付的其他与筹资活动有关现金}{} - \frac{收到的其他与筹资活动有关现金}{}$$

$$(1-3-3-3)$$

其他融资现金在险预警值是基于现金流量视角衡量融资活动现金净流量中除金融资本筹资现金净流量和权益资本筹资现金净流量之外的收到其他与融资活动有关的现金与支付的其他与融资活动有关的现金之间的缺口值。其他融资现金在险预警值为越大越坏型指标。

风险管理现金流量表——现金净流量在险分析，如表1-3所示。

表1-3　　　　风险管理现金流量表——现金净流量在险分析

| 类型 | 经营活动现金净流量（NCFO） | 投资活动现金净流量（NCFI） | 融资活动现金净流量（NCFF） | 风险等级 | 风险在险分析 |
|---|---|---|---|---|---|
| 1 | - | - | - | 重警100% | 财务危机 |
| 2 | - | + | - | 中警80% | 出售长期资产偿债 |
| 3 | - | - | + | 轻警60% | 借债营运 |
| 4 | + | - | - | 轻警40% | 经营健康，投融资抢资金 |
| 5 | - | + | + | 初创期-40% | 无经营现金流入 |
| 6 | + | - | + | 扩张期-60% | 投资大 |
| 7 | + | + | - | 成熟期-80% | 偿债 |
| 8 | + | + | + | 金牛期-100% | 新扩张 |

注："+"代表现金净流量为正值；"-"代表现金净流量为负值。
资料来源：笔者整理而得。

# 第五节　风险管理会计建构的"三维"监测预警的逻辑结论

## 一、风险管理会计建构的"三维"监测预警原理

本研究以美国反虚假财务报告委员会下属的发起人委员会（COSO）

制定的《与战略和绩效相结合的企业风险管理框架》（ERM-ISP 框架）和由英国风险管理研究所（BIRM）制定的《风险管理框架》（ISO 31000）为"他山之石"，创新设计"风险管理资产负债表""风险管理现金流量表"，以及行业层面和企业层面的指标分析体系，创新设计行业"三维"周期风险监测方程式和企业"三维"风险预警方程式，以此探寻微观企业"三维"风险到中观行业"三维"周期风险的演化路径。风险管理会计建构的"三维"监测预警原理，如图 1-10 所示。

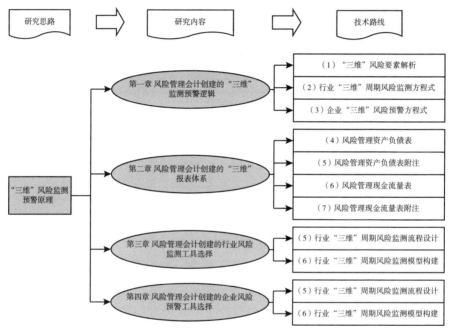

图 1-10　风险管理会计建构的"三维"监测预警原理

## 二、行业层面风险管理会计监测预警的逻辑结论

行业风险具有周期性和波动性特征，本研究基于行业"去杠杆"风险、"去库存"风险和"去产能"风险三个维度，通过运用 HP 滤波分解行业"三维"周期风险时间序列，运用 ARMA 模型和 ARIMA 模型分别对行业"三维"周期风险趋势序列与波动序列进行预测，在此基础上利用 LSTR 模型对行业"三维"周期风险波拐点进行识别；通过分别运用泰尔指数法和政策干预分析模型，测度行业"三维"周期风险区域因子与政策因子，从而为行业"三维"风险管控的区域精准施策提供决策依据。风险

管理会计行业监测的实施路径，如图 1 - 11 所示。

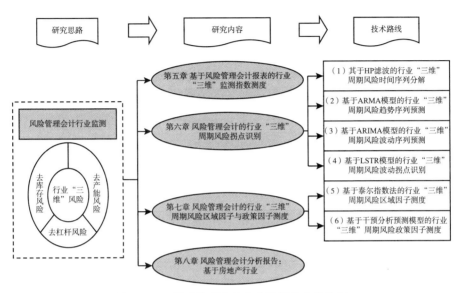

图 1 - 11 风险管理会计行业监测的实施路径

## 第六节 风险管理会计的研究方法与实施路径

### 一、风险管理会计的研究方法体系

风险管理会计作为管理会计的重要分支，为行业层面提供了云城的风险监测思路，为企业层面提供了云城的风险预警方法体系。本研究以风险管理会计报表创建为逻辑起点，以行业"三维"周期拐点识别和企业"三维"风险预警临界值测度为逻辑支点，创建风险管理会计研究方法体系，如图 1 - 12 所示。

### 二、企业层面风险管理会计监测预警的实施路径

在企业内部营运风险管控层面，本研究首先运用卡尔曼滤波等测度工具，测度企业"三维"风险预警指数预测值；为探寻基于行业"三维"周期波动序列的企业资金链断裂阈值分割点的测度模型，本研究基于行业"三维"风险周期波动监测模型，探建企业层面"三维"风险预警"临界值"：企业"经营风险泡沫—投资风险泡沫—融资风险泡沫"的预警"临

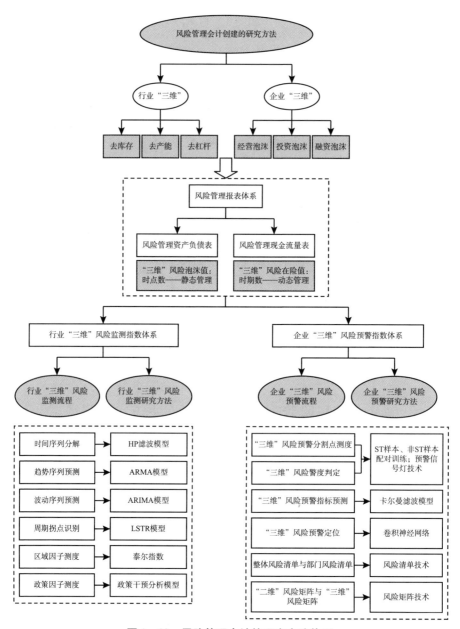

**图 1 - 12　风险管理会计的研究方法体系**

界值"；本研究将行业"三维"周期风险波动拐点、区域因子、政策因子
与企业"三维"风险预警指数、风险预警分割点作为输入层数据，运用卷
积神经网络构建企业"三维"风险预警定位模型；最终运用风险清单制度
和风险矩阵工具对企业"三维"风险实现精准管控。如图 1 - 13 所示。

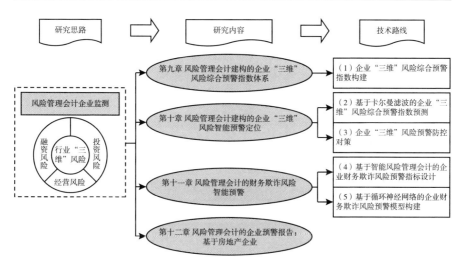

图1-13 风险管理会计企业预警的实施路径

# 关键概念释义

| 序号 | 关键概念 | 缩写符号 | 计算公式 | 释义 |
|---|---|---|---|---|
| 1 | COSO 企业风险管理框架 | COSO-ERM（COSO enterprise risk management） | — | 由美国反舞弊性财务报告委员会构建的企业风险识别、分析、管理框架，共有八大要素：内部环境、目标制定、事件识别、风险评估、风险反应、控制活动、信息与沟通、监督等 |
| 2 | 国际财务报告准则 | IFRS（international financial reporting standards） | — | 全球公认的易于各国在跨国经济往来时可以执行的全球统一的财务准则，用于规范全世界范围内的企业或其他经济组织会计运作的指导性原则 |
| 3 | 风险管理总资产 | RMTA（risk management total assets） | 金融性流动资产＋营运资本需求＋长期资产 | — |
| 4 | 风险管理总资本 | RMTC（risk management total capital） | 金融短期资本＋金融长期资本＋非金融长期资本＋权益资本 | — |

续表

| 序号 | 关键概念 | 缩写符号 | 计算公式 | 释义 |
|---|---|---|---|---|
| 5 | 经营风险泡沫预警值 | ORBVaR（operating risk bubble warning value） | 经营风险泡沫预警值（ORBVaR）=营运资本需求（WCR）=经营性流动资产（OCA）−经营性流动负债（OCL） | — |
| 6 | 投资风险泡沫预警值 | IBVaR（investing bubble value at risk） | 投资风险泡沫预警值（IBVaR）=长期资产（LTA）−非金融长期资本（NFLTC）−权益资本（EC） | — |
| 7 | 融资风险泡沫预警值 | FBVaR（financing bubble value at risk） | 融资风险泡沫预警值（FBVaR）=金融资本（FC）−金融性流动资产（FCA） | — |
| 8 | 逻辑断点 | LB（logical break-point） | — | 逻辑断点即表明随着受环境变化的影响，之前传统的逻辑已经不能够合适地解释目前的环境情况，必须考虑在新因素的影响下对其内在的关联性进行重新的梳理研究 |

# 第二章　风险管理会计建构的财务报表体系

风险管理，是指企业为实现风险管理目标，对企业风险进行有效识别、评估、预警和应对等管理活动的过程。[①] 风险管理会计的"三维"报表体系创建是风险管理精准评估、精准计量、精准施策的基础。风险管理会计的"三维"报表体系包含风险管理资产负债表和风险管理现金流量表两大报表，并在此基础上设计风险管理资产负债表和风险管理现金流量表附注体系，创建基于风险管理资产负债表和风险管理现金流量表的"三维"风险监测体系，从而为行业政策调控、企业全面风险管理提供信息工具支持。

风险管理会计建构的"三维"报表体系，如图 2 - 1 所示。

## 第一节　风险管理会计建构的智能财务应用趋势与应用场景解析

### 一、智能财务的应用趋势

中国的财务管理已经逐步从电算化、信息化向智能化转变。自 1979 年以来，中国正进入财务管理电算化阶段，用小型数据库和简单的计算机软件取代一些手工会计工作，并提前进行了计算机辅助处理阶段。在此阶段中，财务软件主要与财务人员的工作分离。从本质上讲，信息技术不会改变财务处理过程和基本组织结构，而是通过软件实现某些功能的自动化。

---

① 《管理会计应用指引第 700 号——风险管理》（2018 年）。

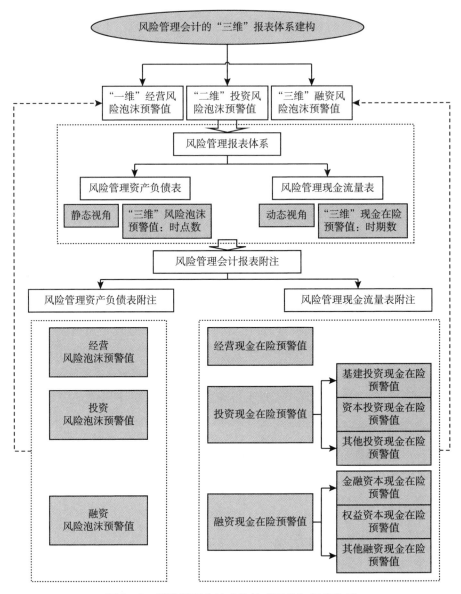

**图 2 - 1　风险管理会计建构的"三维"报表体系**

注：风险管理"三维"风险泡沫预警值是依据风险管理资产负债表，测度"经营—投资—融资"这"三维"某一时点的风险泡沫预警值，为基于静态管理视角的风险监测。

20 世纪 90 年代，计算机网络逐渐普遍，ERP 系统是物资资源管理（物流）、人力资源管理（人流）、财务资源管理（财流）、信息资源管理（信息流）集成一体化的企业管理软件，实现业财信息的快速处理和实时共享，逐步从核算型向管理型转变。在信息技术的推动下，企业的财务组织架构也不断演进，实现了战略、专业、共享、业财四分离的组织架构，战略财务主要关注集团或总部的业务分析、评估、预算、成本管理等领域，而专业财务主要关注会计报告、税务、资金等内容，财务共享实现了财务信息的跨时空应用和处理，业财一体化则承接了战略财务和专业财务的具体落地实施。尽管在 OCR、移动通信、云计算、大数据等技术的推动下，财务信息化实现了突破性进展，但此阶段仍然最主要借助标准化和流程化为财务转型提供数据基础、管理基础和组织基础，主要针对的是财务会计流程的信息化处理，并未实现业务流程、财务会计流程和管理会计流程的全面智能化。

2015 年之后，随着大数据、人工智能、移动互联网、云计算和物联网等信息技术的逐渐成熟，计算能力的大幅提升以及对神经网络和机器学习的深入研究，它拥有更先进的算法、模型和工具，用于财务预测和决策、财务风险控制和财务成本管理。与注重金融和商业信息集成的金融信息化阶段相比，智能化阶段除了实时快速处理和共享信息外，更强调各种信息处理的效率效益和智能化。大数据分析技术可以汇集处理更多、更杂、更好的数据；利用物联网、RPA 和专家系统等可以实现财务处理的全流程自动化、降低成本、提高效率，同时能够消除业务、财务和税务等部门之间长期形成的信息和管理壁垒；利用神经网络、规则引擎等技术实现财务预测决策、风险管控的深度支持，提升科学性和实时性。这一阶段也对财务流程和组织以及企业的管理模式和理念进行了再造。在智能化时代，财务已经从组织层面的战略、专业、共享和业财分离阶段，发展为延伸和扩张阶段。其核心特征是与大数据、云计算、人工智能、区块链等技术协同。一方面，智能时代的新技术要求数据运营集团等附属金融机构对金融数据进行管理和维护；另一方面，财务需要能够使用智能技术的团队，例如，基于大数据的智能风险控制团队。

**二、智能时代新信息技术的应用场景**

智能时代的到来，尤其是大数据、人工智能、移动互联网、云计算和物联网等技术的出现和不断发展，这些新技术在财务领域的应用场景也日趋丰富。在应用场景中，随之展现的是传统与新技术共存的局面，并且，传统的财务信息化应用也顺应智能时代的背景，优化成为高效的应用场景。

**（一）基于大数据的智能财务管理应用场景**

大数据具有更大的量级、更快的速度、更丰富的多样性以及真实性等特点，从大数据的角度来看，企业应该在充分利用经营分析数据等财务数据的同时，还充分整合企业内部的非结构化数据和社会化数据，通过更大的数据库实现大数据在财务领域的应用。基于大数据的金融应用主要有三个场景。第一，依靠大数据提高财务风险控制能力；第二，提高大数据预测和资源配置能力；第三，提高基于大数据的业务分析决策支持能力。

1. 基于大数据的财务风险控制

大数据可以结合非结构化数据进行相关性分析，发现风险事件的相关特征，并根据这些特征对潜在风险的不同环节进行相应处理。此外，大数据还可以用于对风险项目进行分类。分类的风险项目可以采取一定的应对策略，严格控制高风险项目，并以低成本处理低风险项目。

2. 基于大数据的预算资源预测和配置

在预算方面，要结合企业自身、行业、竞争对手三个层次，根据以前研究以及现在的状况预测未来，并且有效配置资源。大数据在预测和资源构成方面可以发挥自己的优势。

在预测方面，传统的财务预测主要利用结构化数据构建预测模式，预测未来的财务结果。同时，可以使用大数据技术将预测数据库扩展到非结构化数据。资源配置优化方面，通过大数据能够形成相关产品的市场热点、竞争对手的动态分析，从而提高资源流向及比重判断的准确度。

3. 基于大数据的经营分析决策

在以往的经营分析中，企业主要分析自己的历史数据、行业数据、竞争对手数据，并根据企业自身制定战略目标。因此，目标是否适当取决于参照数据的可用性。大数据有助于企业更好地分析自身以及行业竞争状况。同时，大数据可以发现目标结果背后的动机，不是传统的因果关系，而是基于相关性的财务思想无法说明的结果动机。

**（二）基于云计算的智能财务管理应用场景**

云计算包含 IaaS、PaaS、SaaS 三个概念。其中：IaaS 是基础设施即服务，是一个物理架构，企业可以将自身的软件系统部署在公共基础设施平台上，从而有效降低企业的硬件投入成本；PaaS 是平台即服务，即云架构下的开发平台、数据库平台等，企业可以在云开发平台上部署复杂的开发环境，降低平台使用成本；SaaS 是软件即服务，即云架构下使用的软件应用。具体来说，基于云计算的企业财务应用场景主要有以下三个方面：一是基于 IaaS 模式的财务系统架构；二是基于 SaaS 模式的财务应用系统；

三是基于 SaaS 模式的财务对外服务。

1. 基于 IaaS 模式的财务系统架构

企业如果使用本地部署模式来构建信息系统架构，随着业务的扩张和复杂化，会使得 IT 架构越来越重，信息化成本逐年提升，而如果将财务系统架构于 IaaS 模式之上，能够以较低的成本来实现基础架构的部署，能够以"轻" IT 的方式来实现财务信息系统的建设。

2. 基于 SaaS 模式的财务应用系统

在 SaaS 模式下，企业可以选择租用第三方的云服务产品，而不是构建企业内部独有的财务信息系统。该模式下，需要第三方产品的服务提供商对财务业务流程有深刻的理解，能够在产品设计时充分考虑到不同企业的差异化需求，并通过灵活的后台管理功能来实现快速配置部署。

3. 基于 SaaS 模式的财务对外服务

企业可以利用 SaaS 模式将自身的管理经营积累转换为系统产品，并将产品面向社会提供服务输出，让用户通过租用的方式来使用产品，从而获得企业所积累的管理经验。此外，企业可以实现财务共享中心的对外输出，即财务外包。

**（三）基于机器学习的智能财务管理应用场景**

机器学习是人工智能的重要分支，包括监督学习和无监督学习，其中监督学习适合解决预测目标值的问题，无监督学习适合解决分类的问题。在财务领域应用机器学习的前提是大数据。目前国内财务人工智能应用的水平主要分为三个层级：一是仍停留于使用移动应用来进一步提升企业网络财务的便利性；二是具备了大数据的技术架构，并在经营分析、管理会计等场景中初步应用了大数据；三是实现了初级人工智能应用。

随着机器学习、人工智能技术的不断成熟，企业财务的复杂化以及财务组织架构的演进，基于机器学习的企业财务应用场景也日益丰富，主要有四个方面：一是基于机器学习的智能共享作业；二是基于经验规则的智能会计与机器学的智能报告；三是基于机器学习的智能风险控制；四是基于机器学习的经营分析、资源配置等其他智能财务管理应用场景。

**（四）基于区块链的智能财务管理应用场景**

区块链具有去中心化、分布式和高冗余、共享账簿等特点，从区块链的特征出发，其应用场景主要集中于涉及多方信任的问题，其能够对多方交易进行增信，从而改变当前的业务模式。因此，其在财务领域的应用场景主要有四个方面：跨境清结算、智能合约、关联交易以及业财一致性。

1. 基于区块链的跨境清结算

目前跨境清结算主要基于 SWIFT Code 代码体系，在该体系下，高昂的手续费和漫长的转账周期是其最大的痛点。而区块链技术的去中心化特点能够打破这种基于中心组织的清结算体制，从而使全球用户能够以更低的费用，更快的速度完成跨境转账。

2. 基于区块链的智能合约

智能合约同样是涉及多方信任的场景，在区块链背景下，合同的可靠性大幅提高，基于电子数据签订合同并且加载后，合同规定的财务执行很容易实现自动化。特别是在传统模式中，依赖于智能合同的核心系统很难被合同双方接受，而区块链的出现，能够使合约由系统而非一个中介组织来自动执行。

3. 基于区块链的关联交易

关联交易中，交易主体的账簿由各自的所有者管理，因此，关联交易后各方的账簿的记账和对账极其复杂。同时，在交易模式中，既没有可靠安全的记账中心，也没有可靠安全的记账机制，由于区块链的出现，通过区块链的分散性和可靠的安全机制，可以实现新的相关交易管理模型。

4. 基于区块链的业财一致性

企业在构建各个业务系统时的目标满足业务发展，这使得大部分的业务系统忽视了对财务核算的影响，由此突出了业财不一致性问题。通过区块链技术，可以在业务系统和财务系统底层构建一套分布式账簿，从而将业务数据自行记录传输至会计引擎转换为会计分录进行记账的模式，转变为业务和财务双方平行记账的模式，从根本上实现业财一致性。


# 第二节　风险管理会计的财务报表体系建构思路

## 一、风险管理会计的"三维"报表体系创建思路

基于风险管理会计建构的"三维"预警机理，在《管理会计应用

指引第 700 号——风险管理》框架内，以风险管理资产负债表和风险
管理现金流量表为逻辑起点，以风险管理资产负债表恒等式和风险管
理现金流量表恒等式创建为逻辑支点，以行业"三维"风险监测指标
和企业"三维"风险预警指标为分析工具，创建风险管理会计的"三
维"报表体系。风险管理会计的"三维"报表体系创建思路，如图
2－2 所示。

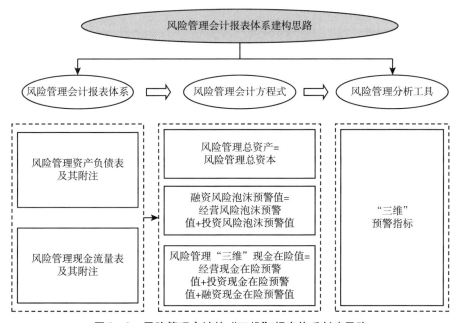

图 2－2　风险管理会计的"三维"报表体系创建思路

　　本研究在对现行资产负债表修复的基础上，根据风险管理资产负债表
恒等式，设计融资风险泡沫预警值、投资风险泡沫预警值、经营风险泡沫
预警值的测度公式。

## 二、风险管理会计的"三维"报表体系的分析工具

　　在风险管理"三维"风险泡沫预警值和"三维"现金在险预警值测
度的基础上，本研究创新设计基于风险管理资产负债表的"三维"风险监
测体系和基于风险管理现金流量表的"三维"风险监测体系。风险管理会
计的"三维"报表体系的分析工具，如图 2－3 所示。

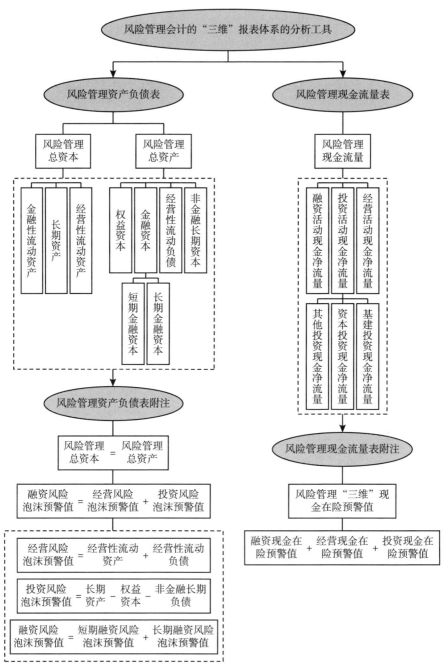

图 2－3　风险管理会计的"三维"报表体系分析工具

# 第三节　风险管理财务报表创建之一：
风险管理资产负债表

## 一、风险管理资产负债表报表栏目解构

风险管理资产负债表分为七个风险管理会计报表栏目，分别为"金融性流动资产"（financial current assets，FCA）、"营运资本需求"（working capital requirement，WCR）、"长期资产"（long-term assets，LTA）、"短期金融资本"（short-term financial capital，STFC）、"长期金融资本"（long-term financial capital，LTFC）、"非金融长期资本"（non-financial long-term capital，NFLTC）、"权益资本"（equity capital，EC）。其中，"金融性流动资产""营运资本需求""长期资产"构成了"风险管理总资产"（risk management total assets，RMTA）；"短期金融资本""长期金融资本""非金融长期资本""权益资本"构成了"风险管理总资本"（risk management total capital，RMTC）。风险管理会计的"三维"风险泡沫预警值解析，如图 2-4 所示。

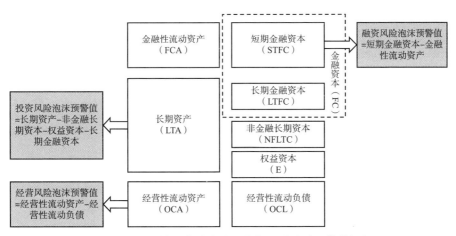

**图 2-4　风险管理会计的"三维"风险泡沫预警值解析**

本研究风险管理报表创建涉及"公司""企业集团""母子公司"等概念，须对上述概念进行阐释。

## （一）母公司与企业集团

（1）"母公司"是独立的法人，具有企业法人资格。母公司由法定人数的股东组成，股东以其认缴的出资额为限对公司承担有限责任，母公司以其全部资产对其债务负责。

（2）"企业集团"是指由母公司、子公司、股份有限公司和其他成员企业或机构组成的具有一定规模的企业法人联合体。其资本是主要连接纽带，其章程是共同的行为准则。

## （二）母子公司

"母公司和子公司"根据公司在控制和控制关系中的地位，可分为母公司和子公司。实际控制其他公司的公司是母公司，被其他公司控制的公司是子公司。两者都是法人。

## （三）泡沫预警值

泡沫预警值是依据风险管理资产负债表，测度某一时点"经营—投资—融资"维度的风险水平，为基于静态管理视角的风险监测。泡沫预警值风险数据主要源于"母公司风险管理资产负债表"。本研究创建的"母公司风险管理资产负债表"是基于母公司的资产负债表数据，对母公司层面的风险管理状况进行监测和分析，而"合并风险管理资产负债表"是基于企业集团合并的资产负债表数据，对集团层面整体的风险管理状况进行监测和分析。由于企业集团中的子公司存在跨行业的情况，与母公司所处行业脱节，不能反映真实情况，故使用母公司的数据更加聚焦。

## 二、"风险管理资产负债表"创新设计

风险管理资产负债表，如表 2 - 1 所示。

表 2 - 1　　　　　　　　风险管理资产负债表

编制单位：　　　　　　　　　年　　月　　日　　　　　　　单位：万元

| 风险管理总资产（RMTA） | 期末余额 | 期初余额 | 风险管理总资本（RMTC） | 期末余额 | 期初余额 |
|---|---|---|---|---|---|
| 一、金融性流动资产（FCA） | | | 一、金融资本（FC） | | |
| 货币资金 | | | （一）短期金融资本（STFC） | | |
| 交易性金融资产 | | | 短期借款 | | |

续表

| 风险管理总资产（RMTA） | 期末余额 | 期初余额 | 风险管理总资本（RMTC） | 期末余额 | 期初余额 |
|---|---|---|---|---|---|
| 应收票据 | | | （二）长期金融资本（LTFC） | | |
| 金融性流动资产小计 | | | 长期借款 | | |
| 二、营运资本需求（WCR）= OCA – OCL | | | 二、非金融长期资本（NFLTC） | | |
| （一）经营性流动资产（OCA） | | | 长期应付款 | | |
| 存货 | | | | | |
| 应收款项融资 | | | | | |
| 减：（二）经营性流动负债（OCL） | | | | | |
| 应付账款 | | | | | |
| 三、长期资产（LTA） | | | 三、权益资本（EC） | | |
| 长期投资 | | | | | |
| 固定资产 | | | | | |
| 无形资产 | | | | | |
| 其他长期资产 | | | | | |
| 风险管理总资产合计（RMTA）= FCA + WCR + LTA | | | 风险管理总资本合计（RMTC）= FC + NFLTC + EC | | |

# 第四节　风险管理财务报表创建之二：风险管理现金流量表

## 一、风险管理现金流量表报表栏目解构

现金流的规模和稳定性与企业的日常经营能力、偿债能力和未来发展能力密切相关。一旦发生严重的现金流危机，就会影响企业的正常经营。

企业的现金流量主要体现在三个方面，即经营活动现金流量、投资活

动现金流量和融资活动现金流量。但从企业的经营活动发展现状分析而言，传统的现金流量表已经无法满足企业在规避企业风险和实现战略决策时的需求，为了反映企业"经营 - 投资 - 融资"三个维度的现金流风险，依照管理会计风险管理思想，对现行现金流量表进行修复，创建风险管理现金流量表。

在"现金净流量"中借鉴风险管理会计国际经验的基础上，即用 Cash Flow at Risk 表示衡量市场变化如何导致未来现金流低于预期的指标，以及风险因素变化的程度。除"经营活动现金净流量"（net cash flow from operating，NCFO）之外，在投资活动现金净流量中，新增设"资本投资现金净流量"（net cash flow from capital investment，NCFCI）、"基建投资现金净流量"（net cash flow from infrastructure investment，NCFII）、"其他投资现金净流量"三个风险管理现金流量表栏目；在融资活动现金净流量中，新增设"金融资本筹资现金净流量"（net cash flow from financial capital，NCFFC）、"权益筹资现金净流量"（net cash flow from equity capital，NCFEC）和"其他融资现金流量"三个风险管理现金流量表栏目。九个风险管理会计栏目，以现金流增值为基础构建风险管理现金流量表。

以现金在险预警值依据风险管理现金流量表相关科目，测度某一时期"经营—投资—融资"维度的风险水平，为基于动态管理视角的风险监测。以"三维现金在险预警值"为研究对象，新增设"经营现金在险预警值"；在"投资现金在险预警值"中，新增设"资本投资现金在险预警值""基建投资现金在险预警值""其他投资现金在险预警值"；在"融资现金在险预警值"中，新增设"金融资本现金在险预警值""权益资本现金在险预警值""其他融资现金在险预警值"。

## 二、风险管理现金流量表创新设计

基于母公司现金流量表，根据风险管理现金流量表会计恒等式，创建母公司风险管理现金流量表，样表设计如表 2 - 2 所示。

**表 2 - 2　　　　　　　　母公司风险管理现金流量表**

编制单位：　　　　　　　年　　月　　日　　　　　　单位：万元

| 风险管理现金流量 | 金额 | 风险管理现金在险预警值 | 金额 |
|---|---|---|---|
| 一、经营活动现金净流量（NCFO） | | 一、经营现金在险预警值 | |

续表

| 风险管理现金流量 | 金额 | 风险管理现金在险预警值 | 金额 |
|---|---|---|---|
| （一）经营活动现金流入量（OCFi） | | | |
| （1）销售商品、提供劳务收到的现金 | | | |
| （2）收到其他与经营活动有关的现金 | | 经营现金在险预警值=经营活动现金流出量（OCFo）-经营活动现金流入量（OCFi） | |
| （二）经营活动现金流出量（OCFo） | | | |
| （1）商品、接受劳务支付的现金 | | | |
| （2）支付给职工以及为职工支付的现金 | | | |
| （3）支付的各项税费 | | | |
| （4）支付其他与经营活动有关的现金 | | | |
| 经营活动现金净流量小计 | | | |
| 二、投资活动现金净流量 | | 二、投资现金在险预警值=资本投资现金在险预警值+基建投资现金在险预警值+其他投资现金在险预警值 | |
| （一）资本投资现金净流量小计（NCFCI） | | | |
| 1. 资本投资现金流入量（CICFi） | | | |
| （1）收回投资收到的现金 | | | |
| （2）取得投资收益收到的现金 | | | |
| （3）处置子公司或其他营业单位收到的现金净额 | | | |
| 2. 资本投资现金流出量（CICFo） | | 其中：（一）资本投资现金在险预警值=资本投资现金流出量-资本投资现金流入量（二）基建投资现金在险预警值=基建投资现金流出量-基建投资现金流入量（三）其他投资现金在险预警值=其他投资现金流出量-其他投资现金流入量 | |
| （1）投资支付的现金 | | | |
| （2）取得子公司及其他营业单位支付的现金净额 | | | |
| （二）基建投资现金净流量小计（NCFII） | | | |
| 1. 基建投资现金流入量（IICFi） | | | |
| 处置固定资产、无形资产、投资性房地产和其他长期资产收回的现金净额 | | | |
| 2. 基建投资现金流出量（IICFo） | | | |
| 购建固定资产、无形资产、投资性房地产和其他长期资产所支付的现金 | | | |
| （三）其他投资现金净流量小计 | | | |
| 1. 其他投资现金流入量 | | | |
| 收到其他与投资活动有关的现金 | | | |
| 2. 其他投资现金流出量 | | | |
| 支付的其他与投资活动有关现金 | | | |
| 投资活动现金净流量小计 | | | |

续表

| 风险管理现金流量 | 金额 | 风险管理现金在险预警值 | 金额 |
|---|---|---|---|
| 三、融资活动现金净流量 | | 三、融资现金在险预警值 = 金融资本现金在险预警值 + 权益资本现金在险预警值 + 其他融资现金在险预警值 | |
| （一）金融资本融资现金净流量（NCFFC） | | | |
| 1. 金融资本融资现金流入量（FCCFi） | | | |
| （1）取得借款收到的现金 | | | |
| （2）发行债券收到的现金 | | | |
| 2. 金融资本融资现金流出量（FCCFo） | | | |
| （1）偿还债务支付的现金 | | 其中：（一）金融资本现金在险预警值 = 金融资本现金流出量 - 金融资本现金流出量（二）权益资本现金在险预警值 = 权益资本筹资现金流出量 - 权益资本筹资现金流入量（三）其他融资现金在险预警值 = 其他融资现金流出量 - 其他融资现金流入量 | |
| （2）分配股利、利润或偿付利息支付的现金 | | | |
| （二）权益资本融资现金净流量（NCFEC） | | | |
| 1. 权益资本融资现金流入量（ECCFi） | | | |
| 吸收投资收到的现金 | | | |
| 2. 权益资本融资现金流出量（ECCFo） | | | |
| 归还投资支付的现金 | | | |
| （三）其他融资现金净流量 | | | |
| 1. 其他融资现金流入量 | | | |
| 收到的其他与筹资活动有关现金 | | | |
| 2. 其他融资现金流出量 | | | |
| 支付的其他与筹资活动有关现金 | | | |
| 融资活动现金净流量小计 | | | |
| 风险管理现金流量总计 | | 风险管理现金在险预警值总计 | |

# 第五节　风险管理财务报表创建之三：风险管理资产负债表附注

## 一、"风险管理资产负债表附注"创新设计

基于风险管理资产负债表创建风险管理资产负债表附注，样表设计如

表 2 - 3 所示。

**表 2 - 3　　　　　　　　　　　风险管理资产负债表附注**

编制单位：　　　　　　　　年　　月　　日　　　　　　　单位：万元

| 风险泡沫总资产 | | | 风险泡沫总资本 | | |
|---|---|---|---|---|---|
| 一、经营风险泡沫预警值（OB-VaR/WCR） | 期末余额 | 期初余额 | 一、短期融资风险泡沫预警值（SFRBWV） | 期末余额 | 期初余额 |
| 经营性流动资产（OCA） | | | 短期金融资本（STFC） | | |
| 减：经营性流动负债（OCL） | | | 减：金融性流动资产（FCA） | | |
| 二、投资风险泡沫预警值（IRBWV） | | | 二、长期融资风险泡沫预警值（LFRBWV） | | |
| 长期资产（LTA） | | | 1. 长期金融资本（LTFC） | | |
| 减：非金融长期负债（NFLTL）减：权益资本（EC） | | | 2. 其他带息长期资本 | | |
| 风险泡沫总资产值合计 | | | 风险泡沫总资本值合计 | | |
| 其中：1. 当年经营风险泡沫预警值 | | | 其中：1. 当年融资风险泡沫预警值 | | |
| | | | 2. 现金短债比（百分比） | | |
| 2. 当年投资风险泡沫预警值 | | | 3. 净负债率（百分比） | | |
| | | | 4. 资产负债率（百分比） | | |

## 二、"风险管理资产负债表附注" 样表解析

在风险管理资产负债表中，风险泡沫总资产包含"经营风险泡沫预警值"（ORBWV/WCR）和"投资风险泡沫预警值"（IRBWV），风险泡沫总资本包含"短期融资风险泡沫预警值"（SFRBWV）和"长期融资风险泡沫预警值"（LFRBWV）。

### （一）"营运资本需求/经营风险泡沫预警值" 主要项目解析

营运资本需求是经营性流动资产与经营性流动负债的差额。

营运资金需求（WCR）是指占用企业流动资产所需的资本中，在被企业流动负债覆盖后仍然不足，需要企业投资的部分，不包括货币资金、可立即变现的票据以及必须立即支付的短期借款和应付票据。它是企业生产经营过程中保证生产连续性和周期性所需的资本。

1. 经营性流动资产

（1）应收账款。本科目源于企业采取赊销而成，它的增加意味着销售收入的增加，它的减少是债权的减少。由于各种原因，应收账款中总有一

部分不能收回，形成坏账、呆账，从而影响企业经济效益。企业应根据自身的信用政策来保证应收账款的安全来降低风险。

（2）存货。本科目是指企业在日常活动中持有以备出售的产成品或商品、在生产过程中的在产品、在生产过程或提供劳务过程中耗用的材料和物料等。存货过多时可能面临库存风险，存在积压或滞销问题，资金不能迅速回笼，当价格下跌时，会存在亏损的可能性。

2. 经营性流动负债

（1）应付票据。本科目是指由出票人出票，并由承兑人允诺在一定时期内支付一定款项的书面证明。应付票据是存在期限的，存在偿债压力，逾期可能受到银行的处罚。

（2）应付账款。本科目核算企业以摊余成本计量的因购买材料、商品和接受劳务供应等经营活动应支付的款项。应付账款关系企业经营稳健性，若到期不能偿还，可能会影响企业信用。

**（二）"长期资产"主要项目解析**

（1）长期股权投资。本科目核算企业持有的采用成本法和权益法核算的长期股权投资。长期股权投资会存在股东选择风险和投资协议风险，以及在委托代理的过程中存在的决策风险和道德风险。

（2）固定资产。本科目核算企业持有的固定资产净值。固定资产使用不同的折旧方法会产生不同的税收影响，存在较高的审计风险，

（3）无形资产。本科目核算企业持有的无形资产成本，包括专利权、非专利技术、商标权、著作权、土地使用权等。无形资产入账的及时性、计价的准确性、权属的明晰性，都会影响企业价值评估。

**（三）"短期金融资本"主要项目解析**

短期借款。本科目是指企业从银行或其他金融机构借入的偿还期在一年以内的各种借款，包括生产周转借款、临时借款等。主要用于维持正常的生产经营所需或为抵偿债务而借入的。短期借款在借款额较大的情况下，如果企业资金调度不灵，则有可能出现无法按期偿付本息的情况。

**（四）"金融性流动资产"主要项目解析**

（1）货币资金。本科目是期末库存现金、银行存款和其他货币资金的合计数。货币资金流动性最强，是可以立即支付使用的交换媒介物，货币资金反映企业的短期偿债能力和支付能力，是维系企业资金链的重要保障。

（2）交易性金融资产。本科目是指企业打算通过积极管理和交易以获取利润的债权证券和权益证券。企业通常会频繁买卖这类证券以期在短期

价格变化中获取利润。交易性金融资产反映企业的短期变现能力。

（3）应收票据。本科目是由付款人或收款人签发，由付款人承兑，到期无条件付款的一种书面凭证。本科目是根据应收票据和坏账准备合并填制的，反映了企业持有应收商业汇票的账面价值。当企业对客户资信预判错误或对应收票据系统管理不当时，就会产生风险，对经营活动产生不利影响。

**（五）"长期金融资本"主要项目解析**

长期借款。本科目核算企业向银行或其他金融机构借入的期限在 1 年以上（不含 1 年）的各项借款。长期借款的增加会使企业的财务风险和破产风险增大。

# 第六节　风险管理财务报表创建之四：
## 风险管理现金流量表附注

## 一、"风险管理现金流量表附注"创新设计

基于风险管理资产负债表创建风险管理资产负债表附注，样表设计如表 2－4 所示。

表 2－4　　　　　　　　**风险管理现金流量表附注**

编制单位：　　　　　　　年　　月　　日　　　　　　　单位：万元

| 风险管理现金在险流量 | 金额 | 风险管理现金在险预警值指标 | 金额/百分比 |
|---|---|---|---|
| 经营活动现金净流量（NCFO） | | 一、现金增加值（CVA） | |
| （一）经营活动现金流入量（OCFi） | | 现金增加值（CVA）=经营活动现金净流量（NCFO）+资本投资现金流入量（CICFi）+基建投资现金流入量（IICFi）-当期分配股利、利润或偿付利息支付的现金 | |
| （1）销售商品、提供劳务收到的现金 | | | |
| （2）收到其他与经营活动有关的现金 | | | |
| （二）经营活动现金流出量（OCFo） | | | |
| （1）商品、接受劳务支付的现金 | | | |

续表

| 风险管理现金在险流量 | 金额 | 风险管理现金在险预警值指标 | 金额/百分比 |
|---|---|---|---|
| （2）支付给职工以及为职工支付的现金 | | | |
| （3）支付的各项税费 | | | |
| （4）支付其他与经营活动有关的现金 | | | |
| 经营活动现金净流量小计 | | 二、经营现金在险预警率<br>经营现金在险预警率 $=\dfrac{\text{经营现金在险预警值}}{\text{现金增加值（CVA）}}$ | |
| 加：资本投资现金流入量（CICFi） | | 三、投资现金在险预警率 | |
| （1）收回投资收到的现金 | | 投资现金在险预警率 $=\dfrac{\text{投资现金在险预警值}}{\text{现金增加值（CVA）}}$ | |
| （2）取得投资收益收到的现金 | | 四、融资现金在险预警率 | |
| （3）处置子公司或其他营业单位收到的现金净额 | | 融资现金在险预警率 $=\dfrac{\text{融资现金在险预警值}}{\text{现金增加值（CVA）}}$ | |
| 加：基建投资现金流入量（IICFi） | | 五、经营适配现金收益率<br>经营适配现金收益率（ROA）$=\dfrac{\text{现金增加值（CVA）}}{\text{经营活动现金净流量}}$ | |
| 处置固定资产、无形资产、投资性房地产和其他长期资产收回的现金净额 | | | |
| 减：分配股利、利润或偿付利息支付的现金 | | | |

## 二、"风险管理现金流量表附注"样表解析

### （一）经营活动现金净流量项目解析

经营活动现金净流量反映经营活动的风险管理水平。风险管理现金流量表经营活动现金净流量涉及的会计科目为：①销售商品、提供劳务收到的现金；②收到其他与经营活动有关的现金；③商品、接受劳务支付的现金；④支付给职工以及为职工支付的现金；⑤支付的各项税费；⑥支付其他与经营活动有关的现金。

### （二）投资活动现金净流量项目解析

1. 资本投资现金净流量项目解析

资本投资现金净流量是投资活动中关于资本投资的现金净流量，反映对于投资活动中对资本投资的风险管理水平。风险管理现金流量表中资本投资现金净流量涉及的会计科目为：①收回投资收到的现金；②取得投资收益收到的现金；③处置子公司或其他营业单位收到的现金净额；④投资

支付的现金；⑤取得子公司及其他营业单位支付的现金净额。

2. 基建投资现金净流量项目解析

基建投资现金净流量是投资活动中对固定资产、无形资产、投资性房地产和其他长期投资的现金净流量，反映对于长期投资中现金流量的风险管理水平。风险管理现金流量表中基建投资现金净流量涉及的会计科目为：①处置固定资产、无形资产、投资性房地产和其他长期资产收回的现金净额；②购建固定资产、无形资产、投资性房地产和其他长期资产所支付的现金。

3. 其他投资现金净流量项目解析

其他投资现金净流量是投资活动中其他与投资相关的现金净流量，反映对于其他与投资活动相关的现金流量的风险管理水平。风险管理现金流量表中其他投资现金净流量涉及的会计科目为：①收到其他与投资活动有关的现金；②支付的其他与投资活动有关现金。

**（三）融资活动现金净流量项目解析**

1. 金融资本筹资现金净流量项目解析

金融资本筹资现金净流量是在筹资活动中通过金融活动取得现金流量，反映在筹措资金时对利用金融手段筹措资金的风险管理水平。风险管理现金流量表中金融资本筹资现金净流量涉及的会计科目为：①取得借款收到的现金；②发行债券收到的现金；③偿还债务支付的现金；④分配股利、利润或偿付利息支付的现金。

2. 权益资本筹资现金净流量项目解析

权益资本筹资现金净流量是在筹资活动中通过企业内部获取的现金流量，反映在筹措资金时对利用企业内部股权投资收益的风险管理水平。风险管理现金流量表中权益资本筹资现金净流量涉及的会计科目为：①吸收投资收到的现金；②归还投资支付的现金。

3. 其他融资现金净流量项目解析

其他融资现金净流量是融资活动中其他与融资相关的现金净流量，反映对于其他与融资活动相关的现金流量的风险管理水平。风险管理现金流量表中其他融资现金净流量涉及的会计科目为：①收到的其他与筹资活动有关现金；②支付的其他与筹资活动有关现金。

**（四）现金增加值项目解析**

现金增加值是衡量企业财务状况的新指标，其目的是从股东角度持续衡量公司的价值，现金增加值的创新之处在于其包含了企业未来现金流量，考虑了现金的时间价值，可以直接获得比较数据与项目预期的现金流价值，具有预见性与可靠性。

## 关键概念释义

| 序号 | 关键概念 | 缩写符号 | 计算公式 | 释义 |
|------|----------|----------|----------|------|
| 1 | 风险管理会计报表体系 | RMASS（risk management accounting statement system） | | 基于风险管理会计建构的"三维"预警机理，以风险管理资产负债表和风险管理现金流量表为逻辑起点，以风险管理资产负债表恒等式和风险管理现金流量表恒等式创建为逻辑支点，以行业"三维"风险监测指标和企业"三维"风险预警指标为分析工具，创建风险管理会计的报表体系 |
| 2 | 智能财务 | IF（intelligent finance） | | 智能财务是覆盖财务流程的智能化，它涵盖三个层面：第一，是基于业务与财务相融合的智能财务共享平台，这是智能财务的基础；第二，是基于商业智能的智能管理会计平台，这是智能财务的核心；第三，是基于人工智能的智能财务平台，这代表智能财务的发展 |
| 3 | 经营现金在险预警值 | OCaRWV（operating cash at risk warning value） | 经营活动现金流出量（OCFo）－经营活动现金流入量（OCFi） | 现金流视角下，企业从历年实现的利润中提取或形成的留存于企业的内部积累 |
| 4 | 资本投资现金在险预警值 | CICaRWV（capital investment cash at risk warning value） | 投资支付的现金＋取得子公司及其他营业单位支付的现金净额－收回投资收到的现金－处置子公司或其他营业单位收到的现金净额－取得投资收益收到的现金 | |

| 序号 | 关键概念 | 缩写符号 | 计算公式 | 释义 |
|---|---|---|---|---|
| 5 | 基建投资现金在险预警值 | IICaRWV（infrastructure investment cash at risk warning value） | 购建固定资产、无形资产、投资性房地产和其他长期资产所支付的现金 – 处置固定资产、无形资产、投资性房地产和其他长期资产收回的现金净额 | |
| 6 | 金融资本现金在险预警值 | FCCaRWV（financial capital cash at risk warning value） | 偿还债务支付的现金 + 分配股利、利润或偿付利息支付的现金 – 取得借款收到的现金 – 发行债券收到的现金 | |
| 7 | 权益资本现金在险预警值 | ECCaRWV（equity capital cash at risk warning value） | 归还投资支付的现金 – 吸收投资收到的现金 | |

# 第三章 风险管理会计建构的行业 "三维"风险监测体系

　　行业风险具有周期性和波动性特征，基于行业"去杠杆"周期风险、"去库存"周期风险和"去产能"周期风险三个维度，通过运用 HP 滤波分解行业"三维"周期风险时间序列，运用 ARMA-GARCH 族模型对行业"三维"周期风险趋势序列与波动序列进行预测，在此基础上利用 STR 模型对行业"三维"周期风险波动序列的拐点进行识别；通过分别运用泰尔指数法和干预分析模型，测度行业"三维"周期风险区域因子与政策因子，从而为行业"三维"风险管控的区域精准施策提供决策依据。

　　风险管理会计创建的行业风险监测思路，如图 3 - 1 所示。

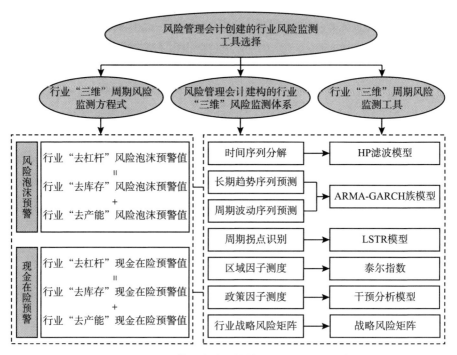

**图 3 - 1　风险管理会计建构的行业风险监测思路**

# 第一节　行业"三维"风险泡沫预警值
# 风险管理会计方程式建构

## 一、风险管理会计方程式之四

为了衡量行业风险管理资产泡沫的风险来源，设计行业"去库存"风险泡沫预警值（industry de-stocking bubble warning value，IDSBWV）、行业"去杠杆"风险泡沫预警值（industry de-leveraging bubble warning value，IDLBWV）、行业"去产能"风险泡沫预警值（industry de-capacity bubble warning value，IDCBWV），直观反映和刻画行业的"去库存""去产能""去杠杆"维度的风险来源与泡沫来源，其中行业"去杠杆"风险泡沫来源于行业"去库存"风险泡沫和行业"去产能"风险泡沫。"三维"风险泡沫预警值关系与计算公式为：

$$\begin{matrix} \text{行业"去杠杆"风险泡} \\ \text{沫预警值（IDLBWV）} \end{matrix} = \begin{matrix} \text{行业"去库存"风险泡} \\ \text{沫预警值（IDSBWV）} \end{matrix} + \begin{matrix} \text{行业"去产能"风险泡} \\ \text{沫预警值（IDCBWV）} \end{matrix}$$

$$(3-1)$$

## 二、行业"去杠杆"风险泡沫预警值指标测度

为了衡量行业"去杠杆"风险泡沫，本研究设计行业"去杠杆"风险泡沫预警值，该指标为越大越坏型指标。在计算行业"去杠杆"风险泡沫预警值的过程中，为了衡量行业风险管理资本结构风险，本研究根据风险管理资产负债表右侧"金融资本""非金融长期资本""权益资本"等风险管理资产负债表栏目，其中，"金融资本＝短期金融资本＋长期金融资本"，来设计行业金融资本依存度（IFCDR）、行业非金融资本依存度（INFCDR）、行业自有资本依存度（IECDR）。依据行业风险管理资本结构风险监测指标关系设计的风险管理会计计算公式为：

$$\begin{matrix} \text{行业"去杠杆"风险泡沫} \\ \text{预警值（IDLBWV）} \end{matrix} = \begin{matrix} \text{行业短期金融资本} \\ \text{（ISTFC）} \end{matrix} - \begin{matrix} \text{行业金融性流动} \\ \text{资产（IFCA）} \end{matrix}$$

$$(3-1-1)$$

## 三、行业"去产能"风险泡沫预警值指标测度

为了衡量行业"去产能"风险泡沫，本研究设计行业"去产能"风

险泡沫预警值，该指标为越大越坏型指标，计算公式为：

$$\begin{aligned} \text{行业“去产能”风险泡沫} \\ \text{预警值（IDCBWV）} \end{aligned} = \begin{aligned} \text{行业长期资产} \\ \text{（ILTA）} \end{aligned} - \begin{aligned} \text{行业长期金融资本} \\ \text{（ILTFC）} \end{aligned}$$

$$- \begin{aligned} \text{行业非金融长期} \\ \text{资本（INFLTC）} \end{aligned} - \begin{aligned} \text{行业权益资本} \\ \text{（IEC）} \end{aligned}$$

$$(3-1-2)$$

### 四、行业"去库存"风险泡沫预警值指标测度

为了衡量行业"去产能"风险泡沫，设计预警指标行业"去库存"风险泡沫预警值（IDSBWV），该指标为越大越坏型指标，计算公式为：

$$\begin{aligned} \text{行业“去库存”风险泡沫} \\ \text{预警值（IDSBWV）} \end{aligned} = \begin{aligned} \text{行业营运资本需求} \\ \text{（IWCR）} \end{aligned}$$

$$= \begin{aligned} \text{行业经营性流动} \\ \text{资产（OCA）} \end{aligned} - \begin{aligned} \text{行业经营性流动} \\ \text{负债（OCL）} \end{aligned}$$

$$(3-1-3)$$

## 第二节　行业"三维"现金在险预警值风险管理会计方程式建构

### 一、风险管理会计方程式之五

"三维"现金在险预警值由风险现金管理流量表得到的"去库存"现金在险预警值、"去产能"现金在险预警值和"去杠杆"现金在险预警值构成，直观反映和刻画行业的"去库存""去产能""去杠杆"维度的风险来源与在险来源，该指标为越大越坏型指标。基于此设计的风险管理会计方程式之五为：

$$\begin{aligned} \text{行业“三维”现金} \\ \text{在险预警值} \end{aligned} = \begin{aligned} \text{行业“去库存”现金} \\ \text{在险预警值} \end{aligned} + \begin{aligned} \text{行业“去产能”现金} \\ \text{在险预警值} \end{aligned}$$

$$+ \begin{aligned} \text{行业“去杠杆”} \\ \text{现金在险预警值} \end{aligned} \qquad (3-2)$$

### 二、行业"去杠杆"现金在险预警值指标测度

$$\begin{aligned} \text{行业“去杠杆”现金在} \\ \text{险预警值（IDLCWV）} \end{aligned} = \begin{aligned} \text{行业金融资本现金在险} \\ \text{预警值（IFCCWV）} \end{aligned} + \begin{aligned} \text{行业权益资本现金在险} \\ \text{预警值（IECCWV）} \end{aligned}$$

$$+ \begin{aligned} \text{行业其他融资现金} \\ \text{在险预警值} \end{aligned} \qquad (3-2-1)$$

行业金融资本现金在险预警值（FCCWV）是基于现金流视角衡量取得借款、发行债券收到的现金与偿还债务、分配股利、利润或偿付利息支付的现金之间的缺口值。金融资本现金在险预警值为越大越坏型指标，计算公式为：

$$\text{行业金融资本现金在险预警值（IFCCWV）} = \text{行业偿还债务支付的现金} + \text{行业分配股利、利润或偿付利息支付的现金}$$
$$- \text{行业取得借款收到的现金} - \text{行业发行债券收到的现金}$$

$$(3-2-1-1)$$

行业权益资本现金在险预警值（IECCWV）是基于现金流视角衡量吸收投资收到的现金与归还投资支付的现金之间的缺口值。该指标为越大越坏型指标，计算公式为：

$$\text{行业权益资本现金在险预警值（IECCWV）} = \text{行业归还投资支付的现金} - \text{行业吸收投资收到的现金}$$

$$(3-2-1-2)$$

行业其他融资现金在险预警值是基于现金流量视角衡量融资活动现金净流量中除金融资本筹资现金净流量和权益资本筹资现金净流量之外的收到其他与融资活动有关的现金与支付的其他与融资活动有关的现金之间的缺口值。其他融资现金在险预警值为越大越坏型指标，计算公式为：

$$\text{行业其他融资现金在险预警值} = \text{行业支付的其他与筹资活动有关现金} - \text{行业收到的其他与筹资活动有关现金}$$

$$(3-2-1-3)$$

### 三、行业"去产能"现金在险预警值指标测度

行业"去产能"现金在险预警值（IDCCWV）是指行业资本投资活动、行业基建投资活动、行业其他投资活动现金流入量与相应投资活动现金流出量的净缺口值之和，用以衡量行业投资风险可能引发损失。"去产能"现金在险预警值为越大越坏型指标。

该指标为越大越坏型指标，计算公式为：

$$\text{行业"去产能"现金在险预警值（IDCCWV）} = \text{行业资本投资现金在险预警值（ICICWV）} + \text{行业基建投资现金在险预警值（IIICWV）}$$
$$+ \text{行业其他投资现金在险预警值}$$

$$(3-2-2)$$

#### 四、行业"去库存"现金在险预警值指标测度

行业"去库存"现金在险预警值（IDSCWV）是指经营活动现金流入量无法弥补经营活动现金流出量的缺口值，用以衡量行业经营风险可能发生损失。"去库存"现金在险预警值为越大越坏型指标，计算公式为：

$$行业"去库存"现金在险预警值（IDSCWV）=行业经营活动现金流出量（IOCFo）-行业经营活动现金流入量（IOCFi）$$

$$(3-2-3)$$

## 第三节　风险管理会计建构的行业战略风险矩阵解析

本研究结合国家实行供给侧结构性改革宏观战略，实现"去杠杆、去库存、去产能"总体目标的背景下，参考《管理会计应用指引第700号——风险管理》和《管理会计应用指引第701号——风险矩阵》规定，借鉴财务战略矩阵和风险矩阵的管理思想，以国际通行的财务战略风险控制矩阵为基础，基于风险管理资产负债表和风险管理现金流量表，运用行业三维风险预警指标体系，构建行业"二维"战略风险矩阵，综合反映行业"三维"风险特征。

#### 一、行业战略风险矩阵建构

财务战略矩阵，将代表价值创造的"投资资本回报率－资本成本"指标和代表现金余缺程度的"销售增长率－可持续增长率"指标联系起来，将公司的价值增长状态绘制在矩阵图中。行业"二维"战略风险矩阵借鉴财务战略矩阵底层逻辑，从现金流的视角以行业现金在险预警值为横坐标，从资产规模结构的角度以行业风险泡沫为纵坐标，将不同维度的风险泡沫预警值指标和现金在险预警值指标相结合，以此反映不同维度的行业风险状况以及特征。

#### 二、行业战略风险矩阵解析

从经营活动、投资活动、融资活动三个维度，对行业风险程度进行度量。从现金流视角，现金在险预警值的大小反映企业日常经营生产的营运

能力、到期债务的偿还能力以及企业未来的发展能力；从资本管理视角，风险泡沫预警值可以精准反映各个维度资本结构风险。因此，借鉴财务战略矩阵的思想，在风险矩阵中应用以现金在险预警值和风险泡沫预警值为核心指标的风险预警指标体系。

风险矩阵即根据风险发生的概率和风险造成的危害度，通过编制矩阵图3-2来衡量风险及其重要性等级的风险管理工具方法。根据行业风险偏好判断并度量风险发生可能性和后果严重程度，在矩阵中描绘出风险重要性等级。横坐标"行业'三维'风险泡沫预警值"越大，说明行业资本结构变动带来的特定维度风险增加，正数为有警、负数为无警；纵坐标"风险发生概率"越大，说明现金增减变动带给企业特定维度风险的增加，正数为有警、负数为无警。如图3-2所示。

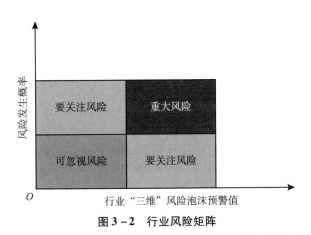

**图3-2　行业风险矩阵**

注：行业"三维"风险泡沫预警值，包括"去杠杆"维、"去产能"维和"去库存"维。

战略风险矩阵将定性描述与定量分析紧密结合，对行业风险进行可视化显示，从行业资本结构和现金流两个视角综合地对行业"二维"风险进行综合定位，直观反映行业各维度风险重要性等级，将复杂的问题简单化。同时也为各维度风险的分析评价和沟通报告提供信息支撑，为行业风险全面管理提供工具支持。本研究根据行业"二维"风险矩阵设计原则，设计行业"'去库存'风险泡沫-现金在险""'去产能'风险泡沫-现金在险""'去杠杆'风险泡沫-现金在险"战略风险矩阵。具体如图3-3～图3-5所示。

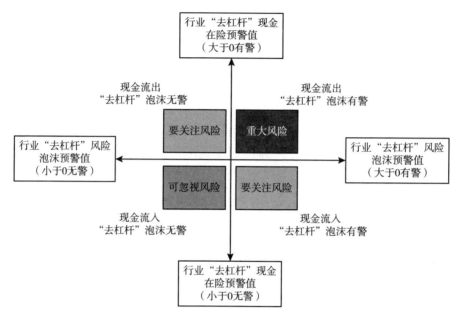

图 3 - 3　行业 "'去杠杆'风险泡沫 - 现金在险" 战略风险矩阵

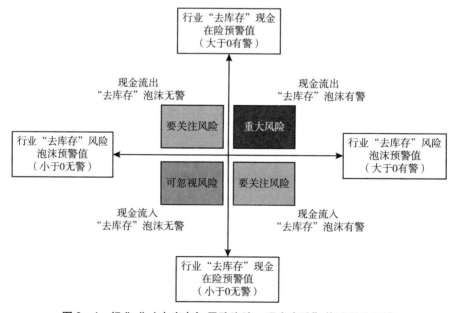

图 3 - 4　行业 "'去库存'风险泡沫 - 现金在险" 战略风险矩阵

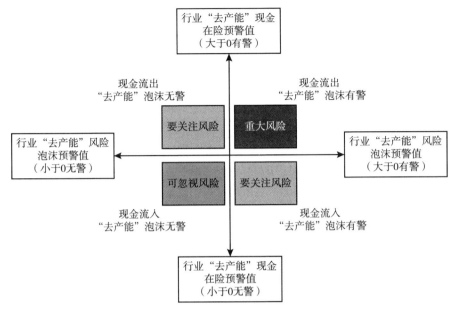

图 3－5 行业"'去产能'风险泡沫－现金在险"战略风险矩阵

## 第四节 风险管理会计建构的行业"三维" 风险监测工具选择

### 一、基于 HP 滤波的行业"三维"周期波动风险分解与监测

本研究以深化供给侧结构性改革为目标，在风险管理相关理论的基础上，对行业"三维"周期风险进行监测，首先要实现对行业"三维"周期风险的测度，并对其未来的周期波动拐点和变化趋势进行预测和识别。

将趋势和周期要素进行分解的方法有回归分析法、移动平均法、阶段平均法、HP 滤波法以及 BP 频谱滤波法等。其中 HP 滤波法是应用最广泛的方法，HP 滤波可以看成一个近似的高通滤波，它是时间序列的谱分析。实际经济周期研究中广泛地使用了该方法，并几乎成为经济学定量研究中求解趋势与周期成分的标准方法。随机性是经济数据的特征之一。近年来，HP 滤波在经济领域的研究逐渐深入。经济增长不仅受到生产力的影响，而且受到季节等诸多因素的影响。生产力的发展并非直线向上，可能存在波动性。因此，HP 滤波法能较好地拟合经济增长的趋势项。

综上所述，由于 HP 滤波法是在最小二乘法基础上的发展，它提取出的趋势项是既贴近原始序列，又具备一定光滑性的新序列，所以是一种较为有效的方法。

针对本章研究的行业"三维"时间序列，选用 HP 滤波法能够更加准确地对周期波动序列和趋势系列进行解析。

## 二、基于 ARMA-GARCH 族模型的行业"三维"周期波动风险趋势预测

时间序列是按时间顺序排列不同时间点统计指标值的序列。其基本特征是序列的随机性或数据的统计相关性。时间序列预测模型是用一个数学模型来近似描述时间序列。如果模型被识别，它可以利用时间序列反映的方向和趋势进行类比或扩展，以预测下一个时间段的值。考虑到行业"三维"时间序列不仅与当前市场状况波动相关，更与前期政策和区域性影响相关联，这与 AR（I）MA 模型时间序列在任何时间的值都可以设置为不仅与滞后项的自身值有关，而且与之前进入系统的干扰有关，即与一致的残差序列有关。单一预测方法由于自身的属性，均存在一定程度上的误差，而复合预测方法如时间序列和卡尔曼滤波算法的复合等则能够充分发挥每个预测方法的优点，提高一定的预测精度。考虑到趋势序列可能存在自回归条件异方差性，因此对其残差序列设计 GARCH 模型。因此本研究选择 AR（I）MA-GARCH 族模型对行业"三维"时间序列中的"趋势序列"进行预测，并利用卡尔曼滤波算法对其进行状态更新。

基于 HP 滤波分解得到的行业"三维"风险时间序列的波动序列反映了行业"三维"周期风险的波动情况，其不仅与当前市场状况波动相关，更与前期政策与区域性影响相关联。此外，考虑到单一预测模型存在的局限性，以及波动序列可能存在的波动性聚集特征即 ARCH 效应，本研究运用各维度的核心监测指标，即行业"去库存"风险泡沫预警值（DSCF）、行业"去产能"风险泡沫预警值（DCCF）、行业"去杠杆"风险泡沫预警值（DLCF），通过 AR（I）MA-GARCH 族模型对行业"三维"周期风险时间序列的波动序列进行测度。

## 三、基于 STR 模型的行业"三维"周期波动风险拐点识别

平滑转换回归（smooth transition regression，STR）模型主要在线性模型基础上考虑了非线性问题，通过区间转换函数，将线性和非线性两个机

制平稳地连接。因此它可以更清楚地显示变量之间线性和非线性部分的作用机理，从而对经济现象和经济规律做出更全面、真实的解释。STR 模型可以描述行业周期波动特征，挖掘数据冲击下的行业"三维"周期风险波动序列拐点。STR 模型不同于离散传递模型的连续变量传递过程。它具有非线性传递行为的动力学特性，适用于跟踪两个极端机构之间的平稳渐进变化。STR 模型由于易于反映动态序列的非线性路径，已成为研究效率波动和经济变量的重要工具，行业市场总是经历着从衰退到萧条再到复苏而繁荣的周期性波动。基于此，运用 STR 模型识别行业"三维"周期风险波动拐点，对行业所处周期环境进行有效监测，并在此基础上实现对企业"三维"风险的预警定位。

### 四、基于泰尔指数的行业"三维"周期波动风险区域因子测度

行业"三维"周期波动风险因为区域因子的影响，在不同行业和区域之间呈现差异化分布，对行业三维周期波动区域差异的衡量，可以为政策分析研究提供有力的支撑。而在考虑行业"三维"周期波动风险不均衡状态时要同时比对国家层面的差异和不同地区间的差异。目前，世界上比较成熟的指标有极值和区间、变异系数、区域基尼系数、泰尔指数、广义熵指数等。与不同的方法相比，变异系数计算简单，但不易分解，因此，它更适合于整体差异分析。基尼系数和泰尔指数是分析差异和不平等的经典方法。基尼系数的特点是可以进一步解释系统内部的不平衡关系。然而，就区域差异而言，泰尔指数具有良好的可分解性，它不仅可以判断总体差异水平，还可以将其分解为区间差异和区域差异，并分析它们对总体差异的贡献。通过分解公式可以得到组间和组内的差异，与其他方法相比，分解公式可以更好地处理差异的细节。因此，本研究选择泰尔指数作为衡量区域动态平衡程度的指标。

通过时间序列数据的测算，历年泰尔指数可以用来衡量并解释各区域的动态均衡程度。根据泰尔指数的测度结果可知行业"三维"周期波动风险存在几个阶段的变化：一是泰尔指数急剧上升，则处于上升阶段；二是泰尔指数急剧下降，则处于下降阶段；三是泰尔指数呈较为合理的分布，则处于平稳阶段。我们可以通过泰尔指数某个时间段的变化程度来对未来几年行业"三维"周期波动风险区域因子进行一个测度。故本研究采用时间序列数据计算行业历年泰尔指数，对行业"三维"周期风险区域因子进行测度。

### 五、基于干预分析模型的行业"三维"周期波动风险政策风险因子测度

时间序列经常受到特殊事件及态势的影响，称这类事件为干扰事件。干扰事件虽然多种多样，但按照其影响形式，归纳起来基本上有四个种类：第一种是干扰事件的影响突然开始，长期持续下去。此类影响对因变量的影响是固定的，从某一时刻开始，但影响程度是未知的；第二种是干扰事件的影响渐渐产生并在一段时间内持续；第三种是干扰事件突然发生，产生暂时的影响；第四种是干扰事件逐渐开始，产生暂时的影响。政策分析的难点之一就是时间序列除了政策因素影响，还有其自然发展形成，实际数据是被干扰事件影响之后的结果，而干预分析模型能对观察到的时间序列现实值进行因素分解，分离出干扰事件影响值，很好地对外部变化给经济环境、过程或结果的具体影响进行定量分析，甚至可以对未来的影响做出主观的估计。因此本研究首先采用干预分析进行干扰事件对行业"三维"周期风险时间序列影响性质的识别，之后利用干预分析模型测度干预事件的具体影响。

时间序列经常受到特殊事件及态势的影响，称这类事件为干扰事件。政策干预就是典型的干扰事件。就政策干预来说，其分析的难点之一就是时间序列除了政策因素影响，还有其自然发展形成，遭遇干扰事件后实际数据的结果既包含了干预事件所造成的影响也包含序列本身的趋势变化。合成控制模型通过合成一个虚拟控制组，模拟时间序列未受干扰事件冲击的发展趋势，通过对比分离出干扰事件影响值，很好地对外部变化对经济环境、过程或结果的具体影响进行定量分析，甚至可以对未来的影响做出合理估计。因此本研究采用合成控制模型对干预事件的具体影响进行定量测度。

### 关键概念释义

| 序号 | 关键概念 | 缩写符号 | 计算公式 | 释义 |
|---|---|---|---|---|
| 1 | 行业"三维"风险泡沫预警值 | — | 行业"去杠杆"风险泡沫预警值（IDLBWV）＝行业"去库存"风险泡沫预警值（IDSBWV）＋行业"去产能"风险泡沫预警值（IDCBWV） | 行业"三维"风险泡沫预警值基于风险管理资产负债表建构，从不同维度直观反映和刻画行业资本结构风险特征 |

续表

| 序号 | 关键概念 | 缩写符号 | 计算公式 | 释义 |
|---|---|---|---|---|
| 2 | 行业"去库存"风险泡沫预警值 | IDSBWV（industry de-stocking bubble warning value） | 行业"去库存"风险泡沫预警值（IDSBWV）＝行业营运资本需求（IWCR）＝经营性流动资产（OCA）－经营性流动负债（OCL） | 行业"去库存"风险泡沫预警值是通过经营性流动资产、经营性流动负债计算而成 |
| 3 | 行业"去产能"风险泡沫预警值 | IDCBWV（industry de-capacity bubble warning value） | 行业"去产能"风险泡沫预警值（IDCBWV）＝长期资产（LTA）－长期金融资本（LTFC）－非金融长期资本（NFLTC）－权益资本（E） | 行业"去产能"风险泡沫预警值是通过非金融长期资本变动值、权益资本变动值、长期资产变动值计算而成 |
| 4 | 行业"去杠杆"风险泡沫预警值 | IDLBWV（industry de-leveraging bubble warning value） | 行业"去杠杆"风险泡沫预警值（IDLBWV）＝行业"去库存"风险泡沫预警值（IDSBWV）＋行业"去产能"风险泡沫预警值（ID-CBWV）＝短期金融资本（STFC）－金融性流动资产（FCA） | 行业"去杠杆"风险泡沫预警值是通过金融性流动资产变动值和金融资本变动值计算而成 |
| 5 | 行业"三维"现金在险预警值 | — | 行业"三维"现金在险预警值＝行业"去库存"现金在险预警值（IDSCWV）＋行业"去产能"现金在险预警值（IDCCWV）＋行业"去杠杆"现金在险预警值（IDLCWV） | "三维"现金在险预警值基于风险现金管理流量表建构，用以直观反映和刻画行业不同维度的风险来源与在险来源 |
| 6 | 行业"去库存"现金在险预警值 | IDSCWV（industry de-stocking cash warning value） | 行业"去库存"现金在险预警值（IDSCWV）＝经营活动现金流出量（OCFo）－经营活动现金流入量（OCFi） | 行业"去库存"现金在险预警值是经营活动现金流入量无法弥补经营活动现金流出量的缺口值 |
| 7 | 行业"去产能"现金在险预警值 | IDCCWV（industry de-capacity cash warning value） | 行业"去产能"现金在险预警值（IDCCWV）＝资本投资现金在险预警值（CIC-FaR）＋基建投资现金在险预警值（IICFaR）＋其他投资现金在险预警值 | 行业"去产能"现金在险预警值是投资活动中资本投资、基建投资、其他投资三部分组成的现金值 |
| 8 | 行业"去杠杆"现金在险预警值 | IDLCWV（industry de-leveraging cash warning value） | 行业"去杠杆"现金在险预警值（IDLCWV）＝金融资本现金在险预警值（FCC-WV）＋权益资本现金在险预警值（ECCWV）＋其他融资现金在险预警值 | 行业"去杠杆"现金在险预警值是融资活动中金融资本、权益资本、其他融资三部分组成的现金值 |

# 第四章　风险管理会计建构的企业"三维"风险预警体系

风险管理会计建构的企业"三维"风险预警体系，主要研究基于企业风险管理资产负债表与企业风险管理现金流量表，设计企业"三维"风险预警指标与指标体系，具体如图 4-1 所示。

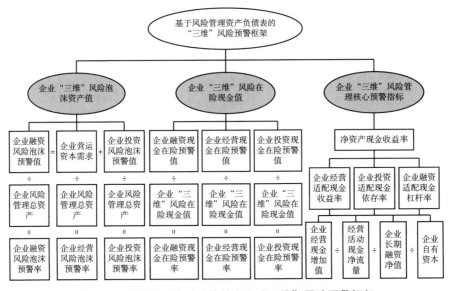

**图 4-1　风险管理会计建构的企业"三维"风险预警框架**

为探寻企业资金链断裂阈值的测度模型，参照行业"三维"风险周期波动监测模型，探建企业层面"三维"风险预警分割点：企业"经营泡沫风险–投资泡沫风险–融资泡沫风险"的预警分割点；运用卡尔曼滤波等测度工具，测度企业"三维"风险预警指标预测值；将行业"三维"周期风险波动拐点、区域因子、政策因子与企业"三维"风险预警指标预测值作为输入层数据，运用循环神经网络（recurrent neural net，RNN）构建企业"三维"风险预警定位模型；最终运用风险清单制度和风险矩阵工具对企业"三维"风险实现精准管控。

# 第一节　企业风险泡沫预警风险管理会计方程式建构

## 一、风险管理会计方程式之六

由于企业在进行融资活动时，易出现企业融资期限与投资期限不匹配的情况，导致将短期融资获取的资金用于长期投资项目，造成一种"短贷长投"的现象，对企业现金流造成威胁，甚至会导致公司需通过出售资产的方式来偿还债务。因此，本研究为了预防企业的"短贷长投"风险，设计基于风险管理资产负债表的"三维"风险预警框架，如图4-2所示。

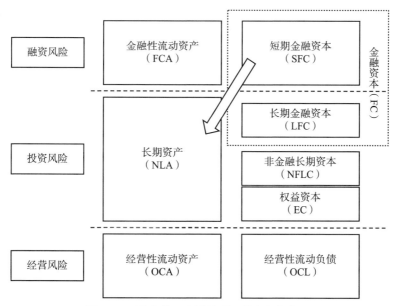

图4-2　风险管理会计的"短贷长投"解析

短贷长投具体表现在经营、投资、筹资三个维度的泡沫率，基于风险管理资产负债表的企业融资风险泡沫预警率测度指标（风险管理会计方程式之六）为：

$$\text{企业融资风险泡沫} \atop \text{预警率（EFRBWR）} = \text{企业投资风险泡沫} \atop \text{预警率（EIRBWR）} + \text{企业经营风险泡沫} \atop \text{预警率（EORBWR）}$$

$$(4-1)$$

## 二、企业融资风险泡沫预警率指标测度

企业融资维"风险泡沫资产率测度"指标为企业融资风险泡沫预警率（enterprise financing risk bubble warning ratio，EFRBWR）。

企业融资风险泡沫预警率指标，是为了衡量企业融资风险泡沫资产占整个风险管理总资产的比例，该指数为越大越坏型指标，其计算公式为：

$$\text{企业融资风险泡沫预警率} \atop \text{（EFRBWR）} = \frac{\text{企业短期金融资本} \atop \text{（ESFC）} - \text{企业金融性流动资产} \atop \text{（EFCA）}}{\text{企业风险管理总资产（ERMA）}}$$

$$(4-1-1)$$

## 三、企业投资风险泡沫预警率指标测度

企业投资维"风险泡沫资产率测度"指标为企业投资风险泡沫预警率（enterprise investing risk bubble warning ratio，EIRBWR）。

企业投资风险泡沫预警率指标，是为了衡量企业投资风险泡沫资产占整个风险管理总资产的比例，该指数为越大越坏型指标，其计算公式为：

$$\text{企业投资风险} \atop \text{泡沫预警率} \atop \text{（EIRBWR）} = \frac{\text{企业长期资} \atop \text{产（ENLA）} - \left[ \text{企业长期} \atop \text{金融资本} \atop \text{（ELFC）} + \text{企业非金融} \atop \text{长期资本} \atop \text{（ENFLC）} + \text{企业权} \atop \text{益资本} \atop \text{（EC）} \right]}{\text{企业风险管理总资产（ERMA）}}$$

$$(4-1-2)$$

## 四、企业经营风险泡沫预警率指标测度

企业经营维"风险泡沫资产率测度"指标为企业经营风险泡沫预警率（enterprise operating risk bubble warning ratio，EORBWR）。

设计企业经营风险泡沫预警率（enterprise operating risk bubble rate，EORBWR）指标，是为了衡量企业经营风险泡沫资产占整个风险管理总资产的比例，该指标为越大越坏型指标，其计算公式为：

$$\text{企业经营风险泡沫预警率} \atop \text{（EORBWR）} = \frac{\text{企业营运资本需求（EWCR）}}{\text{企业风险管理总资产（ERMA）}}$$

$$(4-1-3)$$

## 第二节　企业"三维"风险在险现金预警率风险管理会计方程式建构

### 一、风险管理会计方程式之七

现金是企业管理的重要组成部分，是实现企业声誉的核心。如企业出现资金短缺问题，首先会危及企业经营与偿债能力，再者会影响企业战略规划及持续化发展。本研究为了预防企业的现金流量风险，设计基于风险管理现金流量表的"三维"风险预警框架。

根据公式企业"三维"风险在险现金预警值＝企业经营现金在险预警值（enterprise operating cash at risk warning ratio，EOCaRWR）＋企业投资现金在险预警值（enterprise investing cash at risk warning ratio，EICaRWR）＋企业融资现金在险预警值（enterprise financing cash at risk warning ratio，EFCaRWR），基于此设计的风险管理会计方程式之七为：

$$\begin{aligned} \text{企业"三维"风险在险现金预警率} &= \frac{\text{企业经营现金在险预警率}}{\text{（EOCaRWR）}} + \frac{\text{企业投资现金在险预警率}}{\text{（EICaRWR）}} \\ &+ \frac{\text{企业融资现金在险预警率}}{\text{（EFCaRWR）}} \\ &= 100\% \end{aligned} \qquad (4-2)$$

### 二、企业融资现金在险预警率测度指标

企业融资维"风险在险现金率测度"指标为企业融资现金在险预警率。它是为了衡量企业融资最大可能风险损失占企业"三维"现金在险预警值的比例。该指标为越大越坏型指标，其计算公式为：

$$\frac{\text{企业融资现金在险预警率}}{\text{（EFCaRWR）}} = \frac{\text{企业融资现金在险预警值（EFCaRWV）}}{\text{企业"三维"风险现金在险预警值}}$$

$$(4-2-1)$$

### 三、企业投资现金在险预警率测度指标

企业投资维"风险在险现金率测度"指标为企业投资现金在险预警率。它是为了衡量企业投资最大可能风险损失占企业"三维"现金在险预警值的比例。该指标为越大越坏型指标，其计算公式为：

$$企业投资现金在险预警率（EICaRWR）=\frac{企业投资现金在险预警值（EICaRWV）}{企业"三维"现金在险预警值}$$

$$(4-2-2)$$

### 四、企业经营现金在险预警率测度指标

企业经营维"风险在险现金率测度"指标为企业经营现金在险预警率。它是为了衡量企业经营现金在险预警值占企业"三维"现金在险预警值的比例。该指标为越大越坏型指标，其计算公式为：

$$企业经营现金在险预警率（EOCaRWR）=\frac{企业经营现金在险预警值（EOCaRWV）}{企业"三维"现金在险预警值}$$

$$(4-2-3)$$

## 第三节　风险管理会计建构的企业"三维"风险预警指标设计

### 一、风险管理会计建构的企业"三维"风险指标体系设计

为进一步探析泡沫预警值，现金在险预警值之间的关系及其在现金流视角下对风险管理的驱动要素。本研究从现金流量视角构建风险管理驱动要素的恒等式，以设计风险管理会计建构的企业"三维"风险预警指标体系。

美国杜邦公司提出以净资产收益率（return on equity，ROE）为核心指标的杜邦财务分析体系，对财务状况进行综合评价。在此基础上，摒弃传统的净利润指标，基于现金增加值，构建基于现金流量基础的企业"三维"风险预警核心指标——净现金增值收益率（cash return on equity rate，CROE）。

从现金流量的角度来看，财务状况良好的企业的自由现金流量也可能是负的和有风险的。因此，考虑到经营、投融资活动对企业风险管理总资本的贡献，选定现金增加值（CVA）作为指标，以克服会计信息失真和经营者在会计方法上人为操纵利润等问题。在现金收付实现制条件下构建基于杜邦分析体系的企业"三维"风险预警指标体系，具体如图4-3所示。

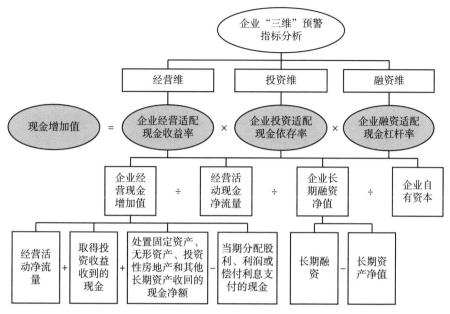

**图4-3 企业"三维"预警指标综合体系**

## 二、风险管理会计方程式之八

$$\frac{\text{企业现金增值收益率}}{(\text{ECROE})} = \frac{\text{企业经营适配现金收益率}}{(\text{EOACYR})} \times \frac{\text{企业投资适配现金}}{\text{依存率（EIADR）}}$$

$$\times \frac{\text{企业融资适配现金杠杆率}}{(\text{EFACLR})} \qquad (4-3)$$

即：

$$\frac{\dfrac{\text{企业现金增加值}}{(\text{ECVA})}}{\dfrac{\text{企业自有资本}}{(\overline{EEC})}} = \frac{\dfrac{\text{企业现金增加值}}{(\text{ECVA})}}{\dfrac{\text{经营活动现金净流量}}{(\text{NCFO})}} \times \frac{\dfrac{\text{经营活动现金净流量}}{(\text{NCFO})}}{\dfrac{\text{企业长期融资净值}}{(\text{NLF})}}$$

$$\times \frac{\text{企业长期融资净值（NLF）}}{\text{企业自有资本（}\overline{EEC}\text{）}}$$

企业"三维"风险预警指标的核心概念包括企业现金增加值（enterprise cash value added，ECVA），指数的核心概念包括企业现金增值收益率（enterprise cash return on equity ratio，ECROE）、企业经营适配现金收益率（enterprise operating adaptation cash yield ratio，EOACYR）、企业投资适配依存率（enterprise investment adaptation dependency ratio，EIADR）、企业融资适配现金杠杆率（enterprise financing adaptation cash leverage ratio，

EFACLR)。

## (一) 企业现金增加值

为了衡量现金收付实现制条件下的现金增加值，反映企业在支付了各项现金分配后的留存现金收益，即表示企业留存收益中的现金含量。本研究设计企业现金增加值，该指标为越大越好指标，计算公式为：

$$
\begin{aligned}
\text{企业现金增加值} \atop (\text{ECVA}) = \Bigg[ & \left( \frac{\text{经营活动现金净流量}}{(\text{NCFO})} + \frac{\text{取得投资收益}}{\text{收到的现金}} \right. \\
& + \left. \frac{\text{处置固定资产、无形资产、投资性房地产}}{\text{和其他长期资产收回的现金净额}} \right) \\
& - \frac{\text{当期分配股利、利润或}}{\text{偿付利息支付的现金}} \Bigg]
\end{aligned} \quad (4-3-1)
$$

## (二) 企业现金增值收益率

为了衡量现金增加值占企业自有资本的比例，即反映企业的现金增加值对企业资本的回报程度，同时反映企业利用资本去获得现金增值的能力。本研究设计企业现金增值收益率，该指数为越大越好指标，若该指标计算结果为负，则为现金回报预警指标。计算公式为：

$$
\text{企业现金增值收益率} \atop (\text{ECROE}) = \frac{\text{企业现金增加值} (\text{ECVA})}{\text{企业自有资本} (EEC)} \quad (4-3-2)
$$

## (三) 企业"三维"预警指标解构

1. 企业"经营维"预警指标体系

企业"经营维"预警指标体系，如表4－1所示。

表4－1 企业"经营维"风险预警指标

| 指标维度 | 单项指标 | 计算公式 |
|---|---|---|
| 核心预警指标 | 企业经营适配现金收益率 | 企业经营适配现金收益率 (EOACYR) = 企业现金增加值 (EC-VA)/经营活动现金净流量 (NCFO) |
| 支撑预警指标 | 企业经营风险泡沫预控率 | 企业经营风险泡沫预控率 (EORBWR) = 1 － [企业营运资本需求 (EWCR)/企业风险管理总资产 (ERMA)] |
| | 企业经营现金在险预控率 | 企业经营现金在险预控率 (EOCaRWR) = 1 － [企业经营现金在险预警值 (EOCaRWV)/企业"三维"现金在险预警值] |
| | 企业保营运的经营现金流入量 | 企业保营运的经营现金流入量 = 平均现金增加值 (ICVA)/[1 － 企业经营活动现金流出量 (ECFOo)/企业经营活动现金流入量 (ECFOi)] |
| | 企业经营现金可持续天数 | 企业经营现金可持续天数 = 年末货币资金/(年经营活动现金流出量/360) |
| | 企业现金留存收益比 | 企业现金留存收益比 = 企业现金留存收益 (ECVA)/企业现金净利润 (ECEV) |

（1）企业经营适配现金收益率。为了衡量现金增加值占企业经营活动现金净流量的比例，即反映企业经营现金净流量中用于现金增值的程度。本研究设计经营现金增值率，该指数为越大越好指数，若该指标计算结果为负，则为经营收益预警指数。计算公式为：

$$\underset{(\text{EOACYR})}{\text{企业经营适配现金收益率}} = \frac{\text{企业现金增加值（ECVA）}}{\text{经营活动现金净流量（NCFO）}}$$

$$(4-3-3)$$

（2）企业经营风险泡沫预控率。为了测度企业针对经营风险泡沫的预控程度，本研究依据经营风险泡沫预警率，设计了经营风险预控率，该指标为越大越好指标，其计算公式为：

$$\underset{(\text{EORBPR})}{\text{企业经营风险泡沫预控率}} = 1 - \left[\frac{\text{企业营运资本需求（EWCR）}}{\text{企业风险管理总资产（ERMA）}}\right]$$

$$= 1 - \text{企业经营风险泡沫预警率（EOCaRWR）}$$

$$(4-3-3-1)$$

（3）企业经营现金在险预控率。为了测度企业针对经营现金在险的预控程度，本研究依据经营现金在险预警率，设计了经营现金在险预控率，该指标为越大越好指标，其计算公式为：

$$\underset{(\text{EOCaRWR})}{\text{企业经营现金在险预控率}} = 1 - \left[\frac{\text{企业经营现金在险预警值（EOCaRWV）}}{\text{企业"三维"现金在险预警值}}\right]$$

$$= -\text{企业经营现金在险预警率（EOCaRWV）}$$

$$(4-3-3-2)$$

（4）企业保营运的经营现金流入量。为了衡量企业保营运的现金流量，本研究设计了企业保营运的经营现金流入量，当企业经营现金流入量大于企业保营运的经营现金流入量表明企业现金流量可以保住日常运营，该指数为越大越好型指数，计算公式为：

$$\underset{\text{现金流入量}}{\text{企业保营运的经营}} = \frac{\text{全行业平均现金增加值（ICVA）}}{1 - \dfrac{\text{企业经营活动现金流出量（ECFOo）}}{\text{企业经营活动现金流入量（ECFOi）}}}$$

$$(4-3-3-3)$$

（5）企业经营现金可持续天数。为了衡量企业所持有的经营现金可以维持的经营天数，本研究设计了企业经营现金可持续天数，企业经营现金可持续天数为越大越好型指标。计算公式为：

$$\text{企业经营现金可持续天数} = \frac{\text{年末货币资金}}{\text{年经营活动现金流出量/360}}$$

$$(4-3-3-4)$$

（6）企业现金留存收益比。为了衡量企业现金净利润中留存收益的比重，本研究设计企业现金留存收益比，该指标为越大越好型指标，计算公式为：

$$企业现金留存收益比 = \frac{企业现金留存收益（ECVA）}{企业现金净利润（ECEV）}$$

$$(4-3-3-5)$$

2. 企业"投资维"预警指标体系

企业"投资维"预警指标体系，如表4-2所示。

表4-2　　　　　　　　　　企业"投资维"风险预警指标

| 指标维度 | 单项指标 | 计算公式 |
|---|---|---|
| 核心预警指标 | 企业投资适配依存率 | 企业投资适配依存率（EIADR）=经营活动现金净流量（NCFO）/长期融资净值（NLF） |
| 支撑预警指标 | 企业投资风险泡沫预控率 | 企业投资风险泡沫预控率（EIRBR）=1-［企业长期资产（ENLA）-（企业长期金融资本（ELFC）+企业非金融长期资本（ENFLC）+企业权益资本（EC））］/企业风险管理总资产（ERMA） |
| | 企业投资现金在险预控率 | 企业投资现金在险预控率（EIRVaRR）=企业投资现金在险预警值（EIRVaR）/企业"三维"现金在险预警值 |
| | 企业风险管理资本投融资错配率 | 企业风险管理资本投融资错配率（RMCIFMR）=企业投融资错配额/企业长期资产（ELA）=100%-企业风险管理资本投融资适配率（ERMIFFR） |
| | 企业风险管理资本短贷长投率 | 企业风险管理资本短贷长投率（ERMCSTLLTIR）=（企业短期金融资本（ESFC）-企业营运资本需求（EWCR））/企业投融资错配额 |
| | 企业保营运保投资经营现金流入量 | 企业保营运保投资经营现金流入量=（平均现金增加值（CVA）+企业年构建固定资产、无形资产投资性房地产和其他长期资产所支付的现金）/［1-企业经营活动现金流出量（ECFOo）/企业经营活动现金流入量（ECFOi）］ |

（1）企业投资适配依存率。为了衡量经营活动现金净流量占企业长期融资净值的比例，即反映企业的投资现金对企业长期融资净值的支撑程度。本研究设计企业投资现金增值率，该指数为越大越好指数，若该指标计算结果为负，则为投资现金预警指数。计算公式为：

$$企业投资适配现金依存率（EIADR）= \frac{经营活动现金净流量（NCFO）}{长期融资净值（NLF）}$$

$$(4-3-4)$$

其中：

长期融资净值（NLF）=长期融资（LF）-长期资产净值（NLA）

若长期融资净值为负，则为短贷长投。

（2）企业投资风险泡沫预控率。为了测度企业针对投资风险泡沫的预控程度，本研究依据投资风险泡沫预警率，设计了投资风险预控率，该指标为越大越好指标，其计算公式为：

$$
\begin{aligned}
\text{企业投资风险泡沫预控率（EIRBPR）} &= \frac{1-\{\text{企业长期资产（ENLA）}-[\text{企业长期金融资本（ELFC）}+\text{企业非金融长期资本（ENFLC）}+\text{企业权益资本（EC）}]\}}{\text{企业风险管理总资产（ERMA）}} \\
&= 1-\text{企业投资风险泡沫预警率（EIRBWR）}
\end{aligned}
$$

$$(4-3-4-1)$$

（3）企业投资现金在险预控率。为了测度企业针对投资现金在险的预控程度，本研究依据投资现金在险预警率，设计了投资现金在险预控率，该指标为越大越好指标，其计算公式为：

$$
\begin{aligned}
\text{企业投资现金在险预控率（EOCaRWR）} &= 1-\frac{\text{企业投资现金在险预警值（EOCaRWV）}}{\text{企业"三维"现金在险预警值}} \\
&= -\text{企业投资现金在险预警率（EICaRWR）}
\end{aligned}
$$

$$(4-3-4-2)$$

（4）企业风险管理资本投融资错配率。为了衡量企业的投融资的错配情况以及企业的造血功能，本研究设计风险管理资本投融资错配率（ERMCIFMR），企业风险管理资本投融资错配率为越大越坏型指标。若计算结果为负数则为企业风险管理投融资适配率。具体计算公式为：

$$
\begin{aligned}
\text{企业风险管理资本投融资错配率（RMCIFMR）} &= \frac{\text{企业投融资错配额}}{\text{企业长期资产（ELA）}} \\
&= 100\%-\text{企业风险管理资本投融资适配率（ERMIFFR）}
\end{aligned}
$$

$$(4-3-4-3)$$

（5）企业风险管理资本短贷长投率。为了衡量企业风险管理资本短贷长投情况，本研究设计企业风险管理资本短贷长投率（ERMCSTLLTIR），风险管理资本短贷长投率为越大越坏指标，风险管理资本短贷长投率越大，代表企业用短期贷款去进行长期投资的金额越大，风险管理资本错配风险越大。具体公式为：

$$
\text{企业风险管理资本短贷长投率（ERMCSTLLTIR）} = \frac{\text{企业短期金融资本（ESFC）}-\text{企业营运资本需求（EWCR）}}{\text{企业投融资错配额}}
$$

$$(4-3-4-4)$$

（6）企业保营运保投资经营现金流入量。为了衡量企业保证正常投资经营活动所需现金流入量，本研究设计企业保营运保投资经营现金流入量和企业保营运保投资经营现金流入风险预警单项指数，当企业经营现金流入量大于企业保营运保投资经营现金流入量表明企业现金流量可以保住日常运营与投资，该指标为越大越好型指标。计算公式为：

$$企业保营运保投资经营现金流入量 = \frac{全行业平均现金增加值（CVA）+ 企业年构建固定资产、无形资产投资性房地产和其他长期资产所支付的现金}{1 - \frac{企业经营活动现金流出量（ECFOo）}{企业经营活动现金流入量（ECFOi）}}$$

$$(4-3-4-5)$$

3. 企业"融资维"预警指标体系

企业"融资维"风险预警指标，如表4-3所示。

表4-3　　　　　　　　　　企业"融资维"风险预警指标

| 指标维度 | 单项指标 | 计算公式 |
|---|---|---|
| 核心预警指标 | 企业融资适配现金杠杆率 | 企业融资适配现金杠杆率（EFACLR）= 长期融资净值（NLF）/企业自有资本（EEC） |
| 支撑预警指标 | 企业融资风险泡沫预控率 | 企业融资风险泡沫预控率（EFRBWR）= 1 - [企业短期金融资本（ESFC）- 企业金融性流动资产（EFCA）]/企业风险管理总资产（ERMA） |
| | 企业融资现金在险预控率 | 企业融资现金在险预控率（EFRVaRR）= 1 - [企业融资现金在险预警值（EFRVaR）/企业"三维"现金在险预警值] |
| | 企业融资现金结构比 | 企业融资现金结构比 = 融资活动现金流出量/"三维"总流出量 |
| | 企业保营运保偿债经营现金流入量 | 企业保营运保偿债经营现金流入量 = （全行业平均现金净利润（ICEV）+ 企业年偿还债务支付的现金）/（1 - 企业经营活动现金流出量（ECFOo）/企业经营活动现金流入量（ECFOi）） |
| | 企业风险资产权益率 | 企业风险资产权益率 = 企业自有资本（EC）/企业风险管理总资产（RMA） |

（1）企业融资适配现金杠杆率。为了衡量企业长期融资净值占企业自有资本的比率，即反映企业长期融资依靠企业股本的依存程度，本研究设计企业融资适配现金杠杆率，该指数为越大越好指数，若计算结果为负，则为融资适配预警指数。计算公式为：

$$企业融资适配现金杠杆率（EFACLR） = \frac{长期融资净值（NLF）}{企业自有资本（EEC）} \quad (4-3-5)$$

（2）企业融资风险泡沫预控率。为了测度企业针对融资风险泡沫的预控程度，本研究依据融资风险泡沫预警率，设计了融资风险预控率，该指标为越大越好指标，其计算公式为：

$$
\begin{aligned}
\text{企业融资风险泡沫} \atop \text{预控率（EFRBPR）} &= \frac{1-\left[\dfrac{\text{企业短期金融资本}}{\text{（ESFC）}} - \dfrac{\text{企业金融性流动资产}}{\text{（EFCA）}}\right]}{\text{企业风险管理总资产（ERMA）}} \\
&= 1-\text{企业融资风险泡沫预警率（EFRBWR）}
\end{aligned}
$$

$$(4-3-5-1)$$

（3）企业融资现金在险预控率。为了测度企业针对融资现金在险的预控程度，本研究依据融资现金在险预警率，设计了融资现金在险预控率，该指标为越大越好指标，其计算公式为：

$$
\begin{aligned}
\text{企业融资现金在险} \atop \text{预控率（EOCaRWR）} &= 1-\left[\frac{\text{企业融资现金在险预警值（EOCaRWV）}}{\text{企业"三维"现金在险预警值}}\right] \\
&= -\text{企业融资现金在险预警率（EFCaRWR）}
\end{aligned}
$$

$$(4-3-5-2)$$

（4）企业风险资产权益率。为了衡量企业自有资本占整个风险管理总资本的比例，本研究设计企业风险资产权益率，企业风险资产权益率用以衡量企业自有资本投入企业的增值程度，该指数为越大越好型指数，其计算公式为：

$$
\text{企业风险资产权益率} = \frac{\text{企业自有资本（EC）}}{\text{企业风险管理总资产（ERMA）}}
$$

$$(4-3-5-3)$$

（5）企业融资现金结构比。为了衡量企业融资活动现金流出量占整个"三维"流出量的比例，本研究设计企业融资现金结构比，该指标为越大越好型指标，其计算公式为：

$$
\text{企业融资现金结构比} = \frac{\text{融资活动现金流出量}}{\text{"三维"总流出量}} \qquad (4-3-5-4)
$$

（6）企业保营运保偿债经营现金流入量。为了衡量企业保证正常融资经营活动所需现金流入量，本研究设计企业保营运保偿债经营现金流入量，当企业经营现金流入量大于企业保营运保偿债经营现金流入量表明企业现金流量可以保住日常运营与偿债，该指标为越大越好型指标，其计算公式为：

$$企业保营运保偿债 \atop 经营现金流入量 = \cfrac{\dfrac{全行业平均现金}{净利润（ICEV）} + \dfrac{企业年偿还债务}{支付的现金}}{1 - \dfrac{企业经营活动现金流出量（ECFOo）}{企业经营活动现金流入量（ECFOi）}}$$

$$(4-3-5-5)$$

### 三、风险管理预警指标体系测度

**（一）测度各项企业风险预警指标的"指标实际值"及"预警临界值"**

1. 企业"三维"风险预警指标类型

在对指标进行评价时，往往分为三种类型：第一种指标称为正指标，即指标数值与经济意义正相关；第二种指标称为逆指标，即指标数值与经济意义负相关；第三种指标称为适度指标，即该类指标的取值在一定区间时的经济意义最好，过大过小都会使得经济意义变差。

企业"三维"风险预警指标存在指标属性不一致的问题，如企业"三维"风险泡沫预警值与企业"三维"风险现金在险预警值均为越大越坏指标。而企业现金可持续增长率为越大越好型指标。指标属性不一致会导致这些指标进行评价往往无法得到理想的结果。

2. "指标实际值"及"预警临界值"的计算及解析

"指标实际值"是客观存在的财务报告中显示的各种财务指标数据，具体为企业在统计年度内，基于财务报表数据计算后的企业"经营维""投资维""融资维"的风险预警指标实际值。

"预警临界值"是通过对财务数据的分离和计算而得到的判断有无警情出现的数值。"预警临界值"处于灰色地带，分别从企业三个维度出发，不仅衡量行业内非 ST 企业风险泡沫资产率的均值，而且也度量其与行业内 ST 企业维度下风险泡沫资产率均值的偏离程度。偏离程度用协方差的绝对值来表示，衡量非 ST 企业与 ST 企业两个维度风险泡沫资产率均值的相互关系，预警临界值数轴如图 4-4 所示。当协方差绝对值为 0 值时说明两者是相互独立，反之协方差绝对值越大时，则说明两者对彼此的影响越大。以企业经营维"预警临界值"的计算公式为例：

$$经营风险泡沫 \atop 预控率预警 \atop 临界值 = 行业内非 ST 企业 \atop 经营风险泡沫 \atop 预控率均值 + 由行业内非 ST 企业经营风险泡沫 \atop 预控率均值与其配对的 30 家 \atop 以上 ST 企业的协方差绝对值$$

图4-4 预警临界值数轴

### （二）测度企业"三维"风险管理预警指数并预报警度

基于指标实际值和预警临界值的公式，测度企业泡沫资产风险单项预警指数和企业在险现金风险单项预警指数。同时基于动态预警，对企业"三维"风险预警分割点进行测度并识别。通过对风险预警分割点进行测度，并利用卡尔曼滤波预测企业"三维"风险预警指数，通过预警信号灯技术实现企业"三维"风险的最终定位。最终通过风险责任清单与风险矩阵技术实现企业"三维"风险实现精准管控。

### 四、企业"三维"风险综合预警指标体系设计

企业"三维"风险会受到行业不同周期的影响，当行业整体周期处于上行期时，行业大环境的影响会促使企业经营效益的提升，会降低企业风险发生的概率。而当行业周期处于下行期时，市场需求的降低会对企业的经营产生影响，经济效益的降低使得企业无法负担营业成本和到期的债务，进而使得企业陷入财务风险。而就企业"三维"风险而言，行业的"去库存"周期、"去产能"周期和"去杠杆"周期会对企业的经营风险、投资风险和融资风险产生影响。

行业"三维"周期风险传导企业"三维"风险的传导路径为：由行业"去库存"泡沫风险导致企业普遍存在因库存积压、周转不灵导致的"经营泡沫风险"；由行业"去产能"泡沫风险引起的企业产能过剩、资金无法回笼导致的"投资泡沫风险"；行业"去杠杆"泡沫风险引起的短贷长投金融结构失衡导致的"融资泡沫风险"。为实现企业"三维"风险的动态监测，本研究构建出企业"三维"风险预警指标体系①，具体如图4-5所示。

---

① 企业"三维"风险预警指数是以企业"三维"风险预警指标体系为基础，通过与企业"三维"风险临界值结合而构建的预警模型。

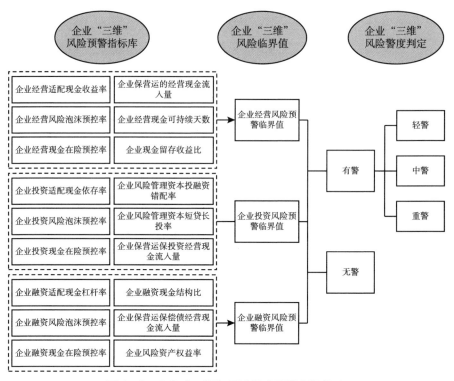

**图4－5　企业"三维"风险综合预警指标构建**

## 第四节　风险管理会计建构的企业"三维"风险监测预警工具选择

　　企业风险管理，是指企业为实现风险管理目标，对企业风险进行有效识别、评估、预警和应对等管理活动的过程①。企业"三维"风险预警流程以风险识别为基础，通过对风险预警分割点进行测度，并利用卡尔曼滤波预测企业"三维"风险预警指数，通过循环神经网络实现企业"三维"风险的最终定位。最终通过风险责任清单与风险矩阵技术实现企业"三维"风险实现精准管控。风险管理会计建构的企业风险预警工具选择，如图4－6所示。

------

　　①　财政部的《管理会计应用指引第700号——风险管理》要求企业应建立组织架构健全、职责边界清晰的风险管理结构，明确风险管理职责分工，在风险识别的基础上，对风险成因和特征、风险之间的相互关系，以及风险发生的可能性、对目标影响程度和可能持续的时间进行分析。

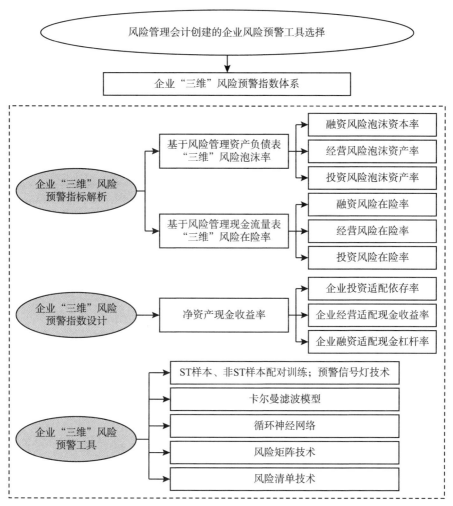

图4-6　风险管理会计建构的企业风险预警工具选择

## 一、企业"三维"风险预警临界值与分割点测度

风险的发生是一个循序渐进的过程，会因为影响程度的变化及时间的积累表现出逐渐恶化或者逐渐好转的过程。本研究在企业"三维"风险预警分割点测度的基础上，通过对ST样本与非ST样本进行配对训练，将企业"三维"风险警度划分为"无警""轻警""中警""重警"四个警级，如图4-7所示。

图 4 - 7　企业"三维"风险警度判定模式

$\eta_0$ 是区分企业"三维"是否存在警情的分割点，$\eta_1$ 是区分风险"轻警"与"中警"的分割点，$\eta_2$ 是区分风险处于"中警"与"重警"的分割点。由于本研究分别对企业经营泡沫风险、投资泡沫风险和融资泡沫风险进行预警，因此需要在三个维度分别划分不同警情下的预警阈值，以判断不同的企业的"三维"风险状况。

**二、基于卡尔曼滤波的企业"三维"周期波动风险预警**

企业风险预警的关键在于对企业"三维"预警指标的未来值进行科学预测。卡尔曼滤波是一种基于状态空间模型的迭代算法。使用卡尔曼滤波的前提条件是建立合适的状态空间模型，其核心思想包括三点：第一，引入反映系统在某一时刻内部特征的状态变量；第二，建立状态方程，反映相邻时间的状态变化趋势；第三，确定反映状态和观测数据之间关系的观测方程。

本研究运用卡尔曼滤波模型对企业"三维"风险预警指数未来值进行预测，从而实现对企业"三维"风险的预警定位。

**三、基于循环神经网络的企业财务欺诈智能预警**

上市公司的欺诈行为包括信息披露违规、大股东侵占利益、内幕交易和操纵市场等行为。本研究试图建立因违规行为被监管部门公开谴责、批评或处罚的公司预测模型。

企业财务欺诈不仅受到企业内部因素的影响，也会受到所处行业的外部因素影响。因此，本研究在进行企业"三维"风险预警定位时，在对企业"三维"风险泡沫资产率、企业"三维"风险在险现金率、企业保营运保偿债现金流入量等企业"三维"风险预警指标预测的基础上，也会纳入行业"三维"周期风险波动序列、行业"三维"周期风险波动拐点、行业"三维"周期风险区域因子和行业"三维"周期风险政策因子等数据。

本研究构建了基于循环神经网络的企业财务欺诈风险预警模型。在训练循环神经网络模型用来进行企业财务欺诈风险预警模型时，主要的障碍在于数据量不足。为解决这一问题，本研究对循环神经网络模型进行了改进，提出基于迁移学习方式来解决样本数据量不足的问题，使用具有很强同质性但更容易获取的 A 股上市公司财务风险评价作为源域数据来增强目标域模型的训练，解决样本数量较少情况下网络参数的过拟合问题。

循环神经网络（RNN）是对传统神经网络的改进，是一类具有短期记忆能力的神经网络。其与传统神经网络的主要区别是在隐藏层中多了一条信息传输通道，从而使神经元不仅能够接受其他神经元的信息，也能够接受自身的信息，形成具有环路的网络结构，使得网络具有时间特性，更好地处理时序问题。循环神经网络的学习过程由前向传播和参数更新两个步骤组成，输入数据从输入层开始进行前向传播，并通过隐含层的处理后再由输出层输出。

循环神经网络在企业财务欺诈智能预警方面的应用能够综合传统预警模型包括集成学习、深度神经网络等具备的优势，具体来说包括以下几点：第一，其可以容纳高维特征数据集，且能够进行非线性转化，处理非线性关系。在传统的预警模型如 Logit 和 Probit 等模型中，尽管其能够得到各预警指标对风险发生的边际效应，但是由于多重共线性等原因，无法容纳过高维度的预警指标，且该两种模型均假定未解释部分的残差服从特定分布，而在现实世界的预警中，该假定并不一定合理，残差实际可能服从其他分布，而循环神经网络在利用标签数据集进行训练的过程中，并未预设其服从特定的分布，更符合实际情况。第二，其能够处理时间序列，提取时间信息特征。与传统的神经网络不同，其用途主要是处理和预测序列数据，其链式属性能够提取时间序列的信息。理论上来说，循环神经网络能够对任意长度的序列数据进行建模，可以学习到长时间信息的关联。第三，结合 Python 中的 Captum 库可以提高模型预警结果的解读能力。传统的单独使用深度神经网络，尽管能够得到较高的预警准确度，但其预警过程是一个"黑箱"，解释力弱，通过结合循环神经网络与 Captum 库能够做到得到集成学习中的特征相对重要性特征的同时保持高准确度，提高预警结果的透明度。

因此，本研究将企业"三维"风险预警指数预测值和行业"三维"周期风险波动序列、行业"三维"周期风险波动拐点、行业"三维"周期风险区域因子及行业"三维"周期风险政策因子等作为循环神经网络的输入层数据，通过设定模型参数来实现对企业财务欺诈预警定位，具体如图 4 - 8 所示。

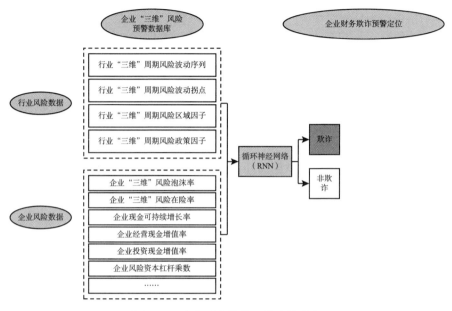

**图 4-8 企业财务欺诈预警定位流程**

## 四、企业风险责任清单设计

风险清单，是指企业根据自身战略、业务特点和风险管理要求，以表单形式进行风险识别、风险分析、风险应对措施、风险报告和沟通等管理活动的工具方法①。采用风险清单的主要目的是使公司了解自身的风险状况和重大风险，明确相关部门的风险管理职责。规范风险管理流程，为风险预警和评价机制的建立打下基础。

本研究将利用风险清单工具，根据"三维"风险预警定位结果，编制包含风险类别、风险描述、关键风险指标、风险分析和风险应对在内的企业整体风险清单和部门风险清单。

## 五、企业风险矩阵构建

风险矩阵，是指按照风险发生的可能性和风险发生后果的严重程度，将风险绘制在矩阵图中，展示风险及其重要性等级的风险管理工具方法②。风险矩阵的基本原理是，参照财务战略风险矩阵，通过评价公司的价值增长状态，衡量企业资源耗费的状况来判断企业的风险程度。本研究

---

① 财政部《管理会计应用指引第 702 号——风险清单》。
② 财政部《管理会计应用指引第 701 号——风险矩阵》。

将根据财务战略风险矩阵与风险矩阵技术，设计企业"二维"风险矩阵和企业"三维"风险矩阵。

企业"二维"风险矩阵通过现金流的视角而构建，以经营现金流入增长率与现金可持续增长率的差额为横坐标、现金增加值增长率为纵轴绘制在风险矩阵中，以此反映企业不同维度的外部行业风险状况以及企业内部营运风险状况。

企业"三维"风险矩阵通过将企业经营泡沫风险、投资泡沫风险和融资风险预警定位结果绘制在风险矩阵中，通过三维风险定位矩阵模型对企业"三维"风险进行综合性的预警定位，进而实现对企业整体风险状况的评估，为制定化解风险对策提供依据。

## 第五节　基于卡尔曼滤波的企业"三维"周期波动风险监测预警与定位分析

为实现未来企业"三维"风险预警，本研究利用卡尔曼滤波算法测度企业"三维"风险预警指数的预测值。

状态变量：

$$X(t) = \left[ X(t_1),\ X(t_2),\ \cdots,\ X(t_n) \right]^T$$

状态方程：

$$X(t) = A \times X(t-1) + W(t)$$

观测方程：

$$Z(t) = H \times X(t) + V(t)$$

式中，$X(t)$ 是 $t$ 时刻的系统状态即为企业"三维"风险状态，$Z(t)$ 是 $T$ 时刻的测量值。

构建状态空间模型是卡尔曼滤波的核心，主要包括状态方程的构建和观测方程的构建。状态方程反映了系统状态的变化趋势，就企业"三维"风险预警指数预测而言，其 $t$ 时刻的"三维"风险状态由 $t-1$ 时刻的"三维"风险状态演变而来。观测方程由可以能够直接观测得到的数据构成，观测变量与状态变量存在对应的关系。本研究首先构建企业"三维"风险分割点与警度判定模式，为卡尔曼滤波的警度判定提供依据。

### 一、企业"三维"风险预警临界值与分割点测度

企业"三维"风险预警临界值是通过对上市公司经营风险核心监测指

标的剥离和计算，得到判断有无风险警情的"拐点"。因此为实现企业
"三维"预警定位，本研究分别依据企业"三维"核心预警指标，测度企
业经营维风险预警临界值、投资维风险预警临界值、融资维风险预警临界
值。并在此基础上进行分割点的测度，作为划分"轻警""中警""重警"
的依据。以经营维风险预警分割点的测度为例，计算方法如下。

**（一）测度 ST 样本均值**

在 $t$ 年被 ST 的上市企业大多数出现了风险表征。ST 企业的风险具有
累积性。因此，在设计 ST 样本企业经营风险预警分割点时，首先对 ST 公
司被特别处理的经营维核心预警指标进行加权平均处理。

$$\bar{x}_{经ST} = \frac{1}{n} \sum x_{经ST}$$

**（二）测度非 ST 样本均值**

遵循可比性原则，对配对样本的经营维核心监测指标进行相同的加权
平均处理：

$$\bar{x}_{经配} = \frac{1}{n} \sum x_{经配}$$

**（三）测度 ST 样本和配对样本的协方差**

ST 样本企业和配对样本企业经营维核心监测指标加权平均数的协
方差：

$$\mathrm{cov}_{经协} = \frac{\sum_{i}^{n} (x_{核经STi} - \bar{x}_{核经ST})(x_{核经配i} - \bar{x}_{核经配})}{n}$$

**（四）测度 ST 样本和配对样本的标准差**

根据正态分布特征，选取 $t$ 值分别为 1、2 和 3，进行临界值和分割点
的计算。

**（五）测度预警分割点**

经营维核心预警指标预警临界值与分割点计算公式为：

$$\eta_{经0} = \bar{x}_{核经配} + \mathrm{cov}_{经协} \times t_1$$
$$\eta_{经1} = \bar{x}_{核经ST} + \mathrm{cov}_{经协} \times t_2$$
$$\eta_{经2} = \bar{x}_{核经ST} - \mathrm{cov}_{经协} \times t_3$$

其中，$\eta_{经0}$ 是划分企业"经营"风险"有警"和"无警"的临界值，$\eta_{经1}$
和 $\eta_{经2}$ 分别是划分"轻警"和"中警"、"中警"和"重警"的分割点。
$\bar{x}_{核经ST}$ 为 ST 企业经营维核心指标的均值，$\mathrm{cov}_{经协}$ 为经营维核心指标 ST 企业
与配对企业的协方差。

## 二、企业"三维"风险警度判定模式设计

本研究以企业经营风险警度判定为例，设计企业"三维"风险警度判定模式。根据企业经营核心预警指标测度结果，可将企业经营风险警度分为"无警"（$O_s$）、"轻警"（$O_l$）、"中警"（$O_m$）和"重警"（$O_h$）四种状况，其中，O 代表经营（operating），其余英文字母的具体释义如表 4 - 7 所示。

**表 4 - 7　　　　　经营风险预警分割点及警度判定字母简称释义**

| 字母简称 | 字母全称 | 警度 | | 信号灯 |
|---|---|---|---|---|
| s | safe | 无警 | | $O_s$ |
| l | light | | 轻警 | $O_l$ |
| m | middle | 有警 | 中警 | $O_m$ |
| h | high | | 重警 | $O_h$ |

上市公司经营风险"有警"警度判定模式如公式及图 4 - 8 所示。

$$\begin{cases} 无警，& \text{EOACYR} > \eta_{0经营} \\ 轻警，& \eta_{1经营} < \text{EOACYR} \leqslant \eta_{0经营} \\ 中警，& \eta_{2经营} < \text{EOACYR} \leqslant \eta_{1经营} \\ 重警，& \eta_{2经营} \geqslant \text{EOACYR} \end{cases}$$

同理按照"测度 ST 样本均值→测度配对样本均值→测度 ST 样本与配对样本的协方差→ST 样本与配对样本的标准差→测度预警临界值与分割点"的步骤，可以确定投资泡沫风险、融资泡沫风险的预警临界值与分割点及其警度判定结果。

## 三、状态方程构建

系统的状态在变化的过程中会受到外部因素的影响，这种影响即为噪声，在理想状态下，噪声是随机的（白噪声），用 $W(t)$ 表示。找到企业"三维"风险预警指数的演变路径是构建状态方程的核心问题，通过构建状态方程实现用第 $t$ 期的"三维"风险状态来预测 $t+1$ 时期的"三维"风险状态。本研究以企业经营风险泡沫预控率（$EORBWR$）预测为例，构建的状态方程如下：

$$EORBWR(t) = A \times OBRV(t-1) + W(t)$$

其中，$EORBWR_{t-1}$ 和 $EORBWR_t$ 分别表示第 $t-1$ 和第 $t$ 期企业经营泡沫风险状态，$W(t)$ 为 $n$ 维状态噪声向量。

## 四、观测方程构建

状态变量无法直接观测但与观测变量有关，可以通过观测变量来判断状态变量，为了对企业"三维"风险核心预警指标进行预测，需要获取未来时刻状态空间模型的观测值。在风险预警中，本研究利用行业"三维"风险监测指标作为企业"三维"风险观测变量对状态方程进行修正。最终得到观测方程：

$$Z(t) = H \times DSRV(t) + V(t)$$

其中，$Z(t)$ 为 $m$ 维输出变量；$H$ 为 $m \times n$ 维输出矩阵，反映状态变量与输出变量之间的关系；$DSRV$ 为行业"去库存"风险泡沫资产率，$V(t)$ 为 $m$ 维观测噪声向量。

在对未来的企业"三维"风险预警指数预测时，观测变量的期数与状态变量的期数存在差异，为了解决这一问题，本研究采用线性二次指数平滑法对观测方程的后期数据进行了递归推导。二次指数平滑主要用于从历史数据中预测未来数据，可以同时反映历史数据和新数据。计算步骤如下：

（1）计算第一次指数平滑值：

$$Y'_t = \alpha Z_t + (1-\alpha) Y'_{t-1}$$

其中，$Z(t)$ 表示第 $t$ 期企业"三维"风险观测变量，$Y'_{t-1}$ 和 $Y'_t$ 分别表示第 $t-1$ 期和第 $t$ 期企业"三维"风险观测变量的第一次指数平滑值。

（2）计算第二次指数平滑值：

$$Y''_t = \alpha Y'_t + (1-\alpha) Y''_{t-1}$$

其中，$Y''_{t-1}$ 和 $Y''_t$ 分别表示第 $t-1$ 期和第 $t$ 期企业"三维"风险观测变量的第二次指数平滑值。

（3）计算修正系数：

$$\alpha_t = 2Y'_t - Y''_t$$

$$b_t = \frac{\alpha}{1-\alpha}(Y'_t - Y''_t)$$

（4）计算超前 $m$ 期的预测值：

$$\hat{Z}_{t+m} = \alpha_t + b_t m$$

根据公式可知，$\alpha$ 值直接影响到指数预测的准确性，因此，选取合适

的 $\alpha$ 值至关重要。本研究采用试算法选择不同的平滑系数进行极端，计算预测值与实际值之间的均方误（$MSE$），当 $MSE$ 最小时，选择对应的平滑系数。均方误的计算公式如下：

$$MSE = \frac{1}{N} \sum_{i=1}^{N} （观测值 - 预测值）^2$$

### 五、企业"三维"风险预警定位

#### （一）数据预处理

本研究设计的卡尔曼滤波预警数据库包含以企业经营现金在险预警指数、企业投资现金在险预警指数和企业融资现金在险预警指数为代表的企业"三维"现金在险预警值预警指数。由于企业"三维"现金在险预警指数可能出现数据丢失和量纲不统一的情况，因此本研究对卡尔曼滤波进行预警定位之前，将统一对数据进行缺失值和异常值处理。缺失值和异常值的处理方法主要包括：第一，全局常量的填充和替换；第二，属性平均值的填充和替换；第三，前一时间正常值的替换。根据本研究的具体研究场景，选择第二种方法进行处理，即用指标序列的总体平均值填充并替换当前缺失值和异常值。

#### （二）企业风险预警定位

在训练样本和检验样本中，通过卡尔曼滤波计算得到的最优估计值结合企业"三维"风险警度判定标准，从而对企业进行"三维"预警定位。

对于经过大量训练构建的卡尔曼滤波模型，首先需要使用测试样本数据测试其预测的准确性，即使用 2016～2020 年 4 家 ST 企业进行测试，确定最佳的状态方程和观测方程。在对 2021～2024 年的预警定位时，以 *ST 全新和 *ST 松江两家 ST 企业作为预测样本，利用二次平滑指数确定 2021～2024 年实际预警指数作为输入值，经过卡尔曼滤波的计算得到预测的"三维"最优估计值，从而进行"三维"风险预警定位。

## 第六节　风险管理会计建构的企业"三维"风险解析

### 一、企业风险管理会计"三维"风险清单解析

根据《管理会计应用指引第 702 号——风险清单》规定，企业一般按

企业整体和部门两个层级编制风险清单。企业综合风险清单的编制一般按照风险清单基本框架构建、风险识别、风险分析和重大风险应对措施制定程序进行。根据上述流程，可根据公司整体风险清单和重大部门风险清单编制部门风险清单。

企业风险清单具体组成如图4-9所示。

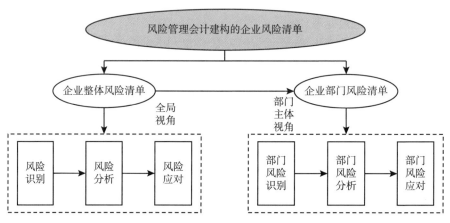

**图4-9    企业风险清单**

### （一）企业风险清单解析

风险清单是指企业根据自身战略、运营特点以及风险管理的要求，以表格形式进行风险识别、风险分析、风险应对、风险沟通和报告等管理活动的工具方法。风险清单适用于公司内各级各类风险管理。目的是使公司了解其风险状况和总体重大风险；明确各业务部门和职能部门的风险管理职责；规范风险管理流程，为风险预警和评价机制的建立打下基础。

企业通常建立两级风险清单，即经营层和业务层。经营风险清单即整体风险清单，通常根据风险清单的基本框架编制，并按照风险识别与分析，制定重大风险应对措施等程序进行；业务层风险清单即部门风险清单，可以根据前者分辨出与本部门相关的重大风险。

企业风险清单一般包括风险识别、风险分析、风险应对。风险识别主要包括风险类别、风险描述、关键风险指标等；风险分析主要包括可能的后果、主要影响因素、风险责任主体、风险发生的概率、风险后果的严重性、风险的重要性等；风险应对部分主要包括风险应对措施等内容。在建立风险清单基本框架时，企业可根据管理需要调整风险识别、风险分析、风险应对等要素。风险管理职能部门应及时将风险清单中的风险信息传递给相关风险责任主体，以确保各责任主体正确理解相关风险信息，有效开展风险管理活动。为提高风险清单的应用效率，风险管理职能部门可根据相关流程将风险清单纳入企业风险管理报告和报告。风险管理职能部门与各风险责任单位一起定期或不定期地根据公司的内外部环境评估风险清单是否全面识别和分类风险，准确分析风险产生的原因和后果，采取适当的风险控制措施，对风险清单进行及时更新和调整。

企业的风险清单能够直观反映企业风险情况，易于操作，对各类企业都有较强的引导性和广泛的适用性，能够适应不同类型企业、不同层次风险、不同风险管理水平的风险管理工作。

**（二）企业整体风险清单设计**

1. 企业风险识别

企业整体风险清单制度要求企业应从全局角度识别可能影响风险管理目标实现的因素和事项，建立风险信息库，在各相关部门的配合下共同识别风险。

本研究根据企业"三维"风险预警定位结果，应详细描述被识别企业的总体风险，并定义关键风险指标。企业应对已识别的风险进行分类和编号，根据风险的性质和风险指标是否可以量化进行分类，并在风险清单的基本框架中填写和完善风险类别、风险描述、关键风险指标等要素。

2. 企业风险分析

企业风险管理部门应该根据填写的风险识别部分的内容，联系相关部门并分析各种风险可能产生的后果，确定主要影响因素和承担后果的责任主体。可能产生的后果、主要影响因素、风险责任主体等项目应在综合风险清单的基本框架内填写。

3. 企业风险应对

企业风险管理部门应会同各责任主体结合企业的风险偏好、风险管理能力等制定相应的风险管理应对措施，填制风险清单基本框架中风险应对措施要素，由此填制完成企业整体风险清单。

本研究设计的企业整体风险清单样表，如表4-5所示。

表 4－5

**企业整体风险清单样表**

| 风险识别 | | | | | | | | 风险分析 | | | | | | 风险应对 |
| 风险类别 | | | | | | 风险描述 | 核心风险指标 | 可能产生的后果 | 关键影响因素 | 风险责任主体 | 风险发生可能性 | 风险后果严重程度 | 风险重要性等级 | 风险应对措施 |
| 一级风险 | | 二级风险 | | 三级风险 | | | | | | | | | | |
| 编号 | 名称 | 编号 | 名称 | 编号 | 名称 | | | | | | | | | |
| 1 | 经营风险 | 1.1 | 经营风险泡沫预警值 | | | | 经营风险泡沫预警值 | | | | | | | |
| | | | | | | | 经营性流动资产 | | | | | | | |
| | | | | | | | 经营性流动负债 | | | | | | | |
| | | 1.2 | 经营现金在险预警值 | | | | 经营活动现金流出量 | | | | | | | |
| | | | | | | | 经营活动现金流入量 | | | | | | | |
| | | …… | | | | | | | | | | | | |
| 2 | 投资风险 | 2.1 | 投资风险泡沫预警值 | | | | 投资风险泡沫预警值 | | | | | | | |
| | | | | | | | 长期资产 | | | | | | | |
| | | | | | | | 长期金融资本 | | | | | | | |
| | | | | | | | 非金融长期资本 | | | | | | | |
| | | | | | | | 权益资本 | | | | | | | |
| | | 2.2 | 投资现金在险预警值 | | | | 企业资本投资现金在险预警值 | | | | | | | |
| | | | | | | | 企业基建投资现金在险预警值 | | | | | | | |
| | | …… | | | | | 其他投资现金在险预警值 | | | | | | | |

续表

| 风险识别 | | | | | | | | 风险分析 | | | | | | 风险应对 |
| --- | --- | --- | --- | --- | --- | --- | --- | --- | --- | --- | --- | --- | --- | --- |
| 风险类别 | | | | | | 风险描述 | 核心风险指标 | 可能产生的后果 | 关键影响因素 | 风险责任主体 | 风险发生可能性 | 风险后果严重程度 | 风险重要性等级 | 风险应对措施 |
| 一级风险 | | 二级风险 | | 三级风险 | | | | | | | | | | |
| 编号 | 名称 | 编号 | 名称 | 编号 | 名称 | | | | | | | | | |
| 3 | 融资风险 | 3.1 | 融资风险泡沫预警值 | | | | 融资风险泡沫预警值 | | | | | | | |
| | | | | | | | 金融资本 | | | | | | | |
| | | | | | | | 金融性流动资产 | | | | | | | |
| | | 3.2 | 融资现金在险预警值 | | | | 金融融资现金在险预警值 | | | | | | | |
| | | | | | | | 权益融资现金在险预警值 | | | | | | | |
| | | | | | | | 其他融资现金在险预警值 | | | | | | | |
| | | …… | | | | | | | | | | | | |

资料来源：财政部《管理会计应用指引第702号——风险清单》。

### （三）企业部门风险清单设计

企业风险管理部门应从全局角度识别可能影响风险管理目标实现的因素和事项，建立风险信息库，在各相关部门的配合下共同识别风险。

本研究根据企业"三维"风险预警定位结果，应详细描述已识别的风险，并确定关键风险指标。风险管理部对识别出的风险进行分类和编号，根据风险的性质进行分类，风险指标是否可以量化。在此基础上，填写风险列表基本框架内的风险类别、风险描述、关键风险指标等内容。

1. 企业风险分析

企业风险管理部门应根据已填列的风险识别部分的内容，在与相关部门沟通后，分析各类风险可能产生的后果，确定引起该后果的关键影响因素及责任主体，并填制完成风险清单基本框架中可能产生后果、关键影响因素、风险责任主体等要素。

各风险责任主体可以逐一分析风险清单中各种风险后果的可能性和严重性，确定风险的重要性，填写风险发生概率等项目，其中风险后果和风险的严重程度取决于公司的风险承受能力和风险应对能力。

2. 企业风险应对

企业风险管理部门应根据公司的风险偏好、风险管理能力等，与公司风险管理部门共同制定相应的风险管理措施。在风险清单的基本框架内填写风险管理措施，完成企业的整体风险清单。

风险管理部门和责任单位可以对公司的重大风险进行更详细的整体分析，也可以直接分解各部门的相关业务流程，建立相关部门的风险清单。风险管理部门定期或不定期与各责任单位合作，评估风险清单是否正确识别和分类风险，准确分析风险产生的原因和后果。根据公司内外部环境的变化，采取相应的风险应对措施，及时更新和调整风险清单。

本研究设计的企业部门风险清单样表，如表4-6所示。

### 二、企业风险管理会计风险矩阵解析

本研究以国际通行的财务战略风险控制矩阵为基础，根据《管理会计应用指引第700号——风险管理》和《管理会计应用指引第701号——风险矩阵》规定，参考财务战略矩阵的设计思想，应用企业三维风险预警指标体系，以现金收付实现制综合考虑企业所处的外部环境、企业内部的财务和业务情况，以及在企业风险管理目标、风险偏好、风险容忍度、风险管理能力等情况的基础上，分别构建企业"二维"战略风险矩阵和企业"三维"风险矩阵。

表 4 - 6　　企业部门风险清单样表

| 部门名称 | | 风险识别 | | | | | | 风险分析 | | | | | | 风险应对 |
|---|---|---|---|---|---|---|---|---|---|---|---|---|---|---|
| 编号 | 名称 | 风险类别 | | | 风险描述 | 核心风险指标 | 可能产生的后果 | 关键影响因素 | 风险责任主体 | 风险发生可能性 | 风险后果严重程度 | 风险重要性等级 | | 风险应对措施 |
| | | 一级风险 | 编号 | 名称 | | | | | | | | | | |
| 1 | 采购部门 | 经营性流动负债 | 1.1 | …… | | 预付账款 | | | | | | | | |
| | | | | | 根据经营风险预警指数得到的警度 | 应付账款 | | | | | | | | |
| | | 经营活动现金流出量 | 1.2 | | | 应付票据 | | | | | | | | |
| | | | | | | 购买商品、接受劳务支付的现金 | | | | | | | | |
| | | | | | | 支付的各项税费 | | | | | | | | |
| | | …… | … | …… | | | | | | | | | | |
| 2 | 生产部门 | 经营性流动负债 | 2.1 | | | 应付职工薪酬 | | | | | | | | |
| | | | | | | 其他应付款 | | | | | | | | |
| | | 经营性流动资产 | 2.2 | | | 存货 | | | | | | | | |
| | | | | | | 其他应收款 | | | | | | | | |
| | | 经营活动现金流出量 | 2.3 | | | 支付给职工以及为职工支付的现金 | | | | | | | | |
| | | …… | … | …… | | | | | | | | | | |

续表

| 风险识别 | | | | | | 风险分析 | | | | | | 风险应对 |
|---|---|---|---|---|---|---|---|---|---|---|---|---|
| 部门名称 | | 风险类别 | | | 风险描述 | 核心风险指标 | 可能产生的后果 | 关键影响因素 | 风险责任主体 | 风险发生可能性 | 风险后果严重程度 | 风险重要性等级 | 风险应对措施 |
| 编号 | 名称 | 一级风险 | | …… | | | | | | | | | |
| | | 编号 | 名称 | | | | | | | | | | |
| 3 | 销售部门 | 3.1 | 经营性流动资产 | | | 应收票据 | | | | | | | |
| | | | | | | 应收账款 | | | | | | | |
| | | | | | | 预收款项 | | | | | | | |
| | | 3.2 | 经营活动现金流入量 | | | 销售商品、提供劳务收到的现金 | | | | | | | |
| | | … | …… | | | | | | | | | | |
| 4 | 财务部门 | 4.1 | 长期资产 | | | 长期股权投资 | | | | | | | |
| | | | | | | 长期应收款 | | | | | | | |
| | | 4.2 | 非金融长期资本 | | | 长期应付款 | | | | | | | |
| | | | | | | 长期应付职工薪酬 | | | | | | | |
| | | 4.3 | 权益资本 | | | 实收资本（或股本） | | | | | | | |
| | | | | | | 资本公积 | | | | | | | |
| | | | | | | 未分配利润 | | | | | | | |
| | | 4.4 | 金融性流动资产 | | | 货币资金 | | | | | | | |
| | | | | | | 交易性金融资产 | | | | | | | |
| | | | | | | 一年内到期的非流动资产 | | | | | | | |

续表

| 部门名称 编号 | 部门名称 名称 | 风险类别 一级风险 编号 | 风险类别 一级风险 名称 | 风险类别 …… | 风险描述 | 核心风险指标 | 可能产生的后果 | 关键影响因素 | 风险责任主体 | 风险发生可能性 | 风险后果严重程度 | 风险重要性等级 | 风险应对措施 |
|---|---|---|---|---|---|---|---|---|---|---|---|---|---|
| 4 | 财务部门 | 4.5 | 金融资本 | | | 短期借款 | | | | | | | |
| | | | | | | 交易性金融负债 | | | | | | | |
| | | | | | | 一年内到期的非流动负债 | | | | | | | |
| | | 4.6 | 经营现金流在险预警值 | | | 现金留存收益现金在险预警值 | | | | | | | |
| | | 4.7 | 投资现金流在险预警值 | | | 资本投资现金在险预警值 | | | | | | | |
| | | | | | | 基建投资现金在险预警值 | | | | | | | |
| | | 4.8 | 融资现金流在险预警值 | | | 金融资本筹资现金在险预警值 | | | | | | | |
| | | | | | | 权益资本筹资现金在险预警值 | | | | | | | |
| | | …… | …… | | | | | | | | | | |

| | 风险识别 | | | | | 风险分析 | | | | | | 风险应对 |

资料来源：财政部《管理会计应用指引第702号——风险清单》。

## （一）企业风险管理会计"二维"矩阵解析

1. 企业战略风险矩阵解析

在现金收付制条件下的基于杜邦分析体系的企业"三维"风险预警指标体系，从经营活动、投资活动、融资活动三个视角对企业风险管理总资本的贡献和风险进行度量。从贡献方面上，现金增值率由经营适配现金收益率、投资适配依存率和融资适配现金杠杆率相乘而得；从风险方面上，现金增值率是经营维、投资维、融资维风险预警指数相互作用的结果。因此，借鉴财务战略矩阵的思想，将以现金增值率为核心指标的风险预警指标体系应用于风险矩阵，设计现金流视角下企业战略风险矩阵。

风险矩阵是指风险管理工具中将风险映射到矩阵中的方法，根据风险后果的概率和严重程度来显示风险及其重要性。根据企业的风险偏好计算风险值，判断和衡量风险发生的概率和后果的严重程度，并在矩阵中给出风险重要性等级。企业战略风险矩阵以现金增值率为纵坐标，以企业"三维"风险预警指数为横坐标。横坐标"企业'三维'风险预警指数"越小越好，说明现金增减变动带给企业特定维度风险的增加，正数为有警、负数为无警；纵坐标"现金增值率"越大越好，说明企业特定维度对现金增值的贡献，正数为现金增值、负数为现金减值。

在采用战略风险矩阵法时，企业应考虑外部环境、内部财务和经营状况、企业风险管理目标、风险偏好、风险承受能力以及风险管理能力等，建立风险矩阵后，企业管理层还应编制风险矩阵评价报告，将其纳入公司内部风险管理体系，作为监测角色，有效引导风险预警和应对活动，提高风险管理效果。战略风险矩阵作为一种风险管理方法，能够把定性描述与定量分析紧密结合起来，应用面广，对客观指标、主观指标都适用，具有一定的先进性。该方法不仅适用于表示企业各类风险重要性等级，也适用于各类风险的分析评价和沟通报告，能够把复杂的问题简单化。基于企业风险矩阵，如图4-10所示，本研究根据企业"二维"风险矩阵设计原则，设计企业"经营风险预警 - 现金增值""投资风险预警 - 现金增值""融资风险预警 - 现金增值"战略风险矩阵。

根据企业"经营维"风险预警指数结果及风险警度判定结果，以及企业现金增值率结果，通过设计企业"经营风险预警 - 现金增值"战略风险矩阵来对企业风险进行可视化显示。通过企业"经营风险预警 - 现金增值"战略风险矩阵，可以从企业经营维和企业现金流两个视角综合地对企业"二维"风险进行综合定位，从而为企业风险全面管理提供工具支持。同理可得企业"投资风险预警－现金增值"战略风险矩阵与企业"融资风险预警－现金增值"风险矩阵。具体如图4－11至图4－13所示。

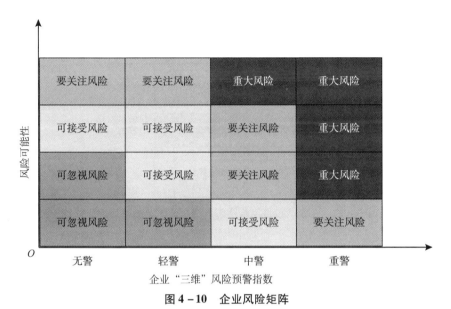

**图4－10　企业风险矩阵**

注：企业"三维"风险预警指数，包括企业经营维、企业投资维和企业融资维。

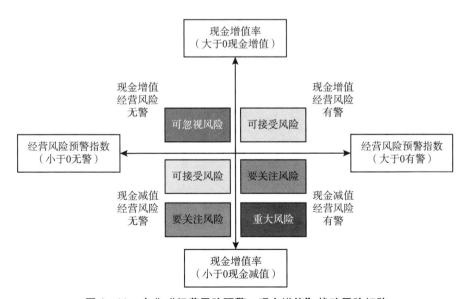

**图4－11　企业"经营风险预警－现金增值"战略风险矩阵**

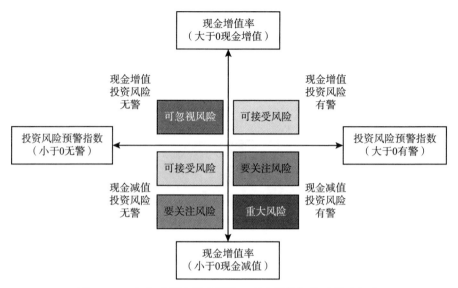

**图4-12　企业"投资风险预警-现金增值"战略风险矩阵**

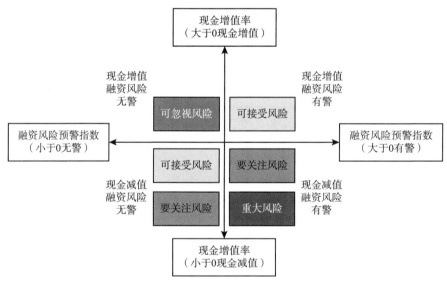

**图4-13　企业"融资风险预警-现金增值"战略风险矩阵**

## (二) 企业风险管理会计"三维"矩阵解析

现阶段，我国企业普遍存在过度扩张导致的"泡沫化"现象，具体呈现为库存积压、周转不灵导致的"经营泡沫风险"，产能过剩、资金无法回笼导致的"投资泡沫风险"和短贷长投、金融杠杆导致的"融资泡沫

风险"。当企业"经营泡沫风险""投资泡沫风险""融资泡沫风险"这
"三维"风险预警堆积或超过一个"阈值"即企业"三维"风险预警"临
界值"范围时，则会多点触发行业层面的"去库存"泡沫风险、"去产
能"泡沫风险和"去杠杆"泡沫风险的行业"三维"风险，导致行业内
企业大面积的"破产"和"死亡潮"等毁灭性打击。

　　风险矩阵工具的主要优点为企业确定各项风险重要性等级提供了可视
化的工具①。本研究根据企业"三维"风险警度判定结果，根据企业"三
维"风险预警指数结果，通过设计企业"三维"风险矩阵来对企业"三
维"风险进行可视化显示。从图4-14可以看出，通过企业"三维"风
险矩阵，可以从企业经营泡沫风险、企业投资泡沫风险和企业融资泡沫风
险三个维度综合地对企业"三维"风险进行综合定位，从而为企业风险全
面管理提供工具支持。

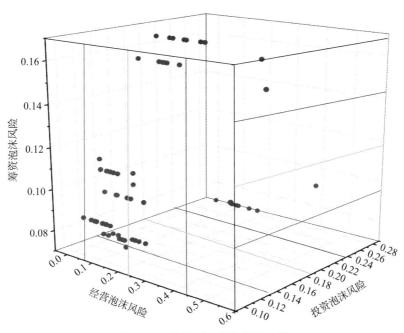

**图4-14　企业"三维"风险矩阵**

---

① 财政部《管理会计应用指引第701号——风险矩阵》第15条。

# 关键概念释义

| 序号 | 关键概念 | 缩写符号 | 计算公式 | 释义 |
|---|---|---|---|---|
| 1 | 企业"三维"风险泡沫率 | ERBR（enterprise financing risk bubble rate） | 企业"三维"风险泡沫率（ERBR）=企业融资风险泡沫预控率（EFRBWR）+企业投资风险泡沫预警值（EIRBR）+企业经营风险泡沫预警值（EORBWR） | |
| 2 | 企业融资风险泡沫预控率 | EFRBWR（enterprise financing risk bubble rate） | 企业融资风险泡沫预控率（EFRBWR）=［企业短期金融资本（ESFC）－企业金融性流动资产（EFCA）］/企业风险管理总资产（ERMA） | |
| 3 | 企业经营风险泡沫预控率 | EORBWR（enterprise operating risk bubble rate） | 企业经营风险泡沫预控率（EORBWR）=企业营运资本需求（EWCR）/企业风险管理总资产（ERMA） | |
| 4 | 企业投资风险泡沫预控率 | EIRBR（enterprise investing risk bubble rate） | 企业投资风险泡沫预控率（EIRBR）=｛企业长期资产（ENLA）－［企业长期金融资本（ELFC）+企业非金融长期资本（ENFLC）+企业权益资本（EC）］｝/企业风险管理总资产（ERMA） | |
| 5 | 企业"三维"风险在险现金率 | ECRVaRR（enterprise risk value at risk rate） | 企业"三维"风险在险现金率（ECRVaRR）=企业经营现金在险预控率（EOCaRWR）+企业投资现金在险预控率（EIRVaRR）+企业融资现金在险预控率（EFCRVaRR）=100% | |
| 6 | 企业融资现金在险预控率 | EFCRVaRR（enterprise financing risk value at risk rate） | 企业融资现金在险预控率（EFCRVaRR）=企业融资现金在险预警值（EFCRVaR）/企业"三维"现金在险预警值 | |

| 序号 | 关键概念 | 缩写符号 | 计算公式 | 释义 |
|---|---|---|---|---|
| 7 | 企业经营现金在险预控率 | EOCaRWR（enterprise operating risk value at risk rate） | 企业经营现金在险预控率（EOCaRWR）=企业经营现金在险预警值（EOCaR-WV）/企业"三维"现金在险预警值 | — |
| 8 | 企业投资现金在险预控率 | EIRVaRR（enterprise investing risk value at risk rate） | 企业投资现金在险预控率（EIRVaRR）=企业投资现金在险预警值（EIRVaR）/企业"三维"现金在险预警值 | — |
| 9 | 企业现金增加值 | ECVA（enterprise cash value added） | 企业现金增加值（ECVA）=［（经营活动现金净流量（NCFO）+取得投资收益收到的现金+处置固定资产、无形资产、投资性房地产和其他长期资产收回的现金净额）-当期分配股利、利润或偿付利息支付的现金］ | 企业现金增加值是衡量现金收付实现制条件下的现金增加值，反映企业在支付了各项现金分配后的留存现金收益，即表示企业留存收益中的现金含量 |
| 10 | 企业现金增值收益率 | ECROE（enterprise cash return on equity rate） | 企业现金增值收益率（ECROE）=企业现金增加值（ECVA）/企业自有资本（EEC） | 企业现金增值收益率是衡量现金增加值占企业自有资本的比例，即反映企业的现金增加值对企业资本的回报程度，同时反映企业利用资本去获得现金增值的能力 |

中 篇

# 行 业 篇

# 第五章 风险管理会计建构的行业"三维"风险时间序列智能监测

行业"三维"时间序列风险智能监测的实质是对行业"去库存""去产能""去杠杆"风险的长期趋势和周期波动进行研究。行业"三维"风险智能监测时间序列，如图 5 – 1 所示。

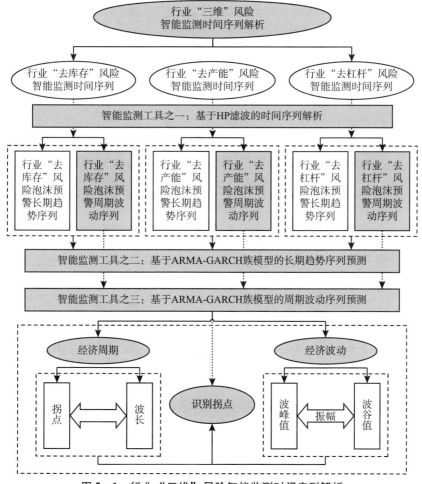

**图 5 – 1 行业"三维"风险智能监测时间序列解析**

# 第一节　行业"三维"风险时间序列智能
## 监测的数据来源与样本选择

### 一、数据来源

为了实现对行业"三维"风险的监测，考虑到数据的可获得性和真实有效性，本研究以中国沪深 A 股 2000～2020 年的房地产行业为研究对象，探究行业"三维"风险长期趋势和周期波动规律。研究中所用的数据主要来自国泰安（CSMAR）数据库，且行业数据均由上市公司合并资产负债表计算而得，为绝对值数据。同时针对前文构建的风险管理资产负债表，对房地产行业上市公司 2000～2020 年的行业"去库存"风险泡沫预警值、行业"去产能"风险泡沫预警值和行业"去杠杆"风险泡沫预警值进行计算。

行业"三维"风险的测度建立在对时间序列进行分离的基础上，通过长期趋势序列和周期波动序列的测度及对未来趋势的预测，来实现对行业"三维"风险的监测。

为了实现对行业"三维"风险的测度及对未来风险的控制，以 2020 年为时间节点 $t$，将研究期间细分为测度阶段和预测阶段，测度阶段为 2000～2020 年（$t-20$ 年），预测阶段为 2021～2024 年（$t+1$ 至 $t+4$），进而对样本的选择按照时间的跨度划分为测度样本（2000～2020 年）和预测样本（2021～2024 年）。

$$Y_t = Y_t^T + Y_t^C \qquad (5-1)$$

其中，$Y_t$ 为时间序列，$Y_t^T$ 为长期趋势序列，$Y_t^C$ 为周期波动序列。$Y_t$ 所包含"三维"时间序列分别为：行业"去库存"时间序列（DSRVt）、行业"去产能"时间序列（DCRVt）和行业"去杠杆"时间序列（DLRVt）。

行业"三维"时间序列又包括行业"三维"长期趋势序列和行业"三维"周期波动序列。

### 二、测度样本

本研究对行业"三维"风险的监测不仅要实现对过去行业"三维"风险的监测，更要对未来行业"三维"风险的趋势进行预测。房地产行业在中国整体经济规模中有着举足轻重的地位，因此本研究选取具有代表性的房地产行业作为研究对象，以 2000～2020 年沪深上市公司为样本，来对其"三维"风险进行监测。附件 5 - 1 为行业"三维"风险的测度样本，共 188 家房地产上市公司。附件 5 - 2 为行业"三维"风险测度样本的区域分布。

### 三、预测样本

选取 2021～2024 年的房地产行业作为预测样本。通过采用 ARMA-GARCH 族模型和 LSTR 模型对行业"三维"风险泡沫时间序列及周期波动序列的拐点进行预测，并基于此刻画房地产行业风险波动幅度等特征，进而对未来房地产行业"三维"风险进行监测。

#### （一）时间序列预测模型

行业"三维"风险的测度建立在对时间序列进行预测分析的基础上，具体通过时间序列中的长期趋势序列和周期波动序列的测度及未来趋势的预测，来实现对未来行业"三维"风险的监测。

1. 长期趋势序列预测模型

在对长期趋势序列（$Y_t^T$）进行平稳性检验的基础上，选用 ARMA 或 AR（I）MA 模型对行业"去库存"风险泡沫长期趋势序列、行业"去产能"风险泡沫长期趋势序列和行业"去杠杆"风险泡沫长期趋势序列进行预测。

2. 周期波动序列预测模型

在对周期波动序列（$Y_t^C$）进行平稳性检验的基础上，同样选用 ARMA 或 AR（I）MA 模型对行业"去库存"风险泡沫周期波动序列、行业"去产能"风险泡沫周期波动序列和行业"去杠杆"风险泡沫周期波动序列进行预测，并将其作为基于 LSTR 模型探究行业"去杠杆—去库存—去产能"风险周期波动规律的数据基础。

#### （二）周期波动序列的拐点识别预测模型

由于行业"去杠杆—去库存—去产能"风险泡沫周期波动序列存在明显的非对称性，为了准确识别其转化机制，本研究利用 STR 模型测度行业"去杠杆—去库存—去产能"风险周期波动拐点，进而精准把握并预测行业"去杠杆—去库存—去产能"风险周期波动走势和风险特征。

## 第二节 智能监测工具之一：基于
## HP 滤波的时间序列解析

### 一、基于 HP 滤波的时间序列智能监测分解

由于长期趋势的存在致使无法从总量上考察房地产行业"三维"时间序列周期波动的存在性。在时间序列分解中，趋势成分认识和估计不同，周期波动的振幅、转折点，扩张阶段和收缩阶段也就随之变化，因此，在研究借助于时间序列模型分解时间序列之前，有必要对时间序列中的趋势成分加以描述和认识。

一般而言，描述时间序列中趋势成分的最简单的时序模型可以由一个随机性趋势成分和一个随机扰动项组成，确定性趋势则是其中的一个特例。基于 HP 滤波的时间序列智能监测分解，如图 5 – 2 所示。

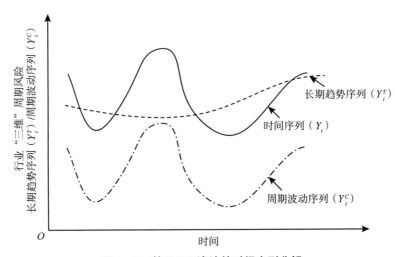

**图 5 – 2 基于 HP 滤波的时间序列分解**

注：时间序列（$Y_t$）= 长期趋势序列（$Y_t^T$）+ 周期波动序列（$Y_t^C$）。

依据谱分析，房地产行业"三维"时间序列中的长期趋势、周期波动和不规则成分，分别对应低频、中频和高频成分。若不对房地产行业"三维"时间序列进行分解，其将呈现出杂乱无章的波动形式。因此，为准确探究房地产行业"三维"周期波动规律，测度振幅、刻画拐点，需要过滤

不规则成分和长期趋势成分，仅保留周期波动成分。为保证抽离的周期波动成分能够代表房地产行业"三维"真实周期波动规律，采用的滤波的技术，应当能够抽取制定频段的波并保证其性质不发生变化，同时不改变房地产行业"三维"时间序列不同频段的时间对应关系，以及不依赖于时间点。

应用于时间序列分解中最常见的滤波就是 HP 滤波和 BK 滤波。这两种滤波方法的分解是基于依赖于数据频率成分的周期定义。周期被定义为非平稳的时间序列经过一个理想的带通滤波过滤后得到的平稳成分。

HP 滤波能够逼近高通滤波，并且不依赖于对经济周期的波谷和波峰的确定，能够直接提取周期波动成分。具体地，HP 滤波通过对于增长性要素二阶差分变化的补偿，使周期因素的方差最小化，即这种方法是使损失函数 $L$ 最小化：

$$Y_t = Y_t^T + Y_t^C$$

$$L = \min\left\{ \sum_{t=1}^{N} (Y_t - Y_t^T)^2 + \lambda \sum_{t=2}^{N-1} \left[ (Y_{t+1}^T - Y_t^T) - (Y_t^T - Y_{t-1}^T) \right]^2 \right\}$$

$$(5-1-1)$$

$$Y_t^C = \min \sum_{i=1}^{T} \left\{ (Y_t - Y_t^T)^2 \right\} \qquad (5-1-2)$$

公式（5-1）的第一部分表示时间序列中的波动成分，第二部分则表示长期趋势的平滑程度，$\lambda$ 调节二者的权重，称为平滑参数，它决定着平滑程度的大小，$\lambda$ 的值越大，趋势成分越平滑，其需要先验地给定。当 $\lambda \to 0$ 时，可以看作是最小二乘法模型，没有过滤发生，趋势序列与实际序列一致；当 $\lambda \to \infty$ 的表示，表现趋势序列为主要部分，趋势序列表现为一条直线。

一般经验，$\lambda$ 的取值如下：

$$\lambda = \begin{cases} 6.25，\text{时间序列年度数据} \\ 1600，\text{时间序列季度数据} \\ 14400，\text{时间序列月度数据} \end{cases}$$

HP 滤波法中趋势成分和周期成分的残差不相关，而 BN 分解法中趋势成分和周期成分的残差负相关。因此，HP 滤波法得到的波动性要比 BN 分解法得到的小。此外，若时间序列数据中包含 I（1）或 I（2）成分时，得到的周期成分会包含伪周期信息，不利于周期分析。但布什维利等（Bouthevillain et al.，2001）发现，当 $\lambda$ 的取值很小（对于年度数据，$\lambda <$ 30）时，上述问题不会出现。

## 二、基于 HP 滤波的房地产行业"去库存"风险时间序列解析

### (一) HP 滤波分解房地产行业"去库存"风险时间序列的适用性分析

以房地产行业"去库存"风险泡沫预警值（$DSBWV$）为例，如果房地产行业"去库存"风险泡沫时间序列为趋势平稳过程，则确定性消除趋势法都可以使用，如果趋势非平稳，那么确定性趋势法来消除长期趋势则不适用，而应该使用能够消除随机趋势的滤波方法。由表 5 - 1 可知，在三种检验方法下，均表明房地产行业"去库存"风险泡沫时间序列为非平稳过程，因此 HP 滤波方法是适用的。

表 5 - 1　　房地产行业"去库存"风险泡沫时间序列单位根检验

| 检验方法 | 原假设 | 统计值 | 临界值 | 结论 |
|---|---|---|---|---|
| KPSS | 趋势平稳 | 0.637 | 0.463 | 否 |
| ADF | 单位根 | 1.760 | - 3.000 | 是 |
| PP | 单位根 | 0.522 | - 3.000 | 是 |

资料来源：根据国泰安数据库 2000 ~ 2020 年中国房地产行业上市公司"去库存"风险泡沫时间序列计算整理而得。

### (二) 房地产行业"去库存"风险时间序列的 HP 滤波分解

利用 HP 滤波技术，在房地产行业"去库存"风险泡沫时间序列的基础上，采用平滑因子（$\lambda$），得到 $DSRV_t^T$ 为房地产行业"去库存"风险泡沫长期趋势序列，$DSRV_t^C$ 为房地产行业"去库存"风险泡沫周期波动序列。运用 HP 滤波分离时间序列的本质是将 $DSRV_t^T$ 从 $DSRV_t$ 分离出来，$\lambda$ 为调节参数，$\lambda$ 值越大，分解的趋势曲线越光滑。本研究中主要使用 2000 ~ 2020 年房地产行业年度数据进行测度，考虑到模型拟合过程中对滞后期的选取，这里设置调节参数 $\lambda = 6.25$。

在时间序列公式（5 - 1）$Y_t = Y_t^T + Y_t^C$ 基础上，结合房地产行业"去库存"维的风险泡沫，可进一步衍生成房地产行业"去库存"风险泡沫的时间序列分解公式。

$$\begin{matrix} \text{房地产行业"去库存"} & & \text{房地产行业"去库存"} & & \text{房地产行业"去库存"} \\ \text{风险泡沫时间序列} & = & \text{风险泡沫长期趋势} & + & \text{风险泡沫周期波动} \\ （DSRV_t） & & \text{序列}（DSRV_t^T） & & \text{序列}（DSRV_t^C） \end{matrix}$$

$$(5 - 2)$$

其中，

$$Y_t = DSRV_t \tag{5-2-1}$$

$$Y_t^T = DSRV_t^T \tag{5-2-2}$$

$$Y_t^C = DSRV_t^C \tag{5-2-3}$$

结合公式（5-2），通过 HP 滤波分解得到 2000～2020 年房地产行业"去库存"风险泡沫长期趋势序列（$DSRV_t^T$）和"去库存"风险泡沫周期波动序列（$DSRV_t^C$），如表 5-2 所示。

表 5-2　　　　2000～2020 年房地产行业"去库存"风险泡沫
长期趋势序列和周期波动序列　　　　　　　　单位：万元

| 年份 | 房地产行业"去库存"风险泡沫时间序列（$DSRV_t = DSRV_t^T + DSRV_t^C$） | 房地产行业"去库存"风险泡沫长期趋势序列（$DSRV_t^T$） | 房地产行业"去库存"风险泡沫周期波动序列（$DSRV_t^C$） |
|---|---|---|---|
| 2000 | -2561850000. 0000 | -1844926899. 8144 | -716922997. 9648 |
| 2001 | -2544830000. 0000 | -1339434939. 1872 | -1205395049. 6768 |
| 2002 | 2020050000. 0000 | -948650691. 7888 | 2968700688. 7936 |
| 2003 | 344317000. 0000 | -980144881. 6640 | 1324461903. 0528 |
| 2004 | -2445370000. 0000 | -1266496516. 9152 | -1178873521. 7664 |
| 2005 | -3118310000. 0000 | -1428370227. 2000 | -1689939712. 4096 |
| 2006 | -2217630000. 0000 | -1275050904. 7808 | -942579122. 1760 |
| 2007 | 75798100. 0000 | -886213443. 5840 | 962011542. 3232 |
| 2008 | 19289000. 0000 | -492345386. 5984 | 511634413. 9776 |
| 2009 | -338853000. 0000 | -170012730. 9824 | -168840265. 7280 |
| 2010 | 204886000. 0000 | 86080297. 3696 | 118805705. 5232 |
| 2011 | 376726000. 0000 | 254214930. 4320 | 122511071. 6416 |
| 2012 | 312406000. 0000 | 331681339. 8016 | -19275335. 2704 |
| 2013 | 334725000. 0000 | 335371436. 0320 | -646432. 0512 |
| 2014 | 370056000. 0000 | 279093103. 8208 | 90962906. 3168 |
| 2015 | 325946000. 0000 | 176550772. 7360 | 149395223. 3472 |
| 2016 | -254279000. 0000 | 56002976. 1536 | -310281974. 5792 |
| 2017 | -94576300. 0000 | -30388548. 4032 | -64187754. 0864 |
| 2018 | -101684000. 0000 | -80107175. 9360 | -21576823. 6032 |
| 2019 | -97666200. 0000 | -100906316. 5952 | 3240113. 7664 |
| 2020 | -64349900. 0000 | -103991666. 2784 | 39641763. 0208 |

资料来源：根据国泰安数据库 2000～2020 年房地产行业上市公司资料计算整理而得。

**（三）基于 HP 滤波分解的房地产行业"去库存"长期趋势序列和周期波动序列**

为了更加直观显示，将分解出的 2000～2020 年房地产行业"去库存"风险泡沫长期趋势序列和"去库存"风险泡沫周期波动序列绘制成图，如图 5 – 3 所示。

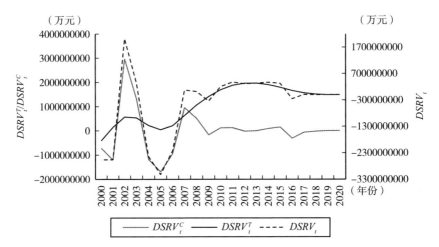

图 5 – 3   2000～2020 年房地产行业"去库存"风险泡沫时间序列分解

资料来源：根据国泰安数据库 2000～2020 年房地产行业上市公司资料整理绘制而得。

由图 5 – 3 可知，通过 HP 滤波对房地产行业"去库存"风险泡沫时间序列进行分解的效果良好，呈现以下特征：

（1）分解得到的房地产行业"去库存"风险泡沫长期趋势序列有显著的趋势性，且趋势整体呈现上升性，表明房地产行业"去库存"风险泡沫在增加，"去库存"压力增大。

（2）分解得到的房地产行业"去库存"风险泡沫周期波动序列波动特征显著，且存在不同程度的波动，整体上围绕在 0 上下波动。

（3）分解得到的房地产行业"去库存"风险泡沫长期趋势序列和周期波动序列波动存在一定的周期性，且周期波动序列周期性更为显著，存在周期波动拐点。

**三、基于 HP 滤波的房地产行业"去产能"风险时间序列解析**

**（一）房地产行业"去产能"风险时间序列的 HP 滤波分解**

同理可得，通过 HP 滤波分解得到 2000～2020 年房地产行业"去产能"风险泡沫长期趋势序列（$DCRV_t^T$）和"去产能"风险泡沫周期波动序列（$DCRV_t^C$），如表 5 - 3 所示。

表 5 - 3　　　　2000 ~ 2020 年房地产行业"去产能"风险泡沫
长期趋势序列和周期波动序列　　　　　单位：万元

| 年份 | 房地产行业"去产能"风险泡沫时间序列（$DCRV_t = DCRV_t^T + DCRV_t^C$） | 房地产行业"去产能"风险泡沫长期趋势序列（$DCRV_t^T$） | 房地产行业"去产能"风险泡沫周期波动序列（$DCRV_t^C$） |
|---|---|---|---|
| 2000 | 484319000. 0000 | 107074014. 4128 | 377244981. 6576 |
| 2001 | 462718000. 0000 | - 134098478. 6944 | 596816481. 4848 |
| 2002 | - 2413230000. 0000 | - 314911778. 4064 | - 2098318226. 2272 |
| 2003 | - 531313000. 0000 | - 279516046. 9504 | - 251796966. 6048 |
| 2004 | 339097000. 0000 | - 207792360. 6528 | 546889374. 1056 |
| 2005 | 1310210000. 0000 | - 319909317. 8368 | 1630119290. 4704 |
| 2006 | 62517800. 0000 | - 748533212. 7744 | 811051044. 0448 |
| 2007 | - 2547840000. 0000 | - 1365511346. 5856 | - 1182328684. 5440 |
| 2008 | - 2448080000. 0000 | - 1912922649. 3952 | - 535157433. 9584 |
| 2009 | - 2215100000. 0000 | - 2322018703. 7696 | 106918687. 5392 |
| 2010 | - 2748410000. 0000 | - 2609676445. 2864 | - 138733551. 6160 |
| 2011 | - 2834320000. 0000 | - 2775665606. 6560 | - 58654300. 5696 |
| 2012 | - 2795250000. 0000 | - 2841953645. 3632 | 46703637. 2992 |
| 2013 | - 2793410000. 0000 | - 2839892144. 9472 | 46482148. 5568 |
| 2014 | - 2829780000. 0000 | - 2793360536. 3712 | - 36419462. 7584 |
| 2015 | - 2834620000. 0000 | - 2718800910. 7456 | - 115819033. 3952 |
| 2016 | - 2362590000. 0000 | - 2638482715. 4432 | 275892718. 7968 |
| 2017 | - 2543540000. 0000 | - 2593206042. 6240 | 49666116. 8128 |
| 2018 | - 2566430000. 0000 | - 2579628661. 1456 | 13198633. 3696 |
| 2019 | - 2612570000. 0000 | - 2586461182. 3616 | - 26108821. 5040 |
| 2020 | - 2657240000. 0000 | - 2600302804. 9920 | - 56937119. 7440 |

资料来源：根据国泰安数据库 2000 ~ 2020 年房地产行业上市公司资料整理计算而得。

**（二）基于 HP 滤波分解的房地产行业"去产能"长期趋势序列和周期波动序列**

为了更加直观显示，将分解出的 2000～2020 年的房地产行业"去产能"风险泡沫长期趋势序列和"去产能"风险泡沫周期波动序列绘制成图，如图 5 - 4 所示。

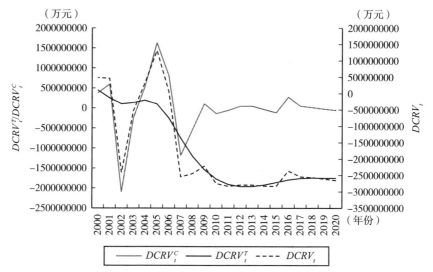

**图 5 - 4　2000～2020 年房地产行业"去产能"风险泡沫预警时间序列分解**

资料来源：根据国泰安数据库 2000～2020 年房地产行业上市公司资料整理绘制而得。

由图 5 - 4 可知，通过 HP 滤波对房地产行业"去产能"风险泡沫时间序列进行分解的效果良好，呈现以下特征：

（1）分解得到的房地产行业"去产能"风险泡沫长期趋势序列有显著的趋势性，且趋势整体呈现下降性，表明房地产行业"去产能"风险泡沫在减少，"去产能"压力有所缓解。

（2）分解得到的房地产行业"去产能"风险泡沫周期波动序列波动特征显著，且存在不同程度的波动，整体上围绕在 0 上下波动。

（3）分解得到的房地产行业"去产能"风险泡沫长期趋势序列和周期波动序列波动存在一定的周期性，且周期波动序列周期性更为显著，存在周期波动拐点。

## 四、基于 HP 滤波的房地产行业"去杠杆"风险时间序列解析

### (一) 房地产行业"去杠杆"风险时间序列的 HP 滤波分解

同理可得，通过 HP 滤波分解得到 2000～2020 年房地产行业"去杠杆"风险泡沫长期趋势序列（$DLRV_t^T$）和"去库存"风险泡沫周期波动序列（$DLRV_t^C$），如表 5-4 所示。

表 5-4　　　2000～2020 年房地产行业"去杠杆"风险泡沫
长期趋势序列和周期波动序列　　　　单位：万元

| 年份 | 房地产行业"去杠杆"风险泡沫时间序列（$DLRV_t = DLRV_t^T + DLRV_t^C$） | 房地产行业"去杠杆"风险泡沫长期趋势序列（$DLRV_t^T$） | 房地产行业"去杠杆"风险泡沫预警周期波动序列（$DLRV_t^C$） |
|---|---|---|---|
| 2000 | -2077530000.0000 | -1737852295.5776 | -339677701.7344 |
| 2001 | -2082110000.0000 | -1473533129.5232 | -608576890.4704 |
| 2002 | -393184000.0000 | -1263562391.5520 | 870378425.5488 |
| 2003 | -186996000.0000 | -1259660849.9712 | 1072664831.5904 |
| 2004 | -2106270000.0000 | -1474288628.5312 | -631981368.9344 |
| 2005 | -1808100000.0000 | -1748279649.8944 | -59820382.6176 |
| 2006 | -2155110000.0000 | -2023584536.9856 | -131525404.2624 |
| 2007 | -2472050000.0000 | -2251725733.8880 | -220324351.1808 |
| 2008 | -2428790000.0000 | -2405268927.2832 | -23521026.0480 |
| 2009 | -2553950000.0000 | -2492032509.5424 | -61917410.0992 |
| 2010 | -2543530000.0000 | -2523598002.5856 | -19932086.2720 |
| 2011 | -2457590000.0000 | -2521453245.2352 | 63863154.2784 |
| 2012 | -2482850000.0000 | -2510275634.7904 | 27425646.1824 |
| 2013 | -2458690000.0000 | -2504524614.8608 | 45834616.8320 |
| 2014 | -2459730000.0000 | -2514271128.7808 | 54541192.3968 |
| 2015 | -2508680000.0000 | -2542253008.4864 | 33572959.0272 |
| 2016 | -2616870000.0000 | -2582480997.5808 | -34389082.1120 |
| 2017 | -2638110000.0000 | -2623594404.2496 | -14515609.6000 |
| 2018 | -2668110000.0000 | -2659735044.0960 | -8375048.6016 |
| 2019 | -2710240000.0000 | -2687366699.4176 | -22873323.9296 |
| 2020 | -2721590000.0000 | -2704293652.0704 | -17296354.5088 |

资料来源：根据国泰安数据库 2000～2020 年房地产行业上市公司资料整理计算而得。

**（二）基于 HP 滤波分解的房地产行业"去杠杆"长期趋势序列和周期波动序列**

为了更加直观显示，将分解出的 2000～2020 年房地产行业"去杠杆"风险泡沫长期趋势序列和"去杠杆"风险泡沫周期波动序列绘制成图，如图 5-5 所示。

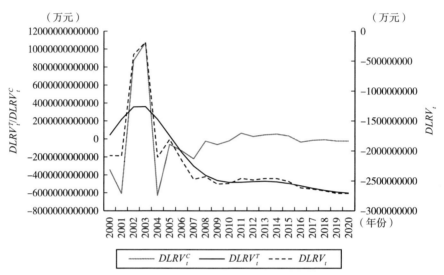

**图 5-5　2000～2020 年房地产行业"去杠杆"风险泡沫时间序列分解**
资料来源：根据国泰安数据库 2000～2020 年房地产业上市公司资料整理绘制而得。

由图 5-5 可知，通过 HP 滤波对房地产行业"去杠杆"风险时间序列进行分解的效果良好，呈现以下特征：

（1）分解得到的房地产行业"去杠杆"风险泡沫长期趋势序列有显著的趋势性，且趋势整体呈现下降性并在 2000～2020 年始终为负，表明房地产行业"去杠杆"风险泡沫在减少，"去杠杆"压力有所缓解。

（2）分解得到的房地产行业"去杠杆"风险泡沫周期波动序列波动特征显著，且存在不同程度的波动，整体上围绕 0 上下波动。

（3）分解得到的房地产行业"去杠杆"风险泡沫长期趋势序列和周期波动序列波动存在一定的周期性，且周期波动序列周期性更为显著，存在周期波动拐点。

## 第三节　智能监测工具之二：基于 ARMA-GARCH 族模型的长期趋势序列预测

实现对房地产行业"三维"风险的有效监测必须建立在对未来风险有效预测的基础上。因此，本研究通过分别测度长期趋势序列的预测值（$\hat{Y}_t^T$）和周期波动序列的预测值（$\hat{Y}_t^c$），最终测度房地产行业"三维"风险时间序列预测值。长期趋势序列是房地产行业"三维"风险波周期动的长期趋势因素，其会影响周期波动序列的平均走势，如果长期趋势序列处于上升阶段，周期波动序列就会呈现震荡上升的趋势，拐点的峰值和谷值也会随着时间的推移而提升。房地产行业"三维"风险时间序列的长期趋势序列预测建立在房地产行业"三维"风险泡沫预警值的基础之上。房地产行业"三维"风险时间序列主要包括房地产行业"去库存"风险泡沫预警值、行业"去产能"风险泡沫预警值和行业"去杠杆"风险泡沫预警值。

### 一、房地产行业"去库存"风险长期趋势序列预测

#### （一）房地产行业"去库存"风险长期趋势序列预测的数据来源

在第二节基于 HP 滤波对 2000～2020 年房地产行业"去库存"风险进行长期趋势值和周期波动值剥离进而得到房地产行业"去库存"风险泡沫长期趋势序列的基础上，利用 ARMA-GARCH 族模型对其 2021～2024 年长期趋势序列值进行预测。

#### （二）基于 ARMA-GARCH 族的房地产行业"去库存"风险泡沫长期趋势序列模型构建

针对房地产行业"三维"长期趋势序列，本研究采用 AR（I）MA 模型进行预测。该模型由自回归（auto-regressive，AR）模型和移动平均（moving average，MA）模型两部分组成。若时间序列 $\{Y_t\}$ 存在单位根，即为非平稳序列，则可通过一次或多次差分将其变为平稳序列，此时 ARMA 模型演变为 ARIMA 模型。由于经过 HP 分离后的时间序列包括长期趋势序列和周期波动序列，考虑到长期趋势序列可能存在自回归条件异方差性，需要对其残差序列设计 GARCH 模型，因此本研究选择 AR（I）MA-GARCH 族模型对房地产行业"三维"风险泡沫长期趋势序列进行

预测。

首先对房地产行业"去库存"风险泡沫长期趋势序列进行单位根检验，如果其存在确定性趋势或结构性变动等特征，则需要对其进行 $d$ 阶差分以使其转化为平稳趋势序列，结果如表 5 – 5 所示，ADF 检验和 PP 检验的统计量分别为 – 2.559 和 – 1.220，均大于 5% 的临界值（ – 3.600 和 – 3.00），故无法在 5% 的显著性水平上拒绝房地产行业"去库存"风险泡沫长期趋势序列存在单位根的原假设，因此 $\{DSRV_t^T\}$ 为非平稳序列，需对其进行差分后再建立 AR（I）MA 模型。经过一阶差分后，由表 5 – 5 可以看出，ADF 检验和 PP 检验的统计量分别为 – 9.125 和 – 3.637，均小于 5% 的临界值（ – 3.600），故可在 5% 的显著性水平上拒绝存在单位根的原假设，为平稳序列，具体如表 5 – 5 所示。

表 5 – 5　房地产行业"去库存"风险泡沫长期趋势序列单位根检验

| 时间序列 | 单位根检验 | T 统计量 | 显著性水平 | 临界值 |
|---|---|---|---|---|
| 房地产行业"去库存"风险泡沫长期趋势序列 | ADF | – 2.559 | 1% | – 4.380 |
| | | | 5% | – 3.600 |
| | | | 10% | – 3.240 |
| | PP | – 1.220 | 1% | – 3.750 |
| | | | 5% | – 3.000 |
| | | | 10% | – 2.630 |
| 一阶差分后的房地产行业"去库存"风险泡沫长期趋势序列 | ADF | – 9.125 | 1% | – 4.380 |
| | | | 5% | – 3.600 |
| | | | 10% | – 3.240 |
| | PP | – 3.637 | 1% | – 4.380 |
| | | | 5% | – 3.600 |
| | | | 10% | – 3.240 |

资料来源：根据课题组 2000～2020 年中国房地产行业上市公司"去库存"风险泡沫长期趋势序列计算整理而得。

$\{DSRV_t^T\}$ 一阶差分序列的自相关和偏自相关检验如表 5 – 6 所示，自相关（ACF）检验表现出明显的拖尾，而偏自相关（PACF）检验则在第 4 阶的系数迅速衰减为 0，之后的系数也接近于 0，表现出明显的截尾，因此应当采用 AR 模型。

表 5 - 6　　　　　一阶差分房地产行业"去库存"风险泡沫长期
趋势序列自相关、偏自相关检验

| 滞后阶数 | AC | PAC | Q | Prab > Q | 自相关（ACF） | 偏自相关（PACF） |
|---|---|---|---|---|---|---|
| 1 | 0.6511 | 0.6552 | 10.658 | 0.0011 | | |
| 2 | 0.2271 | − 0.6005 | 12.02 | 0.0025 | | |
| 3 | − 0.1901 | − 0.2392 | 13.024 | 0.0046 | | |
| 4 | − 0.2887 | 0.0001 | 15.469 | 0.0038 | | |
| 5 | − 0.2063 | − 0.0018 | 16.792 | 0.0049 | | |
| 6 | − 0.1114 | 0.0428 | 17.201 | 0.0086 | | |
| 7 | − 0.0774 | − 0.0410 | 17.412 | 0.0149 | | |
| 8 | − 0.0854 | − 0.0560 | 17.687 | 0.0237 | | |
| 9 | − 0.1102 | − 0.0257 | 18.181 | 0.0331 | | |

资料来源：根据课题组 2000 ~ 2024 年中国房地产行业上市公司"去库存"风险泡沫长期趋势序列计算绘制而得。

　　通过比较 AIC 和 BIC 参数来确定 ARMA 模型的最佳级数。ARMA 模型级数取值结果如表 5 - 7 所示，根据 AIC 和 BIC 信息准则最小原则确定的最佳级数为 AR（2）。

表 5 - 7　　　　　房地产行业"去库存"风险泡沫长期趋势
序列的信息准则检验结果

| 项目 | AIC | BIC |
|---|---|---|
| AR（2） | − 59.714 | − 55.350 |
| AR（4） | − 57.155 | − 50.609 |
| ARIMA（2，1，1） | − 58.762 | − 53.307 |
| ARIMA（2，1，2） | − 57.254 | − 50.708 |

资料来源：根据课题组 2000 ~ 2024 年中国房地产行业上市公司"去库存"风险泡沫长期趋势序列计算整理而得。

　　表 5 - 8 显示，1 阶至 2 阶残差平方滞后项的 ARCHLM 检验均不能拒绝不存在 ARCH 效应的原假设，因此针对房地产行业"去库存"风险泡沫长期趋势序列建立 AR（2）模型。

表 5 − 8 　　　　　　房地产行业"去库存"风险泡沫长期趋势
序列的 ARCHLM 检验结果

| 滞后阶数 | LM 统计量 | P 值 |
|---|---|---|
| 1 | 0.004 | 0.947 |
| 2 | 0.957 | 0.620 |

资料来源：根据课题组 2000 ~ 2024 年中国房地产行业上市公司"去库存"风险泡沫长期趋势序列计算整理而得。

最后得到房地产行业"去库存"风险泡沫长期趋势序列（$DSRV_t^T$）的预测方程为：

$$\widehat{DSRV_t^T} = 0.1941 + 1.8160 DSRV_{t-1}^T - 0.9443 DSRV_{t-2}^T \qquad (5-3)$$

**（三）房地产行业"去库存"风险泡沫长期趋势序列拟合与检验**

为了检验房地产行业"去库存"风险泡沫长期趋势序列预测模型的拟合效果，对房地产行业"去库存"风险泡沫长期趋势序列拟合值和实际值进行检验，具体以实际值和拟合值的差额的绝对值来表明检验效果，结果如表 5 − 9 所示。

表 5 − 9 　　　　　　2000 ~ 2020 年房地产行业"去库存"风险泡沫
长期趋势序列和周期波动序列 　　　　　　单位：万元

| 数值 | 房地产行业"去库存"风险泡沫长期趋势序列（$DSRV_t^T$） | 房地产行业"去库存"风险泡沫长期趋势序列拟合值（$\widehat{DSRV_t^T}$） | 房地产实际值与拟合值的检验绝对值（$\mid DSRV_t^T - \widehat{DSRV_t^T} \mid$） |
|---|---|---|---|
| 2000 | − 1844926899.8144 | − 1884251666.8 | 393247670288.00 |
| 2001 | − 1339434939.1872 | − 17725011263488.00 | 4330661871616.00 |
| 2002 | − 948650691.7888 | − 9689734578176.00 | 203227660288.00 |
| 2003 | − 980144881.6640 | − 8420980686848.00 | 1380468129792.00 |
| 2004 | − 1266496516.9152 | − 13550240137216.00 | 885274968064.00 |
| 2005 | − 1428370227.2000 | − 14396054044672.00 | 112351772672.00 |
| 2006 | − 1275050904.7808 | − 13045529051136.00 | 295020003328.00 |
| 2007 | − 886213443.5840 | − 9023817515008.00 | 161683079168.00 |
| 2008 | − 492345386.5984 | − 5030418579456.00 | 106964713472.00 |
| 2009 | − 170012730.9824 | − 2900257406976.00 | 1200130097152.00 |
| 2010 | 86080297.3696 | 900766040064.00 | 39963066368.00 |

| 数值 | 房地产行业"去库存"风险泡沫长期趋势序列（$DSRV_t^T$） | 房地产行业"去库存"风险泡沫长期趋势序列拟合值（$\widehat{DSRV}_t^T$） | 房地产实际值与拟合值的检验绝对值（$\lvert DSRV_t^T - \widehat{DSRV}_t^T \rvert$） |
|------|------|------|------|
| 2011 | 254214930. 4320 | 2142922604544. 00 | 399226699776. 00 |
| 2012 | 331681339. 8016 | 3428755439616. 00 | 111942041600. 00 |
| 2013 | 335371436. 0320 | 3405427245056. 00 | 51712884736. 00 |
| 2014 | 279093103. 8208 | 3187587416064. 00 | 396656377856. 00 |
| 2015 | 176550772. 7360 | 2106465320960. 00 | 340957593600. 00 |
| 2016 | 56002976. 1536 | 956768256000. 00 | 396738494464. 00 |
| 2017 | − 30388548. 4032 | − 147097780224. 00 | 156787703808. 00 |
| 2018 | − 80107175. 9360 | − 221795254272. 00 | 579276505088. 00 |
| 2019 | − 100906316. 5952 | − 1026786328576. 00 | 17723162624. 00 |
| 2020 | − 103991666. 2784 | − 599383670784. 00 | 440532992000. 00 |

资料来源：根据国泰安数据库 2000～2020 年房地产行业上市公司资料计算整理而得。

### （四）2021～2024 年房地产行业"去库存"风险泡沫长期趋势序列的预测分析

以 2021 年房地产行业"去库存"风险泡沫长期趋势序列预测值（$\widehat{DSRV}_{2021}^T$）为例，2020 年房地产行业"去库存"风险泡沫长期趋势序列实际值 $DSRV_{2020}^T$ 为 − 103991666. 2784，2019 年房地产行业"去库存"风险泡沫长期趋势序列实际值 $DSRV_{2019}^T$ 为 − 100906316. 5952。

将其代入公式（5 − 3），得到 2021 年房地产行业"去库存"风险泡沫长期趋势序列预测值 $\widehat{DSRV}_{2021}^T = 0.1941 + 1.8160 \times − 103991666.2784 − 0.9443 \times − 100906316.5952 = − 100050508.2$。

2022～2024 年预测值同理可得。

房地产行业"去库存"风险泡沫长期趋势序列预测方程得到的房地产行业"去库存"风险泡沫长期趋势序列预测值如表 5 − 10 所示。

表 5 − 10　　　　2021～2024 年房地产行业"去库存"风险泡沫
长期趋势序列预测　　　　　　单位：万元

| 时间 | 房地产行业"去库存"风险泡沫长期趋势序列预测值（$\widehat{DSRV}_t^T$） |
|------|------|
| 2021 | − 100050508. 2 |

续表

| 时间 | 房地产行业"去库存"风险泡沫长期趋势序列预测值（$\widehat{DSRV_t^T}$） |
|:---:|:---:|
| 2022 | -93427459.69 |
| 2023 | -86523052.03 |
| 2024 | -80118336.72 |

资料来源：根据课题组 2000~2024 年中国房地产行业上市公司"去库存"风险泡沫长期趋势序列计算整理而得。

　　为了更加直观，将根据建立的 AR（2）模型得出的 2000~2020 年房地产行业"去库存"风险泡沫长期趋势序列拟合值和 2021~2024 年房地产行业"去库存"风险泡沫长期趋势序列预测值绘制成图，如图 5-6 所示。

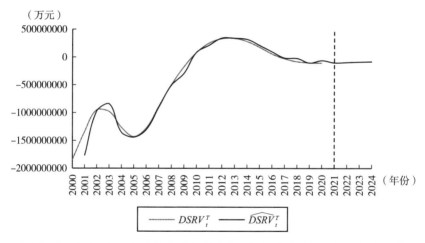

**图 5-6　2000~2024 年房地产行业"去库存"风险泡沫长期趋势序列预测**

资料来源：根据课题组 2000~2024 年中国房地产行业上市公司"去库存"风险泡沫长期趋势序列计算整理而得。

　　由图 5-6 可知：

　　（1）利用 AR（2）模型对房地产行业"去库存"风险泡沫长期趋势序列实际值拟合效果良好。

　　（2）2000~2020 年，房地产行业"去库存"风险泡沫长期趋势整体呈上升状态，中间有小幅波动。2002 年达到次高峰后有所回落，并在 2013 年达到峰值。

（3）虚线预测结果显示，房地产行业 "去库存" 风险泡沫在 2021 ~ 2024 年将呈现出缓慢上升的趋势，并始终维持负数水平。

## 二、房地产行业 "去产能" 风险长期趋势序列预测

### （一）房地产行业 "去产能" 风险长期趋势序列预测的数据来源

在第二节基于 HP 滤波对 2000 ~ 2020 年房地产行业 "去产能" 风险进行长期趋势值和周期波动值剥离进而得到房地产行业 "去产能" 风险泡沫长期趋势序列的基础上，利用 ARMA-GARCH 族模型对其 2021 ~ 2024 年长期趋势序列值进行预测。

### （二）基于 ARMA-GARCH 族的房地产行业 "去产能" 风险泡沫长期趋势序列模型构建

同理可得，得到房地产行业 "去产能" 风险泡沫长期趋势序列（$DCRV_t^T$）的预测方程为：

$$\widehat{DCRV_t^T} = 0.0313 + 1.5634\varepsilon_{t-1}^T + 1.8154\varepsilon_{t-2}^T + 0.6974\varepsilon_{t-3}^T \quad （5-4）$$

以 2021 年房地产行业 "去产能" 风险泡沫长期趋势序列预测值计算（$\widehat{DCRV_{2021}^T}$）为例，根据 2020 年 $\varepsilon$、2019 年 $\varepsilon$ 和 2018 年 $\varepsilon$，代入公式（5-4），可得结果为 -2611930255。

2022 ~ 2024 年预测值同理。

根据房地产行业 "去产能" 风险泡沫长期趋势序列预测方程得到的房地产行业 "去产能" 风险泡沫长期趋势序列预测值如表 5-11 所示。

表 5-11 　　2021 ~ 2024 年房地产行业 "去产能" 风险泡沫长期趋势序列预测

单位：万元

| 时间 | 房地产行业 "去产能" 风险泡沫长期趋势序列预测值（$\widehat{DCRV_t^T}$） |
|---|---|
| 2021 | -2611930255 |
| 2022 | -2621229865 |
| 2023 | -2628111879 |
| 2024 | -2633458359 |

资料来源：根据课题组 2000 ~ 2024 年中国房地产行业上市公司 "去产能" 风险泡沫长期趋势序列计算整理而得。

### （三）2021 ~ 2024 年房地产行业 "去产能" 风险泡沫长期趋势序列的预测分析

为了直观显示，将根据建立的 MA（3）模型得出的 2000 ~ 2020 年房

地产行业"去产能"风险泡沫长期趋势序列拟合值和2021～2024年房地产行业"去产能"风险泡沫长期趋势序列预测值绘制成图，如图5－7所示。

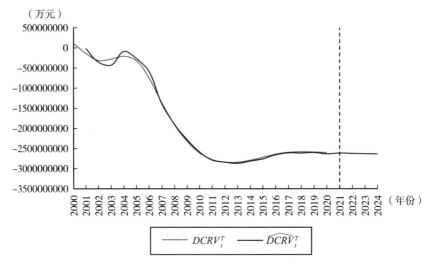

**图5－7　2000～2024年房地产行业"去产能"风险泡沫长期趋势序列预测**

资料来源：根据课题组2000～2024年中国房地产行业上市公司"去产能"风险泡沫长期趋势序列计算整理而得。

由图5－7可知：

（1）利用MA（3）模型对行业"去产能"风险泡沫长期趋势序列实际值的拟合效果良好。

（2）2000～2020年房地产行业"去产能"风险泡沫长期趋势是整体下降的，且始终小于0，并且在2013年达到谷值，之后则出现小幅回升。

（3）虚线预测结果显示，由2021年起，对房地产行业"去产能"风险泡沫长期趋势序列进行预测，根据预测结果，2021～2024年将呈现出持续下降的趋势，并再次达到新的谷值，表明房地产行业"去产能"风险泡沫将进一步减小。

### 三、房地产行业"去杠杆"风险长期趋势序列预测

#### （一）行业"去杠杆"风险长期趋势序列预测的数据来源

在第二节基于HP滤波对2000～2020年房地产行业"去杠杆"风险进行长期趋势值和周期波动值剥离进而得到房地产行业"去杠杆"风险泡沫长期趋势序列的基础上，利用AR（I）MA-GARCH族模型对其2021～

2024 年长期趋势序列值进行预测。

**（二）基于 ARMA-GARCH 族模型的房地产行业"去杠杆"风险泡沫长期趋势序列预测**

同理，得到的房地产行业"去杠杆"风险泡沫长期趋势序列（$DLRV_t^T$）的预测方程为：

$$\widehat{DLRV}_t^T = -0.0661 + 1.7241 DLRV_{t-1}^T - 0.8631 DLRV_{t-2}^T + 0.5385 \varepsilon_{t-1}^T$$

$$(5-5)$$

以 2021 年房地产行业"去杠杆"风险泡沫长期趋势序列预测值（$\widehat{DLRV}_{2021}^T$）计算为例，根据 2020 年房地产行业"去杠杆"风险泡沫长期趋势序列实际值（$DLRV_{2020}^T$）– 2687366699.4176、2019 年房地产行业"去杠杆"风险泡沫长期趋势序列实际值（$DLRV_{2019}^T$）– 2704293652.0704 和 2019 年 $\varepsilon$，代入公式（5-5），可得结果为 – 26249709748224.00。

2022～2024 年预测值同理。

根据房地产行业"去杠杆"风险泡沫长期趋势序列预测方程得到的房地产行业"去杠杆"风险泡沫长期趋势序列预测值如表 5-12 所示。

表 5-12　2021～2024 年房地产行业"去杠杆"风险泡沫长期趋势序列预测

单位：万元

| 时间 | 房地产行业"去杠杆"风险泡沫长期趋势序列预测值（$\widehat{DLRV}_t^T$） |
| --- | --- |
| 2021 | – 2711979714 |
| 2022 | – 2714655890 |
| 2023 | – 2714633870 |
| 2024 | – 2713575647 |

资料来源：根据课题组 2000～2024 年中国房地产行业上市公司"去杠杆"风险泡沫长期趋势序列计算整理而得。

**（三）2021～2024 年房地产行业"去杠杆"风险泡沫长期趋势序列的预测分析**

为了更加直观显示，将根据建立的 ARMA（2，1）模型得出的 2000～2020 年房地产行业"去杠杆"风险泡沫长期趋势序列拟合值和 2021～2024 年房地产行业"去杠杆"风险泡沫长期趋势序列预测值，如图 5-8 所示。

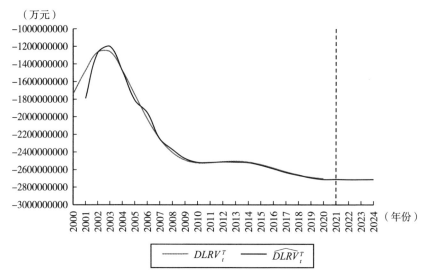

**图 5 – 8　2000 ~ 2024 年房地产行业"去杠杆"风险泡沫长期趋势序列预测**

资料来源：根据课题组 2000 ~ 2024 年中国房地产行业上市公司"去杠杆"风险泡沫长期趋势序列计算整理而得。

由图 5 – 8 可知：

（1）利用 ARMA（2，1）模型对房地产行业"去杠杆"风险泡沫长期趋势序列实际值的拟合效果良好。

（2）在 2000 ~ 2020 年房地产行业"去杠杆"风险泡沫长期趋势是整体下降的，且始终保持在风险较小的状态。

（3）虚线预测结果显示，2021 ~ 2024 年将呈现出持续下降的趋势，表明房地产行业"去杠杆"风险泡沫将进一步减小。

## 第四节　智能监测工具之三：基于 ARMA-GARCH 族模型的周期波动序列预测

为了实现对房地产行业"三维"风险的有效监测，在对长期趋势序列进行预测的基础上，也要对其周期波动序列进行预测，并通过将长期趋势序列与周期波动序列的预测进行结合，进而实现对房地产行业"三维"风险的有效监控。周期波动序列即是房地产行业周期波动的特征，是受到房地产行业影响因素变化较为敏感，上下周期波动较为频繁的序列。周期波动序列预测的关键是对拐点的识别，这是界定周期波动处于何种阶段的主要标注，在对其界定时，由于会受到短期因素的影响，周期波动序列会呈现较为频繁的上下周期波动，但我们应忽略其中的短期周期波动，这是行业运行过程的正常表现，并不能代表周期波动的特性，需将此周期波动进行忽略。

在第三节对 2000～2020 年房地产行业"三维"风险进行长期趋势值和周期波动值剥离而得到 2000～2020 年房地产行业"三维"风险泡沫周期波动序列，并在此基础上，对其 2021～2024 年周期波动序列进行预测。

## 一、房地产行业"去库存"风险周期波动序列预测

### （一）房地产行业"去库存"风险周期波动序列预测的数据来源

在第二节基于 HP 滤波对 2000～2020 年房地产行业"去库存"风险进行长期趋势值和周期波动值剥离进而得到房地产行业"去库存"风险泡沫周期波动序列的基础上，利用 ARMA-GARCH 族模型对其 2021～2024 年周期波动序列值进行预测。

### （二）基于 ARMA-GARCH 族的房地产行业"去库存"风险泡沫周期波动序列模型构建

参照行业"三维"风险泡沫长期趋势序列预测，本研究选择 ARMA-GARCH 族模型对房地产行业"三维"风险泡沫周期波动序列进行预测。

首先对房地产行业"去库存"风险泡沫周期波动序列进行单位根检验，如果其存在确定性趋势或结构性变动等特征，则需要对其进行 $d$ 阶差分以使其转化为平稳趋势序列，结果如表 5-13 所示，ADF 检验和 PP 检验的统计量分别为 -4.951 和 -11.446，均小于 1% 的临界值（-2.681 和 -3.750），故可在 1% 的显著性水平上拒绝存在单位根的原假设，因此 $\{DSRV_t^c\}$ 为平稳序列。

表 5-13　房地产行业"去库存"风险泡沫周期波动序列单位根检验

| 单位根检验 | T 统计量 | 显著性水平 | 临界值 |
| --- | --- | --- | --- |
| ADF | -4.951 | 1% | -2.681 |
| | | 5% | -1.782 |
| | | 10% | -1.356 |

| 单位根检验 | T 统计量 | 显著性水平 | 临界值 |
|---|---|---|---|
| PP | -11. 446 | 1% | -3. 750 |
| | | 5% | -3. 000 |
| | | 10% | -2. 630 |

资料来源：根据课题组 2000~2020 年中国房地产行业上市公司"去库存"风险泡沫周期波
动序列计算整理而得。

$\{DSRV_t^C\}$ 一阶差分序列的自相关和偏自相关检验如表 5-14 所示，
ACF 表现在第 4 阶出现明显的截尾，系数迅速衰减，而 PACF 则为表现出
明显的拖尾或者截尾，因此应当采用 MA 模型或者 ARMA 模型。

表 5-14　　　　房地产行业"去库存"风险泡沫周期波动
序列的自相关、偏自相关检验

| 滞后阶数 | AC | PAC | Q | Prab > Q | 自相关（ACF） | 偏自相关（PACF） |
|---|---|---|---|---|---|---|
| 1 | -0. 5967 | -0. 5969 | 9. 3056 | 0. 0023 | | |
| 2 | 0. 2803 | -0. 0483 | 11. 457 | 0. 0033 | | |
| 3 | -0. 2449 | -0. 2630 | 13. 181 | 0. 0043 | | |
| 4 | 0. 0109 | -0. 0847 | 13. 185 | 0. 0104 | | |
| 5 | -0. 0228 | -0. 1809 | 13. 201 | 0. 0216 | | |
| 6 | 0. 0807 | -0. 1224 | 13. 421 | 0. 0368 | | |
| 7 | 0. 0092 | -0. 0444 | 13. 424 | 0. 0624 | | |
| 8 | 0. 0155 | 0. 0521 | 13. 434 | 0. 0978 | | |
| 9 | -0. 0398 | 0. 0439 | 13. 499 | 0. 1413 | | |

资料来源：根据课题组 2000~2020 年中国房地产行业上市公司"去库存"风险泡沫周期波
动序列计算整理而得。

通过比较 AIC 和 BIC 参数来确定 ARMA 模型的最佳级数。ARMA 模
型级数取值结果如表 5-15 所示，根据 AIC 和 BIC 信息准则最小原则确定
的最佳级数为 MA（2）。

表 5 – 15　　　　　房地产行业"去库存"风险泡沫周期波动
序列信息准则检验结果

| 项目 | AIC | BIC |
| --- | --- | --- |
| MA（2） | 33.185 | 36.591 |
| MA（4） | 33.910 | 38.452 |
| ARMA（1，1） | 40.014 | 44.556 |
| ARMA（1，2） | 34.326 | 38.868 |
| ARMA（2，1） | 34.778 | 39.320 |

资料来源：根据课题组 2000~2024 年中国房地产行业上市公司"去库存"风险泡沫周期波动序列计算整理而得。

表 5 – 16 显示，1 阶至 2 阶残差平方滞后项的 ARCHLM 检验均不能拒绝不存在 ARCH 效应的原假设，因此针对房地产行业"去库存"风险泡沫周期波动序列建立 MA（2）模型。

表 5 – 16　　　　　房地产行业"去库存"风险泡沫周期波动
序列的 ARCHLM 检验结果

| 滞后阶数 | LM 统计量 | P 值 |
| --- | --- | --- |
| 1 | 0.016 | 0.827 |
| 2 | 0.937 | 0.929 |

资料来源：根据课题组 2000~2020 年中国房地产行业上市公司"去库存"风险泡沫周期波动序列计算整理而得。

最后得到房地产行业"去库存"风险泡沫周期波动序列（$DSRV_t^C$）的预测方程为：

$$\widehat{DSRV_t^C} = -0.0011 - 1.0811\varepsilon_{t-1}^C + 0.08115\varepsilon_{t-2}^C \tag{5-6}$$

**（三）房地产行业"去库存"风险泡沫周期波动序列拟合与检验**

为了检验房地产行业"去库存"风险泡沫周期波动序列预测模型的拟合效果，对行业"去库存"风险泡沫周期波动序列拟合值和实际值进行检验，具体以实际值和拟合值的差额的绝对值来表明检验效果，如表 5 – 17 所示。

表 5 - 17 　　　　　2000～2020 年房地产行业"去库存"风险泡沫
周期波动序列拟合与检验　　　　　单位：万元

| 年份 | 房地产行业"去库存"风险泡沫周期波动序列（$DSRV_t^C$） | 房地产行业"去库存"风险泡沫周期波动序列拟合值（$\widehat{DSRV_t^C}$） | 实际值与拟合值的检验绝对值（$\lvert DSRV_t^C - \widehat{DSRV_t^C} \rvert$） |
|---|---|---|---|
| 2000 | - 716922998. 0 | 104221655040. 00 | 7273451634688. 00 |
| 2001 | - 12053950496. 8 | 104221655040. 00 | 12158172151808. 00 |
| 2002 | 2968700688. 8 | 4650464444416. 00 | 25036542443520. 00 |
| 2003 | 1324461903. 1 | 7703639883776. 00 | 5540979146752. 00 |
| 2004 | - 1178873521. 8 | - 22700867190784. 00 | 10912131973120. 00 |
| 2005 | - 1689939712. 4 | - 6591826362368. 00 | 10307570761728. 00 |
| 2006 | - 942579122. 2 | - 4802323939328. 00 | 4623467282432. 00 |
| 2007 | 962011542. 3 | 11800956370944. 00 | 2180840947712. 00 |
| 2008 | 511634414. 0 | 6105942982656. 00 | 989598842880. 00 |
| 2009 | - 168840265. 7 | - 568898224128. 00 | 1119504433152. 00 |
| 2010 | 118805705. 5 | - 336390914048. 00 | 1524447969280. 00 |
| 2011 | 122511071. 6 | 1472131497984. 00 | 247020781568. 00 |
| 2012 | - 19275335. 3 | - 1460303298560. 00 | 1267549945856. 00 |
| 2013 | - 646432. 1 | 33488433152. 00 | 39952753664. 00 |
| 2014 | 90962906. 3 | - 922270826496. 00 | 1831899889664. 00 |
| 2015 | 149395223. 3 | 166599065600. 00 | 1327353167872. 00 |
| 2016 | - 310281974. 6 | - 1716088471552. 00 | 1386731274240. 00 |
| 2017 | - 64187754. 1 | - 1416345944064. 00 | 774468403200. 00 |
| 2018 | - 21576823. 6 | 2148555161600. 00 | 2364323397632. 00 |
| 2019 | 3240113. 8 | - 402977619968. 00 | 435378757632. 00 |
| 2020 | 39641763. 8 | 2325517959168. 00 | 1929100328960. 00 |

资料来源：根据国泰安数据库 2000～2020 年房地产业上市公司资料计算整理而得。

**（四）2021～2024 年房地产行业"去库存"风险泡沫周期波动序列的
预测分析**

以 2021 年房地产行业"去库存"风险泡沫周期波动序列预测为例，
根据 2020 年 $\varepsilon$、2019 年 $\varepsilon$，代入公式（5 - 6），可以得到 2021 年预测值为
- 272121004032. 00。

2022～2024 年预测值同理。

根据房地产行业"去库存"风险泡沫周期波动序列预测方程得到的房地产行业"去库存"风险泡沫周期波动序列预测值如表 5 – 18 所示。

**表 5 – 18　2021 ~ 2024 年房地产行业"去库存"风险泡沫周期波动序列预测**

单位：万元

| 年份 | 房地产行业"去库存"风险泡沫周期波动序列预测值（$\widehat{DSRV_t^c}$） |
|---|---|
| 2021 | 12150311. 32 |
| 2022 | 10121957. 38 |
| 2023 | 8004553. 933 |
| 2024 | – 3123060. 326 |

资料来源：根据课题组 2000 ~ 2024 年中国房地产行业上市公司"去库存"风险泡沫周期波动序列计算整理而得。

为更直观显示，将根据建立的 MA（2）模型得出的 2000 ~ 2020 年房地产行业"去库存"风险泡沫周期波动序列拟合值和 2021 ~ 2024 年房地产行业"去库存"风险泡沫周期波动序列预测值绘制成图，如图 5 – 9 所示。

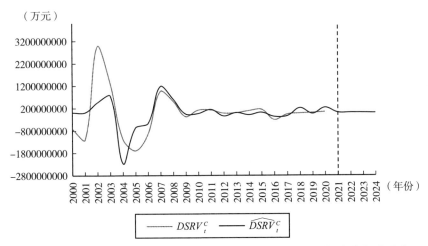

**图 5 – 9　2000 ~ 2024 年房地产行业"去库存"风险泡沫周期波动序列预测**

资料来源：根据课题组 2000 ~ 2024 年中国房地产行业上市公司"去库存"风险泡沫周期波动序列计算整理而得。

由图 5 – 9 可知：

（1）房地产行业"去库存"风险泡沫周期波动序列与拟合值拟合效

果良好。

（2）房地产行业"去库存"风险泡沫周期波动序列在 2001~2002 年上升的波动以及 2002~2004 年下降的波动较为剧烈，其他呈现整体平缓的小波动趋势。

（3）2021~2024 年预测的房地产行业"去库存"风险泡沫周期波动呈现在 0 上下小幅度稳定波动的趋势

### 二、房地产行业"去产能"风险周期波动序列预测

#### （一）房地产行业"去产能"风险周期波动序列预测的数据来源

在第二节基于 HP 滤波对 2000~2020 年房地产行业"去产能"风险进行长期趋势值和周期波动值剥离进而得到房地产行业"去产能"风险泡沫周期波动序列的基础上，利用 ARMA-GARCH 族模型对其 2021~2024 年周期波动序列值进行预测。

#### （二）基于 ARMA-GARCH 族的房地产行业"去产能"风险泡沫周期波动序列模型构建

同理，得到房地产行业"去产能"风险泡沫周期波动序列（$DCRV_t^C$）的预测方程为：

$$\widehat{DCRV_t^C} = -0.0005 + 0.5410DCRV_{t-1}^C - 0.3386DCRV_{t-2}^C$$
$$- 1.9798\varepsilon_{t-1}^C + 0.9999\varepsilon_{t-2}^C \qquad (5-7)$$

以 2021 年房地产行业"去产能"风险泡沫周期波动序列预测为例（$\widehat{DCRV_{2021}^C}$）根据 2020 年房地产行业"去产能"风险泡沫周期波动序列实际值（$DCRV_{2020}^C$）- 26108821.5040 和 2019 年实际值（$DCRV_{2019}^C$）- 56937119.7440，以及 2020 年 $\varepsilon$、2019 年 $\varepsilon$，代入公式（5-7），可以得到 2021 年预测值为 - 272121004032.00。

2022~2024 年预测值同理。

根据房地产行业"去产能"风险泡沫周期波动序列预测方程得到的房地产行业"去产能"风险泡沫周期波动序列预测值如表 5-19 所示。

表 5-19　　2021~2024 年房地产行业"去产能"风险泡沫周期波动序列预测

单位：万元

| 年份 | 房地产行业"去产能"风险泡沫周期波动序列预测值（$\widehat{DCRV_t^C}$） |
| --- | --- |
| 2021 | - 149729.664 |
| 2022 | - 6065173.286 |

续表

| 年份 | 房地产行业"去产能"风险泡沫周期波动序列预测值（$\widehat{DCRV_t^c}$） |
|---|---|
| 2023 | －4090019.354 |
| 2024 | 9598391.91 |

资料来源：根据课题组 2000～2024 年中国房地产行业上市公司"去产能"风险泡沫周期波动序列计算整理而得。

### （三）2021～2024 年房地产行业"去产能"风险泡沫周期波动序列的预测分析

为更直观地显示，将根据建立的 MA（2）模型得出的 2000～2020 年房地产行业"去产能"风险泡沫周期波动序列拟合值和 2021～2024 年房地产行业"去产能"风险泡沫周期波动序列预测值绘制成图，如图 5－10 所示。

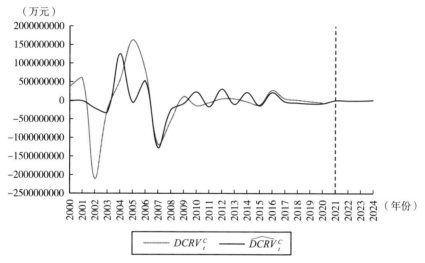

**图 5－10　2000～2024 年房地产行业"去产能"风险泡沫周期波动序列预测**

资料来源：根据课题组 2000～2024 年中国房地产行业上市公司"去产能"风险泡沫周期波动序列计算整理而得。

由图 5－10 可知：

（1）房地产行业"去产能"风险泡沫周期波动序列的拟合效果良好，整体呈现一致的趋势。

（2）房地产行业"去产能"风险泡沫 2002～2007 年波动较为剧烈，其他呈现整体平缓的小波动趋势。

（3）2021～2024 年预测的房地产行业"去产能"风险泡沫周期波动呈现在 0 上下稳定波动的趋势。

### 三、房地产行业"去杠杆"风险周期波动序列预测

#### (一) 房地产行业"去杠杆"风险周期波动序列预测的数据来源

在第二节基于 HP 滤波对 2000 ~ 2020 年房地产行业"去杠杆"风险进行长期趋势值和周期波动值剥离进而得到房地产行业"去杠杆"风险泡沫周期波动序列的基础上，利用 ARMA-GARCH 族模型对其 2021 ~ 2024 年周期波动序列值进行预测。

#### (二) 基于 ARMA-GARCH 族的房地产行业"去杠杆"风险泡沫周期波动序列模型构建

同理，得到房地产行业"去杠杆"风险泡沫周期波动序列 ($DLRV_t^C$) 的预测方程为：

$$\widehat{DLRV_t^C} = -0.0004 + 0.1360\, DLRV_{t-1}^C - 0.9999\varepsilon_{t-1}^C \qquad (5-8)$$

以 2021 年房地产行业"去杠杆"风险泡沫周期波动序列预测为例 ($\widehat{DLRV_{2021}^C}$) 根据 2020 年房地产行业"去杠杆"风险泡沫周期波动序列实际值 ($DLRV_{2020}^C$) -22873323.9296，以及 2020 年 $\varepsilon$，代入公式 (5-8)，可以得到 2021 年预测值为 -272121004032.00。

2022 ~ 2024 年预测值同理。

根据房地产行业"去杠杆"风险泡沫预警周期波动序列预测方程得到的房地产行业"去杠杆"风险泡沫预警周期波动序列预测值如表 5-20 所示。

表 5-20　　2021 ~ 2024 年房地产行业"去杠杆"风险泡沫周期波动序列预测

单位：万元

| 年份 | 房地产行业"去杠杆"风险泡沫周期波动序列预测值 ($\widehat{DLRV_t^C}$) |
| --- | --- |
| 2021 | 11999671.91 |
| 2022 | 4055987.405 |
| 2023 | 3913873.408 |
| 2024 | 6475654.758 |

资料来源：根据课题组 2000 ~ 2024 年中国房地产行业上市公司"去杠杆"风险泡沫周期波动序列计算整理而得。

#### (三) 2021 ~ 2024 年房地产行业"去杠杆"风险泡沫周期波动序列的预测分析

根据建立的 ARMA (2，1) 模型得出的 2000 ~ 2020 年房地产行业

"去杠杆"风险泡沫周期波动序列拟合值和2021~2024年房地产行业"去杠杆"风险泡沫周期波动序列预测值绘制成图，如图5-11所示。

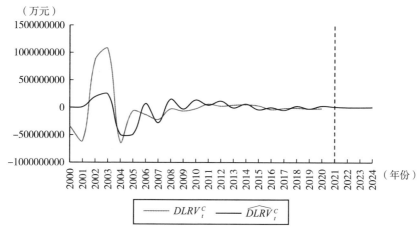

**图5-11　2000~2024年房地产行业"去杠杆"风险泡沫周期波动序列预测**

资料来源：根据课题组2000~2024年中国房地产行业上市公司"去杠杆"风险泡沫周期波动序列计算整理而得。

由图5-11可知：

（1）在2000~2003年，房地产行业"去杠杆"风险泡沫预警周期波动序列与拟合值拟合效果较差，之后呈现大体一致的趋势。

（2）房地产行业"去杠杆"风险泡沫预警周期波动序列在2001~2004年的波动较为剧烈，其他呈现整体平缓的小波动趋势。

（3）2021~2024年预测的房地产行业"去杠杆"风险泡沫周期波动呈现在0上下稳定波动的趋势，并将于2022年出现一个小波峰。

# 第五节　2021~2024年行业"三维"<br>风险时间序列分析

## 一、房地产行业"去库存"风险时间序列预测

### （一）2021~2024年房地产行业"去库存"风险时间序列预测

在HP滤波分离出2000~2020年房地产行业"去库存"长期趋势序列和周期波动序列基础上，基于ARMA模型进行了2021~2024年房地产行业"去库存"风险泡沫长期趋势序列和周期波动序列的预测。

基于公式（5-2），将预测得到的2021~2024年房地产行业"去库

存"长期趋势序列值和周期波动序列值合并相加，并考虑季节因素、随机因素对序列的影响所进而产生的相加值小范围合理误差，即可得到 2021 ～ 2024 年房地产行业"去库存"风险泡沫预警值，如表 5 – 21 所示。

表 5 – 21　　　　　2021 ～ 2024 年房地产行业"去库存"
风险泡沫时间序列　　　　　　　单位：万元

| 年份 | 房地产行业"去库存"风险泡沫时间序列（$\widehat{DSRV_t}$） | 房地产行业"去库存"风险泡沫预警长期趋势预测值（$\widehat{DSRV_t^T}$） | 房地产行业"去库存"风险泡沫预警周期波动预测值（$\widehat{DSRV_t^C}$） |
|---|---|---|---|
| 2021 | – 87900196.86 | – 100050508.2 | 12150311.32 |
| 2022 | – 83305502.31 | – 93427459.69 | 10121957.38 |
| 2023 | – 78518498.1 | – 86523052.03 | 8004553.933 |
| 2024 | – 83241397.04 | – 80118336.72 | – 3123060.326 |

资料来源：根据课题组 2000 ～ 2024 年中国房地产行业上市公司"去库存"风险泡沫时间序列整理而得。

**（二）2021 ～ 2024 年房地产行业"去库存"风险泡沫时间序列分析**

2021 ～ 2024 年房地产行业"去库存"风险泡沫时间序列分析结果，如图 5 – 12 所示。

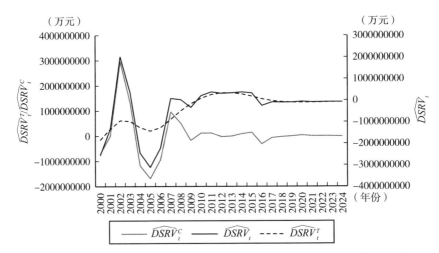

图 5 – 12　2000 ～ 2024 年房地产行业"去库存"风险泡沫时间序列预测

资料来源：根据课题组 2000 ～ 2024 年中国房地产行业上市公司"去库存"风险泡沫时间序列整理而得。

**二、房地产行业"去产能"风险时间序列预测**

**（一）2021 ～ 2024 年房地产行业"去产能"风险泡沫时间序列预测**

在 HP 滤波分离出 2000 ～ 2020 年房地产行业"去产能"长期趋势序

列和周期波动序列基础上，基于 ARMA 模型进行了 2021～2024 年房地产行业"去产能"风险泡沫长期趋势序列和周期波动序列的预测。

同理，将预测得到的 2021～2024 年房地产行业"去产能"长期趋势序列值和周期波动序列值合并相加，并考虑季节因素、随机因素对序列的影响所进而产生的相加值小范围合理误差，即可得到 2021～2024 年房地产行业"去产能"风险泡沫时间序列，如表 5－22 所示。

**表 5－22　　2021～2024 年房地产行业"去产能"风险泡沫时间序列**　单位：万元

| 年份 | 房地产行业"去产能"风险泡沫时间序列（$\widehat{DCRV_t}$） | 房地产行业"去产能"泡沫预警长期趋势预测值（$\widehat{DCRV_t^T}$） | 房地产行业"去产能"风险泡沫预警周期波动预测值（$\widehat{DCRV_t^C}$） |
|---|---|---|---|
| 2021 | － 2612079984 | － 2611930255 | － 149729.664 |
| 2022 | － 2627295039 | － 2621229865 | － 6065173.286 |
| 2023 | － 2632201899 | － 2628111879 | － 4090019.354 |
| 2024 | － 2623859967 | － 2633458359 | 9598391.91 |

**（二）2021～2024 年房地产行业"去库存"风险泡沫时间序列分析**

2021～2024 年房地产行业"去库存"风险泡沫时间序列分析结果，如图 5－13 所示。

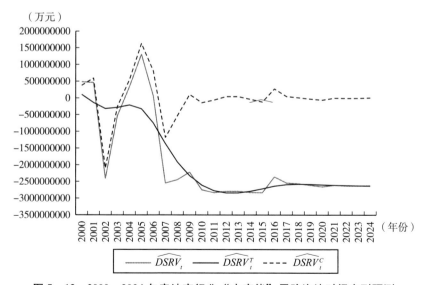

**图 5－13　2000～2024 年房地产行业"去产能"风险泡沫时间序列预测**

资料来源：根据课题组 2000～2024 年中国房地产行业上市公司"去产能"风险泡沫时间序列计算整理而得。

### 三、房地产行业"去杠杆"风险时间序列预测

#### （一）2021~2024 年房地产行业"去杠杆"风险泡沫时间序列预测

在 HP 滤波分离出 2000~2020 年房地产行业"去杠杆"长期趋势序列和周期波动序列基础上，基于 ARMA 模型进行了 2021~2024 年房地产行业"去杠杆"风险泡沫长期趋势序列和周期波动序列的预测。

同理，将预测得到的 2021~2024 年房地产行业"去杠杆"长期趋势序列值和周期波动序列值合并相加，并考虑季节因素、随机因素对序列的影响所进而产生的相加值小范围合理误差，即可得到 2021~2024 年房地产行业"去杠杆"风险泡沫时间序列，如表 5-23 所示。

表 5-23　2021~2024 年房地产行业"去杠杆"风险泡沫时间序列　　　　　　单位：万元

| 年份 | 房地产行业"去杠杆"风险泡沫资本预测值（$\widehat{DLRV_t}$） | 房地产行业"去杠杆"风险泡沫资本长期趋势预测值（$\widehat{DLRV_t^T}$） | 房地产行业"去杠杆"风险泡沫资本周期波动预测值（$\widehat{DLRV_t^C}$） |
|---|---|---|---|
| 2021 | -2699980042 | -2711979714 | 11999671. 91 |
| 2022 | -2710599902 | -2714655890 | 4055987. 405 |
| 2023 | -2710719996 | -2714633870 | 3913873. 408 |
| 2024 | -2707099992 | -2713575647 | 6475654. 758 |

#### （二）2021~2024 年房地产行业"去杠杆"风险泡沫时间序列分析

2021~2024 年房地产行业"去杠杆"风险泡沫时间序列分析结果，如图 5-14 所示。

### 四、房地产行业"三维"风险时间序列分析

#### （一）房地产行业"三维"风险长期趋势序列分析

为了衡量行业风险管理泡沫的风险来源，在供给侧结构性改革视角下，将行业风险管理泡沫分为房地产行业"去库存"风险泡沫、房地产行业"去产能"风险泡沫和房地产行业"去杠杆"风险泡沫，其中房地产行业"去杠杆"风险泡沫来自房地产行业"去库存"风险泡沫和房地产行业"去产能"风险泡沫。

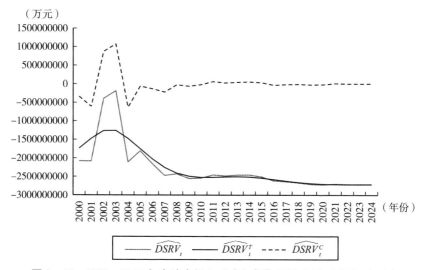

**图 5 – 14　2000 ~ 2024 年房地产行业"去杠杆"风险泡沫时间序列预测**

资料来源：根据课题组 2000 ~ 2024 年中国房地产行业上市公司"去杠杆"风险泡沫时间序列计算整理而得。

因此，基于 ARMA-GARCH 族模型对房地产行业"三维"长期趋势进行预测基础上，根据公式（5 – 8），可以得到 2021 ~ 2024 年房地产行业"三维"风险泡沫长期趋势序列预测值关系，并考虑季节因素、随机因素对序列的影响所进而产生的相加值小范围合理误差，如表 5 – 24 所示。

表 5 – 24 　　　　　**2021 ~ 2024 年房地产行业"三维"**

**风险泡沫长期趋势序列**　　　　　单位：万元

| 年份 | 房地产行业"去杠杆"风险泡沫长期趋势预测值（$\widehat{DLRV_t^T}$） | 房地产行业"去库存"风险泡沫长期趋势预测值（$\widehat{DSRV_t^T}$） | 房地产行业"去产能"风险泡沫长期趋势预测值（$\widehat{DCRV_t^T}$） |
|------|------|------|------|
| 2021 | – 2711979714 | – 100050508.2 | – 2611930255 |
| 2022 | – 2714655890 | – 93427459.69 | – 2621229865 |
| 2023 | – 2714633870 | – 86523052.03 | – 2628111879 |
| 2024 | – 2713575647 | – 80118336.72 | – 2633458359 |

$$房地产行业"去杠杆" \quad 房地产行业"去库存" \quad 房地产行业"去产能"$$
$$风险泡沫长期趋势 \quad = \quad 风险泡沫长期趋势 \quad + \quad 风险泡沫长期趋势$$
$$序列（\widehat{DLRV}_t^T） \quad\quad 序列（\widehat{DSRV}_t^T） \quad\quad 序列（\widehat{DCRV}_t^T）$$

$$(5-8)$$

### （二）房地产行业"三维"风险周期波动序列分析

因此，基于 ARMA-GARCH 族模型对房地产行业"三维"周期波动进行预测基础上，根据公式（5-9），可以得到 2021~2024 年房地产行业"三维"风险泡沫周期波动序列预测值关系，并考虑季节因素、随机因素对序列的影响所进而产生的相加值小范围合理误差，如表 5-25 所示。

表 5-25　　　　　　2021~2024 年房地产行业"三维"
风险泡沫周期波动序列　　　　　　单位：万元

| 年份 | 房地产行业"去杠杆"风险泡沫周期波动预测值（$\widehat{DLRV}_t^C$） | 房地产行业"去库存"风险泡沫周期波动预测值（$\widehat{DSRV}_t^C$） | 房地产行业"去产能"风险泡沫周期波动预测值（$\widehat{DCRV}_t^C$） |
|---|---|---|---|
| 2021 | 11999671. 91 | 12150311. 32 | -149729. 664 |
| 2022 | 4055987. 405 | 10121957. 38 | -6065173. 286 |
| 2023 | 3913873. 408 | 8004553. 933 | -4090019. 354 |
| 2024 | 6475654. 758 | -3123060. 326 | 9598391. 91 |

$$房地产行业"去杠杆" \quad 房地产行业"去库存" \quad 房地产行业"去产能"$$
$$风险泡沫周期波动 \quad = \quad 风险泡沫周期波动 \quad + \quad 风险泡沫周期波动$$
$$序列（\widehat{DLRV}_t^C） \quad\quad 序列（\widehat{DSRV}_t^C） \quad\quad 序列（\widehat{DCRV}_t^C）$$

$$(5-9)$$

### （三）房地产行业"三维"风险时间序列分析

在预测得到房地产行业"去杠杆"风险、"去库存"风险和"去产能"风险的长期趋势序列和周期波动序列预测值的基础上，并考虑季节因素、随机因素对序列的影响所进而产生的相加值小范围合理误差，根据风险管理会计方程式之四，可得到公式（5-10），进而计算得到 2021~2024 年房地产行业"三维"风险泡沫时间序列，如表 5-26 所示。

表 5 - 26　　2021～2024 年房地产行业"三维"风险泡沫时间序列　　单位：万元

| 年份 | 房地产行业"去杠杆"风险泡沫时间序列预测值（$\widehat{DLRV_t}$） | 房地产行业"去库存"风险泡沫时间序列预测值（$\widehat{DSRV_t}$） | 房地产行业"去产能"风险泡沫时间序列预测值（$\widehat{DCRV_t}$） |
|---|---|---|---|
| 2021 | － 2699980042 | － 87900196. 86 | － 2612079984 |
| 2022 | － 2710599902 | － 83305502. 31 | － 2627295039 |
| 2023 | － 2710719996 | － 78518498. 1 | － 2632201899 |
| 2024 | － 2707099992 | － 83241397. 04 | － 2623859967 |

$$
\begin{array}{ccc}
\text{房地产行业"去杠杆"} & \text{房地产行业"去库存"} & \text{房地产行业"去产能"} \\
\text{风险时间序列} \quad = & \text{风险时间序列} \quad + & \text{风险时间序列} \\
(DLRV_t) & (DSRV_t) & (DCRV_t)
\end{array}
$$

$$(5-10)$$

由图 5 - 15 可知，在 2005 年之前，房地产行业"去杠杆"风险泡沫主要来源于"去库存"风险泡沫。

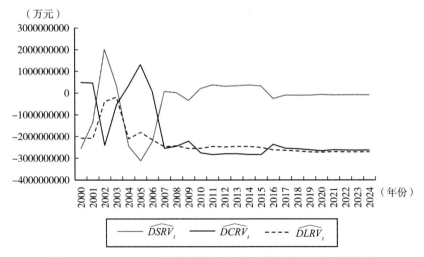

图 5 - 15　2000～2024 年房地产行业"三维"风险泡沫时间序列

资料来源：根据课题组 2000～2024 年中国房地产行业上市公司"三维"风险泡沫时间序列计算整理而得。

2002 年起，"非典"疫情肆虐，商品房出售受阻，叠加政府控制房地产开发政策，收紧信贷，"去库存"风险大幅回升。

2006 年之后，房地产行业"去杠杆"风险泡沫主要来源于"去产能"风险泡沫，中国房地产开发投资额增速呈现断崖式下降，受投资萎缩的影响，"去杠杆"风险泡沫随之下降。

## 关键概念释义

| 序号 | 关键概念 | 缩写符号 | 计算公式 | 释义 |
|---|---|---|---|---|
| 1 | 房地产行业"三维"风险时间序列 | TSOREITDaR（time series of real-estate industry three-dimension at risk） | — | 将 2000～2020 年房地产行业"三维"风险泡沫预警值，用于房地产行业"三维"风险时间序列解析，利用时间序列的分解方法对房地产行业"三维"风险进行智能监测 |
| 2 | 房地产行业"三维"风险长期趋势序列 | LTTSOREITDaR（long-term trend series of real-estate industry three-dimension at risk） | 运用 HP 滤波技术将时间序列分解成长期趋势和周期波动序列 | 根据房地产行业"三维"风险泡沫预警 2000～2020 年指标值形成的房地产行业"三维"风险时间序列，通过 HP 滤波解析成长期趋势序列 |
| 3 | 房地产行业"三维"风险周期波动序列 | PFSOREITDaR（periodic fluctuation series of real-estate industry three-dimension at risk） | | 根据房地产行业"三维"风险泡沫预警 2000～2020 年指标值形成的房地产行业"三维"风险时间序列，通过 HP 滤波解析成周期波动序列 |
| 4 | 房地产行业"去库存"风险泡沫长期趋势序列 | $DSRV_t^T$ | 运用 HP 滤波技术将时间序列分解成长期趋势和周期波动序列 | 在房地产行业"去库存"风险泡沫预警时间序列的基础上，利用 HP 滤波技术并采用平滑因子，得到房地产行业"去库存"风险泡沫预警长期趋势序列 |
| 5 | 房地产行业"去库存"风险泡沫周期波动序列 | $DSRV_t^C$ | | 在房地产行业"去库存"风险泡沫预警时间序列的基础上，利用 HP 滤波技术得到房地产行业"去库存"风险泡沫预警周期波动序列 |

| 序号 | 关键概念 | 缩写符号 | 计算公式 | 释义 |
|---|---|---|---|---|
| 6 | 房地产行业"去产能"风险泡沫长期趋势序列 | $DCRV_t^T$ | 运用 HP 滤波技术将时间序列分解成长期趋势和周期波动序列 | 在房地产行业"去产能"风险泡沫预警时间序列的基础上,利用 HP 滤波技术并采用平滑因子,得到房地产行业"去库存"风险泡沫预警长期趋势序列 |
| 7 | 房地产行业"去产能"风险泡沫周期波动序列 | $DCRV_t^C$ | | 在房地产行业"去产能"风险泡沫预警时间序列的基础上,利用 HP 滤波技术得到房地产行业"去库存"风险泡沫预警周期波动序列 |
| 8 | 房地产行业"去杠杆"风险泡沫长期趋势序列 | $DLRV_t^T$ | 运用 HP 滤波技术将时间序列分解成长期趋势和周期波动序列 | 在房地产行业"去杠杆"风险泡沫预警时间序列的基础上,利用 HP 滤波技术并采用平滑因子,得到房地产行业"去库存"风险泡沫预警长期趋势序列 |
| 9 | 房地产行业"去杠杆"风险泡沫周期波动序列 | $DLRV_t^C$ | | 在房地产行业"去杠杆"风险泡沫预警时间序列的基础上,利用 HP 滤波技术得到房地产行业"去库存"风险泡沫预警周期波动序列 |

## 附录1 房地产全行业风险测度样本

| 序号 | 证券代码 | 证券简称 | 序号 | 证券代码 | 证券简称 | 序号 | 证券代码 | 证券简称 | 序号 | 证券代码 | 证券简称 |
|---|---|---|---|---|---|---|---|---|---|---|---|
| 1 | 000002 | 万科A | 18 | 000514 | 渝开发 | 35 | 000711 | 京蓝科技 | 52 | 001979 | 招商蛇口 |
| 2 | 000006 | 深振业A | 19 | 000517 | 荣安地产 | 36 | 000718 | 苏宁环球 | 53 | 002016 | 世荣兆业 |
| 3 | 000007 | 全新好 | 20 | 000537 | 广宇发展 | 37 | 000720 | 新能泰山 | 54 | 002051 | 中工国际 |
| 4 | 000010 | 美丽生态 | 21 | 000540 | 中天金融 | 38 | 000732 | 泰禾集团 | 55 | 002060 | 粤水电 |
| 5 | 000011 | 深物业A | 22 | 000558 | 莱茵体育 | 39 | 000736 | 中交地产 | 56 | 002061 | 浙江交科 |
| 6 | 000014 | 沙河股份 | 23 | 000560 | 我爱我家 | 40 | 000797 | 中国武夷 | 57 | 002077 | *ST大港 |
| 7 | 000029 | 深深房A | 24 | 000573 | 粤宏远A | 41 | 000838 | 财信发展 | 58 | 002116 | 中国海诚 |
| 8 | 000031 | 大悦城 | 25 | 000608 | 阳光股份 | 42 | 000863 | 三湘印象 | 59 | 002133 | 广宇集团 |
| 9 | 000032 | 深桑达A | 26 | 000615 | 奥园美谷 | 43 | 000886 | 海南高速 | 60 | 002140 | 东华科技 |
| 10 | 000036 | 华联控股 | 27 | 000616 | 海航投资 | 44 | 000897 | 津滨发展 | 61 | 002146 | 荣盛发展 |
| 11 | 000042 | 中洲控股 | 28 | 000620 | 新华联 | 45 | 000909 | 数源科技 | 62 | 002147 | *ST新光 |
| 12 | 000065 | 北方国际 | 29 | 000628 | 高新发展 | 46 | 000918 | 嘉凯城 | 63 | 002208 | 合肥城建 |
| 13 | 000069 | 华侨城A | 30 | 000631 | 顺发恒业 | 47 | 000926 | 福星股份 | 64 | 002244 | 滨江集团 |
| 14 | 000090 | 天健集团 | 31 | 000656 | 金科股份 | 48 | 000928 | 中钢国际 | 65 | 002285 | 世联行 |
| 15 | 000402 | 金融街 | 32 | 000667 | 美好置业 | 49 | 000961 | 中南建设 | 66 | 002305 | 南国置业 |
| 16 | 000498 | 山东路桥 | 33 | 000668 | 荣丰控股 | 50 | 000965 | 天保基建 | 67 | 002307 | 北新路桥 |
| 17 | 000502 | 绿景控股 | 34 | 000671 | 阳光城 | 51 | 001914 | 招商积余 | 68 | 002314 | 南山控股 |

续表

| 序号 | 证券代码 | 证券简称 | 序号 | 证券代码 | 证券简称 | 序号 | 证券代码 | 证券简称 | 序号 | 证券代码 | 证券简称 |
|---|---|---|---|---|---|---|---|---|---|---|---|
| 69 | 002377 | 国创高新 | 86 | 300649 | 杭州园林 | 103 | 600185 | 格力地产 | 120 | 600466 | 蓝光发展 |
| 70 | 002431 | 棕榈股份 | 87 | 300712 | 永福股份 | 104 | 600193 | ST创兴 | 121 | 600491 | 龙元建设 |
| 71 | 002542 | 中化岩土 | 88 | 300917 | 特发服务 | 105 | 600215 | *ST经开 | 122 | 600502 | 安徽建工 |
| 72 | 002564 | 天沃科技 | 89 | 600007 | 中国国贸 | 106 | 600223 | 鲁商发展 | 123 | 600503 | 华丽家族 |
| 73 | 002586 | *ST围海 | 90 | 600039 | 四川路桥 | 107 | 600225 | *ST松江 | 124 | 600510 | 黑牡丹 |
| 74 | 002628 | 成都路桥 | 91 | 600048 | 保利地产 | 108 | 600239 | 云南城投 | 125 | 600512 | 腾达建设 |
| 75 | 002663 | 普邦股份 | 92 | 600064 | 南京高科 | 109 | 600246 | 万通发展 | 126 | 600515 | 海航基础 |
| 76 | 002761 | 多喜爱 | 93 | 600067 | 冠城大通 | 110 | 600248 | 延长化建 | 127 | 600533 | 栖霞建设 |
| 77 | 002775 | 文科园林 | 94 | 600068 | 葛洲坝 | 111 | 600266 | 城建发展 | 128 | 600555 | *ST海创 |
| 78 | 002941 | 新疆交建 | 95 | 600072 | 中船科技 | 112 | 600284 | 浦东建设 | 129 | 600565 | 迪马股份 |
| 79 | 002968 | 新大正 | 96 | 600077 | 宋都股份 | 113 | 600322 | 天房发展 | 130 | 600604 | 市北高新 |
| 80 | 003001 | 中岩大地 | 97 | 600094 | 大名城 | 114 | 600325 | 华发股份 | 131 | 600606 | 绿地控股 |
| 81 | 300008 | 天海防务 | 98 | 600133 | 东湖高新 | 115 | 600340 | 华夏幸福 | 132 | 600622 | 光大嘉宝 |
| 82 | 300055 | 万邦达 | 99 | 600159 | 大龙地产 | 116 | 600376 | 首开股份 | 133 | 600638 | 新黄浦 |
| 83 | 300237 | 美晨生态 | 100 | 600162 | 香江控股 | 117 | 600383 | 金地集团 | 134 | 600639 | 浦东金桥 |
| 84 | 300517 | 海波重科 | 101 | 600170 | 上海建工 | 118 | 600393 | 粤泰股份 | 135 | 600641 | 万业企业 |
| 85 | 300536 | 农尚环境 | 102 | 600173 | 卧龙地产 | 119 | 600463 | 空港股份 | 136 | 600649 | 城投控股 |

续表

| 序号 | 证券代码 | 证券简称 | 序号 | 证券代码 | 证券简称 | 序号 | 证券代码 | 证券简称 | 序号 | 证券代码 | 证券简称 |
|------|----------|----------|------|----------|----------|------|----------|----------|------|----------|----------|
| 137 | 600657 | 信达地产 | 150 | 600748 | 上实发展 | 163 | 601068 | 中铝国际 | 176 | 601800 | 中国交建 |
| 138 | 600658 | 电子城 | 151 | 600773 | 西藏城投 | 164 | 601117 | 中国化学 | 177 | 603007 | 花王股份 |
| 139 | 600663 | 陆家嘴 | 152 | 600791 | 京能置业 | 165 | 601155 | 新城控股 | 178 | 603316 | 诚邦股份 |
| 140 | 600665 | 天地源 | 153 | 600817 | ST 宏盛 | 166 | 601186 | 中国铁建 | 179 | 603388 | 元成股份 |
| 141 | 600667 | 太极实业 | 154 | 600820 | 隧道股份 | 167 | 601390 | 中国中铁 | 180 | 603506 | 南都物业 |
| 142 | 600675 | 中华企业 | 155 | 600823 | 世茂股份 | 168 | 601399 | ST 国重装 | 181 | 603637 | 镇海股份 |
| 143 | 600683 | 京投发展 | 156 | 600846 | 同济科技 | 169 | 601512 | 中新集团 | 182 | 603717 | 天域生态 |
| 144 | 600684 | 珠江实业 | 157 | 600848 | 上海临港 | 170 | 601588 | 北辰实业 | 183 | 603778 | 乾景园林 |
| 145 | 600696 | ST 岩石 | 158 | 600853 | 龙建股份 | 171 | 601611 | 中国核建 | 184 | 603815 | 交建股份 |
| 146 | 600708 | 光明地产 | 159 | 600890 | 中房股份 | 172 | 601618 | 中国中冶 | 185 | 603843 | 正平股份 |
| 147 | 600716 | 凤凰股份 | 160 | 600895 | 张江高科 | 173 | 601668 | 中国建筑 | 186 | 603929 | 亚翔集成 |
| 148 | 600736 | 苏州高新 | 161 | 600939 | 重庆建工 | 174 | 601669 | 中国电建 | 187 | 603955 | 大千生态 |
| 149 | 600743 | 华远地产 | 162 | 600970 | 中材国际 | 175 | 601789 | 宁波建工 | 188 | 603959 | 百科科技 |

资料来源：课题组根据国泰安数据库整理而得。

## 附录 2　2000~2020 年房地产全行业上市公司风险测度样本区域分布

单位：家

| 区域 | 2000年 | 2001年 | 2002年 | 2003年 | 2004年 | 2005年 | 2006年 | 2007年 | 2008年 | 2009年 | 2010年 | 2011年 | 2012年 | 2013年 | 2014年 | 2015年 | 2016年 | 2017年 | 2018年 | 2019年 | 2020年 |
|---|---|---|---|---|---|---|---|---|---|---|---|---|---|---|---|---|---|---|---|---|---|
| 北京 | 12 | 13 | 13 | 13 | 14 | 14 | 16 | 16 | 17 | 19 | 21 | 24 | 25 | 25 | 25 | 25 | 26 | 25 | 27 | 27 | 28 |
| 上海 | 22 | 22 | 23 | 23 | 24 | 24 | 24 | 25 | 24 | 24 | 24 | 25 | 26 | 26 | 26 | 26 | 27 | 27 | 27 | 27 | 27 |
| 天津 | 4 | 5 | 5 | 5 | 5 | 5 | 5 | 5 | 4 | 5 | 5 | 5 | 5 | 5 | 5 | 5 | 5 | 5 | 5 | 5 | 5 |
| 重庆 | 4 | 4 | 5 | 5 | 5 | 5 | 5 | 5 | 5 | 5 | 5 | 5 | 5 | 5 | 5 | 5 | 5 | 7 | 7 | 8 | 8 |
| 安徽 | 0 | 0 | 0 | 1 | 1 | 1 | 1 | 3 | 4 | 4 | 4 | 4 | 4 | 4 | 4 | 4 | 4 | 4 | 4 | 5 | 5 |
| 福建 | 4 | 4 | 4 | 4 | 4 | 4 | 4 | 4 | 3 | 3 | 4 | 4 | 4 | 4 | 4 | 4 | 4 | 5 | 5 | 5 | 5 |
| 广东 | 18 | 20 | 20 | 20 | 22 | 22 | 24 | 24 | 24 | 26 | 26 | 25 | 27 | 27 | 27 | 28 | 29 | 28 | 28 | 29 | 31 |
| 广西 | 1 | 1 | 1 | 1 | 1 | 1 | 1 | 1 | 1 | 1 | 1 | 1 | 1 | 1 | 1 | 1 | 1 | 1 | 1 | 1 | 1 |
| 贵州 | 1 | 1 | 1 | 1 | 1 | 1 | 1 | 1 | 1 | 1 | 1 | 1 | 1 | 1 | 1 | 1 | 1 | 1 | 0 | 1 | 1 |
| 海南 | 1 | 2 | 3 | 3 | 3 | 3 | 3 | 3 | 3 | 3 | 3 | 3 | 3 | 3 | 3 | 3 | 3 | 3 | 3 | 3 | 3 |
| 河北 | 0 | 0 | 0 | 0 | 1 | 1 | 1 | 2 | 2 | 2 | 2 | 2 | 2 | 2 | 2 | 2 | 2 | 2 | 2 | 2 | 2 |
| 河南 | 0 | 0 | 0 | 0 | 0 | 0 | 0 | 0 | 0 | 0 | 1 | 1 | 1 | 1 | 1 | 1 | 1 | 1 | 1 | 1 | 1 |
| 黑龙江 | 2 | 2 | 2 | 2 | 2 | 2 | 2 | 2 | 2 | 2 | 2 | 2 | 2 | 2 | 2 | 2 | 2 | 2 | 2 | 2 | 2 |
| 湖北 | 4 | 4 | 4 | 4 | 4 | 4 | 4 | 4 | 4 | 5 | 6 | 6 | 6 | 6 | 6 | 6 | 8 | 8 | 8 | 8 | 8 |

续表

| 区域 | 2000年 | 2001年 | 2002年 | 2003年 | 2004年 | 2005年 | 2006年 | 2007年 | 2008年 | 2009年 | 2010年 | 2011年 | 2012年 | 2013年 | 2014年 | 2015年 | 2016年 | 2017年 | 2018年 | 2019年 | 2020年 |
|---|---|---|---|---|---|---|---|---|---|---|---|---|---|---|---|---|---|---|---|---|---|
| 湖南 | 0 | 0 | 0 | 0 | 0 | 0 | 0 | 0 | 0 | 0 | 0 | 0 | 0 | 0 | 0 | 0 | 1 | 1 | 1 | 1 | 1 |
| 吉林 | 4 | 4 | 4 | 4 | 4 | 4 | 4 | 3 | 3 | 4 | 4 | 4 | 4 | 4 | 4 | 4 | 4 | 4 | 4 | 4 | 4 |
| 江苏 | 5 | 5 | 7 | 7 | 7 | 8 | 8 | 8 | 8 | 8 | 8 | 9 | 9 | 9 | 9 | 10 | 11 | 13 | 13 | 14 | 14 |
| 辽宁 | 1 | 1 | 1 | 1 | 1 | 1 | 1 | 1 | 1 | 0 | 1 | 1 | 1 | 1 | 1 | 1 | 1 | 1 | 1 | 1 | 1 |
| 青海 | 0 | 0 | 0 | 0 | 0 | 0 | 0 | 0 | 0 | 0 | 0 | 0 | 0 | 0 | 0 | 0 | 1 | 1 | 1 | 1 | 1 |
| 山东 | 4 | 4 | 4 | 4 | 4 | 4 | 4 | 4 | 4 | 3 | 3 | 4 | 4 | 5 | 5 | 5 | 5 | 5 | 5 | 5 | 5 |
| 陕西 | 2 | 2 | 2 | 2 | 2 | 2 | 2 | 2 | 2 | 2 | 2 | 2 | 2 | 2 | 2 | 2 | 2 | 2 | 2 | 2 | 2 |
| 四川 | 1 | 2 | 2 | 3 | 3 | 3 | 3 | 3 | 3 | 3 | 3 | 4 | 4 | 4 | 4 | 4 | 4 | 4 | 4 | 4 | 5 |
| 西藏 | 1 | 1 | 1 | 1 | 1 | 1 | 1 | 1 | 1 | 1 | 1 | 1 | 1 | 1 | 1 | 1 | 1 | 1 | 1 | 1 | 1 |
| 新疆 | 0 | 0 | 0 | 0 | 0 | 0 | 0 | 0 | 0 | 1 | 1 | 1 | 0 | 1 | 1 | 1 | 1 | 1 | 2 | 2 | 2 |
| 云南 | 3 | 3 | 3 | 3 | 3 | 3 | 3 | 3 | 3 | 3 | 3 | 3 | 3 | 3 | 3 | 3 | 3 | 3 | 3 | 3 | 3 |
| 浙江 | 8 | 8 | 9 | 9 | 10 | 10 | 12 | 11 | 13 | 14 | 14 | 16 | 16 | 16 | 16 | 17 | 17 | 21 | 22 | 22 | 22 |
| 总计 | 102 | 108 | 114 | 116 | 122 | 123 | 129 | 131 | 132 | 140 | 145 | 153 | 157 | 158 | 158 | 161 | 169 | 176 | 179 | 184 | 188 |

资料来源：根据国泰安数据库 2000～2020 年房地产行业上市公司数据整理绘制而得。

# 第六章　风险管理会计建构的房地产行业"三维"周期波动拐点智能识别

房地产行业"三维"风险周期波动序列解析，如图6-1所示。

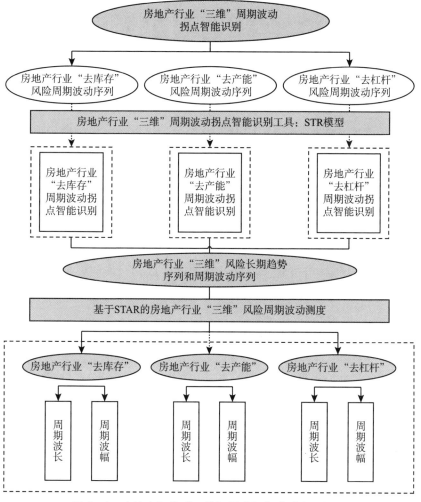

**图6-1　房地产行业"三维"风险周期波动序列解析**

## 第一节 基于 STR 模型的房地产行业"三维" 周期波动拐点智能识别与预测

在对宏观经济趋势进行分析的过程中，除了关注宏观经济发展趋势外，还应关注其结构突变点，宏观经济分析中通常将其称为"拐点"，通过对拐点的识别，能够进行经济周期的划分，更好地了解经济发展状况。房地产行业短期主要受到货币、财政政策影响、中期主要由土地供应决定、而长期发展则由人口增长来决定，由于金融政策短期内的频繁变动，导致房地产行业"拐点"的出现较为普遍。本研究运用平滑转换回归模型（smooth transition regression，STR）对房地产行业周期波动特征进行刻画，挖掘数据冲击下的房地产行业"三维"风险周期波动序列拐点，对房地产行业所处周期环境进行有效监测。

### 一、房地产行业"三维"周期波动拐点识别与预测的数据来源

#### （一）基于房地产行业"三维"风险泡沫周期波动实际值的拐点智能识别

基于 HP 滤波技术从房地产行业"三维"风险泡沫时间序列中分离出房地产行业"三维"风险泡沫周期波动序列，进而得到 2000～2020 年房地产行业"三维"风险泡沫周期波动序列实际值。以房地产行业"三维"风险泡沫周期波动序列 2000～2020 年实际值为基础，通过运用 STR 模型进行房地产行业"三维"周期波动拐点的智能识别，结果如表 6－1 所示。

表 6－1　2000～2020 年房地产行业"三维"风险泡沫周期波动序列的实际值

| 年份 | 房地产行业"去库存"风险泡沫周期波动序列值（$DSRV_t^C$） | 房地产行业"去产能"风险泡沫周期波动序列值（$DCRV_t^C$） | 房地产行业"去杠杆"风险泡沫周期波动序列值（$DLRV_t^C$） |
|---|---|---|---|
| 2000 | －716922997.9648 | 377244981.6576 | －339677701.7344 |
| 2001 | －1205395049.6768 | 596816481.4848 | －608576890.4704 |
| 2002 | 2968700688.7936 | －2098318226.2272 | 870378425.5488 |

| 年份 | 房地产行业"去库存"风险泡沫周期波动序列值（$DSRV_t^C$） | 房地产行业"去产能"风险泡沫周期波动序列值（$DCRV_t^C$） | 房地产行业"去杠杆"风险泡沫周期波动序列值（$DLRV_t^C$） |
|------|------|------|------|
| 2003 | 1324461903. 0528 | – 251796966. 6048 | 1072664831. 5904 |
| 2004 | – 1178873521. 7664 | 546889374. 1056 | – 631981368. 9344 |
| 2005 | – 1689939712. 4096 | 1630119290. 4704 | – 59820382. 6176 |
| 2006 | – 942579122. 1760 | 811051044. 0448 | – 131525404. 2624 |
| 2007 | 962011542. 3232 | – 1182328684. 5440 | – 220324351. 1808 |
| 2008 | 511634413. 9776 | – 535157433. 9584 | – 23521026. 0480 |
| 2009 | – 168840265. 7280 | 106918687. 5392 | – 61917410. 0992 |
| 2010 | 118805705. 5232 | – 138733551. 6160 | – 19932086. 2720 |
| 2011 | 122511071. 6416 | – 58654300. 5696 | 63863154. 2784 |
| 2012 | – 19275335. 2704 | 46703637. 2992 | 27425646. 1824 |
| 2013 | – 646432. 0512 | 46482148. 5568 | 45834616. 8320 |
| 2014 | 90962906. 3168 | – 36419462. 7584 | 54541192. 3968 |
| 2015 | 149395223. 3472 | – 115819033. 3952 | 33572959. 0272 |
| 2016 | – 310281974. 5792 | 275892718. 7968 | – 34389082. 1120 |
| 2017 | – 64187754. 0864 | 49666116. 8128 | – 14515609. 6000 |
| 2018 | – 21576823. 6032 | 13198633. 3696 | – 8375048. 6016 |
| 2019 | 3240113. 7664 | – 26108821. 5040 | – 22873323. 9296 |
| 2020 | 39641763. 0208 | – 56937119. 7440 | – 17296354. 5088 |

**（二）基于房地产行业"三维"风险泡沫周期波动预测值的拐点智能预测**

在 HP 滤波分离后的 2000～2020 年房地产行业"三维"风险泡沫周期波动序列实际值基础上，运用 ARMA-GRACH 得到 2021～2024 年房地产行业"三维"风险泡沫周期波动序列预测值。并以 2021～2024 年预测值作为房地产行业"三维"风险泡沫周期波动拐点智能识别的基础，结果如表 6 – 2 所示。

表 6 – 2　2021～2024 年房地产行业"三维"风险泡沫周期波动序列的预测值

| 年份 | 房地产行业"去库存"风险泡沫周期波动序列值（$\widehat{DSRV_t^c}$） | 房地产行业"去产能"风险泡沫周期波动序列值（$\widehat{DCRV_t^c}$） | 房地产行业"去杠杆"风险泡沫周期波动序列值（$\widehat{DLRV_t^c}$） |
|---|---|---|---|
| 2021 | 12150311. 3216 | – 149729. 6640 | 11999671. 9104 |
| 2022 | 10121957. 376000 | – 6070173. 286400 | 4055987. 404800 |
| 2023 | 8004553. 932800 | – 4088019. 353600 | 3913873. 408000 |
| 2024 | – 3123060. 326400 | 9598391. 910400 | 6475654. 758400 |

## 二、房地产行业"三维"周期波动拐点识别的 STR 模型选择

为了更好表现并度量房地产行业周期波动风险的非线性特征，需要运用到非线性分析模型。非线性模型两个主要的研究方向包括状态转换模型和混沌论模型，其中状态转换模型的实际应用在研究中更为广泛。TAR 模型、STR 模型以及 MSR 模型在状态转换模型中较为常用，能够准确刻画出主体不同形式的状态转换方式。其中，TAR 模型和 MSR 模型的转换机制是离散的，而 STR 模型的转换机制是连续的，所以 STR 模型有更强的实际应用价值和多领域的广泛适用性。基于本研究，STR 模型也是房地产行业"三维"周期波动风险非线性关系分析的典型模型。STR 模型主要用来分析属于不同范围变量、经济状况表现出不同特征这一类经济现象，这与房地产行业"三维"周期风险动态波动趋势及本研究的研究目标一致。而且，STR 模型在宏观经济现象的建模与预测中，表现出很强的现实解释力和较高的应用价值。

基于此，本研究以房地产行业"去库存"风险泡沫周期波动序列、房地产行业"去产能"风险泡沫周期波动序列、房地产行业"去杠杆"风险泡沫周期波动序列 2000～2020 年实际值和 2021～2024 年的预测值为基础，构建 STR 模型系统揭示房地产行业"三维"风险周期波动的动态规律，利用非线性机制转化逻辑模型（LSTR 模型）识别房地产行业"三维"风险的关键拐点，即探测 LSTR 模型的转换函数值和转换特征值，从而准确把握和预测房地产行业"去库存"风险周期波动走势和风险特征，为后续探寻房地产行业"三维"风险周期波动的发展路径及趋势提供经验预测和理论参考与借鉴。

### 三、房地产行业"三维"风险泡沫周期波动序列的 STR 测度

#### (一) STR 模型设定

对于平滑转换自回归(STAR)模型,常用的两种模型有:LSTAR 模型和 ESTAR 模型,这两种模型分别是以 Logistic 函数和指数函数作为平滑函数来建立 STAR 模型,随着非参数平滑技术的逐渐成熟,其在各个领域中的应用也越来越广泛,所以本研究选择将平滑转换自回归模型与非参数技术相结合作为平滑函数来建立 STAR 模型。基于标准 STAR 模型 [(见公式 (6-1)],构建本研究拟构建的模型范式 [见公式 (6-2)] 如下:

$$y_t = \beta x_t + (\beta x_t) \times G(S_{t-d}、\gamma、C) + \varepsilon_t \qquad (6-1)$$

$$DSRV_t^C = \gamma_0 + \gamma_1 \times DSRV_{t-1}^C + \cdots + \gamma_p \times DSRV_{t-p}^C + (\gamma_0 + \gamma_1 \times DSRV_{t-1}^C + \cdots$$
$$+ \gamma_p \times DSRV_{t-p}^C) \times G(\delta,\ c,\ DSRV_{t-d}^C) + \varepsilon_t \qquad (6-2)$$

其中,$y_t$ 为被解释变量;$x_t = (x_t',\ z_t')$:$x_t$ 是解释变量向量,$x_t'$ 是内生解释向量,$z_t'$ 是外生解释变量;$\beta$ 是系数参数矩阵;$G(S_{t-d}、\gamma、C)$ 为转换函数或开关函数,是在 0~1 上取值的连续函数,其中 $S_{t-d}$ 是转换变量或开关变量,表明哪一个变量引起非线性的变化,$d$ 是滞后期;$\gamma$ 是斜率参数或调整参数,表明非线性关系的转换速度;$C$ 是位置参数,是变量 $S_{t-d}$ 的具体数值,也可以看成两个机制之间的门限值 (threshold);$\varepsilon_t$ 是白噪声。

#### (二) STR 模型估计步骤

(1) 平稳性单位根检验。为了避免伪回归,首先对序列进行平稳性测试,本研究主要采取 ADF 检验和 PP 检验。基于通过 HP 滤波分离出的房地产行业"三维"风险周期波动序列具体的时间趋势,选取相应的设定形式,并基于 AIC 准则选取检验的滞后阶和检验的截断滞后因子。基于原假设及显著水平下临界值,判断房地产行业"去库存"风险周期波动序列的平稳性。

(2) 确定线性 AR 模型的最大滞后阶数。可以根据 AIC 准则、BIC 准则或者 FPE 准则等来确定线性 AR 模型的最大滞后阶数 $m$。

(3) 进行线性检验。当检验拒绝线性模型时,再采用建立非线性模型方法。

(4) 依据延迟参数 $d$ 的不同取值进行线性检验,拒绝线性检验的同时,也确定 $d$ 的取值。一般情况下,$d$ 的取值是 $1 \leqslant d \leqslant m$ 的正整数,也可以根据实际情况适当调整 $d$ 的取值范围。当 $d$ 取不同的值时,分别进行线性检验。

（5）基于泰勒展开式进行 LM 检验，当所用数据为小样本时，LM 统计量服从 F 分布，LM 统计量在大样本情况下渐进服从卡方分布。计算出 LM 统计量的值和检验 P 值，选择相对应的 $d$ 的取值。利用嵌套假设的序贯检验对 LSTAR 模型和 ESTAR 模型进行选择。

（6）对模型进行非线性最小二乘估计，求出模型参数的估计值。

**（三）STR 模型检验**

通过残差分析法对模型进行有效性检验，如果残差序列能通过自相关性检验和异方差性的检验，说明拟合的模型是有效的。基于 R 方值判定模型拟合的效果，分析是否适合进行预测分析。如果模型拟合效果较好，根据回归结果绘制出转化函数值 G 的图像，结合图像判断房地产行业"三维"周期风险的拐点。

**四、基于拐点识别的房地产行业"三维"风险周期研究**

房地产行业是周期之母，不仅产业链条深入贯穿其他产业，而且衡量房产的销量、土地购置和新开工面积等重要指标，更是衡量经济的先行指标，对宏观经济的增长起着举足轻重的刺激、带动和稳定作用。而房地产泡沫经常是金融危机的发源地，美林投资时钟研究了经济周期不同阶段股票、债券、商品、现金等的收益率表现，其中房地产是典型的顺周期特征。

**（一）房地产行业"三维"周期划分与周期波长测度**

刘易斯（Lewis W A）指出一次完整的经济波动是从一个波峰到另一个波峰，也可以从一个波谷到另一个波谷来衡量。结合 LSTR 模型识别出的拐点，基于"谷－谷"法来划分周期并确定其波长，将房地产行业"三维"风险泡沫预警作为分析房地产行业周期波长的工具，将相邻的波谷之间的距离称为房地产行业周期波长 $T$，具体计算公式如下：

$$T = t_{波谷时刻} - t_{上一个波谷时刻}$$
$$= \frac{房地产行业"三维"风险}{泡沫预警波谷时刻} - \frac{房地产行业"三维"风险}{泡沫预警上一个波谷时刻} \qquad (6-3)$$

**（二）房地产行业"三维"周期波动幅度测度**

为了测度房地产行业"三维"周期波动情况，波动幅度系数是衡量"三维"风险泡沫预警各观测值变异程度的一个统计量，可以消除单位和或平均数不同对"三维"风险泡沫预警值变异程度比较的影响。

波动幅度系数（wave coefficient，W 系数）反映了客观事物的波动状况。房地产行业"三维"周期波动幅度系数由房地产行业"去库存"周期波动幅度系数、房地产行业"去产能"周期波动幅度系数、房地产行业"去杠杆"周期波动幅度系数三个部分组成。房地产行业"三维"周期风险波动幅度系数反映各维度不同周期内的波动震荡幅度和风险水平。周期波动幅度系数越大，说明该周期内房地产行业经营状况稳定性较差、风险波动较大。其计算公式如下：

$$\text{房地产行业"三维"周期波动幅度系数} = \frac{\text{房地产行业"三维"周期风险泡沫预警值标准差}}{\text{"三维"周期风险泡沫预警值平均数}}$$

$$(6-4)$$

## 第二节　房地产行业"去库存"周期波动拐点智能识别与预测

房地产行业供需两端的状态和平衡关系，在经济日益发展的背景下，发生动态变动且又深刻的变化。在房地产行业的供给端，随着投资的增加和开工建设规模过大，市场房产供给增量呈现逐年上升的趋势；在房地产行业的需求端，人口增加经济发展带动需求的刚性增加，然而地价、房价的逐步走高也不可避免使需求方的投资门槛加高、投资风险加大，导致房产需求产生某种程度上的减少并且导致房产销售率下降。房产行业供求严重失衡的畸形状态不仅造成了短期内供给总量相对过剩、库存压力逐步增大，而且房产作为牵一发而动全身的重要行业会通过多种渠道逐步影响到宏观经济的发展态势及健康稳定状态。因此，准确预测房产发展的周期态势并精准识别其中的波动拐点，对于协调社会供需、促进房产行业发展、稳定经济及健康发展、防范金融风险等具有十分重要的政治、经济、社会多方面的意义。

### 一、基于 STR 的房地产行业"去库存"周期波动拐点识别

房地产"去库存"是政府近年来供给侧结构性改革的"五大任务"之一。随着改革的不断推进，国家从供需两方着手出台相关住房消费等政策积极支持"去库存"政策的落地和推进。然而，房地产市场的发展有较大的波动性，其对社会、政府及金融产生的重要影响要求我们对房地产市场的发展周期和拐点能有准确的识别和预测。

#### （一）房地产行业"去库存"周期波动拐点识别的数据来源

基于第五章 HP 滤波分离得到的房地产"去库存"风险周期波动序

列，结合第五章表 5 - 3 房地产行业"去库存"风险周期波动序列 2000 ~ 2020 年实际值，并利用 LSTR 模型来识别 2000 ~ 2020 年房地产行业"去库存"风险周期波动序列的拐点。

**（二）房地产行业"去库存"周期波动拐点识别的 STR 模型构建**

根据房地产行业"去库存"风险泡沫预警（DSRV）周期波动序列 2000 ~ 2020 年实际值，构建模型范式如下：

$$DSRV_{c(t)} = \gamma_0 + \gamma_1 \times DSRV_{c(t-1)} + \cdots + \gamma_p \times DSRV_{C(t-p)}$$
$$+ \left[ \gamma_0 + \gamma_1 \times DSRV_{c(t-1)} + \cdots + \gamma_p \times DSRV_{c(t-p)} \right]$$
$$\times G\left[ \delta, c; DSRV_{C(t-p)} \right] + \varepsilon_t \quad\quad (6-5)$$

为了避免伪回归，首先，对周期波动序列进行 ADF 检验和 PP 检验的平稳性测试。由于通过 HP 滤波分离出的房地产行业"去库存"周期风险时间序列的波动序列没有呈现出明显的时间趋势，所以选取只含有常数项的设定形式，结果表明房地产行业"去库存"周期风险波动序列 $DSRV_{c(t)}$ 具有整体平稳性。

其次，对 STR 模型进行估计和检验。以 AIC 最小准则为基准选取滞后阶 $p = 2$，再基于对上式进行三阶泰勒多项式展开，选取最大 $R^2$ 的 $d$，这里选择 $d = 2$，结果表明房地产行业"去库存"周期风险时间序列的波动序列 $DSRV_{c(t)}$ 的结构转换发生在自身的滞后 2 期，表明我国房地产行业"去库存"周期风险时间序列的波动序列 $DSRV_{c(t)}$ 变化主要取决于自身历史的变化水平；

再其次，进行 LM 检验。通过检验发现我国房地产行业"去库存"周期风险时间序列的波动序列 $DSRV_{c(t)}$ 具有非线性调节，而且这种调节可以用逻辑平滑转换模型表述，即 LSTR2 模型。运用非线性最小二乘估计，估计的模型为：

$$DSRV_{c(t)} = 0.05566 + 0.21067 DSRV_{c(t-1)} - 0.98026 DSRV_{C(t-2)}$$
$$+ \left[ -1.28681 + 1.02428 DSRV_{c(t-1)} + 1.32138 DSRV_{c(t-2)} \right]$$
$$\times \left( 1 + \exp\{ 8.49898 \left[ DSRV_{c(t-1)} - 1.39502 \right] \} \right)^{-1} + \varepsilon_t$$
$$(6-5-1)$$

其中，转换函数为：

$$G\left[ \delta, c; DSRV_{C(t-1)} \right] = \left( 1 + \exp\{ 8.49898 \left[ DSRV_{c(t-1)} - 1.39502 \right] \} \right)^{-1}$$
$$AIC = -1.1386 \quad R^2 = 0.8156$$
$$F = 25.6070 \quad ARCH(2) = 11.3360 \quad\quad (6-5-2)$$

最后，对 LSTR 模型进行诊断与检验。结果表明在显著性水平 5% 下，均接受原假设，说明 LSTR2 模型是适宜模型。较高的 $R^2$ 显示模型拟合的效果较好，比较适合进行预测分析。

**（三）基于拐点的房地产行业"去库存"风险的周期划分**

根据回归结果和转化函数值 G，绘制出房地产行业"去库存"风险泡沫预警波动序列在 2000～2020 年的拐点，如图 6-2 所示。

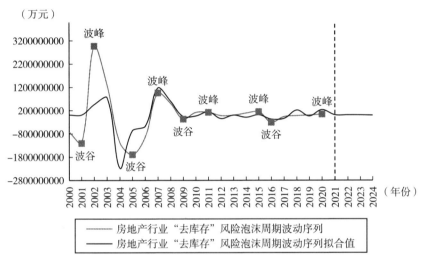

**图 6-2　2000～2024 年房地产行业"去库存"风险周期波动拐点识别**

资料来源：根据课题组计算的 2000～2020 年房地产行业"去库存"风险泡沫预警值周期波动序列绘制而得。

结合 LSTR 模型识别出的周期波动序列拐点，可将 2000～2024 年房地产行业"去库存"维大致划分成五大周期：2000～2004 年、2005～2008 年、2009～2015 年、2016～2020 年。

**二、基于 STR 模型的房地产行业"去库存"波动拐点预测**

在第五章运用 ARMA-GARCH 对房地产行业"去库存"风险泡沫周期波动序列进行预测得到的 2021～2024 年房地产行业"去库存"风险泡沫周期波动序列预测值的基础上，对设定的 STR 模型基础上进行 $\gamma$ 调整参数的推导，并结合 $\gamma$ 不同转换速度下显著性水平 $R^2$ 数值大小进行 STR 预测模型的拟合优，进而预测 2021～2024 年房地产行业"去库存"周期波动拐点，如图 6-3 所示。

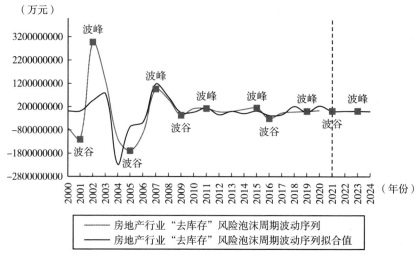

**图 6－3　2000～2024 年房地产行业"去库存"风险周期波动拐点预测**

资料来源：根据课题组计算的 2021～2024 年房地产行业"去库存"风险泡沫预警值周期波动序列预测值绘制而得。

结合 LSTR 模型和 2021～2024 年行业"去库存"风险周期波动序列预测值，可预测出 2021～2024 年房地产行业"去库存"维的周期波动拐点。在 2021～2024 年行业"去库存"风险中，整体呈现下降趋势，波谷值预计出现在 2021 年，波峰值预计出现在 2023 年。

### 三、基于房地产行业"去库存"波动拐点的周期波长测度

从图 6－2 和图 6－3 可以看到，2000～2024 年房地产行业"去库存"风险具有较强的周期性和波动性。以房地产行业"去库存"风险泡沫预警时间序列 2000～2020 年实际值和 2021～2024 年预测值为基础，结合 LSTR 模型识别和预测的风险拐点，可将房地产行业"去库存"风险划分为几大周期，如表 6－3 所示。

表 6－3　　2000～2024 年房地产行业"去库存"周期波动幅度测度　单位：亿元

| 周期 | 波长 | | 波谷 | | 波峰 | | 波动幅度 | |
| --- | --- | --- | --- | --- | --- | --- | --- | --- |
| | 上行期 | 下行期 | 年份 | 谷值 | 年份 | 峰值 | 波动范围 | 波动幅度系数 |
| 2000～2004 年 | 1 年 | 4 年 | 2000 年 | －256185 | 2002 年 | 202005 | －256185～202005 | 1.82 |

| 周期 | 波长 | | 波谷 | | 波峰 | | 波动幅度 | |
|---|---|---|---|---|---|---|---|---|
| | 上行期 | 下行期 | 年份 | 谷值 | 年份 | 峰值 | 波动范围 | 波动幅度系数 |
| 2005 ~ 2008 年 | 2 年 | 2 年 | 2005 年 | − 311831 | 2007 年 | 7579.8 | − 311831 ~ 7579.8 | 1.06 |
| 2009 ~ 2015 年 | 4 年 | 2 年 | 2009 年 | − 33885.3 | 2011 年 | 37672.6 | − 33885.3 ~ 37672.6 | 1.04 |
| 2016 ~ 2020 年 | 3 年 | 1 年 | 2016 年 | − 25427.9 | 2020 年 | − 6435.0 | − 25427.9 ~ − 6435.0 | 0.55 |
| 2021 ~ 2024 年 | 3 年 | 1 年 | 2021 年 | − 8790.0 | 2023 年 | − 7851.8 | − 8790.0 ~ − 7851.8 | 0.04 |

资料来源：根据课题组计算的 2000 ~ 2024 年房地产行业"去库存"风险泡沫时间序列而得。

**（一）房地产行业"去库存"周期波长及周期波幅系数测度**

以 2000 ~ 2020 年房地产行业"去库存"风险泡沫预警时间序列实际值和 2021 ~ 2024 年房地产行业"去库存"风险泡沫预警时间序列预测值为基础，根据公式（6 - 6）可得房地产行业"去库存"风险周期的波长，并基于拐点分析各周期内房地产行业"去库存"风险的上行期、下行期、波峰值、波谷值及其年份，结果如表 6 - 2 所示。

周期波长（$T$）$= t_{波谷时刻} - t_{上一个波谷时刻}$

$$= \text{房地产行业"去库存"风险泡沫预警波谷时刻} - \text{房地产行业"去库存"风险泡沫预警上一个波谷时刻}$$

（6 - 6）

根据公式（6 - 7），计算出房地产行业"去库存"各周期的波动幅度系数，通过比较各周期内房地产"去库存"风险泡沫预警值的波动幅度和波动幅度系数，进行房地产行业"去库存"周期波动幅度测度，结果如表 6 - 1 所示。

$$\text{房地产行业"去库存"周期波动幅度系数} = \frac{\text{房地产行业"去库存"周期风险泡沫预警值标准差}}{\text{房地产行业"去库存"周期风险泡沫预警值平均数}}$$

（6 - 7）

**（二）房地产行业"去库存"周期波长分析**

2000 ~ 2024 年我国房地产行业持续发展时期，"去库存"风险在 2000 ~ 2004 年、2005 ~ 2008 年、2009 ~ 2015 年、2016 ~ 2020 年、2021 ~ 2024 年

均有明显的周期波动，这表明，2000 年、2005 年、2009 年、2016 年、2021 年是我国房地产行业"去库存"周期风险的波谷拐点；2002 年、2007 年、2011 年、2020 年、2023 年是我国房地产行业"去库存"周期风险的波峰拐点。未来几年，房地产行业"去库存"周期风险在正常波动范围内，拐点出现在 2021 年，风险不断下降。

2008～2012 年，中国房地产开发受金融危机的剧烈影响，投资额增速断崖式下降。2014 年国家宏观调控将权力由中央下放，在政府主导同时给予市场更多自主性，房地产市场调控政策的"拐点"出现。然而市场化救市措施超过预期，结果导致多地房地产市场价格纷纷下降；2015 年延续宏观政策之后的影响，市场对房产预期仍持消极看法，开发投资增速为负。随后国家为了活跃房地产市场，一系列"去库存"政策出台并取得了明显的效果。但好景不长，政策"用力过猛"和市场炒作再次激活房价并使得其飙升，于是在 2017 年遏制房价增长的限制性政策开始实施。正是政策实施的反复和市场预期反应加剧国内房价（尤其是一二线城市）泡沫化的程度，房地产市场逐渐进入冷冬。经济周期和政策周期的客观存在及叠加交替，也决定了房地产行业"去库存"压力持续存在并呈周期性。2017 年以来，房地产行业整体上受到中央与各地政府"去库存"风险政策的影响，在房地产开发投资总额、国内贷款资金增速方面出现了明显的下滑态势。

在市场化机制下，"去库存"周期长意味着供过于求，国家有关部门可以从控制土地供应、进一步释放市场需求和增强区位吸引力等方面加快房地产行业"去库存"风险进程。

### 四、基于房地产行业"去库存"波动拐点的周期波动幅度测度

如表 6-3 所示，从房地产行业"去库存"周期风险的波动震荡和幅度来分析，在 2000～2004 年、2005～2008 年周期风险波动幅度较大，2009 年之后的周期风险波动幅度较小，房地产业"去库存"周期风险呈现稳定趋势。

#### （一）房地产行业"去库存"风险大幅波动的第一周期

在房地产行业"去库存"风险的第一周期（2000～2004 年）内，房地产行业"去库存"风险泡沫预警值先是不断下降，于 2000 年跌至波谷值 -256185 亿元，表明房地产行业"去库存"风险降低；之后于 2001 年开始大幅回升由负转正，于 2002 年升至波峰值 202005 亿元。第一周期

内,"去库存"周期风险波动幅度在 - 216185 亿~202005 亿元范围内,波动幅度系数 1.82,震荡幅度最大。自 1998 年开启房地产市场之后,房地产市场出现过热迹象,为进一步促进房地产市场健康发展,政府强调搞活二级市场,鼓励居民换购住房,使得"卖旧换新"的需求大幅增加,行业"去库存"风险泡沫预警值显著下降至最低点水平,之后因"非典"影响,民众购房热情减退,商品房出售受阻,叠加政府控制房地产开发政策,收紧信贷,"去库存"风险大幅回升。国家宏观调控的房产政策和疫情环境的影响,是初期拐点出现及风险大幅波动的重要促成因素。

**(二)行业"去库存"风险大幅波动的第二周期**

在房地产行业"去库存"风险的第二周期(2005~2008 年)内,房地产行业"去库存"风险泡沫预警值自 2005 年谷值大幅上升由负转正,于 2007 年升至波峰为 7579.8 亿元,表明房地产行业"去库存"风险增加;之后于 2007 年开始回落,由正转负,于 2009 年跌至波谷值 - 33885.3 亿元。第三周期内,"去库存"周期风险波动幅度在 - 33885.3 亿~7579 亿元范围内,波动幅度系数 1.04,震荡幅度较大。2006 年和 2007 年在 2005 年调控需求的背景下继续调控结构,但房地产市场在长周期力量的支撑下销量、价格持续保持高增长。直到 2008 年国际金融危机爆发,房地产市场受到短暂冲击,加上 2009 年加大自住型和改善型住房的信贷支持,降低贷款首付比,叠加利率和税率等政策的刺激房地产市场快速恢复并趋热,"去库存"风险不断降低。

在房地产行业"去库存"风险的后续几个周期内,"去库存"风险泡沫预警值小幅上下波动,在国家宏观调控政策和市场机制、外界环境的综合作用下,波动幅度较小风险可控。

# 第三节　房地产行业"去产能"周期<br>波动拐点智能识别与预测

资源不能有效配置从而导致产能过剩,是影响我国国民经济稳定健康发展的重要因素之一。然而房地产的产业链长、覆盖面积广、周期久等特点导致其经营运转中不可避免地存在产能过剩问题。因此,对房地产及其产能的宏观调控一直是国家的一项重点工作。于是,准确预测房地产行业产能的周期态势并精准识别其中的波动拐点，对于协调产业链中其他上中下游行业具有至关重要的意义。

## 一、基于 STR 模型的房地产行业"去产能"周期波动拐点识别

房地产"去产能"是政府近年来供给侧结构性改革的"五大任务"之一。房地产业"去产能"与制造业间有着产业链上的密切联系和机制导向。因此，正确、有效对房产市场"去产能"发展周期和拐点进行准确识别和预测，有利于有效化解房产泡沫的产能过剩，不仅促进房产市场的健康发展而且促进产业链其他行业及整个宏观经济的健康发展。

### （一）房地产行业"去产能"周期波动拐点识别的数据来源

基于第五章 HP 滤波分离得到的房地产"去产能"风险周期波动序列，结合第五章表 5-5 房地产行业"去产能"风险周期波动序列 2000～2020 年实际值和表 5-31 房地产行业"去产能"风险周期波动序列 2021～2024 年预测值，利用 LSTR 模型来识别 2000～2020 年房地产行业"去产能"风险周期波动拐点；对 LSTR 模型进行推导优化的基础上预测 2021～2024 年房地产行业"去产能"风险周期波动拐点，结果如图 6-4 所示。

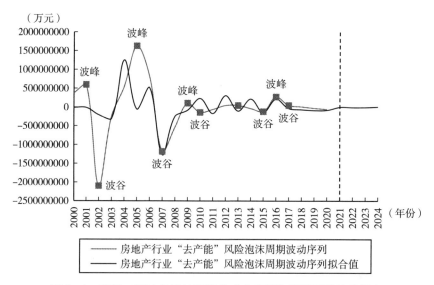

**图 6-4　2000～2024 年房地产行业"去产能"周期风险波动拐点**

资料来源：根据课题组计算的 2000～2020 年房地产行业"去产能"风险泡沫预警波动序列（2021～2024 年为推导优化基础上预测值）绘制而得。

**（二）房地产行业"去产能"周期波动拐点识别的 STR 模型构建**

同理可得，估计的 LSTR 模型为：

$$
\begin{aligned}
DCRV_{c(t)} = & -0.01295 - 2.94981 DCRV_{c(t-1)} - 6.9476 DCRV_{C(t-2)} \\
& -4.6095 DCRV_{C(t-3)} - 3.84393 DCRV_{C(t-4)} \\
& + [\,0.05855 + 3.00843 DCRV_{c(t-1)} + 9.3251 DCRV_{c(t-2)} \\
& + 6.43189 DCRV_{c(t-3)} + 5.46147 DCRV_{c(t-4)}\,] \\
& \times \{1 + \exp[\,1.19386(DCRV_{c(t-4)} - 0.12315)\,]\}^{-1} + \varepsilon_t
\end{aligned}
$$

$$(6-8)$$

其中，转换函数为：

$$
G(\delta,\ c;\ DCRV_{C(t-1)}) = (1 + \exp\{1.19386[\,DCRV_{c(t-4)} - 0.12315\,]\})^{-1}
$$

$$
AIC = -2.2138 \quad R^2 = 0.8162 \quad F = 19.7044 \quad ARCH(2) = 8.8589
$$

$$(6-8-1)$$

最后对 LSTR 模型进行诊断与检验。结果表明在显著性水平 5% 下，均接受原假设，说明 LSTR2 模型是适宜模型。较高的 $R^2$ 显示模型拟合的效果较好，比较适合进行预测分析。

**（三）基于房地产行业"去产能"周期波动拐点识别的周期划分**

根据构建 LSTR 模型及回归结果和转化函数值 G，绘制出房地产行业"去产能"风险泡沫预警波动序列在 2000～2020 年的拐点。

结合 LSTR 模型识别出的周期波动序列拐点，可将 2000～2020 年房地产行业"去产能"维大致划分成七大周期：2000～2001 年、2002～2006 年、2007～2009 年、2010～2014 年、2015～2017 年、2018～2020 年。

## 二、基于 STR 模型的房地产行业"去产能"波动拐点预测

在第五章运用 ARMA-GARCH 对房地产行业"去产能"风险泡沫周期波动序列进行预测从而得到的 2021～2024 年房地产行业"去产能"风险泡沫周期波动序列预测值的基础上，对设定的 STR 模型基础上进行 γ 调整参数的推导，并结合 γ 不同转换速度下显著性水平 $R^2$ 数值大小进行 STR 预测模型的拟合优化，进而预测 2021～2024 年房地产行业"去产能"周期波动拐点。

结合 LSTR 模型和 2021～2024 年房地产行业"去产能"风险周期波动序列预测值，可预测出 2021～2024 年房地产行业"去产能"维的周期波动拐点。在 2021～2024 年房地产行业"去产能"风险中，趋势呈现波动状态，波谷值预计出现在 2022 年，波峰值预计出现在 2024 年。

### 三、基于房地产行业"去产能"波动拐点的周期波长测度

从图 6 - 4 和 6 - 5 可以看到，2000 ~ 2024 年房地产行业"去产能"风险具有较强的周期性和波动性。以房地产行业"去产能"风险泡沫预警时间序列 2000 ~ 2020 年实际值和 2021 ~ 2024 年预测值为基础，结合 LSTR 模型识别和预测的风险拐点，可将房地产行业"去产能"风险划分为几大周期，具体结果如表 6 - 4 所示。

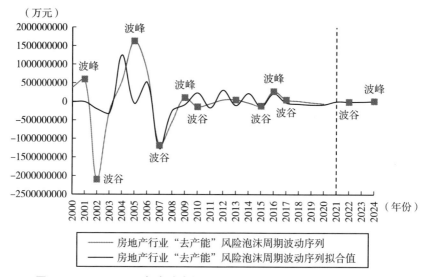

图 6 - 5　2000 ~ 2024 年房地产行业"去产能"风险周期波动拐点预测

资料来源：根据课题组计算的 2021 ~ 2024 年房地产行业"去库存"风险泡沫预警值周期波动序列预测值绘制而得。

### （一）房地产行业"去产能"周期波长及周期波幅系数测度

基于房地产行业"去产能"风险泡沫预警时间序列 2000 ~ 2020 年实际值和 2021 ~ 2024 年预测值，根据周期波长计算公式，可得房地产行业"去产能"维风险周期波长，并基于拐点分析各周期内房地产行业"去产能"风险的上行期、下行期、波峰值、波谷值及其年份，结果如表 6 - 3 所示；根据波动幅度系数计算公式，可得房地产行业"去产能"各周期的波动幅度系数，通过比较各周期内房地产"去产能"风险泡沫预警值的波动幅度和波动幅度系数，进行房地产行业"去产能"周期波动幅度测度，结果如表 6 - 4 所示。

表6-4　2000~2024年房地产行业"去产能"周期波动幅度测度

单位：万元

| 周期 | 波长 | | 波谷 | | 波峰 | | 波动幅度 | |
|---|---|---|---|---|---|---|---|---|
| | 上行期 | 下行期 | 年份 | 谷值 | 年份 | 峰值 | 波动范围 | 波动幅度系数 |
| 2000~2001年 | 1年 | 1年 | 2001年 | 462718000 | 2000年 | 484319000 | 462718000~484319000 | 1.02 |
| 2002~2006年 | 3年 | 2年 | 2002年 | -2413230000 | 2005年 | 1310210000 | -2413230000~1310210000 | 5.01 |
| 2007~2009年 | 2年 | 1年 | 2007年 | -2547840000 | 2009年 | -2215100000 | -2547840000~-2215100000 | 0.05 |
| 2010~2014年 | 2年 | 3年 | 2011年 | -2834320000 | 2010年 | -2748410000 | -2834320000~-2748410000 | 0.01 |
| 2015~2017年 | 1年 | 1年 | 2015年 | -2834620000 | 2016年 | -2362590000 | -2834620000~-2362590000 | 0.07 |
| 2018~2020年 | 0年 | 3年 | 2020年 | -2657240000 | 2018年 | -2566430000 | -2657240000~-2566430000 | 0.01 |
| 2021~2024年 | 1年 | 3年 | 2022年 | -2627295038.29 | 2024年 | -2623859967.09 | -2627295038.29~-2623859967.09 | 0.002 |

资料来源：根据课题组2000~2024年房地产行业"去产能"风险泡沫时间序列整理计算而得。

**（二）房地产行业"去产能"周期波长分析**

2000～2024年我国房地产行业发展的时期，"去产能"周期风险在2000～2001年、2002～2006年、2007～2009年、2010～2014年、2015～2017年、2018～2020年、2021～2024年均有明显的周期波动，这表明，2001年、2002年、2007年、2011年、2015年、2020年是我国房地产行业"去产能"周期风险的波谷拐点；2000年、2005年、2009年、2010年、2016年、2018年是我国房地产行业"去产能"周期风险的波峰拐点。未来几年，拐点将出现在2022年和2024年。

我国经济中普遍存在的资源配置低效、产能过剩等问题，很大程度上与房产市场的高库存有直接关系，过高的库存量及去库存压力使得市场投资增速下降过快。2013年，房地产极大地带动了我国经济的发展，其投资增长对GDP贡献率持续走高。然而随后开发投资增速又大幅回落，导致许多产能过剩问题凸显。根据国家统计局数据表明，2014年以后，全国房地产开发景气指数一直保持在100以下。房地产行业告别高速增长，房地产行业改革需求加大。房地产是兼具消费和投资的商品，也是一把"双刃剑"，一方面带动经济命脉中其他行业的大发展，另一方面房产泡沫也使得相关房地产行业经济形势受到重创。房地产和企业的产能过剩会带来相同的阻碍企业发展的消极影响。然而究其产能过剩的原因，两者却不尽相同。企业产能过极大原因是供大于求，市场需求疲软或产品供给质量较低。房地产产能过剩不仅是供过于求，更大程度上是需求方经济能力不足以支撑其市场需求。

**四、基于房地产行业"去产能"波动拐点的周期波动幅度测度**

如表6-4所示，从房地产行业"去产能"周期风险的波动震荡和幅度来分析，在2000～2001年及2002～2007年两个周期内风险波动幅度较大；其他周期风险波动幅度较小，房地产业"去产能"周期风险呈现稳定趋势。

**（一）行业"去产能"风险大幅波动的第一周期**

在房地产行业"去产能"风险的第一周期（2000～2001年）内，房地产行业"去产能"风险泡沫预警值先是不断下降，于2001年跌至波谷值462718000万元，表明房地产行业"去产能"风险略有下降；之后于2001年开始大幅下降由正转负，于2002年跌至波谷值－2413230000万元。第一周期内，"去产能"周期风险波动幅度在－2413230000万～

484318000 万元范围内，震幅较大。

**（二）房地产行业"去产能"风险大幅波动的第二周期**

在房地产行业"去产能"风险的第二周期（2002～2006年）内，行业"去产能"风险泡沫预警值先是由2002年波谷值 –2413230000 万元直线上升，到达2004年的小波峰后继续上升，于2005年升至波峰值1310210000 万元，表明房地产行业"去产能"风险的显著增加；之后于2006年开始大幅回落由正转负，于2007年跌至波谷值 –2547840000 万元。第二周期内，"去产能"周期风险波动幅度在 –2413230000 万 ～1310210000 万元范围内，震幅较大。2003～2004年，全国房地产开发投资增长超过30%；与此同时，2004年全国房地产销售均价增长超过17%。房地产行业投资增长和需求旺盛并存的过热现象使得"去产能"风险泡沫预警在2005年达到峰值。随后政府相继出台调整土地供应、调节市场、信贷结构和开征交易税费等抑制措施，很大程度上缓解了投资过热，"去产能"风险有所回落，2007年达到波谷值。但政策并未产生良好的持续性效果，房地产投资过热于2007年之后再次出现，"去产能"风险回升。

**（三）房地产行业"去产能"风险较为稳定的其他周期**

在房地产行业"去产能"风险的后续几个周期内，"去产能"风险泡沫预警值小范围波动，波动幅度较小风险可控。受国家宏观调控政策和市场机制、外界环境的影响，"去产能"风险只在小范围内进行周期波动。

# 第四节　房地产行业"去杠杆"周期波动拐点智能识别与预测

从2015年开始我国房地产市场政策转向宽松，这一背景极大带动社会需求也加速了投资套利热度，使得大量刚性购房者在投机套利哄抬房价的夹缝中艰难生存，致使房地产杠杆的形成和膨胀。国家经济的稳定发展不但要求适当分配金融资源，而且也要兼顾结构性产业的动态协调。

## 一、基于 STR 模型的房地产行业"去杠杆"周期波动拐点识别

房地产"去杠杆"是政府近年来供给侧结构性改革的"五大任务"之一。房地产行业的日益增长及其支柱性产业地位，一定程度上强化了金融功能及杠杆风险。因此，正确、有效对房产市场"去杠杆"发展周期和

拐点进行准确识别和预测，有利于降低银行杠杆风险、稳定整个金融体系，更好发挥金融杠杆的积极作用。

**（一）房地产行业"去杠杆"周期波动拐点识别的数据来源**

基于第五章 HP 滤波分离得到的房地产"去杠杆"风险周期波动序列，结合第五章表 5 - 5 房地产行业"去杠杆"风险周期波动序列 2000～2020 年实际值和表 5 - 31 房地产行业"去杠杆"风险周期波动序列 2021～2024 年预测值，利用 LSTR 模型来识别 2000～2020 年房地产行业"去杠杆"风险周期波动拐点；对 LSTR 模型进行推导优化基础上预测 2021～2024 年房地产行业"去杠杆"风险周期波动拐点。

**（二）房地产行业"去杠杆"周期波动拐点识别的 STR 模型构建**

同理可得，估计的 LSTR1 模型为：

$$DLRV_{c(t)} = -2.2942 + 5.5423DLRV_{c(t-1)} + 3.3795DLRV_{C(t-2)}$$
$$+ 1.6940DLRV_{C(t-3)} + 2.5471DLRV_{C(t-4)}$$
$$+ [2.2943 - 9.6245DLRV_{c(t-1)} + 3.3379DLRV_{c(t-2)}$$
$$- 1.6940DLRV_{c(t-3)} - 2.5471DLRV_{c(t-4)}]$$
$$\times (1 + \exp\{2.6399[DLRV_{c(t-2)} - 1.0363]\})^{-1} + \varepsilon_t$$

$$(6-9)$$

其中，转换函数为：

$$G(\delta, c; DLRV_{C(t-2)}) = (1 + \exp\{2.6399[DLRV_{c(t-2)} - 1.0363]\})^{-1}$$
$$AIC = -1.8814 \quad R^2 = 0.7932 \quad F = 29.3912 \quad ARCH(2) = 9.5921$$

$$(6-9-1)$$

最后对 LSTR 模型进行诊断与检验。结果表明在显著性水平 5% 下，均接受原假设，说明 LSTR2 模型是适宜模型。较高的 $R^2$ 显示模型拟合的效果较好，比较适合进行预测分析。

**（三）基于 STR 模型的房地产行业"去杠杆"周期波动拐点识别**

根据构建 LSTR 模型及回归结果和转化函数值 G，绘制出房地产行业"去杠杆"风险泡沫预警波动序列在 2000～2020 年的拐点。

结合 LSTR 模型识别出的周期波动序列拐点，可将 2000～2024 年房地产行业"去杠杆"维大致划分成六大周期：2000～2003 年、2004～2006 年、2007～2008 年、2009～2016 年、2017～2020 年。

**二、基于 STR 模型的房地产行业"去杠杆"波动拐点预测**

在第五章运用 ARMA-GARCH 对房地产行业"去杠杆"风险泡沫周

期波动序列进行预测从而得到的 2021～2024 年房地产行业"去杠杆"风险泡沫周期波动序列预测值的基础上，对设定的 STR 模型基础上进行 $\gamma$ 调整参数的推导，并结合 $\gamma$ 不同转换速度下显著性水平 $R^2$ 数值大小进行 STR 预测模型的拟合优，进而预测 2021～2024 年行业"去杠杆"周期波动拐点。

结合 LSTR 模型和 2021～2024 年房地产行业"去杠杆"风险周期波动序列预测值，可预测出 2021～2024 年房地产行业"去杠杆"维的周期波动拐点。在 2021～2024 年房地产行业"去杠杆"风险中，趋势呈现波动状态，波峰值预计出现在 2021 年，波谷值预计出现在 2023 年。

### 三、基于房地产行业"去杠杆"波动拐点的周期波长测度

从图 6－6 和 6－7 可以看到，2000～2024 年房地产行业"去杠杆"风险具有较强的周期性和波动性。以房地产行业"去杠杆"风险泡沫预警时间序列 2000～2020 年实际值和 2021～2024 年预测值为基础，结合 LSTR 模型识别和预测的风险拐点，可将房地产行业"去杠杆"风险划分为几大周期，结果如表 6－5 所示。

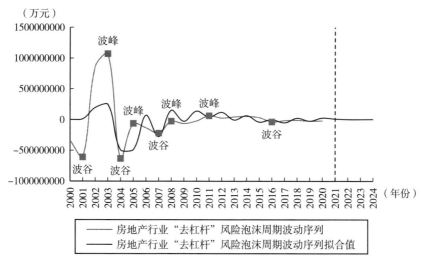

**图 6－6 2000～2024 年房地产行业"去杠杆"周期风险波动拐点**

资料来源：根据课题组计算的 2000～2020 年房地产行业"去杠杆"风险泡沫预警波动序列绘制而得。

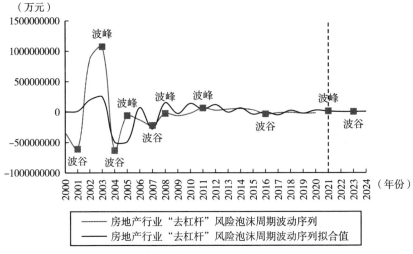

图 6-7　2000~2024 年房地产行业"去杠杆"风险周期波动拐点预测

资料来源：根据课题组计算的 2021~2024 年房地产行业"去库存"风险泡沫预警值周期波动序列预测值绘制而得。

**（一）房地产行业"去杠杆"周期波长及周期波幅系数测度**

以 2000~2020 年房地产行业"去杠杆"风险泡沫预警时间序列实际值和 2020~2024 年房地产行业"去杠杆"风险泡沫预警时间序列预测值为基础，根据周期波长公式可得房地产行业"去杠杆"维的风险周期波长，并基于拐点分析各周期内房地产行业"去杠杆"风险的上行期、下行期、波峰值、波谷值及其年份，结果如表 6-4 所示；根据波动幅度系数计算公式，可得房地产行业"去杠杆"各周期的波动幅度系数，通过比较各周期内房地产"去杠杆"风险泡沫预警值的波动幅度和波动幅度系数，进行房地产行业"去杠杆"周期波动幅度测度，结果如表 6-3 所示。

**（二）房地产行业"去杠杆"周期波长分析**

2000~2024 年我国房地产行业发展的时期，"去杠杆"周期风险在 2000~2003 年、2004~2006 年、2007~2008 年、2009~2016 年、2017~2020 年、2021~2024 年均有明显的周期波动，这表明，2001 年、2006 年、2007 年、2016 年、2020 年是我国房地产行业"去杠杆"周期风险的波谷拐点；2003 年、2005 年、2008 年、2011 年、2017 年是我国房地产行业"去杠杆"周期风险的波峰拐点。未来几年，房地产行业"去杠杆"周期风险的拐点在 2023 年。

表 6 - 5

2000 ~ 2024 年房地产行业"去杠杆"周期波动幅度测度

单位：万元

| 周期 | 波长 | | 波谷 | | 波峰 | | 波动幅度 | |
|---|---|---|---|---|---|---|---|---|
| | 上行期 | 下行期 | 年份 | 谷值 | 年份 | 峰值 | 波动范围 | 波动幅度系数 |
| 2000 ~ 2003 年 | 2 年 | 2 年 | 2001 年 | -2082110000 | 2003 年 | -186996000 | -2082110000 ~ -186996000 | 0.75 |
| 2004 ~ 2006 年 | 1 年 | 2 年 | 2006 年 | -2155110000 | 2005 年 | -1808100000 | -2155110000 ~ -1808100000 | 0.17 |
| 2007 ~ 2008 年 | 1 年 | 1 年 | 2007 年 | -2472050000 | 2008 年 | -2428790000 | -2472050000 ~ -2428790000 | 0.008 |
| 2009 ~ 2016 年 | 4 年 | 3 年 | 2016 年 | -2616870000 | 2011 年 | -2455900000 | -2616870000 ~ -2455900000 | 0.02 |
| 2017 ~ 2020 年 | 1 年 | 1 年 | 2020 | -2721590000 | 2017 | -2638110000 | -2721590000 ~ -2638110000 | 0.01 |
| 2021 ~ 2024 年 | 1 年 | 3 年 | 2023 | -2710719996 | 2021 | -2699980042 | -2710719996 ~ 2699980042 | 0.001 |

资料来源：根据课题组 2000 ~ 2024 年房地产行业"去杠杆"风险泡沫时间序列整理计算而得。

在金融配置资源功能发挥积极作用的同时，房地产的担保资产属性和财富效应另一方面也显现出明显的挤占资源的现象。2014 年是加大调控的市场化、逐步放松房地产市场管制的开始。2015 年，中国人民银行连续调整货币政策，累计降息 5 次，同时调整房地产信贷政策，商品房交易面积和交易额开始恢复增长，我国住房消费端的居民家庭杠杆率水平偏低，然而住房供给端的房地产开发企业由于其投入大、融资多使得负债水平或杠杆率水平偏高。房地产行业连续的高负债比率对其经营效果也会产生负面影响。房地产的高杠杆性不仅会挑战金融市场的稳定性，其挤占货币资源还会对实体经济产生投资效应甚至造成产业空心化。在房地产市场趋向旺盛阶段过程中，房价的上涨有利于使居民财富和投资的增值，而一旦形成上涨预期和惯性刺激，更多货币资金的持续大量流入将影响实体消费领域的发展并加剧房地产泡沫，使得国家宏观经济陷入疲软状态。

## 四、基于房地产行业"去杠杆"波动拐点的周期波动幅度测度

如表 6 - 5 所示，从房地产行业"去杠杆"周期风险的波动震荡和幅度来分析，在 2000 ~ 2003 年及 2004 ~ 2006 年两个周期内风险波动幅度较大；其他周期风险波动幅度较小，房地产业"去杠杆"周期风险呈现稳定趋势。

### （一）房地产行业"去杠杆"风险大幅波动的第一周期

在房地产行业"去杠杆"风险的第一周期（2000 ~ 2003 年）内，行业"去杠杆"风险泡沫预警值先是不断增加，在 2001 年达到波谷值 −2082110000 万元，表明"去杠杆"风险不断下降；随后直线上升，呈垂直状态。在 2002 年达到小波峰后继续爬升，于 2003 年升至波峰值 −186996000 万元，表明房地产行业"去杠杆"风险的显著增加。第一周期内，"去杠杆"周期风险波动幅度在 − 2082110000 万 ~ − 186990000 万元范围内，震荡幅度很大。自 1998 年开启房地产市场之后，房地产市场出现过热迹象，2002 年后房地产宏观调控全面展开，2003 年国家确立房地产为支柱产业，因此在 2003 年，房地产出现过热的苗头，政策趋近，叠加"非典"影响，房地产企业负债端承受较大压力，"去杠杆"风险达到峰值，但仍处于历史高位。

### （二）行业"去杠杆"风险大幅波动的第二周期

在房地产行业"去杠杆"风险的第二周期（2004 ~ 2006 年）内，行

业"去杠杆"风险泡沫预警值自 2004 年波谷值后小幅爬升，在 2005 年达到波峰值 - 1808100000 万元，随后略有回落，于 2006 年跌至波谷值 - 2155110000 万元，表明房地产行业"去杠杆"风险的显著降低。第二周期内，"去杠杆"周期风险波动幅度在 - 2155110000 万 ~ - 1808100000 万元范围内，震荡较大。2005 年是房地产历史上首个大举"宏观调控"之年，受政府调控影响，城镇房地产投资占全社会固定资产的比重开始下降，房地产投资过热现象得到一定程度的缓解，"去杠杆"风险自 2005 年后开始短暂下降。但政策并未持续发挥作用，房地产市场密集的政策使房价在经过短暂停顿后报复性上涨，价格和成交量双双上升；2007 年多项调控政策并举都无法遏制房价的快速上涨，"去杠杆"风险不断攀升。

**（三）房地产行业"去杠杆"风险较为稳定的其他周期**

在房地产行业"去杠杆"风险的后续几个周期内，受国家宏观调控政策和市场机制、外界环境的影响，"去杠杆"风险泡沫预警值在小范围内波动，波动幅度较小，风险可控。

# 关键概念释义

| 序号 | 关键概念 | 缩写符号 | 计算公式 | 释义 |
|---|---|---|---|---|
| 1 | 房地产行业"去库存"周期波动拐点 | REIDSPFIP（real-estate industry de-stocking periodic fluctuation inflection point） | 基于 HP 滤波分离的周期波动序列，利用 LSTR 模型来识别拐点 | 以房地产行业"去库存"风险泡沫周期波动序列 2000 ~ 2020 年实际值和 2021 ~ 2024 年预测值为基础，运用 LSTR 模型识别房地产行业"去库存"周期波动拐点，系统揭示房地产行业"去库存"风险周期波动的动态规律 |
| 2 | 房地产行业"去产能"周期波动拐点 | REIDCPFIP（real-estate industry de-capacity periodic fluctuation inflection point） | | 以房地产行业"去产能"风险泡沫周期波动序列 2000 ~ 2020 年实际值和 2021 ~ 2024 年预测值为基础，运用 LSTR 模型识别房地产行业"去产能"周期波动拐点，系统揭示房地产行业"去产能"风险周期波动的动态规律 |

续表

| 序号 | 关键概念 | 缩写符号 | 计算公式 | 释义 |
|---|---|---|---|---|
| 3 | 房地产行业"去杠杆"周期波动拐点 | REIDLPFIP（real-estate industry de-leveraging periodic fluctuation inflection point） | 基于HP滤波分离的周期波动序列，利用LSTR模型来识别拐点 | 以房地产行业"去杠杆"风险泡沫周期波动序列2000～2020年实际值和2021～2024年预测值为基础，运用LSTR模型识别房地产行业"去杠杆"周期波动拐点，系统揭示房地产行业"去杠杆"风险周期波动的动态规律 |
| 4 | 房地产行业"去库存"周期波长 | REIDSPFL（real-estate industry de-stocking periodic fluctuation length） | $T = t_{波谷时刻} - t_{上一个波谷时刻} =$ 房地产行业"去库存"风险泡沫预警波谷时刻 – 房地产行业"去库存"风险泡沫预警上一个波谷时刻 | 结合房地产行业"去库存"周期波动拐点，将2000～2024年房地产行业"去库存"风险划分为几大周期，分析各周期房地产行业"去库存"周期波长并进行周期波长研究 |
| 5 | 房地产行业"去产能"周期波长 | REIDCPFL（real-estate industry de-capacity periodic fluctuation length） | $T = t_{波谷时刻} - t_{上一个波谷时刻} =$ 房地产行业"去产能"风险泡沫预警波谷时刻 – 房地产行业"去产能"风险泡沫预警上一个波谷时刻 | 结合房地产行业"去产能"周期波动拐点，将2000～2024年房地产行业"去产能"风险划分为几大周期，分析各周期房地产行业"去产能"周期波长并进行周期波长研究 |
| 6 | 房地产行业"去杠杆"周期波长 | REIDLPFL（real-estate industry de-leveraging periodic fluctuation length） | $T = t_{波谷时刻} - t_{上一个波谷时刻} =$ 房地产行业"去杠杆"风险泡沫预警波谷时刻 – 房地产行业"去杠杆"风险泡沫预警上一个波谷时刻 | 结合房地产行业"去杠杆"周期波动拐点，将2000～2024年房地产行业"去杠杆"风险划分为几大周期，分析各周期房地产行业"去杠杆"周期波长并进行周期波长研究 |
| 7 | 房地产行业"去库存"周期波幅 | REIDSPA（real-estate industry de-stocking periodic amplitude） | 房地产行业"去库存"周期波动幅度系数 = "去库存"周期风险泡沫预警值标准差/"去库存"周期风险泡沫预警值平均数 | 结合房地产行业"去库存"周期波动拐点，比较各周期内房地产行业"去库存"风险泡沫预警值的波动幅度和波动系数，进行房地产行业"去库存"周期波动振幅研究 |
| 8 | 房地产行业"去产能"周期波幅 | REIDCPA（real-estate industry de-capacity periodic amplitude） | 房地产行业"去产能"周期波动幅度系数 = "去产能"周期风险泡沫预警值标准差/"去产能"周期风险泡沫预警值平均数 | 结合房地产行业"去产能"周期波动拐点，比较各周期内房地产行业"去产能"风险泡沫预警值的波动幅度和波动系数，进行房地产行业"去产能"周期波动振幅研究 |

| 序号 | 关键概念 | 缩写符号 | 计算公式 | 释义 |
|---|---|---|---|---|
| 9 | 房地产行业"去杠杆"周期波幅 | REIDLPA（real-estate industry de-leveraging periodic amplitude） | 房地产行业"去杠杆"周期波动幅度系数＝"去杠杆"周期风险泡沫预警值标准差／"去杠杆"周期风险泡沫预警值平均数 | 结合房地产行业"去杠杆"周期波动拐点，比较各周期内房地产行业"去杠杆"风险泡沫预警值的波动幅度和波动系数，进行房地产行业"去杠杆"周期波动振幅研究 |

# 第七章　风险管理会计的区域风险与政策风险因子预测

房地产行业"三维"风险不仅会受到各个维度监测指数的影响，并且基于我国地方区域性差异和政策性差异的影响，房地产行业"三维"风险也会呈现出不同的周期风险波动状况。因此需对影响房地产行业"三维"区域风险因子和政策风险因子进行测度，才能实现对房地产行业"三维"风险的有效监测。

房地产行业"三维"区域风险因子与政策风险因子测度，如图 7-1 所示。

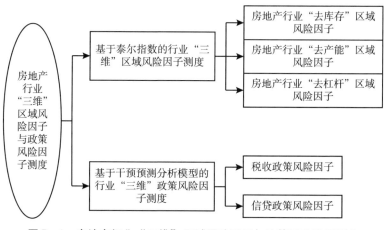

图 7-1　房地产行业"三维"区域风险因子与政策风险因子测度

## 第一节　基于泰尔指数法的房地产行业"三维"区域风险监测模型构建

### 一、房地产行业"三维"区域风险因子构建

为了准确反映中国各区域之间及各区域中不同省份房地产行业"三维"风险的差异程度，本研究依据"三维"风险泡沫预警值构建房地产行业"三维"风险监测指数的基础上，采用泰尔指数来测度房地产行业"三维"周期区域风险因子。

#### （一）房地产行业"去库存"区域风险因子

房地产行业"去库存"周期区域风险因子反映房地产行业经营风险情况。依托本研究构建的风险管理资产负债表，选用房地产行业"去库存"风险泡沫预警值，并进行归一化处理，用以构建房地产行业"去库存"区域风险因子。

#### （二）房地产行业"去产能"区域风险因子

房地产行业"去产能"区域风险因子是反映对房屋建设进行投资的风险因子。依托本研究构建的风险管理资产负债表，选用房地产行业"去产能"风险泡沫预警值，进行归一化处理，然后构建房地产行业"去产能"区域风险因子。

#### （三）房地产行业"去杠杆"区域风险因子

房地产行业"去杠杆"区域风险因子是反映房地产行业资本结构的风险，房地产行业资本结构的特征反映出其在运用资金上的合理性。依托本研究构建的风险管理资产负债表，用归一化处理过后的房地产行业"去杠杆"风险泡沫预警值构建房地产行业"去杠杆"区域风险因子。

$$DR_j = ( DSRV_{cj} - DSRV_{cj_{\min}} )/( DSRV_{cj_{\max}} - DSRV_{cj_{\min}} ) \qquad (7-1)$$

根据中国区域 GDP 水平由高至低划分为 A、B、C 和 D 四个区域。$T_{DLAI}$ 为反映中国房地产行业"去杠杆"区域风险的总差异。$T_{DLRV(inter)}$ 和 $T_{DLRV(intra)}$ 分别表示房地产行业"去杠杆"区域风险差异和区域内差异，$T_{Fi}$ 表示不同区域的行业"去杠杆"区域风险因子，$i$ 表示区域，$j$ 表示省份。

我国地域辽阔，并且各区域间的发展水平存在极大差异，为了更好地对我国不同区域间的影响因子进行测度，首先将全国分为东部、中部、西

部、东北四大区域，其划分细则如表 7 - 1 所示。

表 7 - 1 区域划分

| 区域 | 所含省（市、自治区） |
|------|------|
| 东部 | 北京、天津、河北、上海、江苏、浙江、福建、山东、广东、海南 |
| 中部 | 山西、安徽、江西、河南、湖北、湖南 |
| 西部 | 内蒙古、广西、重庆、四川、贵州、云南、西藏、陕西、甘肃、青海、宁夏、新疆 |
| 东北 | 辽宁、吉林、黑龙江 |

注：不包含我国港澳台地区。
资料来源：根据国家统计局信息整理而得。

## 二、房地产行业"三维"区域风险测度模型

### （一）房地产行业"去库存"区域风险因子测度

在房地产行业"去库存"区域风险周期波动序列（$DSRV_{c(t)}$）的基础上，采用泰尔指数来测度房地产行业"去库存"区域风险周期波动序列区域因子。

$$T_{DSAI} = T_{DSRV(inter)} + T_{DSRV(intra)} \qquad (7-2)$$

$$DS_{C_j} = \left[ DSRV_{C_j} - DSRV_{C_j(\min)} \right] / \left[ DSRV_{C_j(\max)} - DSRV_{C_j(\min)} \right] \qquad (7-3)$$

$$T_{DSRV(inter)} = \sum_{i=A,B,C,D}^{4} \frac{GDP_i}{GDP} \times \ln\left( \frac{GDP_i/GDP}{DS_{C_i}/DS_c} \right) \qquad (7-4)$$

$$T_{DSRV(intra)} = \sum_{i=A,B,C,D}^{4} \frac{GDP_i}{GDP} \times T_{DSRVi} \qquad (7-5)$$

$$T_{DSRVi} = \sum_{i=1}^{n} \ln\left( \frac{GDP_j/GDP_i}{DS_{C_j}/DS_{ci}} \right) \times \frac{GDP_j}{GDP_i} \qquad (7-6)$$

其中，$T_{DSAI}$ 为反映中国房地产行业"去库存"区域风险周期波动序列总差异；$T_{DSRC(inter)}$ 和 $T_{DSRV(intra)}$ 分别表示房地产行业"去库存"区域风险周期波动序列的区域间差异和区域内差异；$T_{Oi}$ 表示不同区域的房地产行业"去库存"区域风险周期波动序列区域因子。

### （二）房地产行业"去产能"区域风险因子测度

在房地产行业"去产能"泡沫风险周期波动序列（$DCRV_{c(t)}$）的基础上，采用泰尔指数来测度房地产行业"去产能"风险周期波动序列的区域因子。

$$T_{DCAI} = T_{DCRV(inter)} + T_{DCRV(intra)} \qquad (7-7)$$

$$DC_{C_j} = \left[ DCRV_{C_j} - DCRV_{C_j(min)} \right] / \left[ DCRV_{C_j(max)} - DCRV_{C_j(min)} \right] \qquad (7-8)$$

$$T_{DCRV(inter)} = \sum_{i=A,B,C,D}^{4} \frac{GDP_i}{GDP} \times \ln\left( \frac{GDP_i/GDP}{DC_{C_i}/DC_C} \right) \qquad (7-9)$$

$$T_{DCRV(intra)} = \sum_{i=A,B,C,D}^{4} \frac{GDP_i}{GDP} \times T_{DCRV_i} \qquad (7-10)$$

$$T_{DCRV_i} = \sum_{i=1}^{n} \ln\left( \frac{GDP_j/GDP_i}{DC_{C_j}/DC_{C_i}} \right) \times \frac{GDP_j}{GDP_i} \qquad (7-11)$$

$T_{DCAI}$ 为反映中国房地产行业"去产能"区域风险周期波动序列的区域总差异。$T_{DCRV(inter)}$ 和 $T_{DCRV(intra)}$ 分别表示房地产行业"去产能"区域风险周期波动序列的区域间差异和区域内差异，$T_{DCAI_i}$ 表示不同区域的房地产行业"去产能"区域风险周期波动序列因子。

**（三）行业"去杠杆"区域风险因子测度**

为了准确反映中国各区域之间及各区域中不同省份行业"去杠杆"区域风险周期波动序列差异程度，在行业"去杠杆"区域风险周期波动序列（$DLRV_{C(t)}$）的基础上，采用泰尔指数来测度行业"去杠杆"区域风险周期波动序列的区域因子。

$$T_{DLAI} = T_{DLRV(inter)} + T_{DLRV(intra)} \qquad (7-12)$$

$$DL_{C_j} = \left[ DLRV_{C_j} - DLRV_{C_j(min)} \right] / \left[ DLRV_{C_j(max)} - DLRV_{C_j(min)} \right] \qquad (7-13)$$

$$T_{DLRV(inter)} = \sum_{i=A,B,C,D}^{4} \frac{GDP_i}{GDP} \times \ln\left( \frac{GDP_i/GDP}{DL_{C_i}/DL_c} \right) \qquad (7-14)$$

$$T_{DLRV(intra)} = \sum_{i=A,B,C,D}^{4} \frac{GDP_i}{GDP} \times T_{DSRV_i} \qquad (7-15)$$

$$T_{DLRV_i} = \sum_{i=1}^{n} \ln\left( \frac{GDP_j/GDP_i}{DL_{C_j}/DL_{C_i}} \right) \times \frac{GDP_j}{GDP_i} \qquad (7-16)$$

# 第二节　基于泰尔指数的房地产行业"三维"区域风险因子预测

作为国民经济的支柱产业，房地产业的发展既取决于地方经济发展的基本面，其本身的发展又反作用于宏观经济。自 2003 年起，中国房地产市场整体出现大幅上涨趋势，其特殊的商品属性使房价仍处于一个较高的水平。

房地产行业在整体上呈现快速发展，同时也受到地区经济发展程度的影响，有极大的区域性特点。在经济发展水平较高的东部沿海地区，"地王"与房价猛涨的现象时常出现，且房价上涨不同程度上外溢带动周边地区房价的增长。例如，上海和深圳房价的上升带动了苏州、惠州等周边城市房地产业的发展。然而，其房价外溢效应在我国西部地区不太明显，房价整体呈稳定发展趋势。由此可见中国房地产行业具有极大的地区性差异，并且税收和信贷等政策的不同，对房地产的经营环境也会产生极大的影响，不仅会影响到房地产行业的利润，也会对其制定信贷政策产生干预。

区域因素和政策因素等外部环境会对房地产市场的周期波动产生影响，因此在对房地产行业"三维"周期风险进行有效监测，需要考虑外部区域环境的影响，对不同区域的影响因素进行测度，以反映区域影响因素对房地产行业"三维"周期风险的影响。

### 一、2000～2020 房地产行业"去库存"区域风险因子预测

房地产行业"去库存"区域风险因子是反映房地产行业经营状况的风险因子，是对房地产行业合理制定发展战略和经营规划产生重大影响的影响因素。本研究构建的基于泰尔指数的房地产行业"去库存"区域风险因子测度模型，具体测度结果如表 7 - 2 和图 7 - 2 所示。

表 7 - 2　　　　2000～2020 年房地产行业"去库存"区域风险因子

| 年度 | 东部 | 中部 | 西部 | 东北 | 区域间 |
|---|---|---|---|---|---|
| 2000 | 0. 223 | 0. 001 | 0. 048 | 0. 067 | 0. 388 |
| 2001 | 0. 226 | 0. 001 | 0. 037 | 0. 067 | 0. 386 |
| 2002 | 0. 224 | 0. 005 | 0. 046 | 0. 066 | 0. 376 |
| 2003 | 0. 189 | 0. 005 | 0. 041 | 0. 066 | 0. 433 |
| 2004 | 0. 190 | 0. 010 | 0. 041 | 0. 066 | 0. 455 |
| 2005 | 0. 188 | 0. 008 | 0. 043 | 0. 065 | 0. 540 |
| 2006 | 0. 193 | 0. 016 | 0. 042 | 0. 065 | 0. 524 |
| 2007 | 0. 177 | 0. 020 | 0. 042 | 0. 065 | 0. 528 |
| 2008 | 0. 175 | 0. 024 | 0. 041 | 0. 065 | 0. 616 |
| 2009 | 0. 183 | 0. 018 | 0. 054 | 0. 065 | 0. 621 |
| 2010 | 0. 220 | 0. 165 | 0. 052 | 0. 070 | 0. 044 |
| 2011 | 0. 210 | 0. 177 | 0. 049 | 0. 070 | 0. 073 |

续表

| 年度 | 东部 | 中部 | 西部 | 东北 | 区域间 |
|------|------|------|------|------|--------|
| 2012 | 0.207 | 0.177 | 0.049 | 0.069 | 0.116 |
| 2013 | 0.205 | 0.176 | 0.051 | 0.069 | 0.144 |
| 2014 | 0.198 | 0.173 | 0.052 | 0.069 | 0.189 |
| 2015 | 0.205 | 0.179 | 0.052 | 0.068 | 0.252 |
| 2016 | 0.194 | 0.164 | 0.069 | 0.068 | 0.226 |
| 2017 | 0.179 | 0.184 | 0.084 | 0.068 | 0.175 |
| 2018 | 0.177 | 0.186 | 0.082 | 0.068 | 0.245 |
| 2019 | 0.170 | 0.186 | 0.093 | 0.068 | 0.305 |
| 2020 | 0.173 | 0.191 | 0.085 | 0.068 | 0.319 |

资料来源：根据国家统计局 2000~2020 年资料计算整理而得。

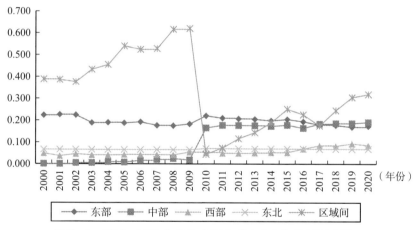

**图 7-2　2000~2020 年房地产行业"去库存"区域风险因子**

资料来源：根据表 7-2 数据整理绘制。

从表 7-2 测度结果可以看出，伴随着 2009 年我国房地产市场整体的积极向好，其"去库存"风险区域间差异骤降，表明全国房地产市场的控制面积都保持在合理的水平上。但随着时间的推移，特别是到了近几年，除东北地区和西部地区的风险水平仍保持在较低水平，东部地区的风险保持较高程度外，中部地区的风险水平显著提升，同时区域间风险差异化程度也在持续上升，表明伴随着房地产市场景气的低落，各区域房屋库存积压状况差异化不断加大。

## 二、2000～2020 房地产行业"去产能"区域风险因子测度

房地产行业"去产能"区域风险因子是反映房地产投资开发情况的，是对房地产行业合理进行投资决策产生重大影响的区域影响因素。依据公式构建的基于泰尔指数的房地产行业"去杠杆"周期区域风险因子测度模型，具体测度结果如表7-3和图7-3所示。

表7-3　　　　2000～2020 年房地产行业"去产能"区域风险因子

| 年度 | 东部 | 中部 | 西部 | 东北 | 区域间 |
|------|------|------|------|------|--------|
| 2000 | 0.222 | 0.001 | 0.049 | 0.067 | 0.385 |
| 2001 | 0.225 | 0.001 | 0.037 | 0.066 | 0.382 |
| 2002 | 0.223 | 0.005 | 0.046 | 0.066 | 0.372 |
| 2003 | 0.187 | 0.005 | 0.041 | 0.066 | 0.410 |
| 2004 | 0.189 | 0.010 | 0.041 | 0.066 | 0.404 |
| 2005 | 0.186 | 0.008 | 0.043 | 0.065 | 0.439 |
| 2006 | 0.191 | 0.016 | 0.043 | 0.065 | 0.379 |
| 2007 | 0.174 | 0.020 | 0.042 | 0.065 | 0.342 |
| 2008 | 0.171 | 0.023 | 0.042 | 0.065 | 0.395 |
| 2009 | 0.178 | 0.019 | 0.053 | 0.065 | 0.363 |
| 2010 | 0.211 | 0.168 | 0.052 | 0.070 | 0.110 |
| 2011 | 0.200 | 0.181 | 0.047 | 0.070 | 0.167 |
| 2012 | 0.197 | 0.180 | 0.047 | 0.070 | 0.222 |
| 2013 | 0.196 | 0.181 | 0.047 | 0.070 | 0.274 |
| 2014 | 0.194 | 0.180 | 0.047 | 0.069 | 0.298 |
| 2015 | 0.194 | 0.185 | 0.048 | 0.069 | 0.354 |
| 2016 | 0.193 | 0.164 | 0.065 | 0.068 | 0.289 |
| 2017 | 0.190 | 0.182 | 0.074 | 0.068 | 0.205 |
| 2018 | 0.192 | 0.180 | 0.072 | 0.068 | 0.229 |
| 2019 | 0.188 | 0.179 | 0.079 | 0.067 | 0.258 |
| 2020 | 0.217 | 0.183 | 0.077 | 0.067 | 0.235 |

资料来源：根据国家统计局 2000～2020 年资料计算整理而得。

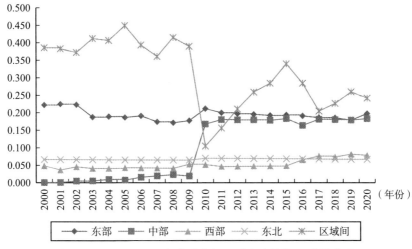

图 7 - 3    2000 ~ 2020 年房地产行业"去产能"区域风险因子

从表 7 - 3 测度结果可以看出，2009 年我国房地产市场的投资风险整体水平较低，这与其繁荣的市场相呼应，表明全国房地产市场的投资环境较好，各区域都有较高的投资水平。但随着时间的推移，各地区的风险水平差异化程度逐渐上升，其中以中部地区的区域风险水平提升最为显著。

### 三、2000 ~ 2020 房地产行业"去杠杆"区域风险因子测度

房地产行业"去杠杆"区域风险因子是反映房地产资金开发来源的，是对房地产行业合理配置资本结构产生重大影响的区域影响因素。依据公式构建的基于泰尔指数的房地产行业"去杠杆"周期区域风险因子测度模型，具体测度结果如表 7 - 4 和图 7 - 4 所示。

表 7 - 4    2000 ~ 2020 年房地产行业"去杠杆"区域风险因子

| 年度 | 东部 | 中部 | 西部 | 东北 | 区域间 |
|------|------|------|------|------|--------|
| 2000 | 0.222 | 0.001 | 0.049 | 0.067 | 0.386 |
| 2001 | 0.225 | 0.001 | 0.037 | 0.066 | 0.383 |
| 2002 | 0.223 | 0.005 | 0.046 | 0.066 | 0.372 |
| 2003 | 0.188 | 0.005 | 0.041 | 0.066 | 0.412 |
| 2004 | 0.189 | 0.010 | 0.041 | 0.066 | 0.407 |
| 2005 | 0.187 | 0.008 | 0.043 | 0.065 | 0.449 |
| 2006 | 0.191 | 0.016 | 0.043 | 0.065 | 0.394 |

续表

| 年度 | 东部 | 中部 | 西部 | 东北 | 区域间 |
|------|------|------|------|------|--------|
| 2007 | 0.174 | 0.020 | 0.042 | 0.065 | 0.361 |
| 2008 | 0.172 | 0.023 | 0.042 | 0.065 | 0.415 |
| 2009 | 0.178 | 0.019 | 0.054 | 0.065 | 0.390 |
| 2010 | 0.212 | 0.168 | 0.052 | 0.070 | 0.105 |
| 2011 | 0.200 | 0.180 | 0.047 | 0.070 | 0.156 |
| 2012 | 0.197 | 0.180 | 0.047 | 0.070 | 0.211 |
| 2013 | 0.195 | 0.180 | 0.048 | 0.070 | 0.259 |
| 2014 | 0.192 | 0.178 | 0.048 | 0.069 | 0.285 |
| 2015 | 0.194 | 0.183 | 0.049 | 0.069 | 0.340 |
| 2016 | 0.191 | 0.164 | 0.066 | 0.068 | 0.285 |
| 2017 | 0.186 | 0.181 | 0.077 | 0.068 | 0.205 |
| 2018 | 0.185 | 0.180 | 0.074 | 0.068 | 0.227 |
| 2019 | 0.179 | 0.179 | 0.082 | 0.067 | 0.260 |
| 2020 | 0.198 | 0.183 | 0.079 | 0.067 | 0.242 |

资料来源：根据国家统计局 2000~2020 年资料计算整理而得。

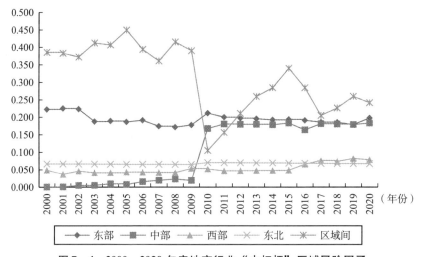

图 7-4　2000~2020 年房地产行业"去杠杆"区域风险因子

从表 7-4 测度结果可以看出，自 2009 年开始，区域间风险因子差异化程度剧烈波动，随着时间的推移风险值呈现逐渐上升的趋势，而东部、西部、东北三个区域的区域风险因子波动较小，其中东部地区始终维持较高水平，中部地区的区域风险因子提升显著。反映出我国区域间的房地产市场在"去杠杆"周期风险维度方面存在着极大的外部环境风险不稳定性。

## 第三节 基于 ARMAX 干预分析模型的房地产行业"三维"政策风险因子监测

### 一、房地产行业"三维"政策风险因子构建

国家监管机构针对房地产企业负债率以及其他指标颁发的"三条红线"调控政策，对相关企业的融资、拿地、投资、营销等各方面都会带来较大影响。在新政策的推广和应用下，以往房地产高杠杆、高负债的经营模式会发生较大改变，主要目的在于要三稳、去杠杆、降负债，营造良好的房地产行业发展秩序，推动我国整体经济的发展。

"三条红线"政策的出台和实施，对房地产企业无序融资的现状和融资泡沫起到了很好的抑制作用，负债规模也有所控制，然而也加剧了企业资金链的紧张程度。随着市场经济的深入和高质量发展，房地产企业将会迎来增速拐点，实现更合理优化的增长模式和科学准确的财务数据。房地产企业将会通过提升资金周转效率和自身经营水平来更多样化融资并扩大发展规模，一定程度上稳定了房地产行业秩序并不断朝着更加良性健康的方向发展。因此，本研究拟结合干预分析的 ARMAX 模型，以此来构建房地产行业"三维"政策因子，并研究政策对于房地产行业风险的影响。

为了准确反映税收政策因子和信贷政策因子对房地产行业"三维"风险的影响，本研究依据"三维"风险泡沫预警值在构建房地产行业"三维"风险监测指数的基础上，采用 ARMAX 干预预测分析模型来测度房地产行业"三维"周期政策风险因子。为了抑制房市过热现象，2010 年、2011 年、2017 年我国实施紧缩性货币政策，以《国务院关于坚决遏制部分城市房价过快上涨的通知》（简称"限购令"）为代表的房地产调控政策对我国房地产行业债务周期波动产生了深远影响。我国历年房地产调控政策工具主要分为税收政策和信贷政策，具体情况如表 7-5 所示。

表 7 - 5 房地产行业"三维"调控政策

| 周期 | 房地产政策调控时间段 | 导向 | 主要政策工具 | 调控重点领域 |
|---|---|---|---|---|
| 第一轮 | 1996 年 9 月 ~ 1999 年 10 月 | 宽松 | 税收政策 | 去库存 |
| 第二轮 | 1999 年 10 月 ~ 2003 年 1 月 | 宽松 | 税收政策 | 去库存 |
| 第三轮 | 2003 年 1 月 ~ 2005 年 12 月 | 从紧 | 信贷政策、税收政策 | 去杠杆、去产能 |
| 第四轮 | 2005 年 12 月 ~ 2009 年 3 月 | 从紧 | 信贷政策、税收政策 | 去杠杆、去产能 |
| 第五轮 | 2009 年 3 月 ~ 2015 年 4 月 | 从紧 | 信贷政策、税收政策 | 去杠杆、去产能 |
| 第六轮 | 2015 年 4 月至今 | 宽松 | 信贷政策、税收政策 | 去杠杆、去产能 |

资料来源：根据中国政府网公开的数据整理而得。

从影响房地产"三维"周期风险的政策影响因子可以看出，税收政策和信贷政策作为影响房地产行业"去库存""去产能""去杠杆"周期风险的主要影响因子，通过影响房地产行业的信贷政策和盈利水平来产生对其的影响，因此，本研究构建的房地产行业"三维"周期风险政策因子如表 7 - 6 所示。

表 7 - 6 房地产行业"三维"周期风险政策因子

| 政策因子 | 政策风险因子 | 分项指标 | 政策因子分析 |
|---|---|---|---|
| 税收政策因子 | 房地产税收风险因子 = 1 - 房地产税收占当地总税收比例 | 房地产税收占当地总税收比例 = 房地产税收总额/地区税收总额 | 为了将风险因子转化为数值越大风险越大型因子，将对因子进行归一化处理 |
| 信贷政策因子 | 房地产贷款风险指数 = 1 - 房地产贷款占当地总贷款比例 | 房地产贷款占当地总贷款比例 = 房地产贷款总额/地区贷款总额 | |

资料来源：根据中房网数据整理而得。

税收政策因子是反映房地产行业所缴纳的税收占该区域总体税收的比率，用以反映在国家税收调控和地方税收政策对房地产行业"三维"风险的影响。信贷政策因子是反映房地产行业所借贷款占该区域所借贷款的比率，用以反映国家信贷政策调控与地方信贷政策对房地产行业"三维"风险的影响。

## 二、房地产行业"三维"政策风险因子测度模型

在房地产行业"去杠杆"周期风险监测指数波动序列（$DLRIc(t)$）

的基础上，在方程中将每年房地产行业贷款占当地总贷款比（*Policycredit*）引入 ARMA 模型，作为影响房地产行业"去杠杆"信贷政策分析因子变量。

$$DLRI_{c(t)} = \alpha_1 DLRIc_{t-1} + \cdots + \alpha_r DLRIc_{t-r} + \varepsilon_t$$
$$+ \Phi_{11} Policycredit_t + \Phi_{12} Policytax_t \qquad (7-17)$$

其中，*Policycredit_t* 为信贷政策变量序列，*Policytax_t* 为税收政策变量序列，$\Phi_{11}$ 为信贷政策变量的系数即房地产行业"去杠杆"周期风险的信贷政策影响因子的影响结果，$\Phi_{12}$ 为税收政策变量的系数即房地产行业"去杠杆"周期风险的税收政策影响因子的影响结果。

将具有以上结构的模型为 $P$ 阶自回归模型，记为 AR（$P$）。其中：条件一规定模型的最高阶数为 $P$；条件二是指随机干扰项为零均值，方差 $\varepsilon$ 的白噪声过程。

在房地产行业"去库存"周期风险监测指数波动序列 $DSRIc(t)$ 的基础上，在方程中将每年房地产行业贷款占当地总贷款比（*Policycredit*）引入 ARMA 模型，作为影响房地产行业"去库存"信贷政策分析因子变量。

$$DSRIc(t) = \beta_1 DSRIc_{t-1} + \cdots + \beta_r DSRIc_{t-r} + \varepsilon_t$$
$$+ \Phi_{21} Policycredit_t + \Phi_{22} Policytax_t \qquad (7-18)$$

其中，*Policycredit_t* 为信贷政策变量序列，*Policytax_t* 为税收政策变量序列，$\Phi_{21}$ 为信贷政策变量的系数即房地产行业"去库存"周期风险的信贷政策影响因子的影响结果，$\Phi_{22}$ 为税收政策变量的系数即房地产行业"去库存"周期风险的税收政策影响因子的影响结果。

将具有以上结构的模型为 $P$ 阶自回归模型，记为 AR（$P$）。其中：条件一规定模型的最高阶数为 $P$；条件二是指随机干扰项为零均值，方差 $\varepsilon$ 的白噪声过程。

在房地产行业"去产能"周期风险监测指数波动序列（$DCRIc(t)$）的基础上，在方程中将每年房地产行业贷款占当地总贷款比（*Policycredit*）引入 ARMA 模型，作为影响房地产行业"去产能"信贷政策分析因子变量。

$$DCRIc(t) = \gamma_1 DCRIc_{t-1} + \cdots + \gamma_r DSRIc_{t-r} + \varepsilon_t$$
$$+ \Phi_{31} Policycredit_t + \Phi_{32} Policytax_t \qquad (7-19)$$

其中，*Policycredit_t* 为信贷政策变量序列，*Policytax_t* 为税收政策变量序列，$\Phi_{31}$ 为信贷政策变量的系数即房地产行业"去产能"周期风险的信贷政策影响因子的影响结果，$\Phi_{32}$ 为税收政策变量的系数即行业"去产能"周期风险的税收政策影响因子的影响结果。

将具有以上结构的模型为 $P$ 阶自回归模型，记为 AR（$P$）。其中：条件一规定模型的最高阶数为 $P$；条件二是指随机干扰项为零均值，方差 $\varepsilon$ 的白噪声过程。

房地产行业"三维"周期风险不仅受到区域环境的影响，其还会受到不同的政策因素对其周期波动的产生影响，而就政策的影响因素而言，税收政策和信贷政策对房地产行业的周期波动影响最为显著，因此本研究在测度政策因子对房地产行业"三维"周期风险的影响时主要测度税收政策因子和信贷政策因子对房地产行业"三维"周期风险的影响。

借助研究影响房地产行业"三维"周期风险区域因子时对我国各区域的划分，在测度政策因子对房地产行业"三维"风险的影响也将我国划分为东部、中部、西部和东北部。因税收政策和信贷政策是综合地对房地产行业"去库存""去产能""去杠杆"不同维度进行风险影响的，因此要对房地产行业"三维"政策风险因子进行综合的测度。

### 三、2000～2020 房地产行业"三维"信贷政策风险因子测度

房地产行业"三维"信贷风险因子是反映房地产行业在该区域中银行信贷政策对其产生的影响。银行信贷政策的调整会直接影响到房地产行业资金流，对其正常的经营决策产生影响。

从测度结果表 7-7 可以看出，东部地区的信贷风险在各区域中的风险值较低，其他区域的信贷风险在 2012 年前并未有太大区别，但 2012 年后西部地区的信贷风险水平更高，这与西部地区的经济和金融发展水平有一定的关系。

表 7-7　　　　2000～2020 年房地产行业"三维"信贷风险因子

| 年份 | 东部 | 中部 | 西部 | 东北 |
|------|------|------|------|------|
| 2000 | 0.330 | 0.480 | 0.440 | 0.370 |
| 2001 | 0.470 | 0.520 | 0.490 | 0.360 |
| 2002 | 0.530 | 0.610 | 0.600 | 0.430 |
| 2003 | 0.530 | 0.490 | 0.550 | 0.410 |
| 2004 | 0.450 | 0.630 | 0.740 | 0.530 |
| 2005 | 0.450 | 0.550 | 0.770 | 0.700 |
| 2006 | 0.470 | 0.700 | 0.740 | 0.550 |

续表

| 年份 | 东部 | 中部 | 西部 | 东北 |
|------|------|------|------|------|
| 2007 | 0.340 | 0.630 | 0.620 | 0.670 |
| 2008 | 0.220 | 0.480 | 0.600 | 0.640 |
| 2009 | 0.230 | 0.450 | 0.500 | 0.420 |
| 2010 | 0.300 | 0.330 | 0.490 | 0.490 |
| 2011 | 0.290 | 0.380 | 0.430 | 0.420 |
| 2012 | 0.280 | 0.370 | 0.400 | 0.370 |
| 2013 | 0.270 | 0.310 | 0.490 | 0.300 |
| 2014 | 0.220 | 0.240 | 0.530 | 0.310 |
| 2015 | 0.230 | 0.330 | 0.600 | 0.470 |
| 2016 | 0.390 | 0.430 | 0.620 | 0.400 |
| 2017 | 0.470 | 0.580 | 0.670 | 0.560 |
| 2018 | 0.590 | 0.700 | 0.750 | 0.690 |
| 2019 | 0.670 | 0.740 | 0.840 | 0.770 |
| 2020 | 0.877 | 0.397 | 0.002 | 0.147 |

资料来源：根据国泰安数据库计算整理而得。

### 四、2000～2020 房地产行业"三维"税收政策风险因子测度

房地产行业"三维"税收风险因子是反映不同区域间税收政策对房地产行业"三维"周期风险的影响，税收政策的宽松与缩紧对房地产行业的收益会产生直接的影响。

从测度结果表7－8可以看出，税收因子的统计结果与信贷因子的结果较为相似，但区别最为明显的是西部的风险水平相对于其他三个区域有较为明显的提高，这跟西部地区的产业结构有较为密切的关系，因西部地区第三产业发展水平落后，税收更多需要依靠制造业或传统行业支撑。而东部地区信息服务业发展迅速，进而降低了对房地产行业的税收压力。

表7－8　　　　2000～2020 年房地产行业"三维"税收风险因子

| 年份 | 东部 | 中部 | 西部 | 东北 |
|------|------|------|------|------|
| 2000 | 0.300 | 0.530 | 0.540 | 0.390 |
| 2001 | 0.440 | 0.570 | 0.590 | 0.380 |

| 年份 | 东部 | 中部 | 西部 | 东北 |
|---|---|---|---|---|
| 2002 | 0.500 | 0.660 | 0.700 | 0.450 |
| 2003 | 0.500 | 0.540 | 0.650 | 0.430 |
| 2004 | 0.420 | 0.680 | 0.840 | 0.550 |
| 2005 | 0.420 | 0.600 | 0.870 | 0.720 |
| 2006 | 0.440 | 0.750 | 0.840 | 0.570 |
| 2007 | 0.310 | 0.680 | 0.720 | 0.690 |
| 2008 | 0.190 | 0.530 | 0.700 | 0.660 |
| 2009 | 0.200 | 0.500 | 0.600 | 0.440 |
| 2010 | 0.270 | 0.380 | 0.530 | 0.510 |
| 2011 | 0.260 | 0.430 | 0.530 | 0.440 |
| 2012 | 0.250 | 0.420 | 0.500 | 0.390 |
| 2013 | 0.240 | 0.360 | 0.590 | 0.320 |
| 2014 | 0.190 | 0.290 | 0.630 | 0.330 |
| 2015 | 0.200 | 0.380 | 0.700 | 0.490 |
| 2016 | 0.360 | 0.480 | 0.720 | 0.420 |
| 2017 | 0.440 | 0.630 | 0.770 | 0.580 |
| 2018 | 0.560 | 0.750 | 0.850 | 0.710 |
| 2019 | 0.640 | 0.790 | 0.940 | 0.790 |
| 2020 | 0.777 | 0.397 | 0.070 | 0.142 |

资料来源：根据国泰安数据库计算整理而得。

# 关键概念释义

| 序号 | 关键概念 | 缩写符号 | 计算公式 | 释义 |
|---|---|---|---|---|
| 1 | 房地产行业"三维"区域风险因子 | REITDRRF（real-estate industry three-dimension regional risk factor） | — | 为了准确反映中国各区域之间及各区域中不同省份房地产行业"三维"风险的差异程度，采用泰尔指数来测度房地产行业"三维"区域风险因子 |

续表

| 序号 | 关键概念 | 缩写符号 | 计算公式 | 释义 |
|---|---|---|---|---|
| 2 | 房地产行业"去库存"区域风险因子 | REIDSRRF（real-estate industry de-stocking regional risk factor） | | 房地产行业"去库存"区域风险因子是反映房地产行业经营风险情况的风险。依托风险管理资产负债表的房地产行业"去库存"风险泡沫预警值并进行归一化处理，用以构建房地产行业"去库存"区域风险因子 |
| 3 | 房地产行业"去产能"区域风险因子 | REIDCRRF（real-estate industry de-capacity regional risk factor） | 在房地产行业"三维"风险周期波动序列基础上，采用泰尔指数来测度房地产行业"三维"区域风险因子 | 房地产行业"去产能"区域风险因子是反映房屋建设投资的风险。依托风险管理资产负债表的房地产行业"去产能"风险泡沫预警值并进行归一化处理，用以构建房地产行业"去产能"区域风险因子 |
| 4 | 房地产行业"去杠杆"区域风险因子 | REIDLRRF（real-estate industry de-leveraging regional risk factor） | | 房地产行业"去杠杆"区域风险因子是反映对房地产行业资本结构及其资金运用合理性的风险。依托风险管理资产负债表的房地产行业"去杠杆"风险泡沫预警值并归一化处理，用以构建房地产行业"去杠杆"区域风险因子 |
| 5 | 房地产行业"三维"政策风险因子 | REITDPRF（real-estate industry three-dimension policy risk factor） | 在房地产行业"三维"风险波动序列基础上，引入泰尔指数模型测度影响房地产行业"三维"政策风险因子变量 | 为了准确反映区域政策尤其是税收政策和信贷政策对房地产行业"三维"风险的影响，采用ARMAX干预预测分析模型来测度房地产行业"三维"政策风险因子 |
| 6 | 房地产行业"三维"信贷政策风险因子 | REITDCPRF（real-estate industry three-dimension credit policy risk factor） | 在房地产行业"三维"风险波动序列基础上，引入ARMA模型作为影响房地产行业"三维"信贷政策风险因子变量 | 在区域划分基础上，房地产行业"三维"信贷风险因子是反映房地产行业在该区域中银行信贷政策对其产生的影响。银行信贷政策的调整会直接影响到房地产行业资金流，对其正常的经营决策产生影响 |

续表

| 序号 | 关键概念 | 缩写符号 | 计算公式 | 释义 |
|---|---|---|---|---|
| 7 | 房地产行业"三维"税收政策风险因子 | REITDTPRF（real-estate industry three-dimension tax policy risk factor） | 在房地产行业"三维"风险波动序列基础上，引入AR-MA模型作为影响房地产行业"三维"税收风险因子变量 | 在区域划分基础上，房地产行业"三维"税收政策风险因子是反映不同区域间税收政策对房地产行业"三维"周期风险的影响，税收政策的宽松与缩紧对房地产行业的收益会产生直接的影响 |

# 第八章　行业风险管理会计监测报告：基于房地产行业

房地产行业"三维"风险监测报告体系。

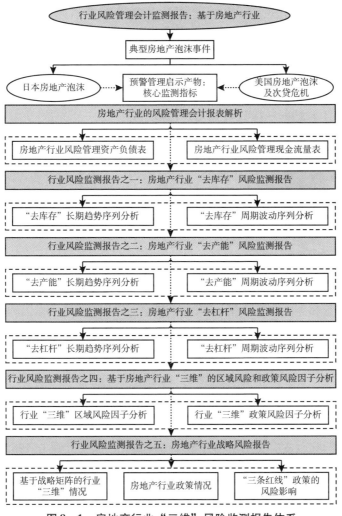

**图 8-1　房地产行业"三维"风险监测报告体系**

## 第一节 全球历次房地产泡沫的崩溃与管理启示

从对经济增长的带动来看，无论是在发展中国家还是发达国家，房地产都起到了举足轻重的作用。每次的经济繁荣都大多是与房地产带动的消费投资有关，而每次的经济萧条则都与房地产泡沫破裂有关。例如，20 世纪 80 年代末至 90 年代初的日本，其全部房地产的市值是美国的 5 倍，是全球股市总市值的 2 倍。由于房地产对经济增长和财富效应有巨大的影响，同时因其自身的高杠杆属性，全球历史上的经济危机大多与房地产有关，例如，1991 年日本房地产崩溃后陷入"失落的二十年"，2008 年的美国次贷危机对全球经济造成的影响持续至今，而反观美国 1987 年股市异常波动和中国 2015 年股市的异常波动对经济的影响则要小得多。

### 一、日本 1986～1991 年房地产泡沫

1985 年日本经济空前繁荣，在低利率、流动性过剩、金融自由化、国际资本流入等刺激下，1986～1990 年日本房地产催生了一场空前的泡沫危机，但随后在加息、加强房地产贷款管制和土地交易、资本流出的压力下，房地产泡沫骤然破裂，房价步入漫长的下跌过程，日本经济陷入失落的二十年。

#### （一）房地产泡沫的形成

从 20 世纪 60 年代开始，日本经济就保持高速增长，至 80 年代初期，日本连续赶超意大利、法国、英国和德国，成为亚洲第一强国和仅次于美国的世界第二大强国，经济规模达美国的一半，日本经济进入了鼎盛时期。

1978 年，第二次石油危机爆发，美国陷入了滞胀的经济环境，为了缓解这一局面，美联储接连三次提高利率，紧缩货币，从而使得大量的海外资金流入美国国内，美元开始大幅升值。美元过快的升值导致贸易逆差，为了平衡国际收支，美国试图开始降低让美元贬值。于是在 1985 年 9 月，美国、日本、德国、法国、英国五国在纽约广场饭店签订了著名的"广场协议"，商定五国联合对外汇市场进行干预，从而解决美国收支逆差过大的问题。"广场协议"签订之后，五国开始在外汇市场抛售美元，带动了

市场投资者的抛售潮。美元因此持续大幅度贬值，从而也带动了日元的大幅度上升，提高了日本的国际地位，为其海外投资奠定了经济基础。但与此同时，也为日本经济埋下了泡沫的隐患。

由于担心日元升值从而引起日本国内的通货膨胀，降低海外日货的竞争力，日本政府开始放松国内的金融管制，并从1986年开始连续降低利率，实施宽松的货币政策。受货币宽松推动，1985~1990年日本M2同比增速从8%上升至12%以上。1986年日本进一步推进金融市场自由化，企业可发行多种公司债券进行融资。在低利率和流动性过剩的背景下，大量资金流向了股市和房地产市场。人们纷纷从银行借款投资到收益可观的股票和不动产中。于是，股价扶摇直上，地价暴涨。但是由于房地产行业几乎没有居民需求来支撑，一个巨大的泡沫逐渐诞生。

巴塞尔协议规定银行的加权风险资产的资本目标标准应为8%，日本政府为了推动银行国际化，推行银行资本金管理改革，决定实行双重标准：国内营业的可以按照本国4%的标准，有海外分支机构的银行则必须执行8%的国际标准。在这个协议的要求下，日本最重要的任务就是调整银行的资产结构，为了降低银行贷款的风险，大量的资金投向了风险较低的房地产行业，因此累积了巨大的泡沫。这种泡沫刺激了金融机构放贷的进一步增长，泡沫进一步膨胀，房价持续上涨，土地持有者的投机活动得到进一步激发。在地产泡沫膨胀时期，对房地产贷款的增长比货币供应量更快。此外，在房价持续上涨阶段，银行业低估了房地产抵押贷款的风险，甚至允许发放无抵押的信用贷款，而房价的持续增长又推高了借款人的抵押能力，进一步将借款的资金投入房地产行业，如此往复房价不断被推升，房价和地价完全脱离实体经济增长，泡沫日益膨胀。

同一时期，国际热钱的涌入加速了日本房地产泡沫的膨胀。签订《广场协议》之后，日元每年保持5%的升值水平，这意味着国际资本只要持有日元资产，可以通过汇率变动获得5%以上的汇兑收益。国际廉价资本的流入加剧了日元升值压力，导致股价和房价快速上涨，从而吸引了更多的国际资本进入日本投机。随着大量资金涌入房地产行业，房地产泡沫迅速增大，但地价的快速上涨也严重地影响了实体经济的发展。

**（二）房地产泡沫的崩溃**

在股市与房市双重泡沫的压力下，日本政府选择了主动挤泡沫，调整税收政策和货币政策的同时加以实施严格的行政手段，最终房地产泡沫破灭。

日本货币政策的实行最先挤掉了股票市场的泡沫，大量金融机构出现巨额亏损，企业相继破产，此时大量闲置房地产涌入市场，供大于求，房价迅速下跌。1991 年，日本不动产市场开始垮塌，一年后日本出台"地价税"政策，导致土地持有者开始纷纷出售土地来避免税负。几种因素的叠加，加速了日本房地产经济的全面崩溃，房地产价格的暴跌导致大量不动产企业及关联企业破产。

### （三） 房地产泡沫崩溃的影响

日本房地产泡沫破灭后，经济一度陷入停滞状态，政府债台高筑，企业资不抵债。1991 年地产泡沫破灭后，日本经济增速和通胀率双双下跌，落入高等收入陷阱。逆周期调控使得日本政府债务率大幅增长，央行资产负债表大幅扩张。日本 10 年国债收益率跌至负值。

房地产和土地价格的暴跌，导致日本企业资产负债表出现明显恶化。企业为了缓和其恶化的财务状况，不得不努力归还债务，1991 年之后尽管利率大幅下降，但是日本企业可以募集到的资金却开始减少，到 20 世纪 90 年代中，日本企业外部融资净流量开始转为负值。此外，房地产价格大幅下跌和经济低迷使日本银行坏账大幅上升。1992～2003 年，日本先后有 180 家金融机构宣布破产倒闭。

因此在 1991 年之后，日本的经济开始停滞不前，和其他国家相对力量出现明显变化。从以美元计价的 GDP 总量来看，1991～2014 年日本累计增长 30%、美国增长 194%、中国增长 26.3 倍、德国增长 114%。1991～2014 年间，日本 GDP 占美国比重从 60% 下降为 26%，中国成为第二大经济体。

## 二、美国 2001～2007 年房地产泡沫及 2008 年次贷危机

与 20 世纪 80 年代的日本类似，过剩的流动性和低利率政策催生了美国 2001～2007 年的美国房地产泡沫，并于 2008 年爆发次贷危机，迅速蔓延成全球的金融危机。

### （一） 房地产泡沫的形成

2001 年美国的"互联网"泡沫破灭，美国经济开始衰退。政府为了缓和经济衰退的迹象，刺激房地产的增长，实施美国家庭"居者有其屋"的计划。但是由于当时美国只有中低收入人群才存在购房需求，政府不得不将房地产市场的发展面向这些信用风险较高的人群，也促成了次级贷款

的大量发放。

2001 年后美国经济开始逐步衰退，美联储进行了 13 次的降息，基金利率从 6.5% 下降到了 1%，30 年固定利率从 8.52% 降低到了 5.45%。与此同时，美国政府立法要求金融机构向穷人发放贷款。宽松的贷款利率条件刺激了低收入群体的购房需求在美国，发放次级贷款的大部分金融机构是抵押贷款公司。由于缺乏销售网点，贷款公司主要以经纪人和客户代理为分销渠道。为了获得更多的利润，他们对客户的信用和偿还贷款的能力不加以考察和限制。同时，由于市场存在激烈的竞争，许多次级贷款公司针对次级信用贷款人推出了"零首付""零文件"的贷款方式，贷款人只需要一份书面声明，就可以在没有任何资金保障的情况下获得贷款。

在美联储的低利率政策下，作为抵押品的住宅价格不断上涨。即便出现违约现象，银行也可以拍卖抵押品（即房屋）。在房价进一步上涨的趋势下，银行不考虑贷款人的违约风险，不断降低对贷款人的贷款门槛，从而使得贷款规模急剧增加。资本市场的流动性和低成本为金融机构进行"短贷长投"活动提供了适宜的市场环境。抵押机构依靠市场流动的资金不断放长贷款年限，造成银行资产与负债期限的严重不匹配。一旦低息环境发生变化，"短贷长投"的经营模式很容易出现债务挤压，从而导致资产支持证券价格的加速下跌。

过剩的流动性和低利率催生了美国房市泡沫。2000~2007 年的房价涨幅远超过去 30 多年来的长期增长趋势，房价上涨远远超过了居民收入上涨。房屋空置率由 2005 年年中的 1.8% 一路上升到 2008 年第三季度的 2.8%。在房价大幅上涨的刺激下，由于贷款的可得性提高，美国居民开始纷纷加入抵押贷款购房的行列。从 2001 年到 2006 年底，抵押贷款发放规模一共增加了 4070 亿美元，达到 25200 亿美元，2003 年更是达到最高的 37750 亿美元。

**（二）房地产泡沫的破裂及影响**

自从"互联网"泡沫破裂后，美国经济开始逐步复苏，并从 2004 年年中开始连续 17 次调高基金利率，从而导致次贷利率也随之浮动上升，给次贷借款人带来巨大的还款压力。基准利率的上升逐渐刺破了美国房地产市场泡沫。对于抵押贷款供应商来说，抵押品的价值随着房价的下跌而下跌，即使抛售房产也无法收回成本。对于次贷借款人来说，无法通过房屋抵押获得新的贷款，而即便是出售房产也偿还不了本息，只能违约。

2007～2008 年次贷危机全面爆发并迅速蔓延成国际金融危机。此次危机影响范围之广、影响程度之深也大大超过过去几十年的历次金融危机。

与以前发生的金融危机不同的是，美国的次贷危机影响的不仅仅是银行，还波及对冲基金、保险公司、养老基金等几乎所有的金融机构，其中受到负面影响最大的是提供次贷的住房抵押贷款金融机构。2007 年 2 月汇丰控股为其附属机构提供了 18 亿美元的坏账拨备。2007 年 4 月，美国第二大次贷公司新世纪金融公司（New Century Financial Corporation）申请破产保护，随后，30 余家次级抵押贷款公司停业。著名的"雷曼兄弟"破产，美林被收购，许多欧洲大型银行纷纷国有化。保险、基金等其他金融机构作为次级贷款的参与人，也受到了重大的影响，美国次贷危机之所以升级成为国际金融危机，是由于房地产贷款产生了一系列金融衍生品，从而吸引全球投资者的参与，该项金融创新将美国房地产市场和全球金融市场前所未有地紧密联系起来。

为此，美联储采取了一系列的救市举措。在 2007 年前，美联储资产负债表的结构较为稳定，总规模处于平稳上升状态，持有的国债占美联储总资产规模超过80%。在次贷危机发生后，美联储的资产负债表进行了补充，包含了抵押担保证券（MBS）等项目。为了渡过这场危机，拯救金融行业，美国政府推出了"问题资产救助计划"（TARP）和"金融援助计划"（FSP），总规模达到 2.3 万亿美元。截至 2016 年末，美联储资产负债表中的抵押担保证券（MBS）余额高达 1.74 万亿美元，占总资产的39%。

2008 年次贷危机至今已十几年，大多数国家仍未能从这场危机中缓过来。其中，作为全球第一大经济体的美国经历了 3 轮 QE 和零利率才开始摆脱经济衰退的局面。中国经济也告别了高增长时代，而欧洲日本经济即使推出 QQE 和负利率仍处于低谷。

### 三、历次房地产泡沫的启示

#### （一）低利率和流动性过剩刺激房地产市场泡沫

房地产市场对流动性和利率非常敏感。流动性过剩和低利率将显著增加投机需求和房地产的金融属性，跟居民收入和城镇化等基本面脱离。

1985 年日本签署《广场协议》后，以避免日元走强对国内经济的负面影响。利率持续大幅下降，由此进入失落的二十年。

从 1991～1996 年，在金融自由化下，东南亚经济积累了相当庞大的国际资本流入，2000 年美国互联网泡沫破灭后，为了刺激经济继续大幅降息。

2008 年以来，中国已经出现了 3 次房地产周期浪潮，除了为经济快速增长和快速城镇化提供根本支撑外，货币超发和低利率的影响因素也在其中推波助澜。

**（二）　政府支持、金融监管缺位、金融自由化、银行放贷失控等加剧房地产泡沫**

政府经常出于经济发展的目的激发房地产。美国、日本、中国都曾为带动经济发展，刺激开发建设，采取相应的政策支持。但由于金融自由化和金融监管的缺失，货币过度流入房地产行业。

日本在 1986 年前后加速了金融自由化和公司债券金融自由化。1991～1996 年，东南亚国家加快资本账户开放，这导致国际资本大量涌入。2007 年美国影子银行的兴起导致了过度的金融创新。

房价上涨和抵押品升值将进一步推动银行放贷。迄今为止，银行业已深深卷入房地产泡沫之中。因此，房地产泡沫危机已成为金融危机和经济危机。

**（三）　房地产泡沫的破灭与紧缩的货币政策的联系**

自 1989 年以来，日本央行已经连续五次提高了利率，颁布一系列限制对房地产贷款的政策。1991 年，日本房地产泡沫爆裂。1993 年 6 月 23 日，朱镕基宣布终止房地产公司上市，并全面控制银行资金进入房地产业，24 日，国务院发布《关于当前经济情况和加强宏观调控意见》，海南房地产泡沫应声破裂。1997 年，东南亚经济的汇率崩溃，大量的国际资本退出，房地产泡沫破裂。自 2004 年 6 月以来，美联邦已将联邦基金利率提高 17 次。2007 年次贷款抵押贷款违约率显著增加，2008 年次抵押贷款危机全面爆发。

**（四）　基本面的支撑对房地产市场必不可缺**

日本房地产分别在 1974 年和 1991 年经历了两轮泡沫。1974 年左右的第一次调整很小，泡沫后的复苏强劲。原因是经济增长、城市化空间和适龄购房人口数量为保持高位提供了基础。

然而，由于长期经济增长缓慢、城市化进程接近尾声、人口老龄化，1991 年前后的第二次调整规模较大且时间较长。2008 年美国房地产泡沫破灭后并没有遭遇日本所经历的经济停滞的 20 年，而是通过实施开放移民为主的政策，并且以人口年龄结构健康，灵活多变的市场经济的优势，创下了房地产新高。

### 四、国内外房地产泡沫核心监测指标比较

从 20 世纪日本发生的泡沫经济危机以及美国的次贷危机中可以看出房地产泡沫对实体经济的影响巨大，甚至会给国家乃至全球金融体系带来影响，房地产泡沫使货币和财政政策陷入进退两难的境地，房地产泡沫下现有的银行体系风险加大。房地产行业防范风险的基本措施是遏制房地产泡沫。目前，国内外针对房地产泡沫的形成，设计了房价收入比、房租房价比、房地产投资过热率、房地产贷款增长率、房地产增长率、商品房竣工率。

#### （一）房价收入比

房价收入比体现了一个家庭对于房地产的购买能力，如果家庭年平均收入远远低于房价，则说明住房价格明显超过了居民的消费水平，而同时房地产市场对于投资的需求程度较高，因此在这种情况下产生房地产泡沫的可能性很大。因此房价收入比跟房地产存在泡沫的可能性呈正相关，房价收入比越大，发生房地产泡沫的可能性越高，房地产泡沫不同的时期房价对消费的影响有差异，当房价收入比升高时，房价上涨的持续性预期可能会降低，而且高房价收入比会导致房价和租金的波动风险增加

$$房价收入比 = 每户住房总价/每户家庭年总收入$$

#### （二）房租房价比

正常情况下，房租房价比资本社会房地产收益率应该与资本的社会平均收益率基本一致。作为资本社会平均收益率其中的指标之一，房租房价比是量房价偏离正常程度的工具，同时房租房价比是衡量房地产泡沫的基本指标，因而它反映了房屋市场价格与其内在价值即未来租金的价值之间的差距。

$$房租房价比 = 该房出租收入/商品房市价总值$$

#### （三）房地产投资过热率

一般来说，房地产价格与总体经济的发展是同向增长的，房地产投资过热率用于衡量房地产经济中的泡沫趋势，是衡量虚拟经济相对于实体经济增长率的动态指标。房地产价格增长作为虚拟经济的指标反映了房地产市场的泡沫，而 GDP 增长则是国民经济整体的表现。这两个比率反映了房地产行业与实体经济的偏离程度。

$$房地产投资过热率 = 房价增长率/GDP 增长率指标$$

### （四）房地产贷款增长率

房地产行业需要为企业发展国内贷款，而房地产投机需求的扩大，离不开充足的金融支持。泡沫经济的形成很大程度上依赖于信贷杠杆的提升。在虚拟资产扩张的过程中，信贷规模也会同步扩张，两者相互促进。因此，通过分析房地产贷款增长率的变化，可以预测房地产经济活动的异常变化。

$$房地产贷款增长率 = 房地产本期贷款额 / 房地产上期贷款额$$

### （五）房价增长率

当房地产价格急速上升，并且大大超过 CPI 的上涨幅度时，房地产价格就会偏离其基本价值，出现泡沫。该比值越大，房地产泡沫形成的可能性就越大。

$$房价增长率 = 房地产价格增长率 / CPI 增长率$$

### （六）商品房竣工率

商品房竣工率反映了未来商品房供需的差异。商品房在建面积和竣工面积分别代表供求关系。比率越高，泡沫可能越大。当商品房竣工率较高时，房地产正处于繁荣阶段。在此期间，房地产供应充足，房价将根据供需情况平稳波动或平稳下跌。反之，产商品房竣工率低时，房地产市场的供给不足，将影响房价波动。

$$商品房竣工率 = 商品房竣工面积 / 商品房施工面积$$

上述六个指标能够在一定程度上刻画房地产景气程度，但未能从供给侧结构性改革的视角，对"去杠杆－去库存－去产能"风险泡沫进行度量，缺少对国家针对房地产行业"三维"风险泡沫进行调节的支持。

## 第二节  房地产行业的风险管理会计报表解析

### 一、2018～2020 年房地产行业风险管理资产负债表

2018～2020 年房地产行业风险管理资产负债表，如表 8－1 所示。

从房地产行业金融性流动资产来看，2018～2019 年该值上升，表明整体房地产行业金融性流动资产变现能力增强。

**表 8 - 1　　房地产行业风险管理资产负债表**

单位：万元

| 风险管理总资产 | 2020 年末余额 | 2019 年末余额 | 2018 年末余额 | 风险管理总资本 | 2020 年末余额 | 2019 年末余额 | 2018 年末余额 |
|---|---|---|---|---|---|---|---|
| 一、金融性流动资产（financial liquid asset，FLA） | 17127835101.04 | 17035073641.62 | 12147573891.54 | 一、金融资本（financial capital，FC） | 4456762210.12 | 4168059734.60 | 3653544039.36 |
| （1）货币资金 | 1393199155.43 | 1123280460.82 | 1393199155.43 | （一）短期金融资本（SFC） | 1505289155.44 | 1442825123.60 | 1358284489.06 |
| （2）交易性金融资产 | 1670191879.53 | 1324344483.87 | 845304862.37 | （1）短期借款 | 546902870.08 | 537636510.37 | 526511756.16 |
| （3）以公允价值计量且其变动计入当期损益的金融资产 | — | — |  | （2）交易性金融负债 | 97543057.49 | 119956504.75 | 119126568.23 |
|  |  |  |  | （3）以公允价值计量且其变动计入当期损益的金融负债 | — | — | — |
| （4）衍生金融资产 | 107454263.17 | 53586454.25 | 65996857.59 | （4）衍生金融负债 | 121631794.49 | 56666595.25 | 61869359.29 |
| （5）应收账款融资 | 23731058.49 | 12335192.23 | 7918211.69 | （5）卖出回购金融资产款 | 406553480.57 | 412666957.28 | 376033713.81 |
| （6）买入返售金融资产 | 3944859.97 | 3896822.66 | 3203987.51 | （6）一年内到期的非流动负债 | 332657952.81 | 315898555.95 | 274743091.57 |
|  |  |  |  | （二）长期金融资本（LFC） | 2951473054.68 | 2725234611.00 | 2295259550.30 |
| （7）一年内到期的非流动资产 | 79424449.37 | 68862082.47 | 74111844.10 | （7）长期借款 | 1173011238 | 1033814031 | 879303310.8 |

续表

| 风险管理总资产 | 2020 年末余额 | 2019 年末余额 | 2018 年末余额 | 风险管理总资本 | 2020 年末余额 | 2019 年末余额 | 2018 年末余额 |
|---|---|---|---|---|---|---|---|
| （8）发放贷款和垫款 | 11581850001.45 | 10348729518.53 | 8694040790.17 | （8）应付债券 | 1770283977.65 | 1684528701.41 | 1390744033.99 |
| （9）债权投资 | 1557622172.42 | 1919608772.21 | 763425821.06 | 其中：优先股 | — | — | — |
| （10）其他债权投资 | 560527497.08 | 443520100.08 | 248262456.72 | 永续债 | — | — | — |
| （11）其他权益工具投资 | 4544.60 | 278739519.90 | 45026608.90 | （9）应付利息 | 8177839.21 | 6891878.88 | 25212205.53 |
| （12）其他非流动金融资产 | 57796645.90 | 50032259.21 | 7083296.01 | （10）租赁负债 | — | — | — |
| （13）应收利息 | 92088573.65 | 73611308.67 | — | 金融资本小计 | | | |
| 金融性流动资产小计 | 17127835101.04 | 15700546974.90 | 12147573891.54 | 二、非金融长期资本（non-financial longterm capital, NFLC） | 303390594.82 | 288599691.47 | 201341033.58 |
| 二、营运资本需求（working capital requirement, WCR）= OLA - OLL | | | | （1）长期应付款 | 68033781.96 | 70809372.05 | 79289944.34 |
| （一）经营性流动资产（operating liquid asset, OLA） | 35425972224.87 | 3147805666.65 | 3523389666.82 | （2）长期应付职工薪酬 | — | — | — |
| （1）应收票据 | 74460966.93 | 61416371.75 | 124711582.03 | （3）预计负债 | 65182078.63 | 60849156.06 | 46231560.18 |
| （2）应收账款 | 590170112.00 | 571074575.95 | 8511726950.26 | （4）递延收益 | — | — | — |

续表

| 风险管理总资产 | 2020年末余额 | 2019年末余额 | 2018年末余额 | 风险管理总资本 | 2020年末余额 | 2019年末余额 | 2018年末余额 |
|---|---|---|---|---|---|---|---|
| (3) 预付款项 | 142196717.73 | 136354092.87 | 126807896.75 | (5) 递延所得税负债 | 50720465.98 | 44434663.09 | 35211253.98 |
| (4) 应收保费 | 9619289.01 | 8662117.78 | 9492785.64 | (6) 其他非流动负债 | 119454268.26 | 1125065000.27 | 40608275.08 |
| (5) 应收分保账款 | 8728853.67 | 8278803.31 | 22252498.21 | 非金融长期资本小计 | 303390594.82 | 288599691.47 | 201341033.58 |
| (6) 应收分保合同准备金 | 450738034.16 | 3736622588.35 | 324458111.36 | 三、权益资本 (equity capital, EC) | 23871378439.35 | 24174779215.46 | 1826819106.49 |
| (7) 其他应收款 | 244694056.94 | 2224575176.31 | 217492079.05 | (1) 实收资本（或股本） | 5710367948.74 | 3950284802.84 | 3598374792.84 |
| 其中：应收股利 | — | — | — | (2) 其他权益工具 | — | — | — |
| (8) 存货 | 1425859690.43 | 1331811076.49 | 1179515384.76 | 其中：优先股 | — | — | — |
| (9) 合同资产 | 186781129.46 | 76871487.03 | 49844020.84 | 永续债 | — | — | — |
| (10) 持有待售资产 | 197856911.71 | 161060800.00 | 384565786.72 | (3) 资本公积 | 7387492303.75 | 6539487302.98 | 5947073403.27 |
| (11) 其他流动资产 | 211491462.84 | 194078576.83 | 232522571.19 | 减：库存股 | — | — | — |
| 经营性流动资产小计 | 3542597224.87 | 3147805666.65 | 3523389666.82 | (4) 其他综合收益 | 7943743.03 | 6509398.40 | 5798432.48 |
| (二) 经营性流动负债 (operating liquid liability, OLL) | 1354649057.56 | 1001513172.14 | 2082317504.33 | (5) 专项储备 | — | — | — |
| (1) 应付票据 | 240944658.15 | 2112208057.69 | 496636327.48 | (6) 盈余公积 | 8947580033.48 | 7504879958.74 | 694875498.75 |
| (2) 应付账款 | 978794567.53 | 836323006.10 | 4323389909.74 | (7) 一般风险准备 | — | — | — |

续表

| 风险管理总资产 | 2020年末余额 | 2019年末余额 | 2018年末余额 | 风险管理总资本 | 2020年末余额 | 2019年末余额 | 2018年末余额 |
|---|---|---|---|---|---|---|---|
| （3）预收款项 | 5367216.52 | 368075407.62 | 340042621.21 | （8）未分配利润 | 89437493.09 | 73848307.55 | 63813847.03 |
| （4）应付职工薪酬 | 123175401.61 | 105635940.36 | 89941879.97 | （9）归属于母公司所有者权益（或股东权益）合计 | 10078178662.61 | 13142162396.07 | 8159137690.69 |
| （5）应交税费 | 161290365.51 | 146928244.46 | 136771440.09 | （10）少数股东权益 | 6590849.47 | 598740.35 | 486474.99 |
| （6）其他应付款 | 390971224.96 | 354649300.49 | 323287340.79 | 权益资本小计 | 23871378439.35 | 24174779215.46 | 18268219106.49 |
| 其中：应付股利 | — | — | — | | — | — | — |
| （7）应付手续费及佣金 | 644730722.63 | 214300770.21 | 165869939.97 | | — | — | — |
| （8）合同负债 | — | — | — | | — | — | — |
| （9）应付分保账款 | — | — | — | | — | — | — |
| （10）持有待售负债 | 160690171.94 | 115707716.50 | 97378045.07 | | — | — | — |
| （11）其他流动负债 | 2705964328.86 | 2352828443.44 | 2082317504.33 | | — | — | — |
| 经营性流动负债小计 | 2187948167.31 | 2146292494.52 | — | | | | |
| 营运资本需求小计 | 9315747975.94 | 9450072505.39 | 8534458125.41 | | | | |
| 三、长期资产（longterm asset, LA） | 508755713.82 | 431037195.11 | 371603139.99 | | | | |
| （1）长期股权投资 | | | | | | | |

续表

| 风险管理总资产 | 2020 年末余额 | 2019 年末余额 | 2018 年末余额 | 风险管理总资本 | 2020 年末余额 | 2019 年末余额 | 2018 年末余额 |
|---|---|---|---|---|---|---|---|
| （2）长期应收款 | 188936234.87 | 180460375.65 | 163100331.91 | | — | — | — |
| （3）投资性房地产 | 181648979.45 | 163846915.63 | 132585785.41 | | — | — | — |
| （4）固定资产 | 3085437241.49 | 4781648132.17 | 4785123642.13 | | — | — | — |
| （5）在建工程 | 3221739905.00 | 308543943.53 | 284253232.44 | | — | — | — |
| （6）生产性生物资产 | 6102312.09 | 3237792.89 | 2110004.87 | | — | — | — |
| （7）油气资产 | 85935197.83 | 89129065.26 | 85625561.61 | | — | — | — |
| （8）使用权资产 | — | — | — | | — | — | — |
| （9）无形资产 | 396041975.58 | 350414093.92 | 313624616.82 | | — | — | — |
| （10）开发支出 | 10736329.83 | 9853398.39 | 8257791.31 | | — | — | — |
| （11）商誉 | 2122338071.03 | 2130691290.60 | 2135517781.05 | | — | — | — |
| （12）长期待摊费用 | 30564948.15 | 27953022.58 | 27557587.10 | | — | — | — |
| （13）递延所得税资产 | 179667552.41 | 150554541.45 | 123478382.60 | | — | — | — |
| （14）其他非流动资产 | 262882847.68 | 222702738.20 | 101620168.15 | | — | — | — |
| 长期资产小计 | 9315747975.94 | 9450072505.39 | 8534458125.41 | | | | |
| 风险管理总资产（risk total asset, RTA）= FLA + WCR + LA | 28631531244.29 | 28631438641.53 | 22123104179.43 | 风险管理总资本（risk total capital, RTC）= FC + NFLC + EC | 28631531244.29 | 28631438641.53 | 22123104179.43 |

资料来源：根据国泰安数据库 2018～2020 年房地产业上市公司数据整理计算而得。

从房地产行业的营运资本需求上看，2018～2019年该值有所降低，表明营运资本需求量小幅下降；2019～2020年该值有较大幅度上升，是因为经营性流动资产上升的幅度大于经营性流动负债增加的幅度。其中，经营性流动资产的增加很大部分源自应收款项及存货的增加，容易造成坏账损失及影响房地产行业资金的变现能力。

从房地产长期资产上看，2018～2020年该值持续上升，表明企业为后续的持续经营与发展做出了长远投资。

从房地产行业的金融资本上看，2018～2020年该值均有稳定而持续的上升，表明房地产行业进行金融活动产生的资本不断上升，同时容易影响企业偿债能力，进而波及企业信誉。

从房地产行业的非金融长期资本上看，2018～2020年该值持续上升，其中很大程度上得益于其他非流动负债的增加，这是由于企业部分款项转为长期借款所致。

从房地产行业的权益资本上看，2018～2020年该值有稳定而持续的上升，表明房地产行业进行权益性投资产生的资本不断上升。

## 二、房地产行业风险管理资产负债表附注：风险管理"三维"风险泡沫解析

### （一）房地产行业风险管理资产负债表附注

本研究依据风险管理资产负债表，设计风险管理资产负债表附注，如表8－2所示。针对房地产行业，本研究使用当年房地产行业于沪深上市的所有企业合并报表为基础，从"去杠杆－去库存－去产能"风险泡沫"三维"视角，测度"去库存"风险泡沫预警值、"去产能"风险泡沫预警值和"去杠杆"风险泡沫预警值，实现对房地产行业"三维"风险泡沫解析。

### （二）风险管理"三维"风险泡沫预警值解析

1. 房地产行业"去库存"风险泡沫预警值

房地产行业"去库存"风险泡沫预警值为越大越坏型指标，计算结果为正，表示"去库存"存在较大风险；计算结果为负，表示"去库存"较为安全。依据房地产行业2000～2020年的数据测度出的房地产行业"去库存"风险泡沫预警值如图8－2所示。

**表 8 - 2　房地产行业风险管理资产负债表附注**

单位：万元

| 风险泡沫总资产 | 2020 年 | 2019 年 | 2018 年 | 风险泡沫总资本 | 2020 年 | 2019 年 | 2018 年 |
|---|---|---|---|---|---|---|---|
| 一、"去库存"风险泡沫预警值（WCR） | 2187948167. 31 | 2146292494. 52 | 1441072162. 48 | 一、"短期""去杠杆"风险泡沫预警值（SFRBWV） | -15622545945. 60 | -15592248518. 02 | -10789289402. 48 |
| 经营性流动资产（OCA） | 3542597224. 87 | 3147805666. 65 | 3523389666. 82 | 短期金融资本（STFC） | 1505289155. 44 | 1442825123. 60 | 1358284489. 06 |
| 减：经营性流动负债（OCL） | 2705964328. 86 | 2352828443. 44 | 2082317504. 33 | 减：金融性流动资产（FCA） | 17127835101. 04 | 17035073641. 62 | 12147573891. 54 |
| 二、"去产能"风险泡沫预警值（IBVaR） | -14859021058. 23 | -15013306401. 54 | -9935102014. 66 | 二、长期"去杠杆"风险泡沫预警值（LFRBWV） | 2951473054. 68 | 2725234611. 00 | 2295259550. 30 |
| 长期资产（LTA） | 9315747975. 94 | 9500072505. 39 | 8534458125. 41 | 1. 长期金融资本（LT-FC） | 2951473054. 68 | 2725234611. 00 | 2295259550. 30 |
| 减：非金融长期负债（NFLTL） | 24174769034. 17 | 24463378906. 93 | 18469560140. 07 | 2. 其他带息长期资本 | — | — | — |
| 减：权益资本（EC） | | | | | | | |
| 风险泡沫总资产值合计 | -12671072890. 92 | -12867013907. 02 | -8494029852. 18 | 风险泡沫总资本值合计 | -12671072890. 92 | -12867013907. 02 | -8494029852. 18 |
| 其中：1. 当年经营风险泡沫预警值 | — | — | 2187948167. 31 | 其中：1. 当年融资风险泡沫预警值 | — | — | -12671072890. 92 |
| 　　　2. 当年投资风险泡沫预警值 | — | — | -14859021058. 23 | 　　　2. 现金短债比（百分比） | — | — | 1. 39 |
| | | | | 　　　3. 净负债率（百分比） | — | — | 102. 56% |
| | | | | 　　　4. 资产负债率（百分比） | — | — | 71. 5% |

资料来源：根据国泰安数据库 2018～2020 年房地产业上市公司数据整理计算而得。

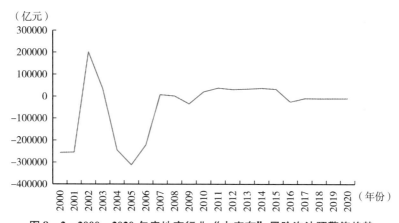

**图 8 - 2　2000 ~ 2020 年房地产行业"去库存"风险泡沫预警值趋势**

资料来源：根据国泰安数据库 2000 ~ 2020 年房地产业上市公司数据整理计算而得。

由图 8 - 2 分析可知，2000 ~ 2020 年，房地产行业"去库存"风险泡沫预警值整体波动较大，但总体表现较好，大体上房地产行业"去库存"风险泡沫预警值都为负数，主要可分为三个阶段。第一阶段，在 2000 ~ 2005 年房地产行业"去库存"风险泡沫预警值呈现较大的波动趋势，自 2000 年负预警值不断增加至正数，于 2003 年达到顶点，房地产行业"去库存"风险最大。随后，风险预警值有所下降。第二阶段，即 2007 ~ 2009 年房地产行业"去库存"风险泡沫预警值再次小范围波动，自 2006 年的负风险泡沫预警值不断增加并于 2007 年达到顶点，但风险较小。第三阶段，自 2009 年房地产行业"去库存"风险泡沫预警值达到谷值后，"去库存"风险泡沫预警值由负转正，呈现出一定的风险并持续一段时间，于 2016 年起稍有回跌，在 2018 年和 2019 年继续上升。主要原因在于，2019 年遭遇房地产市场收紧以及 2020 年新冠疫情抑制商品房的销售，房地产行业现房销售收紧。

2. 房地产行业"去产能"风险泡沫预警值

房地产行业"去产能"风险泡沫预警值是通过非金融长期资本变动值、权益资本变动值、长期资产变动值计算而成。房地产行业"去产能"风险泡沫预警值为越大越好型指标，值越大，风险越小、越安全。

依据房地产行业 2000 ~ 2020 年的数据测度出的房地产行业"去产能"风险泡沫预警值如图 8 - 3 所示。

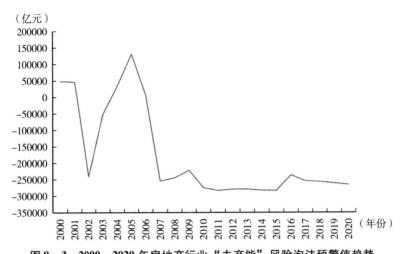

（亿元）

**图 8 - 3　2000 ~ 2020 年房地产行业"去产能"风险泡沫预警值趋势**

资料来源：根据国泰安数据库 2000 ~ 2020 年房地产业上市公司数据整理计算而得。

由图 8 - 3 分析可知，2000 ~ 2020 年房地产行业"去产能"风险泡沫预警值整体波动较大，风险值较高，主要可分为三个阶段。第一阶段，在 2000 ~ 2005 年，房地产行业"去产能"风险泡沫预警值波动大。自 2002 年"去产能"风险泡沫达到最小值后，预警值由负转正风险不断上升，并在 2005 年达到峰值，风险最大。第二阶段，即 2006 ~ 2010 年房地产行业"去产能"风险泡沫预警值逐渐下降，表明房地产行业"去产能"泡沫风险逐渐降低，并在 2008 ~ 2009 年略有回升趋势。第三阶段，2011 年后，"去产能"风险泡沫预警值一直维持负数，在 2015 年略有上升，但总体风险水平较低。主要原因在于，我国房地产市场运行的政策环境仍然偏紧；中央长期坚持住房居住属性，不将房地产作为短期刺激经济的手段，各部门紧盯房地产金融风险，房地产行业资金定向监管全年保持从紧态势。

3. 房地产行业"去杠杆"风险泡沫预警值

房地产行业"去杠杆"风险泡沫预警值是通过金融性流动资产变动值和金融资本变动值计算而成。房地产行业"去杠杆"风险泡沫预警值为越大越坏型指标，值越小，风险越小、越安全。依据房地产行业 2000 ~ 2020 年的数据测度出的房地产行业"去杠杆"风险泡沫预警值如图 8 - 4 所示。

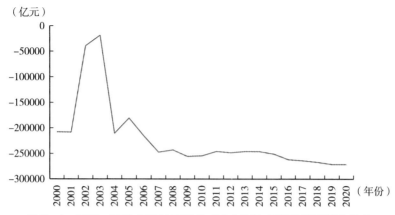

**图 8 - 4　2000 ~ 2020 年房地产行业"去杠杆"风险泡沫预警值趋势**

资料来源：根据国泰安数据库 2000 ~ 2020 年房地产业上市公司数据整理计算而得。

　　由图 8 - 4 分析可知，2000 ~ 2020 年房地产行业"去杠杆"风险泡沫预警值整体波动较大，但基本维持为负值，"去杠杆"风险较小。在 2000 ~ 2004 年，房地产行业"去杠杆"风险泡沫预警值呈较大波动，于 2003 年达到峰值，风险值达到最大但风险水平较低。在 2003 年以后，房地产行业"去杠杆"风险泡沫预警值不断降低。随后，在 2005 ~ 2014 年房地产行业"去杠杆"风险泡沫预警值在 2005 年有轻微爬升后不断下降，波动较缓，房地产行业"去杠杆"泡沫风险整体较低。

### 三、2018 ~ 2020 年房地产行业风险管理现金流量表

　　2018 ~ 2020 年房地产行业风险管理现金流量表，如表 8 - 3 所示。

表 8 - 3　　　　　　　　房地产行业风险管理现金流量表　　　　　　　单位：万元

| 房地产行业现金流量 | 2018 年 | 2019 年 | 2020 年 |
|---|---|---|---|
| 一、现金增加值（cash added value，CAV） | - 6990844. 65 | - 12874730. 25 | 623020. 00 |
| （一）经营活动现金流入量（CFOi） | 821992960. 62 | 941704487. 44 | 1066572887. 43 |
| （1）销售商品、提供劳务收到的现金 | 740574991. 52 | 848811892. 07 | 954013023. 45 |
| （2）收到其他与经营活动有关的现金 | 81417969. 10 | 92892595. 37 | 112559863. 97 |
| （二）经营活动现金流出量（CFOo） | 791204033. 69 | 911350286. 85 | 1018988279. 92 |
| （1）商品、接受劳务支付的现金 | 588781611. 98 | 696850214. 87 | 779682729. 26 |

| 房地产行业现金流量 | 2018 年 | 2019 年 | 2020 年 |
|---|---|---|---|
| （2）支付给职工以及为职工支付的现金 | 46847492.09 | 54234665.87 | 58043810.70 |
| （3）支付的各项税费 | 51384781.83 | 59404068.31 | 59426931.46 |
| （4）支付其他与经营活动有关的现金 | 104190147.79 | 100861337.80 | 121834808.49 |
| 二、资本投资现金净流量（net cash flow from capital investment，NCFCI） | -9993108.69 | -10922516.41 | -19078686.26 |
| （1）收回投资收到的现金 | 31439873.47 | 40888538.60 | 49843606.61 |
| （2）处置子公司或其他营业单位收到的现金净额 | 4447348.25 | 4432837.54 | 3756019.90 |
| （3）投资支付的现金 | 53775608.80 | 60025688.02 | 76393662.77 |
| （4）取得子公司及其他营业单位支付的现金净额 | 7895278.39 | 3781795.47 | 3715350.01 |
| 资本投资现金净流量小计 | -9993108.69 | -10922516.41 | -19078686.26 |
| 三、基建投资现金净流量（net cash flow from infrastructure investment，NCFII） | -33178340.71 | -37121641.15 | -39509354.11 |
| （1）处置固定资产、无形资产、投资性房地产和其他长期资产收回的现金净额 | 1907971.36 | 2349299.25 | 3075832.23 |
| （2）购建固定资产、无形资产、投资性房地和其他长期资产所支付的现金 | 29799596.81 | 38057363.18 | 47394086.71 |
| （3）收到其他与投资活动有关的现金 | 30304841.82 | 29937517.35 | 37751024.25 |
| （4）支付的其他与投资活动有关的现金 | 35591557.08 | 31351094.58 | 32942123.88 |
| 四、金融资本现金净流量（net cash flow from financial capital，NCFFC） | 58404903.02 | 39679073.77 | 47283045.25 |
| （1）取得借款收到的现金 | 252383976.19 | 298737639.84 | 360323559.90 |
| （2）发行债券收到的现金 | 32354108.19 | 17097959.97 | 20131704.05 |
| （3）偿还债务支付的现金 | 226333181.37 | 276156526.05 | 333172218.70 |
| 金融资本现金净流量小计 | 58404903.02 | 39679073.77 | 47283045.25 |
| 五、权益资本现金净流量（net cash flow from equity capital，NCFEC） | 690355.36 | -2719904.84 | -3644630.56 |
| （1）吸收投资收到的现金 | 2755191.56 | 2299557.89 | 4564614.18 |

| 房地产行业现金流量 | 2018 年 | 2019 年 | 2020 年 |
|---|---|---|---|
| （2）归还投资支付的现金 | — | — | — |
| （3）收到的其他与筹资活动有关的现金 | 24903676.36 | 29662933.49 | 41580120.39 |
| （4）支付的其他与筹资活动有关的现金 | 26968512.55 | 34682396.22 | 49789365.13 |
| 现金流量总计 = CAV + NCFCI + NCFII + NCFFC + NCFEC + 其他活动现金流量 | 8932964.33 | −23959718.88 | −14326605.69 |

资料来源：根据国泰安数据库 2018～2020 年地产业上市公司数据整理计算而得。

从房地产行业的现金留存收益上看，其经营活动现金流入量大大小于其经营活动现金流出量，表明房地产行业整体存在现金管理不完善的问题。

从房地产行业的资本投资现金净流量上看，投资额度大幅度的提升会引起行业未来收益的不确定性，发生坏账的概率提升。

从房地产行业的基建投资现金净流量上看，其投资长期资产支付的现金流过大，容易造成短期资金筹措困难，对日常开销造成资金压力。

从房地产行业的金融资本筹资现金净流量上看，其金融资本筹资现金流过多，且偿还现金流过大，容易导致资金的闲置浪费，还可能导致企业负债过多，偿还困难。

从房地产行业的权益资本筹资现金净流量上看，其权益资本筹资现金流过多，且支付与归还的筹资活动现金流过大，容易导致融资成本的增加，还可能导致企业负债过多，增加经营风险。

**四、房地产行业风险管理现金流量表附注：风险管理"三维"现金在险预警值解析**

**（一）房地产行业风险管理现金流量表附注**

本研究依据风险管理现金流量表，设计风险管理现金流量表附注。针对房地产行业，本研究以当年房地产行业于沪深上市的所有企业合并报表为基础，从"去杠杆－去库存－去产能"现金在险"三维"视角，测度"去库存"现金在险预警值、"去产能"现金在险预警值和"去杠杆"现金在险预警值，实现对房地产行业"三维"现金在险值解析。

表8-4　　　　　　房地产行业风险管理现金流量表附注　　　　　单位：万元

| 风险管理现金在险流量 | 金额 | 风险管理现金在险预警值指标 | 金额/百分比 |
|---|---|---|---|
| 经营活动现金净流量（ONCF） | 47584607.51 | 一、现金增加值（CVA） | 623020 |
| （一）经营活动现金流入量（OCFi） | 1066572887.43 | | |
| （1）销售商品、提供劳务收到的现金 | 954013023.45 | | |
| （2）收到其他与经营活动有关的现金 | 112559863.97 | | |
| （二）经营活动现金流出量（OCFo） | 1018988279.92 | 现金增加值（CVA）＝经营活动现金净流量（ONCF）＋资本投资现金流入量（CICFi）＋基建投资现金流入量（IICFi）－当期分配股利、利润或偿付利息支付的现金 | |
| （1）商品、接受劳务支付的现金 | 779682729.26 | | |
| （2）支付给职工以及为职工支付的现金 | 58043810.7 | | |
| （3）支付的各项税费 | 59426931.46 | | |
| （4）支付其他与经营活动有关的现金 | 0 | | |
| 经营活动现金净流量小计 | 47584607.51 | | |
| 加：资本投资现金流入量（CICFi） | 58089817.21 | 二、"去库存"现金在险预警值 | -47584607.51 |
| （1）收回投资收到的现金 | 49843606.61 | | |
| （2）取得投资收益收到的现金 | 4490190.7 | 三、"去产能"现金在险预警值 | 54097849.67 |
| （3）处置子公司或其他营业单位收到的现金净额 | 3756019.9 | | |
| 加：基建投资现金流入量（IICFi） | 54527610.44 | | |
| 处置固定资产、无形资产、投资性房地和其他长期资产收回的现金净额 | 3075832.23 | 四、"去杠杆"现金在险预警值 | -95090192.89 |
| 减：分配股利、利润或偿付利息支付的现金 | 51451778.21 | | |

资料来源：根据国泰安数据库2018~2020年地产业上市公司数据整理计算而得。

## （二）风险管理"三维"风险现金在险值解析

根据房地产行业2000~2020年数据，运用风险管理现金流量表及其附注，计算房地产行业"去库存"现金在险预警值、"去产能"资本投资现金在险预警值、"去产能"基建投资现金在险预警值、"去产能"其他投资现金在险预警值、"去杠杆"金融资本现金在险预警值以及"去杠杆"权益资本现金在险预警值和"去杠杆"其他融资现金在险预警值。

1. 房地产行业"去库存"现金在险预警值

房地产行业"去库存"风险现金在险预警值为越大越好型指标。该指标数值越大，风险越小越安全。依据房地产 2000～2021 年的数据测度出的房地产行业"去库存"现金在险预警值（DCaR）如图 8－5 所示。

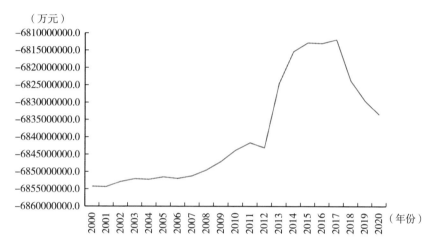

图 8－5　2000～2020 年房地产行业"去库存"现金在险预警值趋势

资料来源：根据国泰安数据库 2000～2020 年房地产业上市公司数据整理计算而得。

由图 8－5 分析可知，2000～2021 年房地产行业"去库存"现金在险预警值（DCaR）波动起伏较大，但整体保持负值现金风险较小。波动主要可分为两个阶段：第一阶段为 2000～2012 年，房地产行业"去库存"现金在险预警值缓慢上升，并于 2011 年达到次高点。表明该行业能够从历年实现的利润中提取或形成的留存于企业的内部积累，分配利润的现金较少。第二阶段为 2013～2017 年，"去库存"现金在险预警值迅速上升，并于 2017 年达到峰值，"去库存"现金风险不断增加。自 2017 年后，现金在险预警值不断下降，始终维持负值水平，"去库存"现金在险风险整体可控。

2. 房地产行业"去产能"资本投资现金在险预警值

房地产行业"去产能"资本投资现金在险预警值为越大越坏型指标，

数值越大，风险越大。依据房地产业 2000~2020 年的数据测度出的房地产行业"去产能"资本投资现金在险预警值如图 8-6 所示。

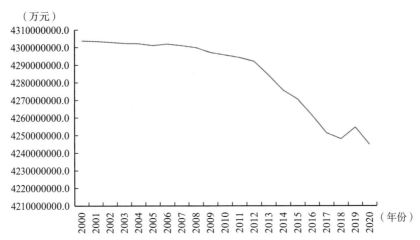

**图 8-6　2000~2020 年房地产行业"去产能"资本投资现金在险预警值趋势**
资料来源：根据国泰安数据库 2000~2020 年房地产业上市公司数据整理计算而得。

由图 8-6 分析可知，2000~2020 年房地产行业"去产能"资本投资现金在险预警值（DCCIaR）整体波动较小，但风险始终维持较高水平。主要可以分为三个阶段：第一阶段为 2000~2012 年，房地产行业"去产能"资本投资现金在险预警值（DCCIaR）维持正值并缓慢下降，并于 2012 年达到次谷点，风险达到该阶段最低；第二阶段为 2013~2018 年，房地产行业"去产能"资本投资现金在险预警值（DCCIaR）下降幅度较大，风险有所降低；第三阶段为 2018~2020 年，这一阶段房地产行业"去产能"资本投资现金在险预警值（DCCIaR）打破持续下降的态势于 2019 年有所小幅爬升，随后"去产能"资本投资在险值不断降低，风险有所下降。

3. 房地产行业"去产能"基建投资现金在险预警值

房地产行业"去产能"基建投资现金在险预警值为越大越坏型指标，数值越大、风险越大。依据房地产业 2000~2020 年的数据测度出的房地产行业"去产能"基建投资现金在险预警值如图 8-7 所示。

由图 8-7 分析可知，2000~2021 年房地产行业"去产能"基建投资现金在险预警值整体波动较小，呈逐年下降的态势、波动状态单一，主要可以分为两个阶段。第一阶段为 2000~2013 年房地产行业"去产能"基

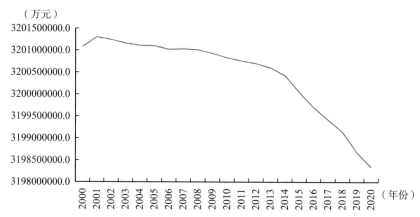

**图 8 - 7　2000 ～ 2020 年房地产行业"去产能"基建投资现金在险预警值趋势**
资料来源：根据国泰安数据库 2000 ～ 2020 年房地产业上市公司数据整理计算而得。

建投资现金在险预警值呈缓慢下降，表明该行业此时的长期投资较少，此时风险有所减少但风险仍维持在较高水平；第二阶段为 2014 ～ 2020 年房地产行业"去产能"基建投资现金在险预警值减少幅度较前期有所增加，表明此后"去产能"基建投资风险管理水平有所提高。但 2000 ～ 2020 年房地产行业"去产能"基建投资现金在险预警值始终维持较高的正值，说明风险并没有降低，房地产行业基建投资方面依然存在较大风险。

4. 房地产行业"去杠杆"金融资本现金在险预警值

房地产行业"去杠杆"金融资本现金在险预警值为越大越坏型指标，值越大，风险越大。依据房地产业 2000 ～ 2020 年的数据测度出的房地产行业"去杠杆"金融资本现金在险预警值如图 8 - 8 所示。

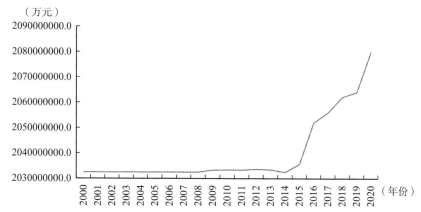

**图 8 - 8　2000 ～ 2020 年房地产行业"去杠杆"金融资本现金在险预警值趋势**
资料来源：根据国泰安数据库 2000 ～ 2020 年房地产业上市公司数据整理计算而得。

由图 8 - 8 分析可知，2000 ~ 2021 年房地产行业"去杠杆"金融资本现金在险预警值波动幅度略大，波动态势单一，大致分为两个阶段：第一个阶段，在 2000 ~ 2014 年，房地产行业"去杠杆"金融资本现金在险预警值维持正值且变动较小，表明该行业在筹措资金时对利用金融手段筹措资金的风险管理水平常态化，取得借款获得的现金多；第二阶段为 2015 ~ 2020 年，房地产行业"去杠杆"金融资本现金在险预警值逐步上升，风险不断加大，表明该行业在近年来，通过金融手段筹集资金的风险管理水平虽有所提升，但风险水平始终较高，房地产行业"去杠杆"金融资本风险始终值得重视。

5. 房地产行业"去杠杆"权益资本现金在险预警值

房地产行业"去杠杆"权益资本现金在险预警值（DCFEaR）为越大越好型指标，值越大，风险越小越安全。依据房地产业 2000 ~ 2020 年的数据测度出的房地产行业"去杠杆"权益资本现金在险预警值如表 8 - 9 所示。

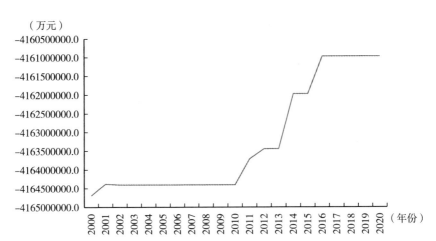

**图 8 - 9　2000 ~ 2020 年房地产行业"去杠杆"权益资本现金在险预警值趋势**

资料来源：根据国泰安数据库 2000 ~ 2020 年房地产业上市公司数据整理计算而得。

由图 8 - 9 分析可知，2000 ~ 2020 年房地产行业"去杠杆"权益资本现金在险预警值整体波动较大，主要可分为三个阶段。首先在第一阶段，在 2000 ~ 2010 年，房地产行业"去杠杆"权益资本风险在险现金值较低但平稳，表明该行业多数企业内部股权投资收益的风险管理水平不够。随后在第二阶段，即 2010 ~ 2016 年房地产行业"去杠杆"权益资本风险在险现金值上升，主要得益于控股股东的股权质押行为与吸收其他股东投资。在第三阶段，即 2016～2021 年，整体呈现平稳趋势，表明房地产行业"去杠杆"权益资本风险在险现金值保持稳定，表明多数企业内部股权投资风险管理水平已趋于成熟，该行业在该期间遇到了控股股东的变更与房地产政策的缩紧，通过内部权益筹集资金渠道缩紧，行业"去杠杆"权益资本风险在险现金值趋于稳定。

## 第三节　行业风险监测报告之一：房地产行业"去库存"风险监测报告

房地产行业在中国整体经济规模中有着举足轻重的地位。近几年我国房价不断飙升，房地产开发热以及投机热的背后映射出房地产市场的非理性繁荣以及房地产市场机制的扭曲。因此，通过对房地产行业风险趋势分析，探寻房地产行业"去库存"泡沫、"去库存"泡沫和"去杠杆"风险的变动规律，以期对我国实现房地产行业向好发展和宏观经济精准调控方面有所裨益。

### 一、房地产行业"去库存"风险长期趋势分析

#### （一）房地产行业"去库存"风险形成原因及影响

房地产"去库存"泡沫风险已上升到国家层面。同美国房地产市场在国家经济中所处的重要地位一样，房地产市场也是我国重要的行业市场，与上下游产业具有很强的关联性，其兴衰关系到全社会固定资产投资和经济增长的局面能否改观。一是，巨大的房地产库存不能顺利销售出去，会造成房地产企业收入和利润的双减少以及开发投资规模的下降，直接导致以土地财政和房地产经济为依赖的政府财政收入大规模减收，拖累经济增长。二是库存滞销，房地产企业容易出现流动性危机，随之出现融资困境。大多数中国房地产开发商通过银行直接或间接融资筹集住房开发资金。如若不能及时偿还银行等金融机构的贷款，就会增加银行坏账，增加不良贷款率，加剧金融体系的风险。房地产去库存是经济平稳运行、转型升级的关键，也反映了房地产业去库存任务的艰巨性和复杂性。

房地产库存形成的原因比较复杂，不仅与经济发展阶段相关，与国家的宏观调控政策相关，也与房地产市场发展本身相关。房地产高库存主要

是由两方面造成的。一方面，由于去库存政策长效机制的缺失，导致本已趋于平稳的房地产市场再次动荡；另一方面，由于投机行为的无法遏制，导致房价进一步升高，抑制了购买者的购房需求。

**（二）房地产行业"去库存"风险泡沫和现金在险的长期趋势序列分析**

基于当前房地产行业"去库存"的严峻现状和迫切需要，本研究通过HP 滤波将房地产行业"去库存"风险泡沫时间序列和"去库存"现金在险时间序列分别剥离成长期趋势序列和周期波动序列，并绘制出房地产行业"去库存"风险泡沫长期趋势序列和"去库存"现金在险长期趋势序列，如图 8 - 10 所示。

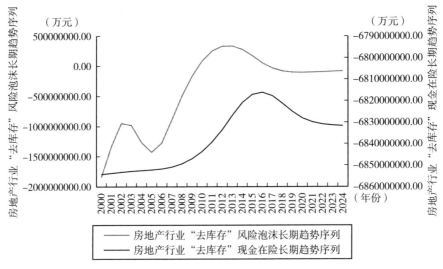

**图 8 - 10　房地产行业"去库存"风险泡沫长期趋势序列和**

**"去库存"现金在险长期趋势序列**

资料来源：根据课题组 2000 ~ 2024 年数据整理计算而得。

由图 8 - 10 可知，房地产行业"去库存"风险泡沫和"去库存"现金在险整体呈现上升的趋势，并且两者趋势相对一致。但从时间上来看，"去库存"现金在险要滞后于"去库存"风险泡沫，表明房地产行业"去库存"的风险最初体现在经营性流动资产和经营性流动负债的恶化，之后传导至经营活动现金流量。此外，"去库存"现金在险预警值小于"去库存"风险泡沫预警值，且始终为负，表明房地产行业整体的经营端现金流入情况较好，受外部冲击影响较小。

图 8 - 10 显示，2005 ~ 2012 年房地产行业"去库存"风险泡沫有显著提升，而"去库存"现金在险则持续至 2016 年。在此期间，中国经济高速发展，房地产开工建设规模迅速提升，土地成交量飞涨；而在需求侧，随着地价、房价的逐步走高，房地产投资门槛和投资风险也在逐步上升，带来房地产销售去化率显著下降；叠加政策出台的限购、限贷政策和房地产企业布局不合理等因素，房地产行业的供需失衡造成行业内供给总量相对过剩、库存压力逐步增大。

在此背景下，政府出台相关政策通过改善供需两侧，对减轻房企资金压力、释放居民的有效需求、促进房地产去库存起到了有效作用，房地产"去库存"风险泡沫效果逐渐显现，房地产行业销售面积增长率有所回升。

### （三）房地产行业"去库存"长期趋势风险的供需面分析

总体来看，房地产"去库存"风险受到供给和需求两个方面的影响，从供给端来看，长期趋势主要受土地供应量的影响，短期则主要受到政府宽松和紧缩的财政及货币政策的影响；从需求端来看，长期趋势主要受到人口增长、人口收入的影响。

2020 年以来，新冠疫情肆虐全球，受此影响，房地产开工受阻，叠加"两集中"政策影响下土地供求缩量，对开工规模形成较大拖累。但长远来看，在 2022 年政府工作报告中，定下了 5.5% 的增速目标。在此目标之下，作为固定资产投资重要组成部分的房地产将对助推经济发展起到不可忽视的作用，因此房地产新增开工将稳步回升，供给量不断增加。

但从需求侧来看，尽管国家出台放开生育的政策，但中国人口增速下滑的趋势仍不可避免，房地产的长期需求疲弱。此外，2021 年，居民中长期贷款呈现负增长态势，表现出对房地产投资短期需求减弱。而房产税的出台将进一步对短期需求造成不利影响，但长期来看，有利于引导房地产市场健康发展，不会对需求造成过大负面影响。

因此，未来房地产行业供给可能将小幅高于需求，"去库存"风险高企。但短期内，在"因城施策"大背景下，政府出台的购房补贴、降低房贷利率等政策可能会抵补短期需求下滑，因此整体房地产行业"去库存"风险可控。

### 二、房地产行业"去库存"风险周期波动分析

房地产去库存是供给侧结构性改革的"五大任务"之一。在市场化机

制下，过长的去库存周期意味着供过于求。伴随着我国新型城镇化进程加快对房产市场稳定发展的现实需求和经济发展滞缓刺激经济增长的社会需求，房地产行业的健康发展毋庸置疑是我国经济发展最大的内需和一以贯之的动力。因此，准确预测房产发展的周期态势并精准识别其中的波动拐点，对于协调社会供需、促进房地产行业发展、稳定经济及健康发展、防范金融风险等具有十分重要的政治、经济、社会多方面意义。

**（一）房地产行业"去库存"风险泡沫和现金在险的周期波动序列分析**

本研究基于 HP 滤波分离出房地产"去库存"风险周期波动序列实际值和 ARMA 预测的房地产"去库存"风险周期波动序列预测值，利用 LSTR 模型识别房地产行业"去库存"风险周期波动中的拐点，绘制出房地产行业"去库存"风险泡沫和现金在险周期波动序列，如图 8 - 11 所示。

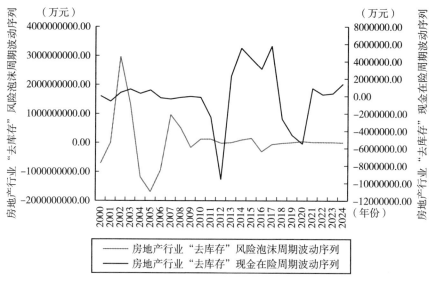

**图 8 - 11　2000～2020 年房地产行业"去库存"风险泡沫周期波动**
**序列和现金在险周期波动序列**

资料来源：根据课题组 2000～2024 年数据整理计算而得。

由图 8 - 11 可知，房地产行业"去库存"风险泡沫周期波动序列和房地产行业"去库存"现金在险周期波动序列呈现明显的分化。其中"去库存"风险泡沫周期波动序列在 2010 年之前呈现出明显的剧烈波动；而"去库存"现金在险周期波动序列在 2012 年之后呈现出明显的剧烈波动。

从房地产行业"去库存"风险泡沫的波动振荡和幅度来分析，在 2000～2004 年、2005～2008 年周期风险波动幅度较大，2009 年之后的周期风险波动幅度较小，房地产业"去库存"周期风险呈现稳定趋势。

从房地产行业"去库存"现金在险的波动振荡和幅度来分析，在 2010～2014 年、2014～2017 年出现两个完整的周期。根据预测，在 2021 年出现一个波峰，从而在 2017～2021 年形成一个新的完整周期。此外，自 2022 年之后，"去库存"现金在险预警值呈现缓慢爬升的趋势，根据以往周期波长来看，其将在 2024 年达到峰值，并由此开始呈现下降态势，即 2021～2024 年将是一个新的周期。

**（二）房地产行业"去库存"周期波动风险的市场分析**

经济周期和政策周期的存在，决定了房地产去库存压力具有一定的周期性。

2010～2014 年，受房地产限购、限贷、房企布局乱序等因素影响，房地产库存快速积累。从严政策的实施在一定程度上抑制了商品房的销售，显著降低了销售面积的增速。这种情况导致商品房库存特别是住房库存持续增加。

2014 年是中国房地产市场调控政策的"拐点"，由强力行政干预走向市场化，由令出中央到下放地方，在"分类调控"原则主导下，自下而上的"救市"措施频出，超过市场预期，导致多地楼市下降；2015 年继续受 2014 年政策滞后作用影响，对房地产预期普遍不佳，房地产开发投资增速降为负值。2015 年开始我国推出了"去库存"风险的一系列政策，取得了明显的效果，但因为政策"用力过猛"加上市场炒作，促使国内几乎所有城市房价飙升，这使得各地在 2017 年开始陆续实施遏制房价的限制性政策。

2022 年形成谷值的原因可能在于，房地产行业加速推进竣工周期，回收工程款，经营活动现金流量加速回流；2022 年之后，"去库存"现金在险的回升，主要是因为长期需求疲弱，销售增速下滑；政策端则遵循"房住不炒""三稳"的总基调。总体来看，房地产市场经营困境短期难以缓解，现金流入难度增加。

## 第四节　行业风险监测报告之二：房地产
行业"去产能"风险监测报告

从国家和长远角度看，积极化解过剩产能是新常态下经济发展的重点之一。"去产能"的风险化解，可以优化资源配置和产业结构，防范金融危机，实现国民经济平稳可持续增长。在 2015 年底的中央经济工作会议上，国家将"去产能"泡沫列为五项结构性改革任务的开端。

### 一、房地产行业"去产能"风险长期趋势分析

我国经济中普遍存在的资源配置低效、产能过剩等问题，很大程度上与房产市场的高库存有直接关系，过高的库存量及去库存压力使得市场投资增速下降过快。2013 年，房地产极大地带动了我国经济的发展，其投资增长对 GDP 贡献率持续走高。然而随后开发投资增速又大幅回落，导致许多产能过剩问题凸显。

#### （一）房地产行业"去产能"风险的关联影响

房地产是兼具消费和投资的商品，然而正是其投资带来的高收益使得政府企业和社会群众纷纷加入其中。房地产的渗透性强和覆盖面广，使得房产市场繁荣的同时也带动了产业链上下游钢筋水泥、服务业等行业发展。

银行融资的流动，以及城镇化进程的步伐加快，极大促进了当地城市的建设，增加财政收入的同时促进了地区经济发展。然而，房地产也是一把"双刃剑"，一方面带动经济命脉中其他行业的大发展，另一方面房地产泡沫也使得相关行业经济形势受到重创。房地产和企业的产能过剩会带来相同的阻碍企业发展的消极作用。然而究其产能过剩的原因，两者却不尽相同。企业产能过极大原因是供大于求，市场需求疲软或产品供给质量较低。房地产产能过剩不仅是供过于求，更大程度上是需求方经济能力不足以支撑其市场需求。

近年来，全国各类城市房地产市场分化运行的特点愈发显著。一二线城市在国家去库存政策的影响下房地产需求快速释放，而三四线城市则稍显迟缓。因此 2020 年"两会"提出了"因城施策"的调控方向。

**（二）房地产行业"去产能"风险泡沫和现金在险的长期趋势序列分析**

基于当前房地产行业"去产能"的严峻现状和迫切需要，本研究通过HP滤波将房地产行业"去产能"风险泡沫时间序列和"去产能"现金在险时间序列分别剥离成长期趋势序列和周期波动序列，并绘制出房地产行业"去产能"风险泡沫长期趋势序列和"去产能"现金在险长期趋势序列，如图 8 - 12 所示。

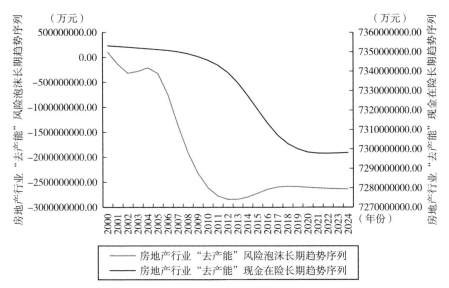

**图 8 - 12　2000 ~ 2024 年房地产行业"去产能"风险泡沫长期趋势序列和"去产能"现金在险长期趋势序列**

资料来源：根据课题组 2000 ~ 2024 年数据整理计算而得。

由图 8 - 12 可知，房地产行业"去产能"风险泡沫长期趋势序列和"去产能"现金在险长期趋势序列均呈现稳步下降态势。但"去产能"风险泡沫长期趋势序列的下降表现出内凹；而"去产能"现金在险长期趋势序列则呈现出外凸。表明"去产能"现金在险潜藏的风险更大。且根据预测，其将在 2021 年之后有所回升。

**（三）房地产行业"去产能"现金在险长期趋势序列的组成分析**

为全面考察"去产能"现金在险的风险情况，进一步将"去产能"现金在险划分为资本投资现金在险、基建投资现金在险和其他投资现金在险，如图 8 - 13 所示。

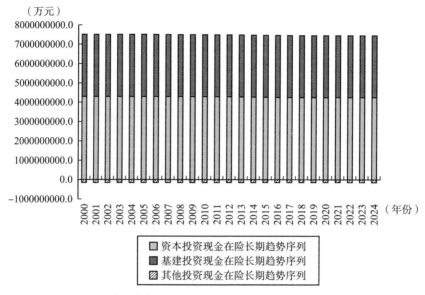

**图 8-13 房地产行业"去产能"现金在险长期趋势序列分解**

资料来源：根据课题组 2000~2024 年数据整理计算而得。

由图 8-13 可知，自 2000 年起，房地产行业"去产能"现金在险的组成无明显变化，资本投资造成的风险始终占据主要部分；其他投资现金在险则长期为负，未对"去产能"现金在险产生重要影响；而基建投资造成的风险则呈现微弱下降趋势。

当前，房地产行业基本面迅速下行，短期内房地产行业仍将面临阵痛，由于新增住房需求中枢下移，陷入"销售萎缩—资金趋紧—投资收缩—金融机构惜贷—悲观预期—销售下行"的负向循环困局，房地产行业投资承压；但从中长期来看，房地产行业将筑底企稳，继续发挥带动经济发展的重要作用，投资主线将回归基本面。

## 二、房地产行业"去产能"风险周期波动分析

在影响我国国民经济健康发展的众多因素中，产能过剩是资源配置存在严重风险的重要因素之一。房地产因存在产业链长、覆盖面积广的特点，是我国国民经济重要的支柱产业，然而在该产业的整个链条运行过程中，有着严重的产能过剩现象。近些年来，我国一直将房地产作为国家宏观调控的一项重点工作来抓，并在不同的阶段采取不同的政策进行有效调控。

**（一）房地产行业"去产能"风险泡沫和现金在险的周期波动序列分析**

为有效化解"去产能"风险，研究基于 HP 滤波分离出房地产"去产能"风险时间序列的周期波动序列，利用 LSTR 模型识别房地产行业"去产能"风险中的拐点及波动规律，如图 8 - 14 所示。

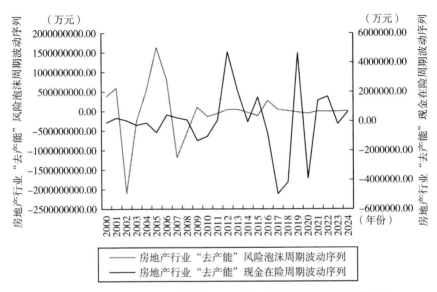

**图 8 - 14　2000 ～ 2024 年房地产行业"去产能"风险泡沫周期波动序列和现金在险周期波动序列**

资料来源：根据课题组 2000 ～ 2024 年数据整理计算而得。

由图 8 - 14 可知，房地产行业"去产能"风险泡沫与房地产行业"去产能"现金在险泡沫有明显分化特征。其中房地产行业"去产能"风险泡沫在 2009 年之前呈现剧烈波动；而房地产行业"去产能"现金在险在 2011 年之后呈现剧烈波动。此外，二者与房地产行业"去库存"风险泡沫和"去库存"现金在险的波动特征在时间上基本保持一致，在空间上则呈现相反特征。

从房地产行业"去产能"风险泡沫的波动振荡和幅度来分析，在2000 ～ 2005 年、2005 ～ 2009 年波动幅度较大，2009 年之后风险波动幅度趋于平缓，房地产行业"去产能"风险泡沫呈现稳定趋势。与房地产行业"去库存"风险泡沫周期波动特征对应来看，2002 年"去库存"风险泡沫处于历史高点，而"去产能"风险泡沫则处于历史低点，之后"去库存"

风险泡沫迅速下降，"去产能"风险泡沫则急速上升，二者呈现出时间继起性、空间并存性特征。

从房地产行业"去产能"现金在险的波动振荡和幅度来分析，在2020年之前，其同样与"去库存"现金在险呈现时间一致，空间相悖的波动特征。其分别在2010～2014年、2014～2017年、2017～2020年出现三个完整的周期。但根据预测结果，在2020年之后，"去产能"现金在险与"去库存"现金在险呈现出相同的波动趋势。预测结果显示，"去产能"现金在险周期波动序列将在2022年出现一个波峰，并于2023年形成一个波谷，从而在2020～2023年形成一个新的完整周期。根据以往周期波长判断，自2023年之后，"去产能"现金在险将有两年左右的上升期，预计将于2025年达到峰值，并由此开始出现回落。

**（二）房地产行业"去产能"周期波动风险的市场分析**

以2020年为时间节点，在此之前，"去产能"风险泡沫、"去产能"现金在险分别与"去库存"风险泡沫、和"去库存"现金在险呈现空间背离的特征；而在此之后，"去产能"则与"去库存"表现出一致的趋势。其中的主要原因在于新冠疫情的冲击。

通常来说，当房地产市场销售承压时，"去库存"风险抬升，此时，房地产投资热情下降，"去产能"风险随之下降；而当"去库存"风险下降时，受到市场需求狂热的影响，房地产无序投资扩张严重，"去产能"风险随之上升。但2020年新冠疫情的传播，全国房地产市场销售规模大幅下跌，房地产市场面临巨大销售压力，但同时受到前期巨大投资的惯性带动，房地产企业的资本投资、基建投资短期无法缩减，导致"去产能"风险高企。

此外，政府对房地产行业监管趋严，"两集中"政策及"三条红线"的融资监管，大幅压缩了房地产企业的土地供应及资金来源，因此，预计在2023年时，受政策影响，房地产企业投资下滑，"去产能"风险回落。然而，房地产作为中国经济的重要组成部分，其带动经济发展的作用短期内无法被替代。同时随着国家对保障性租赁住房的倡导，房地产将加大对此的投入。因此，在继2023年"去产能"风险回落后，房地产行业在保障性租赁住房以及建筑工程等方面的投资将呈现上升态势，但结合"去产能"现金在险长期趋势序列来看，"去产能"风险在低位波动，整体可控。

## 第五节　行业风险监测报告之三：房地产行业 "去杠杆"风险监测报告

"去杠杆"对于国家宏观经济调控意义重大，其也是政府供给侧结构性改革的"五大任务"之一。房地产行业的日益增长及其支柱性产业地位，一定程度上强化了金融功能及杠杆风险。历史上也出现过房地产企业资金链断裂的现象，但都是个例，目前房地产市场对于国内经济的影响过于深远，房地产若出现重大风险，对于宏观经济而言就是系统性风险。因此，正确、有效地对房产市场"去杠杆"发展周期和拐点进行准确识别和预测，有利于降低杠杆风险、稳定社会和金融体系。

### 一、房地产行业"去杠杆"风险长期趋势分析

宏观政策的核心目标是实现经济与金融的"双稳定"。近年来，金融风险防控取得一定成效，流动性风险与不当的金融创新风险有所缓解，结构性"去杠杆"也取得积极进展。但是，房地产泡沫、高债务与信用违约等风险依然不容忽视，需要进一步加强防范。

从宏观层面来看，国家经济的稳定发展不但要求适当分配金融资源，而且也要兼顾结构性产业的动态协调。而随着房地产行业在我国日益增长成为支柱型产业，房地产这一特殊载体强化了金融功能，其突出的杠杆风险也在不断挑战我国的金融稳定性。

从微观层面来看，房地产企业长期采用高杠杆、高负债、高周转的发展模式。在房地产行业上行周期，通过加杠杆扩大资源获取，并伴随高周转提高资金使用率，可有效推动规模增长。但由于规模大小反作用于资源可获取量，导致房企规模诉求愈加强烈，风险逐步累积，资金紧张程度提升。

#### （一）房地产行业"去杠杆"风险泡沫和现金在险的长期趋势序列分析

基于当前房地产行业"去杠杆"的严峻现状和迫切需要，本研究通过HP滤波将房地产行业"去杠杆"风险泡沫时间序列和"去杠杆"现金在险时间序列分别剥离成长期趋势序列和周期波动序列，并绘制出房地产行业"去杠杆"风险泡沫长期趋势序列和"去杠杆"现金在险长期趋势序

列，如图 8 – 15 所示。

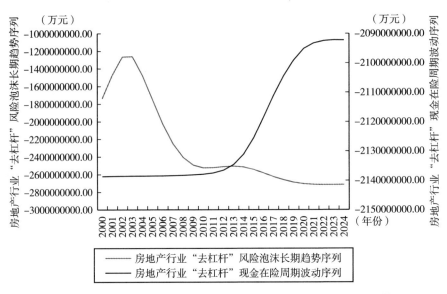

**图 8 – 15　2000～2024 年房地产行业"去杠杆"风险泡沫长期趋势**

**序列和现金在险长期趋势序列**

资料来源：根据课题组 2000～2024 年数据整理计算而得。

由图 8 – 15 可知，房地产行业"去杠杆"风险泡沫和"去杠杆"现金在险呈现相反趋势。其中，房地产行业"去杠杆"风险泡沫不断下降，而"去杠杆"现金在险不断上升，但二者相比，"去杠杆"现金在险整体更加稳定，上升幅度较小。根据预测，"去杠杆"现金在险在 2021 年之后趋于平稳，"去杠杆"风险泡沫则进一步下降。结合"去库存"风险泡沫长期趋势、"去库存"现金在险长期趋势、"去产能"风险泡沫长期趋势和"去产能"现金在险长期趋势来看，基本保持一致。2021 年之后，"去库存"风险的降低，以及"去产能"的化解，一定程度上降低了资金流出，缓解了资金压力。

具体来说，2020 年"三条红线"限制房企融资规模；"房贷集中度"设置银行涉房贷款占比上限；新冠疫情冲击，保民生、保交付诉求下，政府加强预收资金监管；金融机构投放"厌恶"情绪浓厚，房地产行业面临巨大流动性压力。资金来源减少，负债规模缩减，因此"去杠杆"风险泡沫呈现持续下降趋势，而"去杠杆"风险泡沫呈现不断上升趋势。

**（二）房地产行业"去杠杆"现金在险长期趋势序列的组成分析**

为进一步全面考察房地产行业"去杠杆"现金在险的构成，将其划分为金融资本现金在险长期趋势序列，权益资本现金在险长期趋势序列和其他融资现金在险趋势序列，如图 8 – 16 所示。

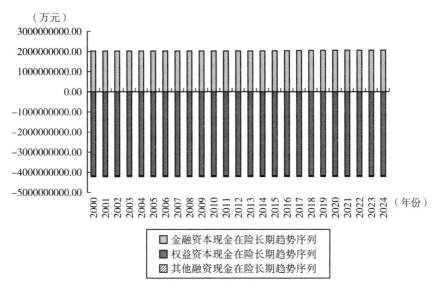

图 8 – 16　2000 ~ 2024 年房地产行业"去杠杆"现金在险长期趋势序列分解

资料来源：根据课题组 2000 ~ 2024 年数据整理计算而得。

由图 8 – 16 可知，房地产行业"去杠杆"现金在险构成变化较小。金融资本现金在险长期构成主要风险来源；权益资本现金在险始终保持良好态势；而其他融资现金在险占比几乎可以忽略。此外，可以发现，自 2020 年，金融资本现金在险呈现持续上升的趋势，表明房地产行业贷款、发行债券等资金来源出现萎缩。

**（三）房地产行业"去杠杆"长期趋势风险的资金来源情况**

房地产的资金来源主要可分为两大类：一类是经营端，主要为销售回款、土地款、工程款等；另一类是筹资端，包括国内贷款、债券发行、股票融资、信托资金等。图 8 – 16 显示了中国房地产行业上市公司筹资端中的部分资金流动情况，为全面综合考量房地产现金流状态，依据国家统计局口径及数据，绘制房地产行业资金来源动态图，如图 8 – 17 所示①。

--------

① 个人按揭贷款、定金及预收款数据于 2005 年开始公布，因此以 2005 年为起点。

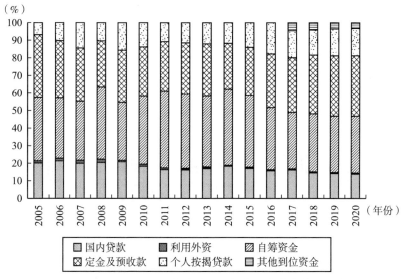

**图 8 - 17　2005～2020 年统计局口径房地产资金来源结构**

资料来源：根据国家统计局 2005～2020 年房地产行业资金来源数据整理计算而得。

　　根据统计局口径，房地产企业的资金来源主要分为四类：国内贷款、利用外资、自筹资金以及其他资金来源（包含定金及预收款、个人按揭贷款以及其他到位资金）。

　　由图 8 - 17 可知，销售回款相关资金来源占比逐年提升，由 2005 年的 38% 上升至 2020 年的 50%。其余资金来源占比分别为自筹资金（34%）、国内贷款（14%）、利用外资（3%）。表明受贷款集中管控等政策影响，导致房贷发放紧张，融资持续紧绷，此外，债券集中到期，债务"爆雷"严重，进一步加重了房地产行业"去杠杆"风险。

**二、房地产行业"去杠杆"风险周期波动分析**

　　鉴于房地产行业在金融系统、经济发展中的重要地位，准确预测房地产行业"去杠杆"风险拐点，刻画房地产行业"去杠杆"周期波动，对于稳定金融系统、保证民生，避免"硬着陆"具有重要意义。

**（一）房地产行业"去杠杆"风险泡沫和现金在险的周期波动序列分析**

　　为有效化解"去杠杆"风险，研究基于 HP 滤波分离出房地产行业"去杠杆"风险时间序列的周期波动序列，利用 LSTR 模型识别房地产行业"去杠杆"风险中的拐点及波动规律，如图 8 - 18 所示。

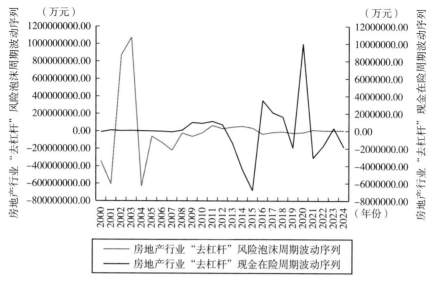

**图 8 - 18　2000~2024 年房地产行业"去杠杆"风险泡沫周期波动**
**序列和现金在险周期波动序列**

资料来源：根据课题组 2000~2024 年数据整理计算而得。

由图 8 - 18 可知，房地产行业"去杠杆"风险泡沫周期波动序列和"去杠杆"现金在险周期波动序列呈现分化的周期波动特征。其中前者主要于 2009 年之前存在剧烈波动；而后者则主要于 2012 年之后出现较大的波动。结合房地产行业"去库存"风险泡沫周期波动序列和"去产能"风险泡沫周期波动序列来看，"去杠杆"风险泡沫周期波动序列与"去库存"风险泡沫周期波动序列在空间层面的波动特征基本一致，但振幅相对较小；从时间层面上看，则要滞后一年左右。"去杠杆"现金在险周期波动序列与"去库存"现金在险周期波动序列、"去产能"现金在险周期波动序列相比，可以发现，其同样与"去库存"现金在险周期波动序列波动特征较为一致，但从时间层面上则要滞后两年左右。

根据预测，"去杠杆"风险泡沫和"去杠杆"现金在险将分别于 2022 年、2023 年达到新的波峰，之后则出现小幅回落。

**（二）房地产行业"去杠杆"周期波动风险的资金来源情况**

在"房住不炒"和"稳增长"的双重背景下，政策端难以出现利好，但将持续托底；同时，房地产行业调控政策在城市层面推行"因城施策"，避免部分城市房地产基本面的恶化。政策"托而不举"，叠加新冠疫情的冲击，房地产市场销售额难以快速增长，房地产行业经营端资金回笼困难；而从筹资端看，房地产行业面临较大的资金流入压力，主要源于相关资金对房地产市场的悲观预期，而此预期短期内难以扭转，由图 8 – 19 可知，2020～2021 年，房地产资金来源中的国内贷款和个人按揭贷款均出现了同比下滑。但中长期来看，随着销售的回暖，政策的放宽，房地产行业"去杠杆"风险泡沫和"去杠杆"现金在险值将出现回落。

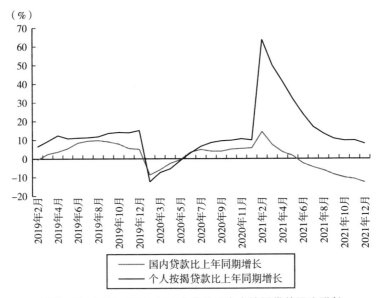

**图 8 – 19　2019～2021 年国内贷款及个人按揭贷款同比增长**

资料来源：根据国家统计局 2019～2021 年国内贷款及个人按揭贷款数据整理计算而得。

### 第六节　行业风险监测报告之四：基于房地产行业"三维"的区域风险因子与政策风险因子分析

**一、2021～2024 房地产行业"三维"区域风险因子预测分析**

**（一）房地产行业"去库存"区域风险因子预测分析**

房地产行业"去库存"区域风险因子是反映房地产空置面积的风险因子，是对房地产行业合理制定发展战略和经营规划产生重大影响的因素。房地产行业"去库存"区域风险因子测度如图 8 – 20 所示。

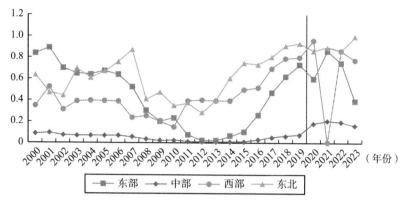

**图 8－20　2000～2023 年房地产行业"去库存"区域风险因子测度及预测**

资料来源：根据国泰安数据库 2000～2020 年房地产业上市公司数据整理计算而得。

从图 8－20 中各区域房地产行业"去库存"区域风险因子测度及预测趋势图可以看出，伴随着 2008 年中国房地产市场活跃度的提升，2008～2013 年中国整体上各区域"去库存"风险呈现较低的水平。但随着 2015 年后，除中部地区，其他区域的房地产行业"去库存"风险整体呈现向上的趋势，说明通过前期房地产市场的过热发展，目前的中国房地产市场存在严重的库存积压现象，过多的空置房屋面积降低了房地产市场的整体收益。特别对于东北部地区，在 2000～2020 年的统计年度里，东北地区的整体风险水平一直高于其他地区，并且 2015 年后的风险上涨趋势也更为明显。表明东北地区整体的市场不适合房地产投资。究其原因一方面是因为欠发达的市场需求环境，加之人口相对较少和气候的问题，在房地产需求不旺盛的情况下，也并未增强外来流动性人口的需求。

而从 2021～2023 年对房地产行业"去库存"区域风险因子的预测可以看出，其风险走势与近几年各地区的风险水平较为相似，也就是说东北部地区的未来房地产市场环境仍未好转，空置面积将继续提升。但值得注意的是，东部地区的房地产市场将有好转，并且风险降低水平较为显著，表明东部地区房地产市场将逐渐好转，需求空间较大，适合未来对东部地区的房地产市场进行投资。

**（二）房地产行业"去产能"区域风险因子预测分析**

房地产行业"去产能"泡沫风险区域因子是反映房地产投资开发情况的，是对房地产行业合理进行投资决策产生重大影响的区域影响因素。房地产行业"产能"区域风险因子测度模型得到测度结果如图 8－21 所示。

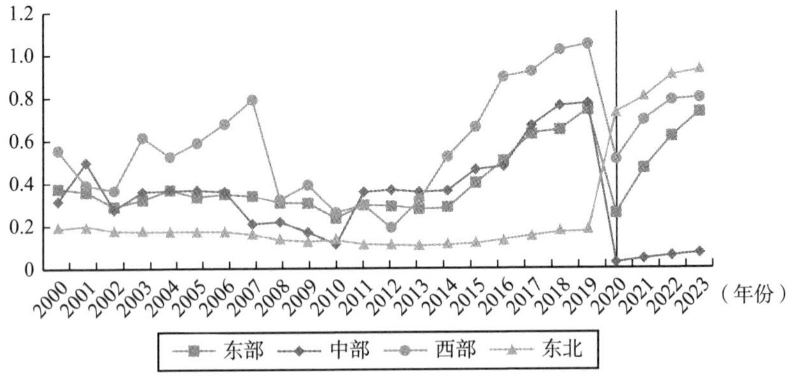

**图 8 - 21  2000 ~ 2023 年房地产行业"去产能"区域风险因子测度及预测**

资料来源：根据国泰安数据库 2000 ~ 2020 年房地产业上市公司数据整理计算而得。

图 8 - 21 为房地产行业"去产能"区域风险因子测度及其预测的结果。在 2012 年之前房地产市场"去产能"的风险水平整体保持在较低的水平上，虽然西部地区在 2007 年风险水平有显著的震荡提升，但下一年回归到正常的风险水平。表明在 2012 年之前，中国的房地产市场整体不存在投资过度引起的产能过剩问题，房地产的新增建筑面积也与需求保持在平稳的水平上。但从 2012 年后，除东北地区外，其他区域的房地产"去产能"区域风险呈现较为明显的上升趋势，其中西部地区的风险上升趋势较为明显。表明房地产市场过高的利润空间促使更多的资金投资到房地产市场的开发当中，但前期的供给积累已经逐渐降低了市场对房地产的需求。而过多资金投入并未能够匹配过多的市场需求，房地产市场的产能过剩现象表现得更为严重。从统计结果可以看出，近些年中国房地产行业处于"去产能"周期中，产生过剩较为严重。

而从 2021 ~ 2023 年的预测结果可以看到，各区域房地产行业"去产能"区域风险在 2020 年呈现显著下降的趋势，但 2021 ~ 2023 年却又急速反弹。表明未来房地产市场仍旧处于"去产能"周期中。但值得注意的是，相比于其他地区，中部地区的房地产行业"去产能"区域风险呈现较低的水平，并且未来并未有过于显著的反弹趋势，表明西部地区存在房地产投资的良好机遇。究其原因，中部地区近些年的发展迅速，在国家提倡中部地区崛起的政策引导下，中部地区在转变发展模式，提倡高质量发展方面取得了优异的成绩，并且更多外出打工的人也选择回乡发展，进而也促进了对房屋的需求。因此从未来的发展趋势看，中部地区更为适合进行房地产投资。

从测度结果可以看出，与房地产行业"去库存"区域风险因子不同，东北地区的"去产能"区域风险因子风险波动较小，西部地区仍旧呈现出较为显著的波动性，究其原因，仍是西部地区落后的经济发展水平，金融市场发展的不健全使得减少了房地产企业的融资渠道，仅仅依靠银行无法满足房地产行业大量的资金需求，加之经济下行压力的提升，房屋销售面积的降低，使得西部地区的房地产市场存在严重的产能过剩产现象。市场的投资风险整体水平较低，这与其繁荣的市场相呼应，表明全国房地产市场的投资环境较好，各区域都有较高的投资水平。但随着时间的推移，除了东北地区的风险水平仍保持在较低的基础上，西部、中部和东部地区的风险都有所上升，特别是东部地区的风险水平提升得最为显著，虽然由"去库存"风险维度区域因子表明东部地区并无过高的风险特征，但其房地产利润空间的降低加剧了投资风险的提升。

**（三）房地产行业"去杠杆"区域风险因子预测分析**

房地产行业"去库存"区域风险因子是反映房地产资金开发来源的，是对房地产行业合理配置资本结构产生重大影响的区域影响因素。房地产行业"去杠杆"区域风险因子测度模型得到如下测度结果如图 8 - 22 所示。

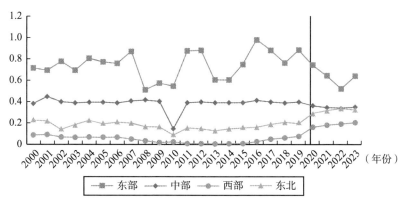

**图 8 - 22　2000～2023 年房地产行业"去杠杆"区域风险因子测度及预测**

资料来源：根据国泰安数据库 2000～2020 年房地产业数据整理计算而得。

从图 8 - 22 对房地产行业"去杠杆"区域风险的测度及预测可以看出，各区域房地产行业"去杠杆"区域风险的水平差距较为明显，也与其不同的金融发展水平有着紧密的关系。整体上看，除东部地区的"去杠杆"区域风险水平一直保持较高程度外，其余三个地区都保持在较为平稳的状态。并且从风险走势可以看出，东部地区在统计年度内存在较为显著的风险震荡。这与东部较为发达的金融市场环境存在较为紧密的联系。东部地区发达的金融体系，为融资需求者提供了不同渠道的融资工具。房地产行业作为资金需求较大的行业，在自身资金无法满足生产需求的情况下，就会运用融资来弥补资金不足的情况。但过度地运用外部资金会增加还款压力，当市场环境较为不好的情况下，房地产行业存在无法偿付到期借款的情况，因此，过于发达的金融市场环境，也给东部地区的房地产行业带来较大的"去杠杆"风险压力。

但从 2021～2023 年对房地产行业"去杠杆"区域风险因子进行预测的结果可以看出，未来东部地区的房地产行业"去杠杆"风险将显著下降。究其原因，是现在银行系统也增加了其自身的风险管理水平，并对借款人的还款能力进行评估，降低了不良贷款的发放，同样也缓解了房地产企业过度盲目的进行贷款的冲动。因此从房地产行业"去杠杆"区域风险的预测结果来看，东部地区未来的房地产市场投融资风险水平显著下降。同样也完善了房地产市场的资本结构水平，降低了房地产企业的破产风险，并且随着市场环境的逐渐转好，未来东部地区房地产行业的投融资环境将逐渐好转。

### 二、2021～2024 年房地产行业"三维"政策风险因子趋势分析

从之前众多政策性影响因素对房地产行业的影响分析可以看出，税收政策和信贷政策是影响房地产行业"三维"风险的主要政策影响因素，税收政策的不同直接影响房地产企业的最终利润。而信贷政策对房地产企业制定信贷政策，合理地调节资本结构会产生重要的影响。

借助影响房地产行业"三维"周期风险的区域因子对我国各区域的划分，对测度政策因子对房地产行业"三维"风险的影响也将我国进行东部、中部、西部和东北部的区域划分。因税收政策和信贷政策是综合地对房地产行业"去库存""去产能""去杠杆"不同维度进行风险影响的，因此要对房地产行业"三维"周期风险的政策因子进行综合的测度。

#### （一）房地产行业"三维"信贷风险因子预测分析

房地产行业"三维"周期风险信贷因子是反映房地产行业在该区域中银行信贷政策对其产生的影响。银行信贷政策的调整会直接影响到房地产行业资金流，对其正常的经营决策产生影响。通过本研究构建的信贷因子进行测度的结果如图 8-23 所示。

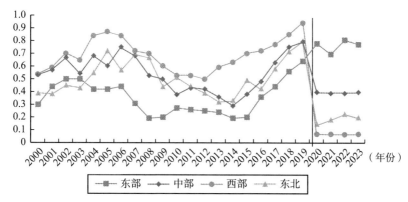

**图 8 – 23　2000 ~ 2023 年房地产行业"三维"信贷风险因子测度及预测**

资料来源：根据国泰安数据库 2000 ~ 2020 年房地产业数据整理计算而得。

从图 8 – 23 房地产行业"三维"信贷风险因子的测度及预测可以看出，国家各区域整体的信贷风险的波动情况走势较为相似，周期震荡水平也保持在较为均衡的状态。从信贷风险因子的趋势图可以看出西部地区的信贷风险整体保持在较高的水平，这是由于其处于较为落后的区域，不发达的信贷市场不能提供较多的信贷资金的投放量，进而无法满足房地产行业正常的信贷资金需求。而东部地区，其发达的金融市场环境为市场提供了充足的信贷资金，满足了房地产行业的信贷资金需求。但以 2015 年为转折点，中国整体房地产市场的信贷风险增加，这与国家制定的紧缩的信贷政策有关，为了支持中小企业和科技创新企业，国家调整了信贷政策，引导资金流量有助于实现国家科技转型升级的房地产行业中，进而降低了房地产市场的资金供给。

但从 2021 ~ 2023 年对房地产行业"三维"信贷风险因子的预测结果可以看出，除去东部地区依旧较高的信贷风险环境外，其他地区的信贷风险都有明显的降低，表明信贷政策的进一步调整放宽了对房地产市场的信贷紧缩，结合新周期新的信贷调整会促使房地产市场的反弹。但由于东部地区是实现科技转型升级的重要战略地区，是实现国家科技转型的关键战略高地，因此国家会继续对该地区的房地产行业制定严格的信贷政策。

**（二）房地产行业"三维"税收风险因子预测分析**

房地产行业"三维"税收风险因子是反映不同区域间税收政策对房地产行业"三维"周期风险的影响，税收政策的宽松与缩紧对房地产行业的收益会产生直接的影响。通过本研究构建的税收因子进行测度的结果如表 8 - 24 所示。

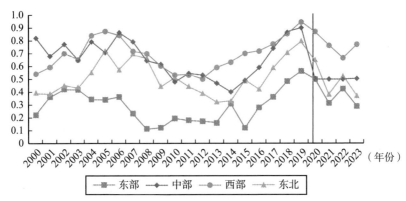

**图 8 - 24  2000 ~ 2023 年房地产行业"三维"税收风险因子测度及预测**

资料来源：根据国泰安数据库 2000 ~ 2020 年房地产业数据整理计算而得。

从图 8 - 25 房地产行业"三维"税收风险因子的测度及预测结果可以看出，虽然除东部地区外，其他区域的税收风险未保持在较高水平上，但仔细区分，西部地区的税收风险仍旧较高，这与信贷政策具有相似性，因不发达的西部企业没有较多高附加值和第三产业的支撑，在传统产业仍占据主要规模的情况下，房地产行业成为西部地区的主要税收来源，中部和东部地区相比西部地区的税收风险水平相对较低，但从总体看，并无明显的差距，表明中部和东部地区的税收仍主要依靠房地产行业，这也暴露出目前我国在实现市场转型升级方面仍面临众多的考验，成绩并不显著。而东部地区作为沿海地区，其发达的第三产业提供了充足的税收收入，使其并不过多地依靠房地产行业。但从趋势分析来看，从 2015 年以后，由于市场环境的不景气，国家提高了税收政策的执行力度，包括东部地区在内的税收风险都有显著的提升。

而从 2021 ~ 2023 年的预测趋势可以看出，税收风险虽然有所下降，但是从整体趋势来看，仍然有反弹的迹象，进而表明在全球市场大环境不景气的影响下，加之与美国的贸易摩擦，使得国家通过财政税收政策来提升国家的税收收入，对房地产市场的发展产生了不利的影响。但这也有助于缓解房地产市场泡沫风险的加剧，对控制房价和缓解炒房现象的发生也起到了积极的作用。

## 第七节　行业风险监测报告之五：
## 房地产行业战略风险报告

房地产行业形势与战略离不开两个核心要素：房地产行业基本情况与房地产行业政策情况。房地产行业基本情况即房地产上市公司"去库存""去产能""去杠杆"所对应的经营维、投资维、融资维情况；房地产行业政策情况即政策因子中的税收政策和信贷政策，也有考虑区域因子在内的因城施策。

房地产行业基本情况与房地产行业政策情况两种因素互为因果，并且相互之间调节反馈。当房地产行业基本情况的泡沫过热、房价上涨速度过快时，出于防范风险的角度，政策会考虑收紧，而压制房地产行业过于旺盛的风险泡沫可能；当房地产行业基本情况数据下行到一定程度时，由于宏观经济维持稳定作用和地方财政收入方面考虑，政策会出现一定程度宽松。

因此，本节房地产行业战略风险报告将基于房地产行业"二维"战略风险矩阵，从房地产行业"三维"基本情况出发，分析 2018～2020 年"去库存维""去产能维""去杠杆维"的风险泡沫预警值指标和风险在险现金值指标，并将两者结合起来以反映不同维度的房地产行业风险状况及风险特征。同时从政策情况的区域因子、政策因子两个维度进行回顾与展望，并以"三条红线"政策为线索，分析政策出台对房地产行业发展的影响。

### 一、基于房地产行业"风险泡沫 – 现金在险"战略风险矩阵的行业"三维"基本情况

#### （一）房地产行业"去库存维"战略风险矩阵分析

在房地产行业"风险泡沫 – 现金在险"战略风险矩阵设计框架下，基于 2021～2024 年房地产行业"去库存维"风险泡沫预警值和现金在险预警值，可将 2021～2024 年房地产行业"去库存维"的风险予以"二维"矩阵定位，并且予以风险可能性及后果可视化。

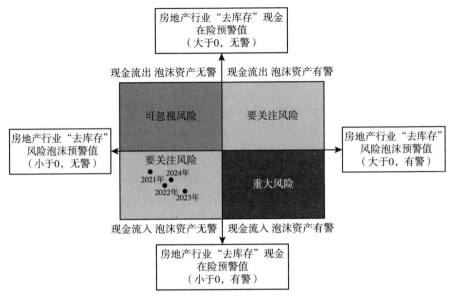

**图 8 – 25　房地产行业去库存维"风险泡沫 – 现金在险"战略风险矩阵**

从 2021 ~ 2024 年房地产行业"去库存维"战略风险定位来看，房地产行业"去库存"风险泡沫预警值始终为负值，其资本结构处于无警状态；房地产行业"去库存"现金在险预警值始终为负值，现金流出且其经营状况处于有警状态。2021 ~ 2024 年房地产行业"去库存"的"二维"定位变化表明风险不断加大，风险整体处于需要关注的程度。

同时结合 2021 ~ 2024 年房地产行业"去库存维"风险泡沫预警值和现金在险预警值，可知房地产行业上市公司经营销售方面的现状。在新冠疫情影响下，市场流动性宽裕，各地方政策也在放松刺激房地产需求，全国房地产市场持续回暖。同时参考人口结构和住房需求粗略估计市场总量，可总结得出未来住宅需求总量仍保持在数十亿元水平，房地产行业需求仍有较强的支持。需求端的持续旺盛使得房地产企业经营销售方面仍持续保持较强的韧性，有利于房产企业销售端继续保持稳定增长的销售金额和乐观的销售预期。

**（二）房地产行业"去产能维"战略风险分析**

在房地产行业"风险泡沫 – 现金在险"战略风险矩阵设计框架下，基于 2021 ~ 2024 年房地产行业"去产能维"风险泡沫预警值和现金在险预警值，可将 2021 ~ 2024 年房地产行业"去产能维"的风险予以"二维"矩阵定位，并且风险可能性及后果可视化。

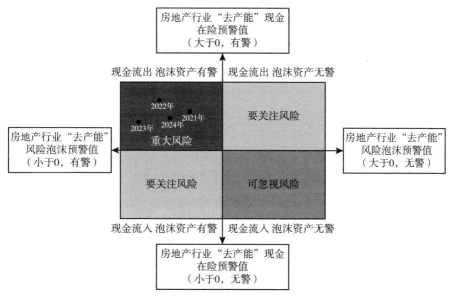

图 8 - 26　房地产行业去产能维"风险泡沫 - 现金在险"战略风险矩阵

从 2021～2024 年房地产行业"去产能维"战略风险定位来看，房地产行业"去产能"风险泡沫预警值始终为负值，其资本结构处于有警状态，且泡沫预警值越小警度越高；房地产行业"去产能"现金在险预警值始终为正值，现金流出且其经营状况处于有警状态，且预警值越大警度越高。2021～2024 年房地产行业"去产能"二维定位的变化表明风险不断加大，风险整体处于重大程度。

同时结合 2021～2024 年房地产行业"去产能维"风险泡沫预警值和现金在险预警值，可知房地产行业上市公司投资方面的现状。房地产行业受融资新政及集中供地影响，房地产投资方面预计将继续保持较高的水平。短期来看，尽管土地购置及新开工弱势对房地产投资增速形成了一定负面的影响，竣工回暖拉动投资。但长期来看，在收紧房地产融资政策后，房地产企业资金来源受限制很大程度上影响未来房地产企业的拿地意愿，对整体投资产生一定的负面影响。

**（三）房地产行业"去杠杆维"战略风险分析**

在房地产行业"风险泡沫 - 现金在险"战略风险矩阵设计框架下，基于 2021～2024 年房地产行业"去杠杆维"风险泡沫预警值和现金在险预警值，可将 2021～2024 年房地产行业"去杠杆维"的风险予以"二维"矩阵定位，并且风险可能性及后果可视化。

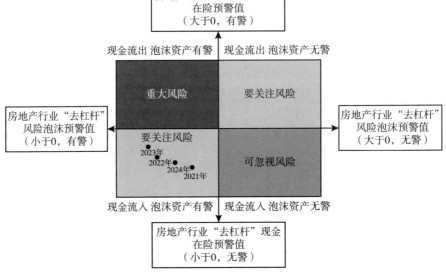

**图 8 - 27 房地产行业去杠杆维 "风险泡沫 - 现金在险" 战略风险矩阵**

从 2021~2024 年房地产行业 "去杠杆维" 战略风险定位来看，房地产行业 "去杠杆" 风险泡沫预警值始终为负值，其资本结构处于有警状态，且泡沫预警值越小警度越高；房地产行业 "去杠杆" 现金在险预警值始终为负值，现金流出且其经营状况处于无警状态。2021~2024 年房地产行业 "去产能" 的 "二维" 定位变化表明风险不断加大，风险整体处于需要关注的程度。

同时结合 2021~2024 年房地产行业 "去杠杆维" 风险泡沫预警值和现金在险预警值，可知房地产行业上市公司融资方面的现状。在融资政策的收紧和高供给促回款的策略选择下，房地产企业货币资金明显增加，有效降低了短期偿债的风险；加上大中型房地产企业当前货币资金可充分覆盖短期债务，总体风险下降，短期还债能力也较强。

**二、房地产行业政策情况**

2021 年，中央多次在重要会议上强调坚持 "房住不炒" 的定位，明确 "三稳" 目标。稳预期方面，出台针对房地产企业的 "三条红线" 政策以及针对影响的 "两个集中度" 政策，从资金层面防止房地产企业无序扩张；稳房价方面，各地政府出台 "限购" "限价" 的举措，从土地层面直接控制地价的溢价率从而进一步稳定了房价水平。

中央层面对房地产调控政策的定调逐渐趋稳，基本保持了连续性和稳定性，其施政思路目标上围绕"房住不炒"的核心同时力求做到"三稳"；而具体措施上"因城施策"成为主基调，且以市场预期管理为中介目标。"因城施策"是政府在考虑区域因子时在"稳增长"和"控风险"中寻求平衡的精准调控思路：在库存低、销售暴涨、房价暴涨的城市，监管将逐步收紧。在库存积压、销量相对较低的地区，放宽或不加管控，实现合理引导需求和跨区域管理。

然而区域政策中类似"五限"等行政手段政策只能作为短期控制房价的手段，只在短时间抑制了需求和潜在供给并不符合长效机制的要求。因此，中央应坚持长期有效并能使制度正常运行发挥预期功能的配套制度，从根本上解决供需不平衡等问题。现有的长效机制主要表现在政策因子中的税收制度改革和住房供给侧结构性改革等方面，未来应继续发挥长效政策对房产市场发展的积极作用。

### 三、"三条红线"政策对房地产行业的风险影响

#### （一）房地产行业"三条红线"内涵

"三条红线"政策的出台主要针对房地产企业，涉及的财务指标依次是剔除预收账款的资产负债率、净负债率、现金短债比。即把房地产公司的经营情况和负债情况联系起来，同时考虑将负债期限、经营性负债和有息负债一同监管。除了"三条红线"政策之外，还有其他配套政策，例如，分档之后每月报送基本的财务数据、报告金融机构合作明细、央行要求下属金融机构严格核实报送机制。经营性现金流的净流入和权益拿地金额、权益销售比也在监控的指标范围内。

#### （二）房地产行业"三条红线"核心逻辑

"三条红线"政策的核心逻辑内涵要综合金融审慎机制和地产长效机制的宏观理解，其风险的"红橙黄绿"分档有利于进一步稳定房地产市场，合理把控市场预期。同时保持房价地价稳定既符合长效机制的内涵，也符合金融审慎机制的内涵，意味着控制整个房地产行业的风险，从而保证金融不会发生大的系统风险。

#### （三）房地产行业"三条红线"出台的影响

"三条红线"政策的出台对房地产行业有较明显的负面影响，主要包括房地产企业的利润率及拿地至销售的传导。由于公司的杠杆能力下降，实际企业的利润率、投资回报率也会受到影响；新冠疫情期间，中间费用

大量支出导致利润率与结转进度不匹配，净利润下降较快。拿地受限后，整个房地产行业增速受限，传导到未来新开工的意愿。但不可否认，政策市场化、规则化、透明化的融资规则，有利于房地产企业形成稳定的金融政策预期，可合理安排经营活动和融资行为，增强自身抗风险能力，推动房地产行业长期稳健运行，防范化解房地产金融风险，促进房地产市场持续平稳健康发展。

## 关键概念释义

| 序号 | 关键概念 | 缩写符号 | 计算公式 | 释义 |
|---|---|---|---|---|
| 1 | 房地产泡沫 | HB（housing bubble） | 从房价表现、需求表现、供给表现等几方面对泡沫程度进行界定 | "房地产泡沫"是以房地产为载体的泡沫经济，是指由于房地产投机引起的房地产价格与使用价值严重背离，市场价格脱离了实际使用者支撑的情况。通过分析全球历次房地产泡沫的催生、崩溃教训中得到启示 |
| 2 | 房地产行业风险管理资产负债表 | RMBSOREI（risk management balance sheet of real estate industry） | 以房地产企业的资产负债等财务数据为基础，按已设计的报表格式进行汇总得到房地产行业的风险管理资产负债表总表 | 房地产行业风险管理资产负债表是以房地产行业层面为基础，对全房地产行业相关资产负债财务数据进行收集整理反映房地产行业资本结构情况的汇总报表 |
| 3 | 房地产行业风险管理现金流量表 | RMCFSOREI（risk management cash flow statement of real estate industry） | 以房地产企业的现金流等财务数据为基础，按已设计的报表格式进行汇总得到房地产行业的风险管理现金流量表总表 | 房地产行业风险管理现金流量表是以房地产行业层面为基础，对全房地产行业相关现金流等财务数据进行收集整理反映房地产行业现金流情况的汇总报表 |
| 4 | 房地产行业"去库存"风险监测报告 | REIDSRMR（real estate industry's de-capacity risk monitoring report） | 通过 HP 滤波分离出房地产行业"去库存"长期趋势序列和周期波动序列并对其进行 2021～2024 年预测 | 通过对 2000～2020 年房地产行业"去库存"风险进行长期趋势分析和周期波动分析，探寻 2021～2024 年房地产行业"去库存"风险泡沫和现金在险的变动规律，以期对我国实现房地产行业向好发展和宏观经济精准调控方面有所裨益 |

续表

| 序号 | 关键概念 | 缩写符号 | 计算公式 | 释义 |
|---|---|---|---|---|
| 5 | 房地产行业"去产能"风险监测报告 | REIDCRMR（real estate industry's de-capacity risk monitoring report） | 通过 HP 滤波分离出房地产行业"去产能"长期趋势序列和周期波动序列并对其进行 2021～2024 年预测 | 通过对 2000～2020 年房地产行业"去产能"风险进行长期趋势分析和周期波动分析，探寻 2021～2024 年房地产行业"去产能"风险泡沫和现金在险的变动规律，以期对我国实现房地产行业向好发展和宏观经济精准调控方面有所裨益 |
| 6 | 房地产行业"去杠杆"风险监测报告 | REIDLRMR（real estate industry's de-leverage risk monitoring report） | 通过 HP 滤波分离出房地产行业"去杠杆"长期趋势序列和周期波动序列并对其进行 2021～2024 年预测 | 通过对 2000～2020 年房地产行业"去杠杆"风险进行长期趋势分析和周期波动分析，探寻 2021～2024 年房地产行业"去杠杆"风险泡沫和现金在险的变动规律，以期对我国实现房地产行业向好发展和宏观经济精准调控方面有所裨益 |
| 7 | 房地产行业"三维"区域风险因子的房地产行业监测报告 | REIMROTDRRF（real estate industry monitoring report on the three-dimension regional risk factor） | 通过泰尔指数测度 2021～2024 年房地产行业"三维"区域风险因子 | 通过对 2000～2020 年房地产行业不同区域"三维"风险进行分析，探寻 2022～2024 年房地产行业"三维"区域风险因子变动规律，得到有借鉴意义的房地产行业监测报告 |
| 8 | 房地产行业"三维"政策风险因子的房地产行业监测报告 | REIMROTDPRF（real estate industry monitoring report on the three-dimension policy risk factor） | 通过 ARMA 干预分析模型测度 2021～2024 年房地产行业"三维"政策风险因子 | 通过对 2000～2020 年房地产行业不同区域"三维"政策风险进行分析，探寻 2022～2024 年房地产行业"三维"政策风险因子变动规律，得到有借鉴意义的房地产行业监测报告 |
| 9 | 房地产行业战略报告 | REISR（real estate industry strategy report） | — | 依据房地产行业"风险泡沫－现金在险"的"二维"战略矩阵，对房地产行业"三维"战略风险进行分析，以期对调控房地产市场，稳定经济发展提供有益帮助 |

下 篇

企 业 篇

# 第九章　风险管理会计建构的企业"三维"风险预警体系

房地产行业"三维"风险泡沫预警指标体系，如图 9 – 1 所示。

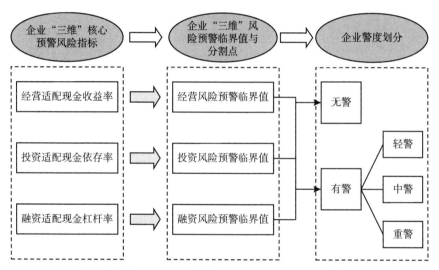

**图 9 – 1　房地产行业"三维"风险泡沫预警指标体系**

## 第一节　数据来源与样本划分

为了确保数据易于获得，且真实有效，本研究以房地产企业作为研究对象进行实证研究。研究中所用的数据主要来自国泰安（CSMAR）数据库。

本研究剔除了数据缺失或者不合理以及其他状况异常的 ST 公司，选取 2016 ~ 2020 年 ST 房地产企业及其非 ST 配对房地产企业作为研究样本。

配对样本选取：以选取的 ST 样本为基础，按照行业相同、时间相同、规模相近的原则，以 1∶1 的比例，选择配对样本。

## 一、企业样本选择

选取 2016～2020 年房地产业 ST 公司及其配对公司作为样本，主要用于企业"三维"风险预警临界值及分割点的确定。因此，选取 10 家房地产业上市公司中 ST 上市公司，同时遵循细分行业一致、资产一致、年份一致的原则按照 1∶1 确定 10 家配对公司，共同构成代表房地产业的样本组合。

基于以上原则，选取的 2016～2020 年房地产业样本如表 9-1 所示。

表 9-1　　　　　　　　　　　　　　训练样本

| 序号 | ST 企业 | | 配对企业 | |
|---|---|---|---|---|
| | 证券代码 | 证券简称 | 证券代码 | 证券简称 |
| 1 | 600225 | *ST 松江 | 000615 | 奥园美谷 |
| 2 | 002147 | *ST 新光 | 002285 | 世联行 |
| 3 | 600215 | *ST 经开 | 600692 | 亚通股份 |
| 4 | 002077 | *ST 大港 | 002116 | 中国海诚 |
| 5 | 600555 | *ST 海创 | 000558 | 莱茵体育 |
| 6 | 600696 | ST 岩石 | 300917 | 特发服务 |
| 7 | 600817 | ST 宏盛 | 000909 | 数源科技 |
| 8 | 002586 | *ST 围海 | 002140 | 东华科技 |
| 9 | 601399 | ST 国重装 | 600133 | 东湖高新 |
| 10 | 600193 | ST 创兴 | 300536 | 农尚环境 |

## 二、企业"经营维"核心指标数据

本研究使用"经营维"的核心指标，即"经营适配现金收益率"，进行"经营维"的企业风险预警。

$$企业经营适配现金收益率（EOACYR）=\frac{企业现金增加值（ECVA）}{经营活动现金净流量（NCFO）}$$

其中，企业现金增加值（ECVA）= [经营活动现金净流量（NCFO）+取得投资收益收到的现金 + 处置固定资产、无形资产、投资性房地产和其他长期资产收回的现金净额] － 当期分配股利、利润或偿付利息支付的现金。

2016 ~ 2020 年企业经营适配现金收益率（EOACYR）的均值 = 2016 ~ 2020 年该企业现金增加值（ECVA）之和/2016 ~ 2020 年经营活动现金净流量（NCFO）之和。

$$\bar{x}_{经配} = \sum_{1}^{10} \sum_{2016}^{2020} \frac{x_{经配}}{50} \qquad (9-1)$$

$$\bar{x}_{经ST} = \sum_{1}^{10} \sum_{2016}^{2020} \frac{x_{经ST}}{50} \qquad (9-2)$$

从表 9 - 2 "经营维"样本核心指标数据中可得，

$$\bar{x}_{经配} = \sum_{1}^{10} \sum_{2016}^{2020} \frac{x_{经配}}{50} = \frac{(-1.472 + \cdots + -1.148)}{50} = \frac{-7.5}{50} = 0.422$$

$$\bar{x}_{经ST} = \sum_{1}^{10} \sum_{2016}^{2020} \frac{x_{经ST}}{50} = \frac{(1.084 + \cdots + -1.0)}{50} = \frac{-26}{50} = -0.52$$

本研究以 2020 年 *ST 松江（600225）数据为例，从国泰安数据库获取 2020 年数据，得到其 2020 年的 NCFO 为 51305.87 万元，取得投资收益收到的现金流量 427.11 万元，处置固定资产、无形资产、投资性房地产和其他长期资产收回的现金净额 16736.77 万元，减去当期分配股利、利润或偿付利息支付的现金 12854.61 万元。

得到企业现金增加值（ECVA）=［经营活动现金净流量（51305.87）+ 取得投资收益收到的现金（427.11）+ 处置固定资产、无形资产、投资性房地产和其他长期资产收回的现金净额（16736.77）］ － 当期分配股利、利润或偿付利息支付的现金（12854.61）= 55615.14（万元）。

得到经营适配现金收益率 = 企业现金增加值（55615.15）/经营活动现金净流量（51305.87）= 1.08。

### 三、企业"投资维"核心指标数据

本研究使用投资维的核心指标，即"投资适配现金依存率"，进行投资维的企业风险预警。

企业投资适配依存率（EIADR）= 经营活动现金净流量（NCFO）/长期融资净值（NLF）。其中，长期融资净值（NLF）= 长期融资（LF）－ 长期资产净值（NLA）。

表9-2 "经营维"样本核心指标数据

| | | ST企业 | | | | | | | 配对企业 | | | | | |
| --- | --- | --- | --- | --- | --- | --- | --- | --- | --- | --- | --- | --- | --- | --- |
| 序号 | 证券代码 | 证券简称 | 2020年 | 2019年 | 2018年 | 2017年 | 2016年 | 证券代码 | 证券简称 | 2020年 | 2019年 | 2018年 | 2017年 | 2016年 |
| 1 | 600225 | *ST松江 | 1.084 | 0.842 | 0.696 | -1.473 | -0.520 | 000615 | 奥园美谷 | -1.472 | 0.653 | 0.653 | -1.260 | 0.802 |
| 2 | 002147 | *ST新光 | 0.250 | -0.559 | 0.436 | -1.565 | 0.080 | 002285 | 世联行 | 0.842 | 0.817 | 0.495 | -1.094 | 0.927 |
| 3 | 600215 | *ST经开 | 4.011 | 1.510 | 2.051 | 1.115 | 1.395 | 600692 | 亚通股份 | 0.940 | -2.989 | -1.072 | -1.105 | 0.942 |
| 4 | 002077 | *ST大港 | 0.946 | 0.586 | -0.027 | -2.768 | -0.324 | 002116 | 中国海诚 | 0.974 | 0.797 | -3.471 | -15.889 | 0.709 |
| 5 | 600555 | *ST海创 | -1.029 | -0.573 | -1.262 | -0.359 | -1.139 | 000558 | 莱茵体育 | -1.697 | -1.074 | 0.889 | -1.431 | 0.799 |
| 6 | 600696 | ST岩石 | 0.999 | -1.000 | 1.001 | -0.987 | -0.379 | 300917 | 特发服务 | 1.005 | — | — | — | — |
| 7 | 600817 | ST宏盛 | 0.334 | 1.000 | -1.000 | -1.000 | -1.000 | 000909 | 数源科技 | -0.213 | -1.152 | 0.886 | -1.983 | 0.885 |
| 8 | 002586 | *ST围海 | 0.428 | -4.219 | -0.300 | -0.531 | -2.125 | 002140 | 东华科技 | 0.842 | 0.757 | -1.043 | 0.914 | 0.975 |
| 9 | 601399 | ST国重装 | -1.025 | — | — | — | — | 600133 | 东湖高新 | 0.764 | -0.486 | -4.770 | 0.597 | -1.148 |
| 10 | 600193 | ST创兴 | 1.599 | -1.122 | 0.938 | -0.705 | -1.000 | 300536 | 农尚环境 | -1.098 | 0.938 | 0.889 | -1.078 | 1.000 |

资料来源：根据国泰安数据库2016~2020年房地产业上市公司数据整理计算而得。

2016～2020 年企业投资适配现金依存率（EIADR）的均值 = 2016～2020 年该企业经营活动现金净流量（NCFO）之和/2016～2020 年长期融资净值（NLF）之和。

$$\bar{x}_{投配} = \sum_{1}^{10} \sum_{2016}^{2020} \frac{x_{投配}}{50} \qquad (9-3)$$

$$\bar{x}_{投ST} = \sum_{1}^{10} \sum_{2016}^{2020} \frac{x_{投ST}}{50} \qquad (9-4)$$

从表 9-3 "投资维"样本数据中可得，

$$\bar{x}_{投配} = \sum_{1}^{10} \sum_{2016}^{2020} \frac{x_{投配}}{50} = \frac{(-2.049 + \cdots + -0.589)}{50} = \frac{-16.9}{50} = -0.338$$

$$\bar{x}_{投ST} = \sum_{1}^{10} \sum_{2016}^{2020} \frac{x_{投ST}}{50} = \frac{(-0.155 + \cdots + -0.170)}{50} = \frac{-35.95}{50} = -0.719$$

本研究以 2020 年 *ST 松江（600225）数据为例，从国泰安数据库获取 2020 年数据，得到其 2020 年的经营活动现金净流量（NCFO）为 51305.87 万元，长期融资为 70295.68，长期资产净值为 114830.94 万元，得到长期融资净值为 -329988.49 万元。

长期融资净值 = 长期融资（70295.68）- 长期资产净值（114830.94）= -329988.49（万元）。

得到投资适配现金依存率 = 经营活动现金净流量（51305.87）/长期融资净值（-329988.49）= -0.155。

## 四、企业"融资维"核心指标数据

本研究使用融资维的核心指标，即"融资适配现金杠杆率"，进行融资维的企业风险预警。

$$企业融资适配现金杠杆率（EFACLR）= \frac{长期融资净值（\underline{NLF}）}{企业自有资本（\underline{EEC}）}$$

$$\bar{x}_{融配} = \sum_{1}^{10} \sum_{2016}^{2020} \frac{x_{融配}}{50} \qquad (9-5)$$

$$\bar{x}_{融ST} = \sum_{1}^{10} \sum_{2016}^{2020} \frac{x_{融ST}}{50} \qquad (9-6)$$

从表 9-4 "融资维"样本核心指标数据中可得，

$$\bar{x}_{融配} = \sum_{1}^{10} \sum_{2016}^{2020} \frac{x_{融配}}{50} = \frac{(0.07 + \cdots + -0.034)}{50} = \frac{3.4}{50} = 0.068$$

$$\bar{x}_{融ST} = \sum_{1}^{10} \sum_{2016}^{2020} \frac{x_{融ST}}{50} = \frac{(-0.996 + \cdots + -0127)}{50} = \frac{-11.4}{50} = -0.228$$

表 9 - 3　"投资维"样本数据

| 序号 | ST 企业 | | | | | | | 配对企业 | | | | | | |
| --- | --- | --- | --- | --- | --- | --- | --- | --- | --- | --- | --- | --- | --- | --- |
| | 证券代码 | 证券简称 | 2020 年 | 2019 年 | 2018 年 | 2017 年 | 2016 年 | 证券代码 | 证券简称 | 2020 年 | 2019 年 | 2018 年 | 2017 年 | 2016 年 |
| 1 | 600225 | *ST 松江 | -0.155 | -0.903 | -0.717 | -2.893 | 0.095 | 000615 | 奥园美谷 | -2.049 | -0.886 | 1.692 | -0.465 | 9.206 |
| 2 | 002147 | *ST 新光 | 0.183 | -0.483 | -0.026 | -0.459 | -0.232 | 002285 | 世联行 | -0.373 | -0.910 | -0.479 | -1.540 | -2.103 |
| 3 | 600215 | *ST 经开 | -0.334 | -0.473 | -0.250 | -0.206 | -0.065 | 600692 | 亚通股份 | -3.026 | -0.173 | -0.752 | -0.521 | -0.495 |
| 4 | 002077 | *ST 大港 | -0.119 | -0.236 | -0.059 | -0.021 | -0.026 | 002116 | 中国海诚 | -1.054 | -1.067 | -0.094 | -0.013 | -1.222 |
| 5 | 600555 | *ST 海创 | -0.028 | -0.035 | -0.133 | -0.133 | -0.287 | 000558 | 莱茵体育 | -0.014 | -0.090 | -0.371 | -0.091 | -0.516 |
| 6 | 600696 | ST 岩石 | -0.613 | -0.312 | -2.867 | -2.482 | -4.628 | 300917 | 特发服务 | -6.119 | — | — | — | — |
| 7 | 600817 | ST 宏盛 | -0.749 | -0.403 | -0.253 | -0.011 | -0.681 | 000909 | 数源科技 | -0.240 | -0.955 | -0.639 | -0.184 | 1.565 |
| 8 | 002586 | *ST 围海 | -0.026 | -0.022 | -0.016 | -0.029 | -0.019 | 002140 | 东华科技 | -0.343 | -0.337 | -0.606 | -0.786 | -0.469 |
| 9 | 601399 | ST 国重装 | -0.334 | — | — | — | — | 600133 | 东湖高新 | 1.719 | 0.360 | -1.082 | 6.008 | 0.116 |
| 10 | 600193 | ST 创兴 | -0.840 | -0.703 | -0.492 | -0.361 | -0.170 | 300536 | 农尚环境 | -3.798 | -6.950 | -4.956 | -7.391 | -0.589 |

资料来源：根据国泰安数据库 2016～2020 年房地产业上市公司数据整理计算而得。

表 9 - 4 "融资维"样本核心指标数据

| 序号 | ST企业 | | | | | | | 配对企业 | | | | | | |
|---|---|---|---|---|---|---|---|---|---|---|---|---|---|---|
| | 证券代码 | 证券简称 | 2020年 | 2019年 | 2018年 | 2017年 | 2016年 | 证券代码 | 证券简称 | 2020年 | 2019年 | 2018年 | 2017年 | 2016年 |
| 1 | 600225 | *ST松江 | -0.996 | -3.454 | -1.450 | 0.125 | 3.455 | 000615 | 奥园美谷 | 0.070 | -0.299 | 0.216 | 0.507 | 0.046 |
| 2 | 002147 | *ST新光 | 5.999 | -0.051 | -0.684 | -0.510 | -0.357 | 002285 | 世联行 | -0.386 | -0.319 | -0.373 | -0.379 | -0.256 |
| 3 | 600215 | *ST经开 | -0.068 | -0.039 | -0.223 | -0.420 | -0.454 | 600692 | 亚通股份 | -0.248 | -0.123 | -0.469 | -0.540 | -0.545 |
| 4 | 002077 | *ST大港 | -0.905 | -0.457 | -0.769 | -0.720 | -0.737 | 002116 | 中国海诚 | -0.315 | -0.228 | -0.214 | -0.236 | -0.296 |
| 5 | 600555 | *ST海创 | -1.122 | -0.759 | -0.623 | -0.569 | -0.359 | 000558 | 莱茵体育 | -0.780 | -0.760 | -0.926 | -0.868 | -0.410 |
| 6 | 600696 | ST岩石 | -0.281 | -0.310 | -0.422 | -0.630 | -0.301 | 300917 | 特发服务 | -0.094 | — | — | — | — |
| 7 | 600817 | ST宏盛 | -0.332 | -0.649 | -0.668 | -0.698 | -0.687 | 000909 | 数源科技 | -0.237 | -0.123 | -0.687 | 0.333 | 0.399 |
| 8 | 002586 | *ST围海 | -1.196 | -0.863 | -0.816 | -0.630 | -1.059 | 002140 | 东华科技 | -0.458 | -0.435 | -0.335 | -0.255 | -0.198 |
| 9 | 601399 | ST国重装 | -0.253 | — | — | — | — | 600133 | 东湖高新 | 0.168 | -0.037 | 0.039 | 0.992 | 0.168 |
| 10 | 600193 | ST创兴 | 0.165 | -0.236 | -0.174 | -0.187 | -0.127 | 300536 | 农尚环境 | -0.047 | -0.045 | -0.050 | -0.033 | -0.034 |

资料来源：课题组根据国泰安数据库 2016~2020 年房地产业上市公司数据整理计算而得。

本研究以 2020 年 *ST 松江（600225）数据为例，从国泰安数据库获取 2020 年数据，得到其 2020 年的长期融资为 70295.68 万元，长期资产净值为 114830.94 万元，得到长期融资净值为 -329988.49 万元，权益资本为 -331350.58 万元。

得到融资适配现金杠杆率 = （-1）× 长期融资净值（-329988.49）/权益资本（-331350.58）= -0.995。

2016~2020 年企业融资适配现金依存率（EIADR）的均值 = 2016~2020 年该企业长期融资净值（NLF）之和/2016~2020 年权益资本（EC）之和。

# 第二节　企业"三维"风险预警
# 临界值与分割点测度

上市公司"三维"风险预警分割点是通过对上市公司经营风险核心监测指标的剥离和计算，得到判断有无风险警情的"拐点"。因此为实现企业"三维"预警定位，本研究分别依据企业"三维"核心监测指标，测度企业经营维风险预警分割点、投资维风险预警分割点、融资维风险预警分割点。由于宏观经济环境、行业环境等处于不断变化之中，因此为准确划定分割点，本研究以 $t-5$ 至 $t$ 年数据测度 $t+1$ 年分割点，例如，以 2016~2020 年数据，测度 2021 年分割点。

## 一、企业"三维"风险预警临界值测度

上市公司"三维"风险预警定位的核心是"三维"风险核心监测指标。当某家上市公司"三维"风险核心监测指标实际值大于配对上市公司经营风险核心监测指标平均值（$\bar{x}_{经配}$）时，该上市公司经营风险为"无警"；当某家上市公司"三维"风险核心监测指标实际值小于 ST 上市公司"三维"风险核心监测指标平均值（$\bar{x}_{经ST}$）时，该上市公司风险为"有警"。介于配对上市公司"三维"风险核心监测指标平均值（$\bar{x}_{经配}$）和 ST 上市公司"三维"风险核心监测指标平均值（$\bar{x}_{经ST}$）中间的区域为上市公司"三维"风险预警定位的"灰色地带"。

从图 9-2 可知，当 $f(t)=68.28\%$，则 $t=1$；当 $f(t)=95.45\%$，则 $t=2$；当 $f(t)=99.73\%$，则 $t=3$。

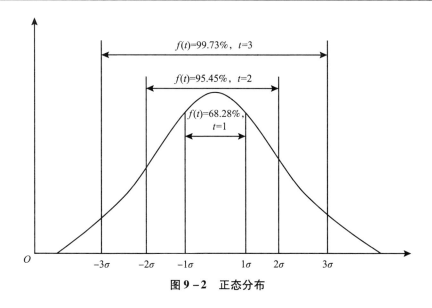

**图 9 - 2　正态分布**

### （一）企业"经营维"风险预警临界值测度

企业经营风险预警定位的关键环节是测度企业经营风险的预警临界值。

$$\eta_{经0} = \bar{x}_{经配} + \mathrm{cov}_{经协} \times t \qquad (9-7)$$

其中，$\eta_{经0}$ 为企业经营风险的预警临界值；根据正态分布的区间，取 99.73% 的 $t$ 值为 3，$\bar{x}_{经配}$ 详见公式（9 - 1）。

$\mathrm{cov}_{经协}$ 表示 ST 上市公司与配对上市公司经营风险核心监测指标的协方差，其计算公式为：

$$\mathrm{cov}_{经协} = \frac{\sum_{i=j}^{n} (x_{经ST_i} - \bar{x}_{经ST})(x_{经配_i} - \bar{x}_{经配})}{n} \qquad (9-8)$$

以 *ST 松江经营维核心监测指标临界值测度为例，其协方差和分割点具体的计算过程如下：

$$
\begin{aligned}
\mathrm{cov}_{经协} &= \frac{\sum_{i=j}^{n} (x_{经ST_i} - \bar{x}_{经ST})(x_{经配_i} - \bar{x}_{经配})}{n} \\
&= \frac{(1.084 + 0.672)(-1.472 + 0.422) + \cdots + (-1 + 0.672)(1.0 + 0.422)}{50} \\
&= \frac{-9.55}{50} = 0.330
\end{aligned}
$$

$$\eta_{经0} = \bar{x}_{经配} + \text{cov}_{经协} \times t = -0.422 + 0.330 \times 3 = 0.568$$

若当 $f(t)$ 为 99.73% 时，则 $t=3$，即以 99.73% 的概率做保证，其经营风险的临界值为 0.568。经营风险核心监测指标实际值大于 $\eta_{经0}$，企业经营风险表现为 "无警"（ $O_s$ ）；实际值小于 $\eta_{经0}$，企业经营风险表现为 "有警"。

### （二）企业 "投资维" 风险预警临界值测度

$$\eta_{投0} = \bar{x}_{投配} + \text{cov}_{投协} \times \eta_{投0} \qquad (9-9)$$

其中，$\eta_{投0}$ 为企业投资风险的预警临界值；根据正态分布的区间，取 99.73% 的 $T$ 值为 3，$\bar{x}_{投配}$ 详见公式（9-3）。

$\text{cov}_{投协}$ 表示 ST 上市公司与配对上市公司投资风险核心监测指标的协方差，其计算公式为：

$$\text{cov}_{投协} = \frac{\sum\limits_{i=j}^{n} (x_{投ST_i} - \bar{x}_{投ST})(x_{投配_i} - \bar{x}_{投配})}{n} \qquad (9-10)$$

以 *ST 松江投资维核心监测指标临界值测度为例，其协方差和分割点具体的计算过程如下：

$$
\begin{aligned}
\text{cov}_{投协} = \text{cov}_{投协} &= \frac{\sum\limits_{i=j}^{n} (x_{投ST_i} - \bar{x}_{投ST})(x_{投配_i} - \bar{x}_{投配})}{n} \\
&= \frac{(-0.155 + 0.863)(-1.472 + 0.794) + \cdots + (-0.170 + 0.863)(0.589 + 0.794)}{50} \\
&= \frac{33.1}{50} = 0.061
\end{aligned}
$$

$$\eta_{投0} = \bar{x}_{投配} + \text{cov}_{投协} \times T_1 = -0.794 + 0.061 \times 3 = -0.611$$

若当 $f(t)$ 为 99.73% 时，则 $t=3$，即以 99.73% 的概率做保证，其投资风险的临界值为 -0.611。若企业投资风险核心监测指标实际值大于 $\eta_{投0}$，企业投资风险表现为 "无警"（ $I_s$ ）；实际值小于 $\eta_{投0}$，企业投资风险表现为 "有警"。

### （三）企业 "融资维" 风险预警临界值测度

$$\eta_{融0} = \bar{x}_{融配} - \text{cov}_{融协} \times t \qquad (9-11)$$

其中，$\eta_{融0}$ 为企业融资风险的预警临界值；根据正态分布的区间，取 99.73% 的 $t$ 值为 3，$\bar{x}_{融配}$ 详见公式（9-5）。

$\text{cov}_{融协}$ 表示 ST 上市公司与配对上市公司融资风险核心监测指标的协方

差，其计算公式为：

$$\text{cov}_{融协} = \frac{\sum_{i=j}^{n}(x_{融ST_i} - \bar{x}_{融ST})(x_{融配_i} - \bar{x}_{融配})}{n} \tag{9-12}$$

以 $^*$ST 松江融资维核心监测指标临界值测度为例，其协方差和分割点具体的计算过程如下：

$$
\begin{aligned}
\text{cov}_{融协} &= \frac{\sum_{i=j}^{n}(x_{融ST_i} - \bar{x}_{融ST})(x_{融配_i} - \bar{x}_{融配})}{n} \\
&= \frac{(-0.996+0.259)(-0.070-0.068)+\cdots}{50} \\
&\quad + \frac{(-0.127+0.259)(0.034-0.026)}{50} \\
&= \frac{-27.1}{50} = 0.061
\end{aligned}
$$

$$\eta_{融0} = \bar{x}_{融配} - \text{cov}_{融协} \times t = -0.026 - 0.061 \times 3 = -0.157$$

若当 $f(t)$ 为 99.73% 时，则 $t=3$，即以 99.73% 的概率做保证，其投资风险的临界值为 -0.157。若企业融资风险核心监测指标实际值大于 $\eta_{融0}$，企业融资风险表现为"无警"（Ⓕₛ）；实际值小于 $\eta_{融0}$，企业融资风险表现为"有警"。

## 二、企业"三维"风险预警分割点测度

### （一）企业"经营维"风险预警分割点测度

利用选取的 2016~2020 年 ST 上市公司样本，设计上市公司经营风险预警分割点的公式如下：

$$\eta_{经1} = \bar{x}_{经ST} + \text{cov}_{经协} \times t \tag{9-13}$$

$$\eta_{经2} = \bar{x}_{经ST} - \text{cov}_{经协} \times t \tag{9-14}$$

其中，当 $f(t)$ 为 99.73% 时，则 $t=3$，即以 99.73% 的概率做保证。

第一步，计算 $^*$ST 上市公司样本经营风险核心监测指标与配对样本经营风险核心监测指标的协方差。

第二步，在此基础上，计算 2021 年企业经营风险预警分割点 $\eta_{经1}$、$\eta_{经2}$。

以 $^*$ST 松江经营维核心监测指标临界值测度为例，其分割点具体的计算过程如下：

$$\eta_{经1} = \bar{x}_{经ST} + \text{cov}_{经协} \times t = -0.672 + 0.330 \times 3 = 0.318$$

$\eta_{经2} = \bar{x}_{经ST} - \text{cov}_{经协} \times t = -0.672 - 0.330 \times 3 = -1.66$

若当 $f(t)$ 为 99.73% 时，则 $t = 3$，即以 99.73% 的概率做保证，其经营风险的分割点 $\eta_{经1}$ 为 0.318，$\eta_{经2}$ 为 -1.66。若企业经营风险核心监测指标实际值处于 $\eta_{经0}$ 和 $\eta_{经1}$ 之间，企业经营风险表现为"轻警"（ $O_l$ ）；若企业经营风险核心监测指标实际值处于 $\eta_{经1}$ 和 $\eta_{经2}$ 之间，经营风险表现为"中警"（ $O_m$ ）；若企业经营风险核心监测指标实际值小于 $\eta_{经2}$，经营风险表现为"重警"（ $O_h$ ）。

### （二）企业"投资维"风险预警分割点测度

利用选取的 2016～2020 年 ST 上市公司样本，设计上市公司投资风险预警分割点的公式如下所示：

$$\eta_{投1} = \bar{x}_{投ST} + \text{cov}_{投协} \times t \tag{9-15}$$

$$\eta_{投2} = \bar{x}_{投ST} - \text{cov}_{投协} \times t \tag{9-16}$$

其中，$\text{cov}_{投协}$ 表示 ST 上市公司与配对上市公司投资风险核心监测指标的协方差；当 $f(t)$ 为 99.73% 时，则 $t = 3$，即以 99.73% 的概率做保证，计算其分割点。

第一步，计算 *ST 上市公司样本投资风险核心监测指标与配对样本投资风险核心监测指标的协方差。

第二步，在此基础上，计算 2021 年企业投资风险预警分割点 $\eta_{投1}$、$\eta_{投2}$。

以 *ST 松江投资维核心监测指标临界值测度为例，其分割点具体的计算过程如下：

$\eta_{投1} = \bar{x}_{投ST} + \text{cov}_{投协} \times t = -0.863 + 0.061 \times 3 = -0.68$

$\eta_{投2} = \bar{x}_{投ST} - \text{cov}_{投协} \times t = -0.863 - 0.061 \times 3 = -1.046$

若当 $f(t)$ 为 99.73% 时，$t = 3$，即以 99.73% 的概率做保证，其投资风险的分割点 $\eta_{投1}$ 为 -0.68，$\eta_{投2}$ 为 -1.046。若企业投资风险核心监测指标实际值处于 $\eta_{投0}$ 和 $\eta_{投1}$ 之间，企业投资风险表现为"轻警"（ $I_l$ ）；若企业投资风险核心监测指标实际值处于 $\eta_{投1}$ 和 $\eta_{投2}$ 之间，投资风险表现为"中警"（ $I_m$ ）；若企业投资风险核心监测指标实际值小于 $\eta_{投2}$，投资风险表现为"重警"（ $I_h$ ）。

### （三）企业"融资维"风险预警分割点测度

利用选取的 2016～2020 年 *ST 上市公司样本及其配对样本，设计上市公司融资风险预警分割点的公式如下所示：

$$\eta_{融1} = \bar{x}_{核融ST} + \text{cov}_{融协} \times t \qquad (9-17)$$

$$\eta_{融2} = \bar{x}_{核融ST} - \text{cov}_{融协} \times t \qquad (9-18)$$

其中，$\text{cov}_{融协}$ 表示 ST 上市公司与配对上市公司融资风险核心监测指标的协方差；当 $f(t)$ 为 99.73% 时，则 $t=3$，即以 99.73% 的概率做保证，计算其分割点。

第一步，计算 *ST 上市公司样本融资风险核心监测指标与配对样本融资风险核心监测指标的协方差。

第二步，在此基础上，计算 2021 年企业融资风险预警分割点 $\eta_{融1}$、$\eta_{融2}$。

以 *ST 松江融资维核心监测指标临界值测度为例，其分割点具体的计算过程如下：

$$\eta_{融1} = \bar{x}_{核融ST} + \text{cov}_{融协} \times t = -0.259 + 0.051 \times 3 = -0.106$$

$$\eta_{融2} = \bar{x}_{核融ST} - \text{cov}_{融协} \times t = -0.259 - 0.051 \times 3 = -0.412$$

若当 $f(t)$ 为 99.73% 时，$t=2$，即以 99.73% 的概率做保证，其融资风险的分割点 $\eta_{融1}$ 为 $-0.106$，$\eta_{融2}$ 为 $-0.412$。若企业融资风险核心监测指标实际值处于 $\eta_{融0}$ 和 $\eta_{融1}$ 之间，企业融资风险表现为"轻警"（Ⓕₗ）；若企业融资风险核心监测指标实际值处于 $\eta_{融1}$ 和 $\eta_{融1}$ 之间，融资风险表现为"中警"（Ⓕₘ）；若企业融资风险核心监测指标实际值小于 $\eta_{融2}$，融资风险表现为"重警"（Ⓕₕ）。

# 第三节　应用场景之一：以 *ST 松江为例

## 一、2016～2020 年企业"三维"核心预警指标分析

### （一）2016～2020 年 *ST 松江经营适配现金收益率分析

将 2016～2020 年 *ST 松江的企业经营适配现金收益率的实际值绘制成图，如图 9-3 所示。

从图 9-3 可以看出，2016～2020 年 *ST 松江企业经营适配现金收益率实际值在整体呈现增大的趋势，于 2017 年达到波谷，经历 2017～2018 年的较大增长后，在此后的 2018～2020 年保持相对平缓的增势。

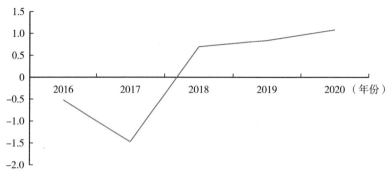

**图 9 – 3　2016～2020 年 \*ST 松江企业经营适配现金收益率趋势**

资料来源：根据国泰安数据库 2016～2020 年资料计算整理而得。

#### （二）2016～2020 年 \*ST 松江投资适配现金依存率分析

将 2016～2020 年 \*ST 松江的企业投资适配现金依存率的实际值绘制成图，如图 9 – 4 所示。

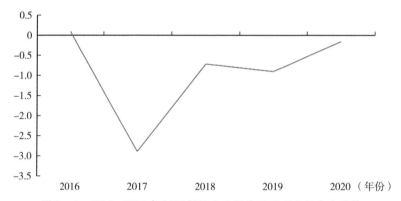

**图 9 – 4　2016～2020 年 \*ST 松江企业投资适配现金依存率趋势**

资料来源：根据国泰安数据库 2016～2020 年资料计算整理而得。

从图 9 – 4 可以看出，2016～2020 年 \*ST 松江企业投资适配现金依存率实际值波动幅度较大，于 2017 年达到波谷，经历 2017～2018 年的较大增幅后，在此后的 2018～2020 年保持相对平缓的波动增长。

#### （三）2016～2020 年 \*ST 松江融资适配现金杠杆率分析

将 2016～2020 年 \*ST 松江的企业融资适配现金杠杆率的实际值绘制成图，如图 9 – 5 所示。

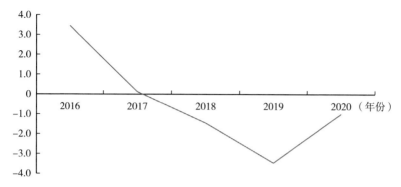

**图9-5 2016~2020年 *ST松江企业融资适配现金杠杆率趋势**

资料来源：根据国泰安数据库2016~2020年资料计算整理而得。

根据图9-5显示，2016~2020年 *ST松江企业投资适配现金依存率实际值整体呈现下降趋势，以相对稳定的减速经历2016~2019年的大幅下降后，于2019年达到波谷，在2020年回升。

## 二、2016~2020年企业"三维"风险警度定位分析

### （一）2016~2020年 *ST松江"经营维"警度定位分析

本研究选取2016~2020年的 *ST松江企业经营维核心指标用于预警定位，如表9-5所示。

表9-5　　　　　　2016~2020年 *ST松江"经营维"风险预警定位

| 股票代码 | 证券简称 | 年份 | 经营风险预警定位 |
| --- | --- | --- | --- |
| 600225 | *ST松江 | 2016 | $O_l$ |
| 600225 | *ST松江 | 2017 | $O_s$ |
| 600225 | *ST松江 | 2018 | $O_l$ |
| 600225 | *ST松江 | 2019 | $O_m$ |
| 600225 | *ST松江 | 2020 | $O_h$ |

资料来源：根据2016~2020年国泰安数据库结果计算整理而得。

### （二）2016~2020年 *ST松江"投资维"警度定位分析

本研究选取2016~2020年的 *ST松江企业投资维核心指标用于预警定位，如表9-6所示。

表 9 – 6　　　　　　2016～2020 年 *ST 松江 "投资维" 风险预警定位

| 股票代码 | 证券简称 | 年份 | 投资风险预警定位 |
|---|---|---|---|
| 600225 | *ST 松江 | 2016 | $I_l$ |
| 600225 | *ST 松江 | 2017 | $I_m$ |
| 600225 | *ST 松江 | 2018 | $I_h$ |
| 600225 | *ST 松江 | 2019 | $I_h$ |
| 600225 | *ST 松江 | 2020 | $I_m$ |

资料来源：根据 2016～2020 年国泰安数据库结果计算整理而得。

### （三）2016～2020 年 *ST 松江 "融资维" 警度定位分析

本研究选取 2016～2020 年的 *ST 松江企业融资维核心指标用于预警定位，如表 9 – 7 所示。

表 9 – 7　　　　　　2016～2020 年 *ST 松江 "融资维" 风险预警定位

| 股票代码 | 证券简称 | 年份 | 融资风险预警定位 |
|---|---|---|---|
| 600225 | *ST 松江 | 2016 | $F_s$ |
| 600225 | *ST 松江 | 2017 | $F_l$ |
| 600225 | *ST 松江 | 2018 | $F_m$ |
| 600225 | *ST 松江 | 2019 | $F_m$ |
| 600225 | *ST 松江 | 2020 | $F_h$ |

资料来源：根据 2016～2020 年国泰安数据库结果计算整理而得。

## 关键概念释义

| 序号 | 关键概念 | 缩写符号 | 计算公式 | 释义 |
|---|---|---|---|---|
| 1 | "三维" 风险预警临界值 | — | $\eta_{经0} = \bar{x}_{经配} + \text{cov}_{经协} \times t$ | |
| 2 | "三维" 风险预警分割点 | — | $\begin{cases} \eta_{经1} = \bar{x}_{经ST} + \text{cov}_{经协} \times t \\ \eta_{经2} = \bar{x}_{经ST} - \text{cov}_{经协} \times t \end{cases}$ | |

| 序号 | 关键概念 | 缩写符号 | 计算公式 | 释义 |
|---|---|---|---|---|
| 3 | 经营风险泡沫资产值 | OBRV（operating bubble risk value） | 经营风险泡沫资产值（OBRV）= 营运资本需求（WCR）= 经营性流动资产（OLA）- 经营性流动负债（OLL） | |
| 4 | 投资风险泡沫资产值 | IBRV（investment bubble risk value） | 投资风险泡沫资产值（IBRV）= 长期资产（LA）- 非金融长期资本（NFLC）- 权益资本（EC） | |
| 5 | 融资风险泡沫资产值 | FBRV（financial bubble risk value） | 融资风险泡沫资本值（FBRV）= 金融资本（FC）- 金融性流动资产（FLA） | |
| 6 | 现金留存收益风险在险现金值 | CAV（cash added value） | 经营活动现金净流量（NCFO）+ 取得投资收益收到的现金 - 分配股利、利润或偿付利息支付的现金 | 现金流视角下，企业从历年实现的利润中提取或形成的留存于企业的内部积累 |
| 7 | 资本投资风险现金在险值 | NCFCI（net cash flow from capital investment） | 收回投资收到的现金 + 处置子公司或其他营业单位收到的现金净额 - 投资支付的现金 - 取得子公司及其他营业单位支付的现金净额 | 现金流视角下，反映企业对于投资活动中对资本投资的管理水平 |
| 8 | 基建投资风险现金在险值 | NCFII（net cash flow from infrastructure investment） | 处置固定资产、无形资产、投资性房地和其他长期资产收回的现金净额 - 购建固定资产、无形资产、投资性房地和其他长期资产所支付的现金 | 现金流视角下，反映企业对于长期投资中现金流量的风险管理水平 |
| 9 | 金融资本现金在险值 | NCFFC（net cash flow from financial capital） | 取得借款收到的现金 + 发行债券收到的现金 - 偿还债务支付的现金 | 现金流视角下，反映企业在筹措资金时对利用金融手段筹措资金的风险管理水平 |

# 第十章　风险管理会计建构的企业"三维"风险智能预警定位

## 第一节　基于卡尔曼滤波的企业"三维"风险核心预警指标预测

对企业"三维"预警核心指标的未来走势进行预测，是企业风险预警的关键。运用卡尔曼滤波算法对样本数据进行不断迭代更新，计算得出的最优估计值能较为准确地反映企业"三维"风险核心预警指标的真实结果。本研究以企业经营适配现金收益率、企业投资适配依存率、企业融资适配现金杠杆率作为企业"三维"风险核心预警指标，运用卡尔曼滤波模型对企业"三维"风险核心预警指标未来值进行预测，从而实现对企业"三维"风险的预警定位。

### 一、2021~2024 年企业经营适配现金收益率预测

以 *ST 松江为例，测度 2016~2020 年企业经营适配现金收益率最优估计值，指标最优估计值与实际值的拟合程度反映了卡尔曼滤波算法的有效性，进而对 2021~2024 年的企业经营风险预警指标进行外推预测。

**（一）2016~2024 年企业经营适配现金收益率最优估计值训练及预测**

以 2020 年 *ST 松江的企业经营适配现金收益率最优估计值测算为例：

第一步，进行状态预测，得到企业经营适配现金收益率得先验估计值（$X_{经2020}$）。利用 2020 年 *ST 松江最优估计值（以实际值代替）进行训练，预测得到 2021 年 *ST 松江企业经营适配现金收益率的先验估计值：

$$X_{经2020}^- = A \times X_{经2019} + U_{2020} = 70.342$$

其中，$A$ 为卡尔曼滤波状态转移系数矩阵，$V$ 为干扰矩阵，"－"为

状态预测值。

第二步，协方差预测，得到误差协方差的先验估计值（$P_{2020}$）。在已知 2019 年误差协方差为 2.342，预测方差 $Q$ 为 2 的前提下，对误差协方差进行预测，得到误差协方差的先验估计值：

$$P_{2020} = A \times P_{2020} \times A^T + Q = 2.342$$

第三步，计算经营风险在险现金率预警指数的卡尔曼滤波增益（$k_g$）。由于测量值与实际值更加接近，因此测量值反差更小，将测量误差值 $R$ 设定为 0.4 的前提下，得到：

$$k_g = \frac{P_{2019}^- \times H^T}{H \times P_{2019}^- \times H^T + R} = 0.854$$

第四步，对 \*ST 松江经营风险在险现金率预警指数进行状态更新，得到企业经营适配现金收益率最优估计值：

$$\hat{X}_{经2020} = \hat{X}_{经2019}^- + k_g \times (Z_{2020} - H \times \hat{X}_{经2019}^-) = 70.342$$

第五步，更新协方差（$P_{2020}$）。为下一步估计 2020 年的企业经营适配现金收益率的迭代进行更新操作，得到状态变量 2020 年协方差：

$$P_{2020} = (1 - k_g \times H) \times P_{2020}^- = 0.342$$

按照以上步骤不断迭代更新，可得到 \*ST 松江 2016～2020 年的企业经营适配现金收益率的最优估计值，如表 10－1 所示。

表 10－1　2016～2020 年 \*ST 松江企业经营适配现金收益率最优估计值

| 时间 | 企业经营适配现金收益率最优估计值 |
|---|---|
| 2016 年 | -0.518 |
| 2017 年 | -1.398 |
| 2018 年 | 0.702 |
| 2019 年 | 0.856 |
| 2020 年 | 1.076 |

资料来源：根据国泰安数据库 2016～2020 年资料，利用卡尔曼滤波模型计算整理而得。

通过对 2016～2020 年的卡尔曼训练结果与实际值的对比发现，通过卡尔曼滤波模型拟合结果良好，因此根据卡尔曼滤波预测得到的 \*ST 松江 2021～2024 年企业经营适配现金收益率卡尔曼最优估计值，绘制如图 10－1 所示的 \*ST 松江企业经营适配现金收益率的最优估计值走势。

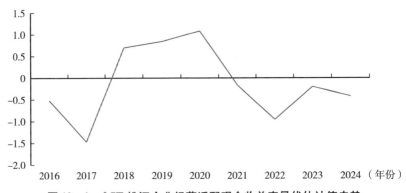

**图 10 - 1　*ST 松江企业经营适配现金收益率最优估计值走势**

资料来源：根据国泰安数据库 2016～2024 年资料，利用卡尔曼滤波模型计算整理而得。

从图 10 - 1 可以看出，*ST 松江企业经营适配现金收益率预测在 2021～2024 年有显著下降的趋势，并预计在 2022 年达到波谷。

**（二）2021～2024 年企业经营适配现金收益率预测分析**

以 2021～2024 年 *ST 松江的企业经营风险在险现金率预警指数预测为例。根据二次指数平滑的计算步骤，利用 2016～2020 年的历史数据，来确定 $\alpha$ 值，最小 MSE 原则下 $\alpha$ 取值结果如表 10 - 2 所示。

表 10 - 2　　　　　　　最小 MSE 原则下 $\alpha$ 取值　　　　　　单位：万元

| 年份 | 企业经营适配现金收益率 | $\alpha = 0.3$ | $\alpha = 0.4$ | $\alpha = 0.5$ | … |
|---|---|---|---|---|---|
| 2016 | 0.240 | 0.010 | 0.191 | 0.705 | … |
| 2017 | 0.066 | 0.024 | 0.148 | 0.464 | … |
| 2018 | 0.151 | 4.202 | 3.717 | 3.025 | … |
| 2019 | - 1.912 | 0.463 | 0.484 | 0.603 | … |
| 2020 | 13.363 | 0.047 | 0.015 | 0.010 | … |

资料来源：根据国泰安数据库 2016～2020 年资料计算整理而得。

由计算结果可知，当 $\alpha = 0.4$ 时，MSE 最小，计算得出 $\alpha_t = 1.346$，$b_t = -0.002$，则建立的 *ST 松江企业经营适配现金收益率递推公式为 $x(t + m) = \alpha_t + b_t \times m = 1.346 - 0.002 \times m$。

*ST 松江 2021 年企业经营适配现金收益率预测值为：

$$x(t + m) = \alpha t + bt \times m = 31.158$$

基于此，通过卡尔曼滤波迭代，得到 2021～2024 年 *ST 松江的企业经营适配现金收益率的最优估计值，如表 10－3 所示。

表 10－3　　2021～2024 年 *ST 松江企业经营适配现金收益率预测值

| 年份 | 企业经营适配现金收益率预测值 |
| --- | --- |
| 2021 | －0.158 |
| 2022 | －0.893 |
| 2023 | －0.206 |
| 2024 | －0.405 |

资料来源：根据国泰安数据库 2021～2024 年资料，利用卡尔曼滤波模型计算整理而得。

由表 10－3 可得，2021～2024 年 *ST 松江的企业经营适配现金收益率，据此可得企业的未来经营泡沫风险演化趋势，2021～2024 年的企业经营适配现金收益率呈现上下波动，整体呈现减小的趋势，根据该指标的越大越好的性质，可知企业未来年度的经营风险呈现上升趋势。

## 二、2021～2024 年企业投资适配依存率预测

### （一）2016～2024 年企业投资适配依存率最优估计值测度训练及预测

将 2016～2020 年 *ST 松江的企业投资适配依存率的最优估计值进行训练，并对 2021～2024 年的企业投资适配依存率进行预测，根据计算数据绘制如图 10－2 所示的 *ST 松江企业投资适配依存率的最优估计值走势。

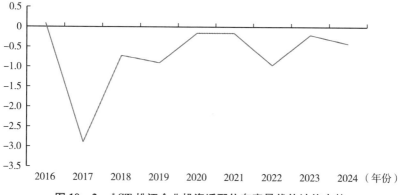

图 10－2　　*ST 松江企业投资适配依存率最优估计值走势

资料来源：根据国泰安数据库 2016～2024 年资料，利用卡尔曼滤波模型计算整理而得。

由图 10 - 2 可知，2021～2024 年，通过卡尔曼滤波预测得出的[\*]ST 松江投资适配依存率的最优估计值出现较小幅度波动，并于 2022 年达到波谷。

**（二）2021～2024 年企业投资适配依存率预测分析**

通过二次指数平滑算法和卡尔曼滤波迭代，得到 2021～2024 年[\*]ST 松江企业投资投资适配依存率最优估计值，如表 10 - 4 所示。

表 10 - 4　　2021～2024 年[\*]ST 松江企业投资风险核心预警指标预测值

| 年份 | 企业投资投资适配依存率测值 |
| --- | --- |
| 2021 | - 0. 164 |
| 2022 | - 0. 959 |
| 2023 | - 0. 199 |
| 2024 | - 0. 418 |

资料来源：根据国泰安数据库 2021～2024 年资料，利用卡尔曼滤波模型计算整理而得。

由表 10 - 4 可得 2021～2024 年[\*]ST 松江的企业投资适配依存率，据此可得企业的未来投资泡沫风险演化趋势，2021～2024 年的企业投资适配依存率整体呈现减小的趋势，根据该指标的越大越好的性质，可知企业未来年度的投资风险呈现上升趋势。

### 三、2021～2024 年企业融资适配现金杠杆率预测

**（一）2016～2024 年企业融资适配现金杠杆率最优估计值测度训练及预测**

将 2016～2020 年[\*]ST 松江的企业融资适配现金杠杆率的最优估计值进行训练，并对 2021～2024 年的企业融资适配现金杠杆率进行预测，根据计算数据绘制如图 10 - 3 所示的[\*]ST 松江企业融资适配现金杠杆率的最优估计值走势。

由图 10 - 3 可知，2021～2024 年，通过卡尔曼滤波预测得出的[\*]ST 松江融资适配现金杠杆率的最优估计值出现小幅度波动，于 2022 年达到波谷，但均在 - 1～0 间上下增减变化。

**（二）2021～2024 年企业融资适配现金杠杆率预测分析**

通过二次指数平滑算法和卡尔曼滤波迭代，得到 2021～2024 年[\*]ST 松江企业融资风险核心预警指标最优估计值，如表 10 - 5 所示。

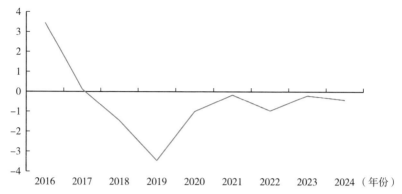

**图 10 − 3  2016～2024 年 * ST 松江企业融资适配现金杠杆率最优估计值走势**

资料来源：根据国泰安数据库 2016～2024 年资料，利用卡尔曼滤波模型计算整理而得。

**表 10 − 5  2021～2024 年 * ST 松江企业融资风险核心预警指标预测值**

| 年份 | 企业融资适配现金杠杆率预测值 |
|------|----------------------------|
| 2021 | − 0.041 |
| 2022 | − 0.164 |
| 2023 | − 0.959 |
| 2024 | − 0.199 |

资料来源：根据国泰安数据库 2021～2024 年资料，利用卡尔曼滤波模型计算整理而得。

由表 10 − 5 可得 2021～2024 年 * ST 松江的企业融资适配现金杠杆率、2021～2024 年的企业融资适配现金杠杆率增大，根据该指数越大越好的性质，可知企业未来年度的融资风险呈现上升趋势。

## 第二节  应用场景之二：基于智能风险管理的企业"经营维"风险预警定位

### 一、2021～2024 年企业样本预测经营风险预警定位

根据通过检验的企业经营风险预警模型，本研究对 2021～2024 年企业样本经营风险进行预判，从而到达预警的效果。2021～2024 年企业样本经营风险预警定位结果如表 10 −6 所示。

表 10 - 6　　　　　2021～2024 年企业样本经营风险预警定位

| 股票代码 | 证券简称 | 2021 年经营风险预警定位 | 2022 年经营风险预警定位 | 2023 年经营风险预警定位 | 2024 年经营风险预警定位 |
|---|---|---|---|---|---|
| 600225 | *ST 松江 | $O_h$ | $O_m$ | $O_h$ | $O_h$ |

资料来源：根据 2021～2024 年卡尔曼滤波模型预测结果整理而得。

由表 10 - 6 可知，基于卡尔曼滤波的企业经营风险预警定位模型，将 *ST 松江 2021～2024 年经营风险状况判定为"中警""重警"，2020 年开始呈现中警的趋势，说明此时企业经营风险已处在发作期，呈现恶化的态势。

## 二、2021～2024 年企业样本预测经营风险预警定位分析

2016～2020 年总体来看，房地产调控继续坚持"不将房地产作为短期刺激经济的手段"，其间行业虽开放小幅度限制，企业经营状况表现较好但整体仍然"因城施策"的基本原则和"房住不炒"的定位没有改变。

根据 *ST 松江 2020 年度报告披露，2020 年，公司实现营业收入 10.82 亿元，较上年同期减少 8.54%；利润总额 - 40.37 亿元，较上年同期减少 447.84%；归属于上市公司股东的净利润 - 39.19 亿元，较上年同期减少 329.53%。

2020 年，新冠疫情在全球范围内持续蔓延，面对复杂严峻的宏观经济形势和激烈的市场竞争，公司面临较大的经营困境。报告期内，公司统筹推进疫情防控和复工复产工作，主要围绕加快房地产项目去库存进度、加快企业出清、积极防范债务风险、拓展信息服务等新产业、化解各项不稳定因素等方面开展工作。

然而，公司房地产业务仍然面临项目开发进度缓慢、去库存率低、营业收入增长乏力、成本费用居高不下、业绩大幅下滑的经营困境。公司业绩出现较大幅度亏损，主要是由于公司财务费用负担较重，且对房地产资产计提大额减值准备。同时，公司报告期末净资产为负，公司股票将在 2020 年年度报告披露后被继续实施退市风险警示。由此可见，*ST 松江 2021～2024 年的经营风险状况需要引起重视。

## 第三节　应用场景之三：基于智能风险管理的企业"投资维"风险预警定位

### 一、2021～2024 年企业样本预测投资风险预警定位

根据通过检验的企业经营风险预警模型，本研究对 2021～2024 年企业样本经营风险进行预判，从而到达预警的效果。2021～2024 年企业样本经营风险预警定位结果如表 10-7 所示。

表 10-7　　　　　　　2021～2024 年企业样本投资风险预警定位

| 股票代码 | 证券简称 | 2021 年投资风险预警定位 | 2022 年投资风险预警定位 | 2023 年投资风险预警定位 | 2024 年投资风险预警定位 |
|---|---|---|---|---|---|
| 600225 | *ST 松江 | $I_h$ | $I_h$ | $I_m$ | $I_h$ |

资料来源：根据 2021～2024 年卡尔曼滤波预测结果整理而得。

由表 10-7 可知，基于卡尔曼滤波的企业投资风险预警定位模型，将 *ST 松江 2021～2024 年投资风险状况判定为"重警"，说明此时企业投资风险呈现恶化的态势。

### 二、2021～2024 年企业样本预测投资风险预警定位分析

根据 *ST 松江 2020 年度报告披露，2020 年受新冠疫情影响，我国经济短期下行压力明显增加，国内需求消费疲软，餐饮、旅游、交通等行业受到较大冲击，制造业、基建等投资也受到明显抑制，房地产行业作为经济发展的压舱石和稳定器，目前也面临较大挑战。

在此背景下，尽管国家将会陆续出台一系列财政、货币等政策措施刺激经济增长，但是总体来看，房地产调控继续坚持"不将房地产作为短期刺激经济的手段""因城施策"的基本原则没有改变。2020 年全国房地产市场调整压力或将进一步凸显，*ST 松江生产经营情况较为正常，但是在证券投资活动方面发生了巨额亏损，因此 *ST 松江 2021 年度的投资风险状况需要立即采取有效措施进行风险管控。

## 第四节 应用场景之四：基于智能风险管理的企业"融资维"风险预警定位

### 一、2021~2024 年企业样本预测融资风险预警定位

根据通过检验的企业经营风险预警模型，本研究对 2021~2024 年企业样本融资风险进行预判，从而到达预警的效果。2021~2024 年企业样本融资风险预警定位结果如表 10-8 所示。

表 10-8            2021~2024 年预测样本融资风险预警定位

| 股票代码 | 证券简称 | 2021 年融资风险预警定位 | 2022 年融资风险预警定位 | 2023 年融资风险预警定位 | 2024 年融资风险预警定位 |
|---|---|---|---|---|---|
| 600225 | *ST 松江 | $F_h$ | $F_m$ | $F_m$ | $F_m$ |

资料来源：根据 2021~2024 年卡尔曼滤波预测结果整理而得。

由表 10-8 可知，基于卡尔曼滤波模型的企业融资风险预警定位模型，将 *ST 松江 2021~2024 年投资风险状况判定为"中警"，说明此时企业融资风险已进入"发作期"，呈现恶化的态势。融资风险需要引发企业风险管理部门的关注。

### 二、2021~2024 年企业样本预测融资风险预警定位分析

充足的现金流对公司的运营和发展起到重要作用，但随着货币政策的变化和金融市场的不断收紧，公司的融资成本不断上升，面临较大压力。

根据 *ST 松江 2020 年度报告披露，公司财务融资规模较大，财务费用居高不下，资金流动性风险较大。2020 年公司筹资活动产生的现金流量净额大幅骤降。加之行业融资渠道收紧，融资难度攀升，给公司经营带来了较大影响。因此，*ST 松江 2021~2024 年的融资风险状况需要聚焦于加快资金回笼速度，妥善化解资金方面的风险。

## 第五节 企业"三维"风险预警防控对策

### 一、行业供给侧"三维"视角下的企业"三维"风险预警

#### (一)行业风险关联传导的企业"三维"风险

"去产能、去库存、去杠杆、降成本、补短板"是党的十九大报告中指出的供给侧结构性改革的五大任务。聚焦企业相关性最强的行业层面的供给侧风险,即是行业"去库存"风险、行业"去产能"风险、行业"去杠杆"风险。行业层面与企业层面的"三维"风险是具有相互传导的关联性特征,行业库存积压、周转不灵的"去库存"风险对应着企业的"经营维"风险;行业产能过剩、资金无法回笼的"去产能"风险对应着企业的"投资维"风险;行业短贷长投、金融杠杆的"去杠杆"风险对应着企业的"融资维"风险。

#### (二)行业风险监测与企业风险预警的临界值关联特征

行业"三维"时间序列风险监测与企业"三维"风险预警的相互传导还体现在预警临界值方面的三大特征:时间同步性、空间耦合性和逻辑关联性。行业"三维"周期风险拐点与企业"三维"风险的预警临界值具有时间维度的同步性;行业"三维"周期风险的"上行期"和"下行期"与企业"三维"风险预警临界值具有空间维度的耦合性;供给侧结构性改革背景下,不仅行业"三维"周期风险具有波动拐点上的逻辑关联性;而且企业"三维"风险预警临界值具有风险传染上的逻辑关联性。

当企业"融资维"风险、"经营维"风险和"投资维"风险预警堆积超过阈值,即企业"三维"风险预警"临界值"范围时,则会多点触发行业层面的"去杠杆""去库存""去产能"的"三维"风险,导致行业内企业大面积的"破产""死亡潮"等毁灭性打击。因此,在行业"三维"风险监测下做好企业"三维"风险预警,选择恰当风险管控工具、设计关键防控对策去探究应对和化解风险的实施路径至关重要。

#### (三)企业"三维"风险预警防控对策的内外部层面

行业"三维"风险视角下的企业"三维"风险,每个"维度"都涉及两个层面:一是外部环境风险层面;二是内部营运风险层面。首先,在

外部环境风险层面，除了区域风险，更需要关注其中的政策风险，尤其是行业周期波动中政策拐点的风险，这是因为外部环境中的区域因素和政策因素是企业生存和发展的土壤。因此，企业"三维"风险预警防控应从外部环境入手，企业不仅要在区域市场中找到合适的定位，而且要依据国家相关政策去制定自身发展战略，随国家宏观调控政策的大趋势，做好企业风险预警及防控对策设计。其次，在内部营运风险层面，企业在行业"三维"风险周期波动监测的规律基础上参考行业周期动态监测报告，探寻微观层面企业"三维"风险预警临界值，并根据各维度风险核心预警指标定位结果来进行各维度的风险状况及定位分析，正确选择风险管理会计工具，精确合理防控企业经营活动、投资活动、筹资活动的风险，科学制定企业化解"三维"风险的调控政策，探寻最佳风险预警防控路径，最终实现产业结构的调整与企业资源配置的优化。

## 二、2021～2024 年企业经营风险预警防控对策设计

房地产企业经营风险预警防控策略表，是基于企业经营风险预警定位提出的旨在降低企业经营风险的防控策略。基于"房地产企业经营风险核心预警指标定位结果→房地产企业经营风险预警定位分析→房地产企业经营风险预警防控路径"的逻辑思路，设计房地产企业经营风险预警防控路径，旨在帮助房地产企业降低经营风险。房地产企业经营风险的预警防控策略如表 10-9 所示。

表 10-9　　　　　房地产企业经营风险预警防控策略

| 经营风险预警定位 | 经营风险预警定位结果 | 房地产企业经营风险预警防控路径 |
| --- | --- | --- |
| 销售收入减少引起的经营活动现金净流量（NCFO）减少 | $O_s$ | 无警 |
| | $O_l$ | 扩大经济规模和市场机会、提高市场占有率、提高市场竞争地位→房地产楼盘项目销售收入增加→经营活动现金流入增加→经营现金盈利率上升→经营风险降低 |
| | $O_m$ | 改进营销策略、进行充分的市场细分→拓宽房地产楼盘项目市场、维持现存市场增长率、增加销售收入→经营活动现金流入量增加→经营现金盈利率上升→经营风险降低 |
| | $O_h$ | 加快房产销售账款回款速度→房地产楼盘项目销售现金流入量增加→经营现金盈利率上升→经营风险降低 |

续表

| 经营风险<br>预警定位 | 经营风险预警<br>定位结果 | 房地产企业经营风险预警防控路径 |
|---|---|---|
| 营业成本增加引起的经营活动现金净流量（NCFO）减少 | $O_s$ | 无警 |
| | $O_l$ | 提高房地产楼盘项目特色及竞争力→经营活动现金流出量减少→经营现金盈利率上升→经营风险降低 |
| | $O_m$ | 组织销售部门员工教育培训、提高员工技能与素质→减少不必要营销、管理费用支出→经营活动现金流出量减少→经营现金盈利率上升→经营风险降低 |
| | $O_h$ | 分析房地产楼盘项目功能成本、寻找涨价原材料替代品→经营活动现金流出量减少→经营现金盈利率上升→经营风险降低 |
| 应收账款增加引起的经营活动现金净流量（NCFO）减少 | $O_s$ | 无警 |
| | $O_l$ | 约定货款结算方式、提醒客户尽快还款→增加经营活动现金流入量→经营现金盈利率上升→经营风险降低 |
| | $O_m$ | 加强应收账款催收、分析应收账款账龄→提高销售现金比率→经营现金盈利率上升→经营风险降低 |
| | $O_h$ | 加强应收账款管理→应收账款回收率提高→经营现金盈利率上升→经营风险降低 |
| 应付账款增加引起的现金净利润（CEV）减少 | $O_s$ | 无警 |
| | $O_l$ | 合理规划应付账款还款计划→经营活动现金流出量减少→经营现金盈利率上升→经营风险降低 |
| | $O_m$ | 对供应商进行考核、在保证质量的前提下选择价格更优的供应商→减少当期应付账款→经营现金盈利率上升→经营风险降低 |
| | $O_h$ | 加强应付账款管理、分析应付账款账龄→降低经营活动现金流出量→经营现金盈利率上升→经营风险降低 |
| 营运资金缺乏引起的现金净利润（CEV）减少 | $O_s$ | 无警 |
| | $O_l$ | 实施营运资金预算管理→控制资金的流入、流出量→经营现金盈利率上升→经营风险降低 |
| | $O_m$ | 扩展营运资金的融资渠道→增加营运资金→经营现金盈利率上升→经营风险降低 |
| | $O_h$ | 完善营运资金管理的内部控制机制、改善营运资金管理的"短板"→降低营运资金短缺风险→经营风险降低 |

### 三、2021～2024 年企业投资风险预警防控对策设计

房地产企业投资风险指标的预警防控策略表,是根据企业投资风险的监控定位提出的旨在降低企业投资风险的防控策略。基于"房地产企业投资风险核心预警指标定位结果→房地产企业投资风险预警定位分析→房地产企业投资风险预警防控路径"的逻辑思路,设计房地产企业投资风险预警防控路径,旨在帮助房地产企业降低投资风险。房地产企业投资风险预警防控策略,如表10-10所示。

表 10-10          房地产企业投资风险预警防控策略

| 投资风险监控定位 | 投资风险预警定位结果 | 房地产企业投资风险预警防控路径 |
|---|---|---|
| 因投资项目定价过高引起经营活动现金净流量(NCFO)减少 | $I_g$ | 无警 |
| | $I_l$ | 房地产开发项目可行性研究→选择最优投资方案→投资风险降低 |
| | $I_m$ | 根据市场供求关系进行市场分析→风险收益率降低→现金流入量增加→投资风险降低 |
| | $I_h$ | 建立房地产开发项目管理小组→增强投资风险防范意识→投资风险降低 |
| 因投资回报率降低引起经营活动现金净流量(NCFO)减少 | $I_g$ | 无警 |
| | $I_l$ | 借助市场运行规律、充分发挥市场机制→资产现金回收率($x_投$)提高→投资风险降低 |
| | $I_m$ | 紧跟政策步伐、优化投资战略→投资活动现金流入量增加→投资风险降低 |
| | $I_h$ | 闲置地产楼盘项目出租→闲置房地产楼盘租金收入提高→投资风险降低 |

### 四、2021～2024 年企业融资风险预警防控对策设计

房地产企业融资风险预警防控策略表,是根据企业融资风险的监控定位提出的旨在降低企业融资风险的防控策略。基于"房地产企业融资风险核心预警指标定位结果→房地产企业融资风险预警定位分析→房地产企业融资风险预警防控路径"的逻辑思路,设计房地产企业融资风险预警防控路径,旨在帮助房地产企业降低融资风险。房地产企业融资风险预警防控

策略，如表 10 - 11 所示。

表 10 - 11　　　　　　　　房地产企业融资风险预警防控策略

| 融资风险监控定位 | 融资风险预警定位结果 | 房地产企业融资风险预警防控路径 |
| --- | --- | --- |
| 资金使用不合理引起的所有者权益均值（E）降低 | $F_s$ | 无警 |
| | $F_l$ | 规范资金管理制度、高效合理使用资金、加强资金的预算管理→增加自由资金，提高资金的流动性→融资风险降低 |
| | $F_m$ | 改善公司环境、提高信用等级→融资信用错配风险降低→融资风险降低 |
| | $F_h$ | 寻求并获得新的投资→形成大额的资金流入、缓解资金紧张→融资信用错配风险降低→融资风险降低 |
| 资产增加没有长期借款支撑引起的所有者权益均值（E）降低 | $F_s$ | 无警 |
| | $F_l$ | 合理选择融资方式→负债成本降低→融资风险降低 |
| | $F_m$ | 合理安排负债比、改善负债结构→融资结构错配风险降低→融资风险降低 |
| | $F_h$ | 科学的融资战略分析、优化融资结构→短贷长投率降低→融资风险降低 |
| 举债投资项目引起的总资产均值（TA）上升 | $F_s$ | 无警 |
| | $F_l$ | 建立偿债基金、确保偿债安全→提高上市公司偿债能力、降低融资偿还风险→融资风险降低 |
| | $F_m$ | 优化资产配置、提高资产运营效率→提高盈利能力、降低融资偿还风险→融资风险降低 |
| | $F_h$ | 建立融资风险管理制度，规避融资偿还风险→融资风险降低 |
| 短期债务增长引起的所有者权益均值（E）降低 | $F_s$ | 无警 |
| | $F_l$ | 保持适量现金流、提高上市公司短期偿债能力→融资风险降低 |
| | $F_m$ | 测算融资期限的匹配度、使"短、中、长"期负债的数量处于一种均衡的状态→融资期限错配风险降低→融资风险降低 |
| | $F_h$ | 严控短期债务规模、维持长期资产平均水平→融资期限错配风险降低→融资风险降低 |

# 关键概念释义

| 序号 | 关键概念 | 缩写符号 | 计算公式 | 释义 |
|---|---|---|---|---|
| 1 | 企业经营风险泡沫资产值预测值 | — | 根据卡尔曼滤波迭代算法和最小二乘法原理计算而得 | 衡量企业经营风险泡沫资产值 2020～2023 年的预测值，用于企业经营风险预警定位 |
| 2 | 企业投资风险泡沫资产值预测值 | — | | 衡量企业投资风险泡沫资产值 2020～2023 年的预测值，用于企业投资风险预警定位 |
| 3 | 企业融资风险泡沫资产值预测值 | — | | 衡量企业融资风险泡沫资产值 2020～2023 年的预测值，用于企业融资风险预警定位 |
| 4 | 企业现金留存收益风险在险现金值预测值 | — | | 衡量企业现金留存收益风险在险现金值 2020～2023 年的预测值，用于企业经营风险预警定位 |
| 5 | 企业资本投资现金风险在险现金值预测值 | — | | 衡量企业资本投资现金风险在险现金值 2020～2023 年的预测值，用于企业投资风险预警定位 |
| 6 | 企业基建投资现金风险在险现金值预测值 | — | | 衡量企业基建投资现金风险在险现金值 2020～2023 年的预测值，用于企业投资风险预警定位 |
| 7 | 企业金融资本筹资现金风险在险现金值预测值 | — | | 衡量企业金融资本筹资现金风险在险现金值 2020～2023 年的预测值，用于企业融资风险预警定位 |
| 8 | 企业权益资本筹资现金风险在险现金值预测值 | — | | 衡量企业权益资本筹资现金风险在险现金值 2020～2023 年的预测值，用于企业融资风险预警定位 |

# 第十一章　风险管理会计的财务
## 欺诈风险智能预警

现今经济发展日新月异，整个资本市场和公司在经营发展过程中产生的变化和问题，都会导致公司出现风险问题，进而影响投资者及其他相关利益者的利益。在国内外的资本市场中，一直都存在因财务造假行为而被监管机构处罚的公司，财务欺诈或者造假会给公司带来风险，同样也会损害投资者们的利益，由此可见财务造假导致的公司数据失真将影响传统的风险预警模型的可靠性降低。同时使本研究探建的预警体系和预警结果在一定程度上失真。因此，本研究运用机器学习的一个重要分支——深度学习的循环神经网络构建公司财务欺诈预警模型，结合企业"三维"风险预警指标与企业个人风险因子与一般风险因子进行欺诈识别，在剔除具有财务欺诈行为的公司后，进行企业"三维"风险的预警，以提升本研究的可信度。

## 第一节　基于智能风险管理会计的企业
## 财务欺诈风险预警指标设计

### 一、企业风险因子特征选择

上市公司财务报表是企业诸多契约的核心依据。上市公司是否达到监管部门需求、是否面临特别处理（ST）或退市困境等，均与报表数字息息相关。传统的财务会计领域较多侧重数据的因果关系，故许多文献采用比率形式的数据构建欺诈预警模型。贝尼诗（Beneish，1999）基于1982～1992年美国财务舞弊公司，通过应收账款指数、毛利率指数和资产质量指数等财务指标特征来构建财务舞弊预警模型。切基尼等（Cecchini et al.，

2010）基于公开的财务特征，采用 SVM 方法基于财务比率构建了会计舞弊的预警模型，并发现采用 SVM 方法的预测结果优于传统的舞弊预测模型。德肖等（Dechow et al.，2011）基于 1982～2005 年的美国财务造假公司，从应计项、财务指标、非财务指标、表外业务和市场信息五个方面构建了财务舞弊预测模型。但约翰逊（Johnson，1970）和吴星泽（2011）对财务比率的预测能力持怀疑态度，他们认为财务比率是企业财务状况的表现，更适合作为事后分析，并不是形成企业状态的原因。相比于原始数据，比率形式的数据可能存在我们忽略的因果关系，也很可能遗失有效的信息含量，从而降低预测准确性（Shmueli，2010；Bao et al.，2019）。鲍等（Bao et al.，2019）基于 24 个财务报表原始数据，采用集成学习 Rusboost 方法构建会计舞弊预测模型，发现相比于传统的基于财务比率的 Logistic 回归，他们构建的会计舞弊预测模型能够将预测精度提高 7 倍。会计信息包含识别财务舞弊的有效信息（Person，1995）。参照鲍等（Bao et al.，2019），本研究选择 22 个财务相关的原始数据与企业"三维"风险指标作为特征构建公司欺诈预警模型。此外，有文献发现股票发行是公司欺诈的影响因素（阎长乐，2004；吴晓晖和姜彦福，2006；洪荭等，2012），因此本研究还提取了企业股票发行特征，即当年企业是否发行新股。

**二、环境风险因子特征选择**

环境风险因子包含机会暴露，与组织环境有关。对于新兴资本市场而言，法律系统和规章制度尚不健全，仅考虑一般风险因子的预警模型，效果可能很难达到预期。由于制度存在着不可避免的漏洞，不完善的制度会给"内部人"提供可乘之机，公司治理的缺陷将为欺诈者创造欺诈机会。下面本研究将对公司治理的若干主要方面进行特征选取。

有文献发现第一大股东的持股比例、股权制衡、国有股所占比例等股权结构特征，以及管理层持股比例、董事长是否与总经理两职合一、董事会规模、独立董事比例、产权性质等公司内部治理特征对公司欺诈行为的发生具有显著影响。洛贝贝克和比林汉姆（Loebbecke and Willingham，1988）提出从定性分析方面将企业财务欺诈模型的指标变量分成三个类别，分别是"欺诈条件""欺诈态度""欺诈动机"，而这三大类指标又由一系列的细分指标构成；刘立国和杜莹（2003）认为上市公司的治理结构不合理是导致公司财务欺诈行为的根本原因，即股权结构不合理、监事会失效、董事会被控制等原因会容易导致公司财务造假。袁春生和祝建军（2007）研究表明，上市公司经理人市场的竞争性程度与公司财务欺诈可能性成反比。梁杰、王璇和李进中（2004）根据国内外的研究成果，提炼出 14 个公司治理指标，并建立 Logistic 回归来检验这些指标与上市公司财务欺诈行为的相关性，研究结果表明，公司财务造假可能性的增加与内部人控制度、国家股比例等上市公司控制权的指标值有关。此外，公司外部治理环境如市场竞争、政府治理、法治水平等方面与公司欺诈具有关联性。因此，本研究提取了以上公司治理相关特征，还采用各地区市场化相对进程来度量公司外部治理环境（樊纲、王小鲁、朱恒鹏，2011；王小鲁、樊纲、余静文，2016），具体包括要素市场的发育程度评分、产品市场的发育程度评分、政府与市场的关系评分、市场中介组织的发育和法律制度环境评分、非国有经济的发展评分。

　　由于内部控制的目标之一是防止、发现和纠正欺诈舞弊。单华军（2010）发现内部控制能够显著抑制公司欺诈行为的发生。因此，本研究提取了内部控制等相关特征。还有文献发现作为公司外部治理的分析师也是影响公司欺诈行为的因素之一（Dyck et al.，2010），陈等（Chen et al.，2016）基于中国数据，发现公司欺诈倾向与分析师所关注之间具有负相关关系。因此本研究提取了分析师关注特征。审计作为防范企业财务报告舞弊的重要社会经济机制之一，对控制财务报告舞弊的发生与蔓延起到重要作用（王霞、张为国，2005）。因此，本研究还提取了审计质量中较为常用的指标——是否为"四大"会计师事务所。

## 第二节　基于循环神经网络的企业财务欺诈风险预警模型运行

### 一、样本选择

#### （一）样本选择

本研究构建了基于循环神经网络的企业财务欺诈风险预警模型。在训练循环神经网络模型用来进行企业财务欺诈风险预警模型时，主要的障碍在于数据量不足。为解决这一问题，本章对循环神经网络模型进行了改进，提出基于迁移学习方式来解决样本数据量不足的问题，使用具有很强同质性但更容易获取的 A 股上市公司财务风险评价作为源域数据来增强目标域模型的训练,解决样本数量较少情况下网络参数的过拟合问题。该模型以沪深两市全部 A 股上市公司作为研究对象,选取 2016～2020 年样本为训练组,并从中抽查 2016～2020 年的检验样本。公司欺诈数据主要来自国泰安(CSMAR)数据库,同时为了保证欺诈数据的完整性和全面性,本研究还采用万得(Wind)数据库予以补充。

**(二) 公司欺诈行为**

上市公司的欺诈行为包括信息披露违规、大股东侵占利益、内幕交易和操纵市场等行为。本研究试图建立因违规行为被监管部门公开谴责、批评或处罚的公司预测模型。具体地,本研究将虚构利润、虚列资产、虚假记载(误导性陈述)、推迟披露、重大遗漏、披露不实、欺诈上市、出资违规、擅自改变资金用途、占用公司资产、内幕交易、违规买卖股票、操纵股价、违规担保、一般会计处理不当等欺诈行为视为公司违规行为。

表 11 -1 列示了欺诈公司的年度分布情况。这里不重复计算同一公司同年发生的欺诈行为,在本研究 2016～2020 样本期间,共有 246 家欺诈公司,占全样本的 9.85%。

表 11 -1                     2000～2020 年欺诈公司年度统计

| 年度 | 房地产业欺诈公司合计(家) | 房地产业上市公司合计(家) | 房地产业欺诈公司比例(%) |
|---|---|---|---|
| 2000 | 2 | 94 | 2.13 |
| 2001 | 10 | 131 | 7.63 |
| 2002 | 14 | 121 | 11.57 |
| 2003 | 8 | 118 | 6.78 |
| 2004 | 8 | 117 | 6.84 |
| 2005 | 15 | 114 | 13.16 |
| 2006 | 5 | 121 | 4.13 |
| 2007 | 5 | 134 | 3.73 |
| 2008 | 6 | 128 | 4.69 |
| 2009 | 13 | 126 | 10.32 |
| 2010 | 8 | 121 | 6.61 |
| 2011 | 10 | 121 | 8.26 |
| 2012 | 7 | 119 | 5.88 |

| 年度 | 房地产业欺诈公司<br>合计（家） | 房地产业上市公司<br>合计（家） | 房地产业欺诈公司<br>比例（%） |
|---|---|---|---|
| 2013 | 10 | 118 | 8.47 |
| 2014 | 20 | 118 | 16.95 |
| 2015 | 31 | 119 | 26.05 |
| 2016 | 15 | 119 | 12.61 |
| 2017 | 14 | 120 | 11.67 |
| 2018 | 11 | 119 | 9.24 |
| 2019 | 15 | 120 | 12.50 |
| 2020 | 21 | 121 | 17.36 |
| 合计 | 248 | 2519 | 9.85 |

资料来源：根据国泰安数据库 2000～2020 年数据计算整理而得。

### 二、2016～2020 年企业财务欺诈特征数据集确定

循环神经网络模型的输入值为业财务欺诈风险的个人风险因子与一般风险因子，包括企业"三维"风险指标，房地产行业"三维"周期风险波动序列、房地产行业"三维"周期风险波动拐点、房地产行业"三维"周期风险区域因子和房地产行业"三维"周期风险政策因子，企业治理指标等数据纳入。如上所述，确定 2016～2020 年共 172 份训练样本的房地产业上市公司财务欺诈的 64 个明细指标（如表 11－2 所示），共 11008 个特征值。

表 11－2　　　　　　　2000～2015 年企业财务欺诈特征核心数据集

| 变量维度 | 变量名称 |
|---|---|
| 企业风险因子 | 企业经营风险泡沫资产率（EORBR） |
| | 企业经营风险在险现金率（EORVaRR） |
| | 企业经营适配现金收益率（ECROA） |
| | 企业投资风险泡沫资产率（EIRBR） |
| | 企业投资风险在险现金率（EIRVaRR） |
| | 企业投资适配现金杠杆率（EIACLR） |
| | 企业风险管理资本投融资错配率（RMCIFMR） |
| | 企业风险管理投融资适配率（ERMIFAR） |

续表

| 变量维度 | 变量名称 |
|---|---|
| 企业风险因子 | 企业风险管理资本短贷长投率（ERMCSTLLTIR） |
| | 企业资本投资风险在险现金率（ECIRVaRR） |
| | 企业基建投资风险在险现金率（EIIRVaRR） |
| | 企业其他投资风险在险现金率 |
| | 企业投资维现金流出量结构比 |
| | 企业融资适配依存率（EFADR） |
| | 企业融资风险泡沫资本率（EFRBR） |
| | 企业融资风险在险现金率（EFRVaRR） |
| | 企业金融资本依存度（EFCDR） |
| | 企业非金融资本依存度（ENFCDR） |
| | 企业自有资本依存度（ECDR） |
| | 企业金融资本风险在险现金率（EFCRVaRR） |
| | 企业权益资本风险在险现金率（EECRVaRR） |
| | 企业其他融资风险在险现金率 |
| | 企业保营运保偿债经营现金流入量 |
| | 企业融资维现金流出量结构比 |
| 环境风险因子 | 房地产行业"去库存"风险泡沫资产值波动序列 |
| | 房地产行业"去库存"风险在险现金值波动序列 |
| | 房地产行业"去库存"周期风险波动拐点 |
| | 房地产行业"去库存"周期风险区域因子 |
| | 房地产行业"去库存"周期风险政策因子 |
| | 房地产行业"去产能"风险泡沫资产值波动序列 |
| | 房地产行业"去产能"资本投资风险在险现金值波动序列 |
| | 房地产行业"去产能"基建投资风险在险现金值波动序列 |
| | 房地产行业"去产能"周期风险波动拐点 |
| | 房地产行业"去产能"周期风险区域因子 |
| | 房地产行业"去产能"周期风险政策因子 |
| | 房地产行业"去杠杆"风险泡沫资本值波动序列 |
| | 房地产行业"去杠杆"金融资本风险在险现金值波动序列 |
| | 房地产行业"去杠杆"权益资本在险现金值波动序列 |
| | 房地产行业"去杠杆"周期风险波动拐点 |

续表

| 变量维度 | 变量名称 |
|---|---|
| 环境风险因子 | 房地产行业"去杠杆"周期风险区域因子 |
| | 房地产行业"去杠杆"周期风险政策因子 |
| | 第一大股东持股数量 |
| | 第二到第五大股东持股数量之和除以第一大股东持股数量 |
| | 公司国有股所占比例 |
| | 公司管理层持股比例 |
| | 两职合一（公司董事长与 CEO 是否兼任） |
| | 公司董事会人数 |
| | 独立董事人数 |
| | 哑变量，是否为国有企业 |
| | 要素市场的发育程度评分 |
| | 产品市场的发育程度评分 |
| | 政府与市场的关系评分 |
| | 市场中介组织的发育和法律制度环境评分 |
| | 非国有经济的发展评分 |
| | 市场化总指数评分 |
| | 披露内控评价报告则为 1，否则为 0 |
| | 内部控制有效则为 1，否则为 0 |
| | 内部控制存在缺陷则为 1，否则为 0 |
| | 分析师关注（当年跟踪该公司的分析师（团队）的数量） |
| | 审计事务所是否为"四大"会计师事务所 |
| | 去年是否违规 |

资料来源：课题组计算整理而得。

### 三、2016～2020 年企业财务欺诈风险标签数据集确定

对于作为循环神经网络模型输出端的 $Y$ 集，本研究将虚构利润、虚列资产、虚假记载（误导性陈述）、推迟披露、重大遗漏、披露不实、欺诈上市、出资违规、擅自改变资金用途、占用公司资产、内幕交易、违规买卖股票、操纵股价、违规担保、一般会计处理不当等欺诈行为视为公司违规行为。作为模型输出端的目标值（标签或学习榜样），进行网络训练和测试。

### 四、2000~2015 年企业财务欺诈风险预警模型训练

#### （一）数据预处理

本研究 2016~2020 年 238 份训练样本 64 个指标数据作为输入值，由于各种指标数据计量单位以及变动范围不统一，数据往往不具有可比性，因此需要对数据进行去量纲标准化处理。本研究主要对数据进行了去均值和归一化处理，如图 11-1 所示，以减少各维度数据取值范围差异带来的干扰。

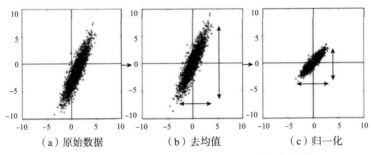

（a）原始数据　　　　（b）去均值　　　　（c）归一化

**图 11-1　2016~2020 年财务欺诈风险数据标准化**

#### （二）模型的训练

在迁移学习网络的基础上，本研究以 2016~2020 年数据作为训练样本子集，得到 238 份训练样本，11008 个特征值用于网络的进一步训练，并进行了如下调优（fine tuning）：

一是使用深度更浅、结构更紧凑的网络模型。这主要是因为财务欺诈风险相关的预警样本数量较少而风险维度又比较高，数据之间的关系广泛复杂，降低网络层数、紧凑网络结构有利于通过较少的训练得到最优结果。同时最后一层特征提取层，其能包含的精细数据信息十分有限，因此在实践操作过程中调整了网络层数，删除了网络的后面几层，将层数降为5 层，并据此适当调整了各层维度，以此得到最优效果。

二是在激活函数的配置上，由于 Relu 函数具有左侧硬饱和性，当输入落入左侧硬饱和区时，对应的梯度为 0，对输入小于 0 的部分仅做线性变换。在隐含层和输出层均使用了 sigmoid 激活函数。sigmoid 函数是一个单调、可微的非线性函数，其输入空间是整个实数区间，输出区间是（0，1），符合风险特征输入值的设定需求。由于财务欺诈风险预警 RNN 紧凑的架构，sigmoid 的梯度弥散问题未对训练效果产生明显影响。

本研究在迁移学习基准网络并调优的基础上，经过大量训练和比对，最终确定企业财务欺诈风险预警模型 RNN 训练参数，如表 11 - 3 所示。

表 11 - 3 　　2016～2020 年企业财务欺诈风险预警 RNN 训练参数

| 参数 | 参数值 | 说明 |
| --- | --- | --- |
| size | [32，32，32，32，32] | 网络各层维数 |
| n | 5 | 网络层数 |
| activation_function | sigmoid | 隐含层激活函数 |
| learning rate | 0.04 | 学习率，即权值更新的速率 |
| loss function | cross-entropy | 交叉熵损失函数 |
| scaling_learning rate | 0.001 | 学习率变化因子（each epoch），即每一次迭代学习率的变化率 |
| weight penalty L2 | 0 | L2 范数约束项，用于限制权值范围 |
| non sparsity penalty | 0 | 非稀疏惩罚，目的是使得每一层的权值之和尽可能小，即达到稀疏性 |
| sparsity target | 0 | 稀疏目标值，即每一层权值之和的目标值 |
| input zero masked fraction | 0 | 自动编码的去噪作用，增加网络的抗噪声能力 |
| dropout fraction | 0.4 | dropout 网络改进方式 |
| epoch | 3500 | 迭代次数 |
| output | softmax | 输出层激活函数 |

根据训练结果，最终构建了一个 5 层的企业财务欺诈风险预警循环神经网络，每层的维数分别：64 个，32 个，2 个。深度学习网络结构如图 11 - 2 所示。

（1）输入风险特征数据：企业财务欺诈风险预警指标共 64 个，因此第一层循环神经网络的输入维数是 64 个。

（2）隐含层：为更好地提取企业财务欺诈风险预警的时间序列信息，提高网络表示能力，使用了 5 层循环层。

（3）隐含层激活函数：由于企业财务欺诈风险预警是一个非线性系统，因此使用 Relu 函数对不同时刻的输出结果进行非线性转化，以提高预警能力。

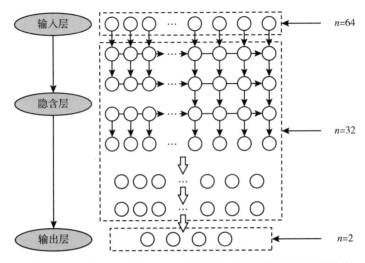

**图 11 - 2　2000 ~ 2015 年企业财务欺诈风险预警 RNN 网络结构**

（4）输出层：将上一层循环层的最终输出的序列结果输入到全连接层，并使用 softmax 激活函数以实现企业财务欺诈风险预警的分类划分，同时使用交叉熵损失函数利用 BP 算法进行反向传播更新权重。

其中，输入的风险特征数据为企业财务欺诈风险特征数据集，即企业财务欺诈风险指标。隐含层根据训练以及验证结果确定最优选择。经过不断地调试，本研究最终确定了优化和泛化能力最好的隐含层层数。输出层为企业财务欺诈风险标签数据集，即企业是否进行财务欺诈的识别为了便于模型的识别和训练，对业财务欺诈风险标签数据集进行 one-hot 编码，其中欺诈用（1，0）表示，非欺诈用（0，1）表示。

企业财务欺诈风险智能预警模型反映了循环神经网络能够充分帮助时间信息的传递，展示动态时序行为，从而挖掘时间序列信息的特征，其通过对输入数据即企业财务欺诈风险特征数据集中的时间序列进行循环遍历，提取不同时刻企业财务欺诈风险的特征，同时将其转化成更高层次、更抽象的风险特征并实现降维处理，最终与企业财务欺诈风险标签数据集构建起风险映射关系。通过循环神经网络的训练学习，风险特征不再需要进行人工提取处理，其能够自动扩大企业财务欺诈风险指标中对企业财务欺诈行为的识别重要作用因素，而弱化不相关的因素，实现特征提取和预测分类的有机统一。

**（三）误差的梯度下降**

在循环神经网络中，通过梯度下降算法，具体来说本研究使用 BP 算法来最小化损失函数（cross-entropy）实现权重更新。为充分提取企业财务欺诈风险的时间序列特征，同时防止过拟合问题，本研究将迭代次数设定为 3500 次。由图 11-3 可知，经过多次迭代，在训练参数设定之后，最终批次样本训练的均方误差基本低于 0.1，最终结果反映了在对选取样本进行网络训练时，预测结果具有较高的精确度。

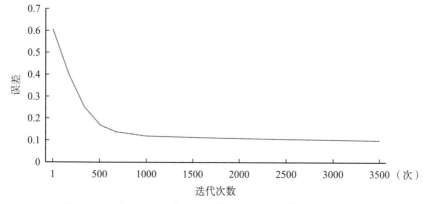

**图 11-3　基于 RNN 的企业财务欺诈风险预警网络训练效果**

由图 11-3 可见，通过不断反复地训练，网格的均方误差在不断变小，表明其准确度在提高。此部分仅为深度学习网络的训练部分，对于已训练的深度学习网络，其准确率还需要通过测试未参与训练过程的样本数据得到。

## 第三节　应用场景之五：基于智能风险
## 管理的企业财务欺诈风险识别

对于经过大量训练构建的循环神经网络模型，需要使用测试样本数据测试其预测的准确性，检验评价效果。本研究选取 2016～2020 年 76 个测试样本 4864 个风险特征数据用于网络测试。

### 一、2016～2020 年企业财务欺诈风险预警模型检验

表 11-4 报告了 2016～2020 年测试集的 Recall、AUC 和 NDCG@k 的评估结果。由表 11-4 可知，采用 Logistic 方法的 Recall 值为 0.3514，采用 RNN 方法的 Recall 值为 0.5513，说明用 Logistic 方法仅能够检测出

35.14%的欺诈公司，而采用 RNN 方法能够检测出 55.13%的欺诈公司，两者之间存在显著差异（diff = 0.2217，P = 0.013），基于 RNN 方法构建的模型，预测效果远优于传统的逻辑回归方法；采用 Logistic 方法的 AUC 的值为 0.4781，相比之下，采用 RNN 方法的 AUC 的值为 0.7297，两者之间存在显著差异（diff = 0.3149，P = 0.019），说明采用 RNN 方法构建的预测模型泛化性能更好；采用 Logistic 方法的 NDCG@K 的值为 0.1872，采用 RNN 方法的 NDCG@K 的值为 0.5724，两者之间存在显著差异（diff = 0.1796，P = 0.0008），也体现了 RNN 方法更优秀的预测能力。综上所述，我们可以明确，基于循环神经网络方法构建的公司欺诈预警模型效果更好，该结论具有一定的实用价值和现实指导意义。

表 11 - 4　　2016~2020 年企业财务欺诈风险预警模型检验结果评估

| 模型 | Recall | AUC | NDCG@K |
| --- | --- | --- | --- |
| Logistic | 0.3514 | 0.4781 | 0.1872 |
| RNN | 0.5513 | 0.7297 | 0.5724 |
| Diff. | 0.2217 ** | 0.3149 ** | 0.1796 *** |

注：* 表示 0.1 显著，** 表示 0.05 显著，*** 表示 0.01 显著。
资料来源：课题组根据国泰安数据库 2016~2020 年数据计算整理而得。

## 二、2016~2020 年企业财务欺诈风险预警模型对比分析

为了进一步拓展本研究的研究结论，与其他机器学习算法所构建模型的预测效果并进行横向比较，本研究还尝试了采用其他机器学习方法。集成学习（ensemble learning）是近几年机器学习领域的热点问题。集成学习包括对多个弱学习器（weak learner）独立进行学习的装袋算法 Bagging，以及对多个弱学习器依次进行学习的增强学习法 Boosting。Bagging 是并行式集成学习方法最著名的代表。随机森林（Random Forest）是 Bagging 的一个扩展变体，即以决策树为基学习器构建 Bagging 集成的基础上，进一步在决策树的训练过程中引入随机属性选择。Boosting 族算法最著名的代表是 Adaboost。综上所述，本研究选择采用机器学习算法中的经典代表——Random Forest 和 Adaboost，构建公司欺诈预测模型，以验证其他机器学习方法是否能够达到"提高精度"的效果。

在用随机森林 Random Forest 方法构建公司欺诈预测模型的时，本研究将树的数量设置为 30 个，将叶子节点下的最小样本数量设置为 10 个。

在用 Adaboost 方法构建公司欺诈预测模型时，本研究将树的数量设置为 500 个，学习率设置为 0.2。模型效果如表 11 - 5 所示。为了方便比较，表 11 - 5 还列示了 Logistic 和 RNN 模型的预测结果。我们可以发现采用 Random Forest 和 Adaboost 方法所构建模型的预测效果虽然不如 RNN 方法，但与其极其近似，且是 Logistic 方法预测精度的两倍有余。因此，基于机器学习方法构建的公司欺诈预测模型效果更好，且远优于传统的逻辑回归方法，体现了机器学习方法在财务会计领域预测问题中的优越性和稳定性。

**表 11 - 5　　　　2016 ~ 2020 年企业财务欺诈风险预警模型结果评估**

| 模型 | Recall | AUC | NDCG@ K |
|---|---|---|---|
| Logistic | 0. 3514 | 0. 4781 | 0. 1872 |
| Adaboost | 0. 4868 | 0. 7186 | 0. 4081 |
| RandomForest | 0. 4543 | 0. 6761 | 0. 4639 |
| RNN | 0. 5513 | 0. 7297 | 0. 5724 |

资料来源：课题组根据国泰安数据库 2016 ~ 2020 年数据计算整理而得。

### 三、企业财务欺诈风险预警指标重要性排序

特征的重要性是指该特征在模型训练过程中的重要程度。决策树模型的显著优势之一在于它可以对特征的重要性进行度量。对于单个决策树模型，训练过程即是寻找某个特征的合适分割点。显然，如果一个特征被选中作为分割点的次数越多，则这个特征在决策过程中越重要，特征的重要性越强。Adaboost 具有不需要进行过多参数调整就能达到良好效果的优点，在本研究决策树模型的预测结果中，Adaboost 的预测效果优于 Random Forest。因此，本研究以 Adaboost 为例，通过统计特征在每个决策树上的分割点数量获得每个特征的重要性程度。基于 AdaBoost 的预测模型特征排序，表 11 - 6 列示了 2016 ~ 2020 年重要性的平均数从高到低的排序。

**表 11 - 6　　　　　　　　2016 ~ 2020 年指标重要性排序**

| 排序 | 变量名称 | 样本数（个） | 评分 |
|---|---|---|---|
| 1 | 企业融资风险泡沫资本率（EFRBR） | 4864 | 0. 0305 |
| 2 | 企业保营运的经营现金流入量 | 4864 | 0. 0305 |

续表

| 排序 | 变量名称 | 样本数（个） | 评分 |
|---|---|---|---|
| 3 | 企业经营现金可持续天数 | 4864 | 0.0296 |
| 4 | 企业金融资本依存度（EFCDR） | 4864 | 0.0283 |
| 5 | 去年是否违规 | 4864 | 0.0283 |
| 6 | 企业投资风险在险现金率（EIRVaRR） | 4864 | 0.0280 |
| 7 | 企业投资维现金流出量结构比 | 4864 | 0.0264 |
| 8 | 企业保营运保投资经营现金流入量 | 4864 | 0.0261 |
| 9 | 企业金融资本风险在险现金率（EFCRVaRR） | 4864 | 0.0261 |
| 10 | 企业权益资本风险在险现金率（EECRVaRR） | 4864 | 0.0261 |
| 11 | 企业非金融资本依存度（ENFCDR） | 4864 | 0.0258 |
| 12 | 房地产行业"去杠杆"周期风险波动拐点 | 4864 | 0.0252 |
| 13 | 房地产行业"去杠杆"周期风险区域因子 | 4864 | 0.0252 |
| 14 | 企业融资风险在险现金率（EFRVaRR） | 4864 | 0.0249 |
| 15 | 企业投资适配现金杠杆率（EIACLR） | 4864 | 0.0246 |
| 16 | 房地产行业"去杠杆"金融资本风险在险现金值波动序列 | 4864 | 0.0242 |
| 17 | 房地产行业"去产能"资本投资风险在险现金值波动序列 | 4864 | 0.0233 |
| 18 | 企业风险管理资本短贷长投率（ERMCSTLLTIR） | 4864 | 0.0224 |
| 19 | 企业经营适配现金收益率（ECROA） | 4864 | 0.0217 |
| 20 | 哑变量，是否为国有企业 | 4864 | 0.0217 |
| 21 | 企业自有资本依存度（ECDR） | 4864 | 0.0214 |
| 22 | 审计事务所是否为"四大"会计师事务所 | 4864 | 0.0211 |
| 23 | 企业融资维现金流出量结构比 | 4864 | 0.0208 |
| 24 | 房地产行业"去产能"基建投资风险在险现金值波动序列 | 4864 | 0.0205 |
| 25 | 房地产行业"去库存"风险在险现金值波动序列 | 4864 | 0.0198 |
| 26 | 企业经营风险泡沫资产率（EORBR） | 4864 | 0.0186 |
| 27 | 企业风险管理投融资适配率（ERMIFAR） | 4864 | 0.0186 |
| 28 | 企业其他投资风险在险现金率 | 4864 | 0.0173 |
| 29 | 内部控制有效则为1，否则为0 | 4864 | 0.0170 |
| 30 | 房地产行业"去库存"风险泡沫资产值波动序列 | 4864 | 0.0167 |

| 排序 | 变量名称 | 样本数（个） | 评分 |
|---|---|---|---|
| 31 | 企业投资风险泡沫资产率（EIRBR） | 4864 | 0.0157 |
| 32 | 房地产行业"去库存"周期风险区域因子 | 4864 | 0.0157 |
| 33 | 企业经营风险在险现金率（EORVaRR） | 4864 | 0.0154 |
| 34 | 企业保营运保偿债经营现金流入量 | 4864 | 0.0151 |
| 35 | 房地产行业"去杠杆"周期风险政策因子 | 4864 | 0.0151 |
| 36 | 企业其他融资风险在险现金率 | 4864 | 0.0145 |
| 37 | 房地产行业"去产能"周期风险波动拐点 | 4864 | 0.0139 |
| 38 | 房地产行业"去产能"风险泡沫资产值波动序列 | 4864 | 0.0135 |
| 39 | 企业风险管理资本投融资错配率（RMCIFMR） | 4864 | 0.0129 |
| 40 | 市场化总指数评分 | 4864 | 0.0123 |
| 41 | 房地产行业"去杠杆"权益资本在险现金值波动序列 | 4864 | 0.0120 |
| 42 | 公司董事会人数 | 4864 | 0.0120 |
| 43 | 内部控制存在缺陷则为1，否则为0 | 4864 | 0.0113 |
| 44 | 公司管理层持股比例 | 4864 | 0.0110 |
| 45 | 第二到第五大股东持股数量之和除以第一大股东持股数量 | 4864 | 0.0094 |
| 46 | 房地产行业"去杠杆"风险泡沫资本值波动序列 | 4864 | 0.0091 |
| 47 | 房地产行业"去产能"周期风险区域因子 | 4864 | 0.0088 |
| 48 | 产品市场的发育程度评分 | 4864 | 0.0088 |
| 49 | 非国有经济的发展评分 | 4864 | 0.0079 |
| 50 | 披露内控评价报告则为1，否则为0 | 4864 | 0.0072 |
| 51 | 企业融资适配依存率（EFADR） | 4864 | 0.0063 |
| 52 | 分析师关注，当年跟踪该公司的分析师（团队）的数量 | 4864 | 0.0060 |
| 53 | 独立董事人数 | 4864 | 0.0047 |
| 54 | 政府与市场的关系评分 | 4864 | 0.0044 |
| 55 | 企业基建投资风险在险现金率（EIIRVaRR） | 4864 | 0.0038 |
| 56 | 第一大股东持股数量 | 4864 | 0.0038 |
| 57 | 市场中介组织的发育和法律制度环境评分 | 4864 | 0.0035 |
| 58 | 房地产行业"去库存"周期风险政策因子 | 4864 | 0.0031 |
| 59 | 房地产行业"去产能"周期风险政策因子 | 4864 | 0.0031 |
| 60 | 要素市场的发育程度评分 | 4864 | 0.0028 |

| 排序 | 变量名称 | 样本数（个） | 评分 |
|---|---|---|---|
| 61 | 房地产行业"去库存"周期风险波动拐点 | 4864 | 0.0025 |
| 62 | 公司国有股所占比例 | 4864 | 0.0016 |
| 63 | 两职合一（公司董事长与 CEO 是否兼任） | 4864 | 0.0009 |
| 64 | 企业资本投资风险在险现金率（ECIRVaRR） | 4864 | 0.0006 |

资料来源：课题组基于 AdaBoost 预测模型计算整理而得。

　　从表 11-6 可知，对于房地产企业的企业融资风险泡沫资本率（EFR-BR）、企业保营运的经营现金流入量、企业经营现金可持续天数、去年是否违规等指标对公司欺诈行为的预测有着重要作用。去年是否违规排名前列，说明企业的违规"前科"对再次欺诈行为的发生具有显著预测能力。已经明确存在的客观欺诈行为说明企业存在较高的欺诈倾向和欺诈风险，以及较差的公司治理现状，是预测公司欺诈行为发生的重要特征。进一步地，我们能够发现外部行业环境的相关特征的重要性排名靠前，体现了外部环境的必要性。同时，在重要性排序名前列，财务相关数据占比较高，说明财务数据依然是预测公司欺诈的重要依据，最后根据本指标的排名为本研究第十二章的风险清单设计提供依据。

# 关键概念释义

| 序号 | 关键概念 | 缩写符号 | 计算公式 | 释义 |
|---|---|---|---|---|
| 1 | 财务欺诈 | — | — | 虚构利润、虚列资产、虚假记载（误导性陈述）、推迟披露、重大遗漏、披露不实、欺诈上市、出资违规、擅自改变资金用途、占用公司资产、内幕交易、违规买卖股票、操纵股价、违规担保、一般会计处理不当等欺诈行为视为公司违规行为 |
| 2 | 企业财务欺诈风险特征核心数据集 | — | — | 基于循环神经网络模型企业财务欺诈风险预警的输入值 |
| 3 | 企业财务欺诈风险特征标签数据集 | — | — | 基于循环神经网络模型企业财务欺诈风险预警的输出值 |
| 4 | 数据预处理 | — | — | 使用缩放、去除直流分量、特征标准化等方法将不同数量级的数据归一化到同一尺度下，来增加数据的有效性和易用性 |

# 附录　基于 Matlab 12.0 的企业"三维"泡沫风险预警指标预测代码及软件实现

```
Data_new = { } ;
    j = 0 ;
    num = j - mod( j,10 ) ;
    Data_new = Data_new( 1 : num, : ) ;
    Data_Xnew = Data_X ;
    for i = 1 : size( Data_new,1 )/10
        for j = 1 : 10
            Data_Xnew( 10 * ( i - 1 ) + j, : ) = Data_X( ( size( Data_new,1 )/
            10 ) * ( j - 1 ) + i, : ) ;
        end
    end
    Data_X = Data_Xnew ;
    load( 'Data_new. mat') ;
    B = zeros( size( Data_new,1 )/10,3 ) ;
    H = zeros( size( Data_new,1 )/10,3 ) ;
    A = zeros( size( Data_new,1 )/10,3 ) ;
    Q = zeros( size( Data_new,1 )/10,3 ) ;
    for i = 1 : size( Data_new,1 )/10
        for j = 1 : 1
            temp_x = Data_X( i : ( size( Data_new,1 )/10 ) : end, j ) ;
            temp_y = Data_new( 10 * ( i - 1 ) + 1 : 10 * i, j ) ;
            B( i,j ) = inv( temp_x' * temp_x ) * temp_x' * temp_y ;
            H( i,j ) = sum( ( B( i,j ). * temp_x - temp_y ). ^2 ) ;
            H( i,j ) = 10/H( i,j ) ;
            temp_xx = temp_x( 1 : 9 ) ;
            temp_yy = temp_x( 2 : 10 ) ;
            A( i,j ) = inv( temp_xx' * temp_xx ) * temp_xx' * temp_yy ;
            Q( i,j ) = sum( ( A( i,j ). * temp_xx - temp_yy ). ^2 ) ;
            Q( i,j ) = 10/Q( i,j ) ;
        end
    end
```

# 第十二章　风险管理会计的企业预警报告：基于房地产企业

## 第一节　房地产企业风险管理会计的财务报表分析：基于 *ST 松江

### 一、*ST 松江风险管理资产负债表

本研究根据风险管理资产负债表编制原则，利用 *ST 松江 2018～2020 年数据编制风险管理资产负债表如表 12－1 所示。

### 二、*ST 松江风险管理现金流量表

本研究根据风险管理现金流量表编制原则，利用 *ST 松江 2018～2020 年数据编制风险管理现金流量表如表 12－2 所示。

### 三、*ST 松江风险管理资产负债表附注：风险管理"三维"风险泡沫资产值解析

#### （一）企业经营风险泡沫预警值

企业经营风险泡沫预警值为越大越好型指标，企业经营风险泡沫预警值计算结果为正，表示经营安全；计算结果为负，表示存在经营泡沫风险。

依据测度出的 *ST 松江 2016～2024 年企业经营风险泡沫预警值的数据，为直观地反映 *ST 松江经营风险泡沫预警值的变动情况，将 *ST 松江 2016～2024 年各年度的经营风险泡沫预警值绘制成图，如图 12－1 所示。

表12-1　*ST松江和万业企业风险管理资产负债表

单位：万元

| 风险管理总资产 | *ST松江2020年末数 | *ST松江2019年末数 | *ST松江2018年末余额 | 风险管理总资本 | *ST松江2020年末余额 | *ST松江2019年末余额 | *ST松江2018年末余额 |
|---|---|---|---|---|---|---|---|
| 一、金融性流动资产（financial liquid asset, FLA） | 60960.80 | 82627.81 | 131358.30 | 一、金融资本（financial capital, FC） | 899211.61 | 856788.79 | 900194.47 |
| | | | | （一）短期金融资本（SFC） | | | |
| （1）货币资金 | 53195.51 | 74214.86 | 105255.90 | （1）短期借款 | 178051.96 | 217027.64 | 127198.96 |
| （2）交易性金融资产 | 1623.1 | 1105.90 | | （2）交易性金融负债 | | | |
| （3）以公允价值计量且其变动计入当期损益的金融资产 | | | | （3）以公允价值计量且其变动计入当期损益的金融负债 | | | |
| （4）衍生金融资产 | | | | （4）衍生金融负债 | | | |
| （5）应收账款融资 | 96.59 | 138.90 | | （5）卖出回购金融资产款 | | | |
| （6）买入返售金融资产 | | | | （6）一年内到期的非流动负债 | | | |
| （7）一年内到期的非流动资产 | 658.19 | 702 | 24902.4 | （二）长期金融资本（LFC） | | | |
| （8）发放贷款和垫款 | | | | （7）长期借款 | 34000.00 | 150840.70 | 213016.87 |
| （9）债权投资 | | | | （8）应付债券 | | | |
| （10）其他债权投资 | | | | 其中：优先股 | | | |
| | | | | 永续债 | | | |

续表

| 风险管理总资产 | *ST松江 2020年末数 | *ST松江 2019年末数 | *ST松江 2018年末余额 | 风险管理总资本 | *ST松江 2020年末余额 | *ST松江 2019年末余额 | *ST松江 2018年末余额 |
|---|---|---|---|---|---|---|---|
| (11) 其他权益工具投资 | 5484.00 | 6005.00 | | (9) 应付利息 | 91904.091 | 31295.234 | 6406.976 |
| (12) 其他非流动金融资产 | | 600.00 | | (10) 租赁负债 | | | |
| (13) 应收利息 | | | | 金融资本小计 | 899211.615 | 856788.795 | 900194.477 |
| 金融性流动资产小计 | 60960.80 | 82627.81 | 131358.30 | 二、非金融长期资本（non-financial longterm capital, NFLC） | | | |
| 二、营运资本需求（working capital requirement，WCR）= OLA - OLL | | | | (1) 长期应付款 | 18107.123 | 14072.980 | 26304.421 |
| （一）经营性流动资产（operating liquid asset, OLA） | | | | (2) 长期应付职工薪酬 | | | |
| (1) 应收票据 | 133.37 | 1766.41 | 5.00 | (3) 预计负债 | 5518.993 | | |
| (2) 应收账款 | 75731.31 | 93464.49 | 96231.24 | (4) 递延收益 | | | |
| (3) 预付款项 | 50494.29 | 10666.54 | 34467.36 | (5) 递延所得税负债 | 3749.528 | 7885.874 | 8030.077 |
| (4) 应收保费 | | | | (6) 其他非流动负债 | 8663.338 | 149.128 | |
| (5) 应收分保账款 | | | | 非金融长期资本小计 | 36295.678 | 22400.304 | 34649.081 |
| (6) 应收分保合同准备金 | | | | 三、权益资本（equity capital, EC） | | | |

续表

| 风险管理总资产 | *ST松江 2020年末数 | *ST松江 2019年末数 | *ST松江 2018年末余额 | 风险管理总资本 | *ST松江 2020年末余额 | *ST松江 2019年末余额 | *ST松江 2018年末余额 |
|---|---|---|---|---|---|---|---|
| （7）其他应收款 | 57210.48 | 61637.79 | 73425.94 | （1）实收资本（或股本） | 93549.262 | 93549.262 | 93549.262 |
| 其中：应收股利 | | | | （2）其他权益工具 | | | |
| （8）存货 | 281781.50 | 515005.80 | 524827.90 | 其中：优先股 | | | |
| （9）合同资产 | 2144.53 | | | 永续债 | | | |
| （10）持有待售资产 | 25767.90 | 23002.96 | 64305.05 | （3）资本公积 | 114885.034 | 114885.034 | 114885.034 |
| （11）其他流动资产 | | | | 减：库存股 | | | |
| 经营性流动资产小计 | 493364.96 | 801679.89 | 793262.46 | （4）其他综合收益 | -2037.0419 | -1143.107 | -585.169 |
| （二）经营性流动负债（operating liquid liability, OLL） | | | | （5）专项储备 | | | |
| （1）应付票据 | 41000 | 68833 | 60061.27 | （6）盈余公积 | 20519.279 | 20519.279 | 20519.279 |
| （2）应付账款 | 186193.28 | 164411.52 | 167581.06 | （7）一般风险准备 | | | |
| （3）预收款项 | 10478.72 | 62511.40 | 53299.46 | （8）未分配利润 | -587198.180 | -196184.755 | -104663.603 |
| （4）应付职工薪酬 | 2322.41 | 1908.38 | 738.33 | （9）归属于母公司所有者权益（或股东权益）合计 | 28931.045 | 36717.740 | 28038.054 |
| （5）应交税费 | 23457.54 | 20511.03 | 21482.64 | （10）少数股东权益 | | | |

续表

| 风险管理总资产 | *ST 松江 2020 年末数 | *ST 松江 2019 年末数 | *ST 松江 2018 年末余额 | 风险管理总资本 | *ST 松江 2020 年末余额 | *ST 松江 2019 年末余额 | *ST 松江 2018 年末余额 |
|---|---|---|---|---|---|---|---|
| （6）其他应付款 | | | | 权益资本小计 | −331350.575 | 68343.451 | 151742.856 |
| 其中：应付股利 | | | | | | | |
| （7）应付手续费及佣金 | | | | | | | |
| （8）合同负债 | 55764.41 | | | | | | |
| （9）应付分保账款 | | | | | | | |
| （10）持有待售负债 | | | | | | | |
| （11）其他流动负债 | | | | | | | |
| 经营性流动负债小计 | 350453.23 | 346066.26 | 305721.65 | | | | |
| 营运资本需求小计 | 142911.74 | 455613.62 | 487540.81 | | | | |
| 三、长期资产（longterm asset, LA） | | | | | | | |
| （1）长期股权投资 | 693.16 | 1274.15 | 2101.09 | | | | |
| （2）长期应收款 | | | | | | | |
| （3）投资性房地产 | 120627.86 | 172563.47 | 171138.68 | | | | |
| （4）固定资产 | | | | | | | |
| （5）在建工程 | 37292.10 | 71741.91 | 52158.30 | | | | |
| （6）生产性生物资产 | | | | | | | |

续表

| 风险管理总资产 | *ST 松江 2020 年末数 | *ST 松江 2019 年末数 | *ST 松江 2018 年末余额 | 风险管理总资本 | *ST 松江 2020 年末余额 | *ST 松江 2019 年末余额 | *ST 松江 2018 年末余额 |
|---|---|---|---|---|---|---|---|
| （7）油气资产 | | | | | | | |
| （8）使用权资产 | | | | | | | |
| （9）无形资产 | 17270.09 | 28673.26 | 31589.12 | | | | |
| （10）开发支出 | | | | | | | |
| （11）商誉 | 46483.09 | 46483.09 | 46483.09 | | | | |
| （12）长期待摊费用 | 1370.99 | 1332.84 | 240.25 | | | | |
| （13）递延所得税资产 | 949.93 | 11737.15 | 29992.74 | | | | |
| （14）其他非流动资产 | 75932.71 | 4058.82 | 77533.62 | | | | |
| 长期资产小计 | 142911.74 | 455613.62 | 487540.81 | | | | |
| 风险管理总资产（risk total asset, RTA）=FLA+WCR+LA | 604156.72 | 947532.55 | 1086586.41 | 风险管理总资本（risk total capital, RTC）=FC+NFLC+EC | 604156.72 | 947532.55 | 1086586.41 |

表 12－2　**＊ST 松江风险管理现金流量表**

单位：万元

| 现金流量 | ＊ST 松江 2020 年年末值 | ＊ST 松江 2019 年年末值 | ＊ST 松江 2018 年年末值 | 现金净流量 | ＊ST 松江 2020 年年末值 | ＊ST 松江 2019 年年末值 | ＊ST 松江 2018 年年末值 |
|---|---|---|---|---|---|---|---|
| 一、现金留存收益（cash added value, CAV） | | | | 一、现金留存收益（cash added value, CAV） | | | |
| （一）经营活动现金流入量（CFOi） | 390237.251 | 462560.227 | 297768.184 | （一）经营活动现金净流量（net cash flow from operating, NCFO） | 157799.063 | 213131.330 | 51305.868 |
| （1）销售商品、提供劳务收到的现金 | 148705.566 | 278054.573 | 194076.066 | （二）调整项：（1）～（2） | | | |
| （2）收到其他与经营活动有关的现金 | 145197.601 | 184195.152 | 96160.957 | （1）取得投资收益收到的现金 | 427.111 | 399.000 | 7057.207 |
| （二）经营活动现金流出量（CFOo） | 99141.877 | 32338.845 | 37542.603 | （2）分配股利、利润或偿付利息支付的现金 | 1285.461 | 34059.810 | 55055.805 |
| （1）商品、接受劳务支付的现金 | 61854.079 | 67141.622 | 84884.268 | | | | |
| （2）支付给职工以及为职工支付的现金 | 17446.096 | 14716.589 | 12001.164 | | | | |
| （3）支付的各项税费 | 9510.447 | 10198.092 | 10505.062 | | | | |
| （4）支付其他与经营活动有关的现金 | 157651.693 | 157372.595 | 125047.468 | | | | |

续表

| 现金流量 | *ST松江 2020年年末值 | *ST松江 2019年年末值 | *ST松江 2018年年末值 |
|---|---|---|---|
| （三）调整项：(1)～(2) | | | |
| (1) 取得投资收益收到的现金 | 427.111 | 399.00 | 7057.207 |
| (2) 分配股利、利润或偿付利息支付的现金 | | | |
| 现金留存收益小计 | | | |
| 二、资本投资现金净流量（net cash flow from capital investment, NCFCI) | 5961.540 | -6999.806 | -1358.572 |
| (1) 收回投资收到的现金 | 5534.429 | 7000.000 | 3540.000 |
| (2) 处置子公司或其他营业单位收到的现金净额 | | | |
| (3) 投资支付的现金 | | | |
| (4) 取得子公司及其他营业单位支付的现金净额 | | | |
| 资本投资现金净流量小计 | | | |

| 现金流量 | *ST松江 2020年年末值 | *ST松江 2019年年末值 | *ST松江 2018年年末值 |
|---|---|---|---|
| 现金留存收益小计 | | | |
| 二、投资活动现金净流量（net cash flow from investment, NCFI) | -3929.245 | -111566.136 | -32134.036 |
| 减：取得投资收益收到的现金 | 427.111 | 399.000 | 7057.207 |

续表

| 现金流量 | *ST 松江 2020 年年末值 | *ST 松江 2019 年年末值 | *ST 松江 2018 年年末值 | 现金净流量 | *ST 松江 2020 年年末值 | *ST 松江 2019 年年末值 | *ST 松江 2018 年年末值 |
|---|---|---|---|---|---|---|---|
| 三、基建投资现金净流量（net cash flow from infrastructure investment, NCFII） | 9988.418 | 4650.531 | 11799.507 | | | | |
| （1）处置固定资产、无形资产、投资性房地和其他长期资产收回的现金净额 | 16736.773 | | 19.480 | | | | |
| （2）购建固定资产、无形资产、投资性房地和其他长期资产所支付的现金 | 116620.953 | 28991.874 | 42750.723 | | | | |
| 基建投资现金流量小计 | -99884.18 | -4650.531 | -11799.507 | | | | |
| （3）收到其他与投资活动有关的现金 | 90000.000 | 26.738 | | 新投资活动现金净流量小计（net cash flow from investment, NCFF） | | | |
| （4）支付的其他与投资活动有关的现金 | 6.606 | 90000.000 | | | | | |
| 四、金融资本融资现金净流量（net cash flow from financial capital, NCFFC） | -24220.200 | -5481.528 | 2746.298 | 三、融资活动现金净流量（net cash flow from financial, NCFF） | -163446.072 | -102505.92 | -51910.827 |

续表

| 现金流量 | *ST松江 2020年年末值 | *ST松江 2019年年末值 | *ST松江 2018年年末值 |
|---|---|---|---|
| （1）取得借款收到的现金 | 125758.589 | 277638.900 | 393092.762 |
| （2）发行债券收到的现金 | | | |
| （3）偿还债务支付的现金 | 137124.181 | 475843.517 | 469433.171 |
| 金融资本融资现金净流量小计 | | | |
| 五、权益资本融资现金净流量（net cash flow from equity capital, NCFEC） | 12000.000 | 12120.00 | 31362.907 |
| （1）吸收投资收到的现金 | | | |
| （2）归还投资支付的现金 | | | |
| 权益资本融资现金净流量小计 | | | |
| （3）收到的其他与融资活动有关现金 | 218951.437 | 378543.300 | 140105.246 |
| （4）支付的其他与融资活动有关现金 | 258762.064 | 260784.797 | 172155.104 |
| 现金流量总计 = CAV + NCFCI + NCFII + NCFEC + NCFEC + 其他活动现金流量 | | | |

| 现金流量 | *ST松江 2020年年末值 | *ST松江 2019年年末值 | *ST松江 2018年年末值 |
|---|---|---|---|
| 加：分配股利，利润或偿付利息支付的现金 | 12854.607 | 34059.810 | 55055.805 |
| 新融资活动现金净流量小计 = NCFO + NCFI + NCFF | | | |
| 现金净流量总计 = NCFO + NCFI + NCFF | -5697.688 | 1398.961 | -4534.2038 |

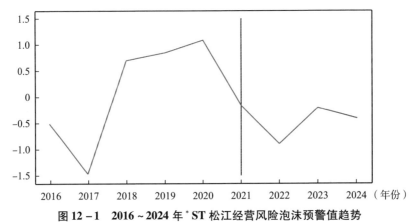

**图 12 - 1   2016～2024 年 \*ST 松江经营风险泡沫预警值趋势**

资料来源：课题组根据国泰安数据库 2016～2024 年数据计算整理而得。

由图 12 - 1 分析可知，2016～2020 年 \*ST 松江经营风险泡沫预警值整体波动较大，部分年份为负数，表明存在经营泡沫风险。2016～2020 年，经营风险泡沫预警值短暂下降以后继而上升，2016 年要求全面落实、落地"十三五"规划。"十三五"规划按照战略导向原则，从各方面全面部署。对银泰子公司的投资与兼并也完成了部分发达地区的战略格局，为区域转型奠定了坚实的基础。

**（二）企业投资风险泡沫预警值**

企业投资风险泡沫预警值是通过非金融长期资本值、权益资本值、长期资产值计算而成。企业投资风险泡沫预警值为越大越好型指标，值越大，表明投资适配依存率越高。

依据测度出的 \*ST 松江企业投资风险泡沫预警值的数据，为直观地反映 \*ST 松江投资风险泡沫预警值的变动情况，将 \*ST 松江 2016～2024 年各年度的投资风险泡沫预警值绘制成图，如图 12 - 2 所示。

由图 12 - 2 分析可知，2016～2020 年 \*ST 松江投资风险泡沫预警值整体波动较大，总体表现较差，投资风险泡沫预警值都为负数。2017 年之后投资风险泡沫预警值在增大，是由于公司 2016 年后开始启动"十三五"规划，而 2017 年作为企业房地产开发重要的一年进行了投资活动，但随着投资规模的扩张，仍然存在投资泡沫风险。2020 年新冠疫情的暴发，企业的经营活动停滞，使得企业投资的活动也遭受重创，投资风险大幅增加。

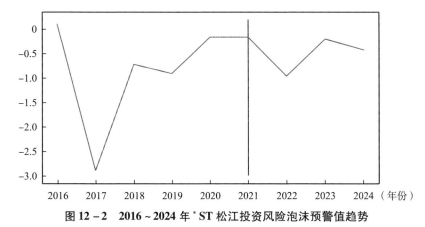

**图 12 – 2　2016～2024 年 \*ST 松江投资风险泡沫预警值趋势**

资料来源：课题组根据国泰安数据库 2016～2024 年数据计算整理而得。

### （三）企业融资风险泡沫资本值

企业融资风险泡沫预警值是通过金融性流动资产值和金融资本值计算而成。企业融资风险泡沫预警值为越大越好型指标，值越小，风险越大越危险。

依据测度出的 \*ST 松江 2016～2020 年企业投资风险泡沫预警值的数据，为直观地反映 \*ST 松江融资风险泡沫预警值的变动情况，将 \*ST 松江 2016～2024 年各年度的融资风险泡沫预警值绘制成图，如图 12 –3 所示。

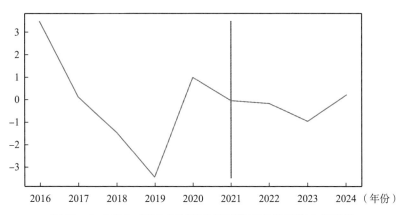

**图 12 –3　2016～2024 年 \*ST 松江融资风险泡沫资本值趋势**

资料来源：课题组根据国泰安数据库 2016～2024 年数据计算整理而得。

\*ST 松江融资风险泡沫预警值在 2016～2018 年呈下降之势，这是由于 2016 年是公司经营发展的关键一年，为确保公司资金链安全，此时的融资风险由于融资活动的进行而大幅上升，连续几年融资风险持续上升。2020 年的融资风险泡沫资本值有明显下降，是由于新冠疫情的暴发，企业大部分业务活动处于停滞状态，进而减少了融资活动。

**四、*ST 松江风险管理现金流量表附注：风险管理现金流量"三维"风险在险现金值解析**

**（一）企业经营风险现金在险预警值**

企业经营风险在险现金值为越大越好型指标。值越大，风险越小。依据测度出的 *ST 松江 2016～2020 年企业经营风险在险现金值（ORVaR）的数据，为直观地反映 *ST 松江经营风险在险现金值的变动情况，将 *ST 松江和 2016～2024 年各年度的经营风险在险现金值绘制成图，如图 12－4 所示。

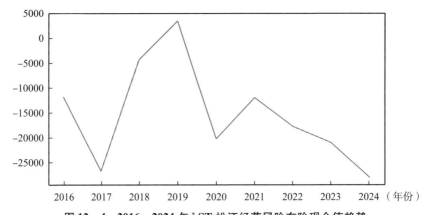

**图 12－4　2016～2024 年 *ST 松江经营风险在险现金值趋势**

资料来源：课题组根据国泰安数据库 2016～2024 年数据计算整理而得。

由图 12－4 分析可知，2016～2020 年 *ST 松江经营风险在险现金值后半段波动较大，2018 年，金融财政政策趋于宽松，而房地产企业市场调控政策趋于严格，房地产市场百城均价各季度累计涨幅较去年同期均收紧，整体价格趋于稳定，但是整体营收较上年度下降33%，整体经营风险较高。

**（二）企业资本投资现金风险现金在险预警值**

企业资本投资现金风险在险现金值（NCFCI）为越大越好型指标，值越大，风险越小。依据测度出的 *ST 松江 2016～2020 年企业资本投资现金风险在险现金值的数据，为直观地反映 *ST 松江资本投资现金风险在险现金值的变动情况，将 *ST 松江 2016～2024 年各年度的资本投资在险现金值绘制成图，如图 12 - 5 所示。

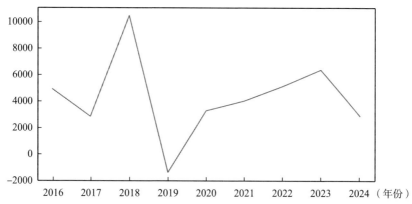

**图 12 - 5　2016～2024 年 *ST 松江企业资本投资风险在险现金值趋势**

资料来源：课题组根据国泰安数据库 2016～2024 年数据计算整理而得。

由图 12 - 5 分析可知，*ST 松江在 2016～2020 年资本投资在险值在 2018 年之后波动较大。2018 年，由于房地产管控的收紧，加之 2020 年新冠疫情的冲击，*ST 松江基本没有进行资本投资，故处于风险状态。

**（三）企业基建投资现金风险在险现金值**

企业基建投资现金风险在险现金值（NCFII）为越大越好型指标，值越大，风险越小。依据测度出的 *ST 松江 2016～2020 年企业基建投资现金风险在险现金值的数据，为直观地反映 *ST 松江基建投资现金风险在险现金值的变动情况，将 *ST 松江 2016～2024 年各年度的基建投资风险在险现金值绘制成图，如图 12 - 6 所示。

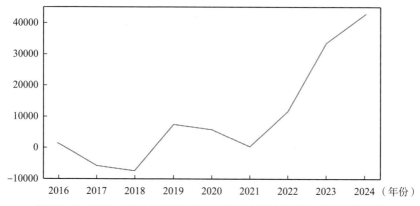

**图 12 - 6　2016～2024 年 *ST 松江企业基建投资风险在险现金值趋势**

资料来源：课题组根据国泰安数据库 2016～2024 年数据计算整理而得。

由图 12 - 6 分析可知，2017 年面对变化的市场环境，公司及时制定专项目标上报、奖惩等措施，明确库存目标，提出采购激励等政策建议，为销售提供有力支持。同时，公司根据部署战略对部分成熟项目进行了检查，确保了有效的检查资产。2017 年内，大理满江工程和古滇工程资产核销完毕，资金及时返还。2018 年，公司调整经营战略，转型为产业地产商。目标是从大规模增长转向以质量和效率为基础的增长，大幅降低基础设施投资风险。

### （四）企业金融资本风险在险现金值

企业金融资本风险在险现金值（NCFFC）为越大越好型指标，值越大，风险越小。依据测度出的*ST 松江 2016～2020 年企业金融资本融资风险在险现金值的数据，为直观地反映*ST 松江金融资本融资风险在险现金值的变动情况，将*ST 松江 2016～2024 年各年度的企业金融资本融资风险在险现金值绘制成图，如图 12 - 7 所示。

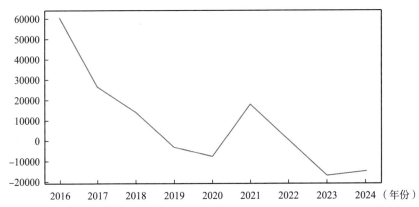

**图 12 - 7 2016～2024 年 *ST 松江企业金融资本风险在险现金值趋势**

资料来源：课题组根据国泰安数据库 2016～2024 年数据计算整理而得。

由图 12 - 7 分析可知，2016～2020 年 *ST 松江金融资本融资风险在险现金值波动幅度较大。2016 年 *ST 松江利用自身品牌价值，在自身融资优势的基础上创新融资模式，积极向资本市场进行直接融资，融资比例增长182%，因此在 2017 年金融资本风险出现了大幅的增长，且当年金融资本融资又进一步增加，在当时不容乐观的市场形势下，存在较大的风险。自2017 年起，*ST 松江金融资本风险居高不下。且 2020 年新冠疫情暴发，对房地产业造成较大冲击，在房地产业投资周期较长，回款缓慢的情形下，*ST 松江融资风险进一步大幅度增长。

## （五）企业权益资本融资风险在险现金值

企业权益资本融资风险在险现金值（NCFEC）为越大越好指标，值越小，风险越小越安全。依据测度出的 *ST 松江 2016～2020 年企业权益资本融资风险在险现金值的数据，为直观地反映 *ST 松江权益资本融资风险在险现金值的变动情况，将 *ST 松江 2016～2024 年各年度的企业权益资本融资风险在险现金值绘制成图，如图 12-8 所示。

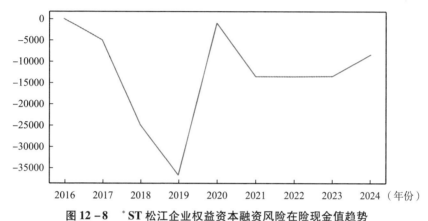

**图 12-8　*ST 松江企业权益资本融资风险在险现金值趋势**
资料来源：课题组根据国泰安数据库 2016～2024 年数据计算整理而得。

由图 12-8 分析可知，2016～2020 年 *ST 松江权益资本融资风险在险现金值整体趋势比较平缓，在 2016～2020 年 5 年间基本没有进行过权益资本融资。2019 年 *ST 松江的权益资本融资风险大幅度上升的原因在于，当年进行了股份的定向增发以清还历史债务、处置已投入的项目资金并补充流动资金，促进了企业正常的运转。除此之外，企业几乎没有进行权益资本融资活动，因此融资风险几乎为 0。

## 第二节　2021～2024 年房地产企业"三维"风险预测分析：基于 *ST 松江的分析

通过对 2021～2024 年企业"三维"风险泡沫的趋势分析，全面反映房地产企业经营泡沫风险的变动趋势，进而掌握企业经营泡沫风险的演化特征，为进一步应对企业经营泡沫风险奠定基础。

## 一、2021～2024 年企业经营风险预测分析

2016～2024 年 *ST 松江企业经营风险预警指标趋势，如图 12 −9 所示。

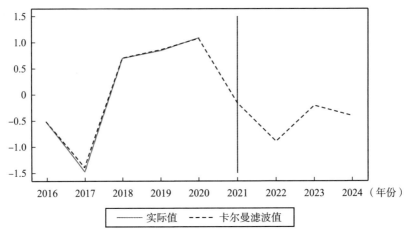

**图 12 − 9　2016～2024 年 *ST 松江企业经营适配现金收益率预警指标趋势**

资料来源：课题组根据国泰安数据库 2016～2024 年数据计算整理而得。

由图 12 −9 可知，2016～2020 年 *ST 松江的企业经营风险预警指标波动程度较大，通过 2016～2020 年 *ST 松江的经营适配现金收益率预警指标趋势可知，该企业 2016～2020 年经营状况波动较为剧烈。公开信息显示，云南城投企业连续五年被实行特别处理（ST），并且连续多次经历了主要控股人的变更和企业名称的变更。在整个经营过程中，*ST 松江多次呈现"增收不增利"的现象，主营业务的不断扩张和业务有限的营收能力导致其经营风险出现较大波动。

根据"三条红线"的要求：房地产企业的资产负债率应小于或等于 70%（剔除预收款后），净负债率不得大于 100%，现金短债比不小于 1 倍。2021～2024 年，*ST 松江的预测的企业经营风险预警指标均略有下降趋势，2021～2024 年 *ST 松江的经营风险预警指标均与 2016～2020 年平均水平相比略低，经营状态有下行趋势。可以看出在"三条红线"的要求下，企业的经营存在一定的泡沫风险，本研究创建的风险管理预警体系与"三条红线"有异曲同工之妙。随着"三条红线"政策的颁布，房地产企业的财务杠杆降低，导致资本链紧张和自由流动资金短缺越来越突出。

## 二、2021～2024 年企业投资风险预测分析

2016～2024 年 *ST 松江的企业投资风险预警指标趋势，如图 12－10 所示。

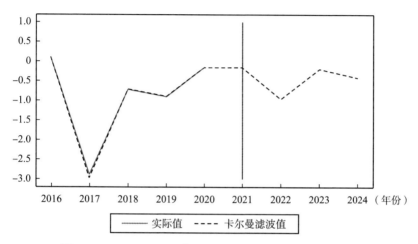

**图 12－10　2016～2024 年 *ST 松江企业投资风险预警趋势**

资料来源：课题组根据国泰安数据库 2016～2024 年数据计算整理而得。

由图 12－10 可知，2016～2020 年 *ST 松江的企业投资风险预警指标波动明显，总体表现平稳。2021～2024 年，*ST 松江企业投资风险预警指标均趋于上升，但面临下行压力。这可能是由于受新冠疫情影响，经济短期下行压力增加的背景下，刺激经济复苏的餐饮、旅游、交通等行业受到较大冲击，同样受到抑制的还有制造业、基础建设等。同时房地产行业也面临较大挑战，尽管国家陆续出台了一系列财政、货币等政策措施来刺激经济增长，但是，从总体效果看，房地产调控政策将坚持"不把房地产作为短期刺激经济手段"的原则，2021 年全国房地产市场调控压力将更加明显，同时国家监管机构针对房企负债率和其他指标的"三条红线"监管政策，涉及企业经营各个方面。在新政策的推广和应用下，以往房地产高杠杆、高负债的经营模式会发生较大改变，从而导致企业资金链紧张的问题将会越来越严重。在未来一段时间内，房企的融资渠道将朝着多样化发展，不能再一味地靠增加项目的开发数量来扩大规模，而更注重提升资金周转率和运营水平，如此，房地产行业秩序才能行稳致远。

### 三、2021~2024 年企业融资风险预测分析

2016~2024 年*ST 松江的企业融资风险预警指标趋势，如图 12 – 11 所示。

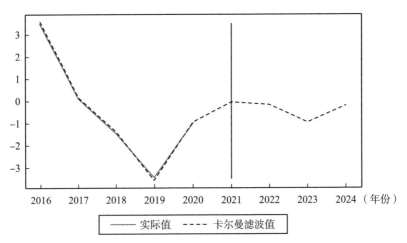

图 12 – 11  2016~2024 年*ST 松江企业融资风险预警指标趋势

资料来源：课题组根据国泰安数据库 2016~2024 年数据计算整理而得。

由图 12 –11 可知，2016~2020 年*ST 松江的企业融资风险预警指标波动明显，在 2016~2019 年融资风险持续下降，但 2019~2024 年总体呈现上升趋势。突如其来的新冠疫情仍在持续影响，导致经济短期下行压力明显增加。房地产行业市场的预期将发生变化，房地产企业的筹资和经营现金流会因为低销售而产生问题。房地产行业市场预期发生变化，而导致低销售的情况可能会对公司的筹资和现金流状况造成重大影响。

## 第三节  2021~2024 年房地产企业"三维"风险预警定位分析：基于*ST 松江的分析

### 一、2021~2024 年房地产企业经营风险预警定位分析

**（一）2021~2024 年房地产企业经营风险预警临界值与分割点预测**

测度企业经营风险预警分割点是判断经营泡沫风险警情的关键。本书

第九章运用 ST 配对的方法对 2016～2020 年的房地产企业经营风险预警分割点进行了测度，同时该预警分割点对识别 ST 企业具有较高的准确性。以 2016～2020 年的房地产企业经营风险预警分割点为基础，运用卡尔曼滤波方法对 2021～2024 年经营风险预警分割点进行预测。

预测出的 2021～2024 年房地产企业经营风险预警分割点，如表 12-3 所示。

表 12-3　　　　　　2021～2024 年房地产企业经营风险
预警临界值与分割点预测值

| 年份 | $\eta_{0经营}$<br>（临界值） | $\eta_{1经营}$<br>（第一分割点） | $\eta_{2经营}$<br>（第二分割点） |
|---|---|---|---|
| 2021 | 1.337 | 0.477 | -1.016 |
| 2022 | 1.669 | 1.068 | -1.524 |
| 2023 | 1.651 | 0.923 | -1.551 |
| 2024 | 1.589 | 0.818 | -1.469 |

资料来源：课题组根据国泰安数据库 2021～2024 年数据与卡尔曼滤波模型计算预测而得。

表 12-3 列示了 2021～2024 年房地产企业经营风险预警分割点预测值，以此为基础，可对 2021～2024 年 *ST 松江的经营泡沫风险状况进行预警监测。

**（二）2021～2024 年房地产企业经营泡沫风险预警定位**

通过卡尔曼滤波算法计算出的企业"三维"风险预警指标最优估计值与实际值变动趋势相似，数值差异较小，两者能够实现很好的拟合。因此，依照本书第九章企业"三维"风险预警指标测度方法，通过预测出的 2021～2024 年经营风险预警指标，测算 2021～2024 年房地产企业经营风险指标。同时，以 2021～2024 年房地产企业经营风险预警分割点的预测值，以及 2021～2024 年房地产企业经营风险指标预测值为基础，按照企业经营泡沫风险警度判定模式，对 2021～2024 年企业的经营泡沫风险进行初步预警定位。

以 *ST 松江为例，2021～2024 年经营风险预警定位结果如表 12-4 所示。

表 12 –4          **2021～2024 年 *ST 松江经营风险预警定位结果**

| 年份 | *ST 松江 (600225) | |
|---|---|---|
| | 企业经营风险指标 | 警度判定结果 |
| 2021 | – 0.158 | ⊙m |
| 2022 | – 0.893 | ⊙m |
| 2023 | – 0.206 | ⊙m |
| 2024 | – 0.405 | ⊙m |

资料来源：课题组根据国泰安数据库 2021～2024 年数据与警度判定原理计算预测而得。

由表 12 –4 可知，2021～2024 年的经营风险预警定位结果表现为轻警、重警和中警，其中，2021 年 *ST 松江的经营风险预警定位结果为轻警，2022 年经营风险预警定位结果为重警，2023 年、2024 年经营风险预警定位结果为中警。

**（三）2021～2024 年房地产企业经营风险分析**

（1）图 12 –12 显示，受新冠疫情的影响，2021 年上半年房地产市场的热度没有下降，5 月城市收入同比增长 55%。1 月虽是淡季，但是销量"热"，成交量较去年 12 月略有增加。2 月正好是春节，成交量持续下跌，出现"金三银公司"高峰期，5 月成交量火热。100 个城市的贸易量维持在 5100 万平方米的最低水平。究其原因，一方面东南沿海城市交易量超过房地产市场预期，恐慌性购房加剧；另一方面实体经济没有恢复，在"资产不足"下维持房地产升值的购房动机更加严重。

（2）总体来看，各地全面贯彻落实"一城一策、因城施策"的主基调，调控政策密集发布，也使得不同能级城市的市场行情相对独立，城市之间的分化越来越强烈。受有限供给和政策调控的双重影响，一线城市从高位跌落，交易占比稳步下降。以上海为例，2 月出现"零供给"，而成交量因为政策调整、供应不足、调控不当等原因呈现下降趋势。二线城市呈现稳步上升趋势。城市内部分化加剧，下降幅度越来越大。2020 年受新冠疫情基数偏低影响，前 5 个月，厦门、武汉、杭州、南京、济南等地成交同比翻番。只有南宁、沈阳、郑州、南昌 4 个弱二线城市交易量下降，而三四线城市整体成交量表现平稳。

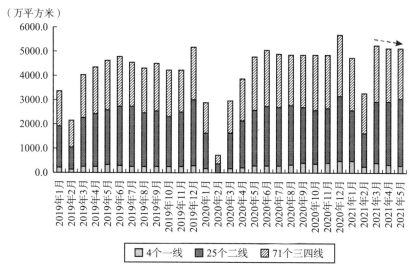

**图 12 - 12　2019 年 1 月 ~ 2021 年 5 月全国百城新建商品住宅月度成交面积变化**

资料来源：中国房产信息集团（CRIC）。

（3）房地产交易，促进了房地产市场供求双方的稳定复苏。第一，放宽售前标准，全力支持企业扩大退款。一方面，根据出售申请，降低了施工进度标准。河南某市就是一个典型的例子。高层形象的进度由正或负 0 完成，小高层完成建筑的第一层，高层完成项目的第一层。另一方面，售前标准从形象进度调整到投资额，避免施工时间对项目销售的影响。第二，价格限制适当放宽，新预售价格突破当地价格限制线。

**二、2021 ~ 2024 年房地产企业投资风险预警定位分析**

**（一）2021 ~ 2024 年房地产企业投资风险预警临界值与分割点预测**

以 2016 ~ 2020 年的房地产企业投资风险预警分割点为基础，运用卡尔曼滤波方法对 2021 ~ 2024 年投资风险预警分割点进行预测。预测出 2021 ~ 2024 年房地产企业投资风险预警分割点，如表 12 - 5 所示。

**表 12 - 5　　　2021 ~ 2024 年房地产企业投资风险预警**

**临界值与分割点预测值**

| 年份 | $\eta_{0投资}$（临界值） | $\eta_{1投资}$（第一分割点） | $\eta_{2投资}$（第二分割点） |
|------|------|------|------|
| 2021 | - 0.699 | - 0.760 | - 0.781 |

| 年份 | $\eta_{0投资}$<br>（临界值） | $\eta_{1投资}$<br>（第一分割点） | $\eta_{2投资}$<br>（第二分割点） |
|---|---|---|---|
| 2022 | − 0.242 | − 1.738 | − 2.237 |
| 2023 | − 0.196 | − 1.452 | − 1.804 |
| 2024 | − 0.409 | − 1.430 | − 1.771 |

资料来源：课题组根据国泰安数据库2021~2024年数据与卡尔曼滤波模型计算整理而得。

表12-5列示了2021~2024年房地产企业投资风险预警分割点预测值，以此为基础，可对2021~2024年*ST松江的投资泡沫风险状况进行预警监测。

**（二）2021~2024年房地产企业投资风险指标预测**

依照本书第九章企业"三维"风险预警指标测度方法，通过预测出的2021~2024年投资风险预警指标，测算2021~2024年房地产企业投资风险指标。同时，以2021~2024年房地产企业投资风险预警分割点的预测值，以及2021~2024年房地产企业投资风险指标预测值为基础，按照企业投资泡沫风险警度判定模式，对2021~2024年企业的投资泡沫风险进行初步预警定位。

以*ST松江为例，2021~2024年投资风险预警定位结果如表12-6所示。

表12-6　　　　2021~2024年*ST松江投资风险预警定位结果

| 年份 | *ST松江（600239） | |
|---|---|---|
| | 企业投资风险指标 | 警度判定结果 |
| 2021 | − 0.164 | $O_s$ |
| 2022 | − 0.959 | $O_1$ |
| 2023 | − 0.199 | $O_1$ |
| 2024 | − 0.418 | $O_1$ |

资料来源：课题组根据国泰安数据库2021~2024年数据与警度判定原理计算整理而得。

由表12-6可知，未来四年的投资风险预警定位结果表现为轻警、中警和重警，其中，2021年*ST松江的投资风险预警定位结果为轻警，2022

年投资风险预警定位结果为中警，2023 年、2024 年投资风险预警定位结果为重警。

**（三）2021～2024 年房地产企业投资风险分析**

2021 上半年，投资将先下降，后上升。22 个城市的双中心供应地是 2021 年上半年 100 个投资的转折点。土地购买率从 0.2 上升到 0.3，前五十位的投资强度在去年第二季度达到最高点。在土地集中供给模式下，城市和企业之间的重组和分化仍在加剧。22 个城市不仅有北京、上海、苏州、杭州、厦门等热门城市，还有沈阳、长春等低价销售城市。就公司而言，领先的房地产公司、国有企业和中央企业的战略在"运行"中仍处于领先地位，优势明显。排名前五十位的住宅公司中，一半以上的公司在 22 个城市创造收入，排名前三十位的住宅公司 40% 的地区将用作双重中央供应地区。另外，中小房地产公司只能通过合作征地或检查参与征地。

截至 2021 年 5 月底，百强房地产公司增加值总额突破 3.84 万亿元，年均增长 16%，百强商品门槛 78.2 亿元，年均增长 19%，总的来说，投资环境比 2020 年上半年好，从投资模式来看，资源越来越集中于龙头企业，保持强势格局。销售额排名前二十位的房地产公司和销售额排名前二十位的新价值公司的高度一致，其中排名前十位的房地产公司的营业额占前一百家公司营业额的 36%，比第一季度增加了 5 个百分点，集中双重土地供应的龙头企业在第二季度表现显著证明具有优势，从历次新的价值集中趋势来看，2017 年投资高潮后，前二十家房地产公司的价值集中度进一步下降，但其占有率始终保持在 50% 以上，事实证明，一些领先房地产公司受监管政策和自身投资战略的影响，土地收购的速度和故意控制强度，优化土地储备结构，但从短期来看，今后很长一段时间内，新的贵重物品集中度高，面向领先房地产公司的资源模式不会改变，特别是在双重中央服务的情况下，规模经济和资本效应将进一步加强。

与 2020 年上半年新冠疫情后投资触底回升类似，2021 年上半年住宅企业投资保持不变，呈上升趋势，二次集中供应地区的政策也随之改变（见图 12－13）。第一阶段为 1～3 月，投资延续去年以来的谨慎态度。第一季度，100 家房地产公司和新产品超过 4 个部门的价值低于去年，超过 50% 的公司价值低于去年。房地产销售 50 强企业投资额延续去年 6 月以来的下降趋势，第一季度投资额仅高于受疫情影响严重的 2020 年第一季度。只有招商局、华润、保利等的土地收购比例高于梯队和行业平均水平。此外，绿城、中梁等全国房企第一季度也积极补仓。第二阶段，在土地集中供应的带动下，

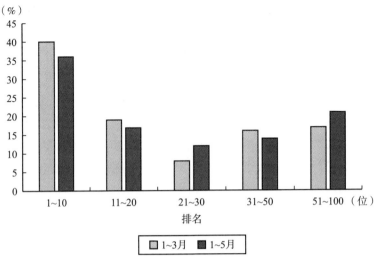

**图 12-13　2021 年 1~3 月、1~5 月百强房企各梯队新增货值集中度情况**

资料来源：中国房产信息集团（CRIC）。

第二季度房地产销售 50 强企业投资大幅回升，月均投资较第一季度增长 95%。5 月当月投资超 4300 亿元，环比增长 8% 和 51%，创 2020 年以来最高水平。值得注意的是，由于积极参与 22 个城市土地市场的拍卖，过半 50 强房企中，5 月投资环比增加，单月投资超百亿元的房企共有 16 家。例如，万科、华润、融信等房地产公司在核心城市进行了大量投资。

### 三、2021~2024 年房地产企业融资风险预警定位分析

#### （一）2021~2024 年房地产企业融资风险预警临界值与分割点预测

以 2016~2020 年的房地产企业融资泡沫风险预警分割点为基础，运用卡尔曼滤波方法对 2021~2024 年融资泡沫风险预警分割点进行预测。

预测出的 2021~2024 年房地产企业融资泡沫风险预警分割点，如表 12-7 所示。

表 12-7　2021~2024 年房地产企业融资泡沫风险预警临界值与分割点预测值

| 年份 | $\eta_{0融资}$（临界值） | $\eta_{1融资}$（第一分割点） | $\eta_{2融资}$（第二分割点） |
|---|---|---|---|
| 2021 | -0.146 | -0.299 | -0.351 |
| 2022 | -0.119 | -0.235 | -0.274 |

| 年份 | $\eta_{0融资}$ （临界值） | $\eta_{1融资}$ （第一分割点） | $\eta_{2融资}$ （第二分割点） |
|---|---|---|---|
| 2023 | -0.131 | -0.214 | -0.242 |
| 2024 | -0.141 | -0.223 | -0.350 |

资料来源：课题组根据国泰安数据库 2021~2024 年数据与卡尔曼滤波模型计算整理而得。

表 12-7 列示了 2021~2024 年房地产企业融资泡沫风险预警分割点预测值，以此为基础，可对 2021~2024 年 *ST 松江的融资泡沫风险状况进行预警监测。

**（二）2021~2024 年房地产企业融资风险指标预测**

依照本书第九章企业"三维"风险预警指标测度方法，通过预测出的 2021~2024 年融资风险预警指标，测算 2021~2024 年房地产企业融资风险指标。同时，以 2021~2024 年房地产企业融资泡沫风险预警分割点的预测值，以及 2021~2024 年房地产企业融资风险指标预测值为基础，按照企业融资泡沫风险警度判定模式，对 2021~2024 年企业的融资泡沫风险进行初步预警定位。

以 *ST 松江为例，2021~2024 年融资风险预警定位结果，如表 12-8 所示。

表 12-8　　　　　　　2021~2024 年 *ST 松江融资风险预警定位结果

| 年份 | *ST 松江（600239） | |
|---|---|---|
| | 企业融资风险指标 | 警度判定结果 |
| 2021 | -0.041 | $O_s$ |
| 2022 | -0.164 | $O_l$ |
| 2023 | -0.959 | $F_m$ |
| 2024 | -0.199 | $F_m$ |

资料来源：课题组根据国泰安数据库 2021~2024 年数据与警度判定原理计算整理而得。

由表 12-8 可知，2021~2024 年的 *ST 松江融资风险预警定位结果表现为中警和重警交替，其中，2021 年、2023 年 *ST 的融资风险预警定位结果为中警，2022 年、2024 年融资风险预警定位结果为重警。

### （三）2021～2024 年房地产企业融资风险分析

随着 2020 年"三条红线"和信贷政策的集中出台，房地产融资的供求将进一步加剧。2021 上半年，金融管制审查指令监管也将不断加强，上海、北京、深圳等地将严格监控和防止企业贷款非法进入市场。此外，进一步规避房地产公司债券违约等金融风险，严格控制低技能公司的公司债券发行。同时，由于"无渠道"和"无房地产投机"等多种监管准则，中国基金会要求子公司暂停提交房地产供应链产品。总的来说，2021 上半年房地产融资环境将继续严峻。

图 12－14 显示，2021 上半年，100 家典型房地产公司的融资金额约为 6091 亿元，同比下降 34%，汇率也下降 29%，为 2018 年以来的最低水平。从各季度来看，第一季度融资金额汇率下降，第二季度下降幅度更是空前。随着"三条红线"的出台和房贷集中政策的出台，房地产公司的融资环境持续紧缩，融资压力持续增大。另外，一些房地产公司希望降低杠杆率，整体融资量大幅减少。

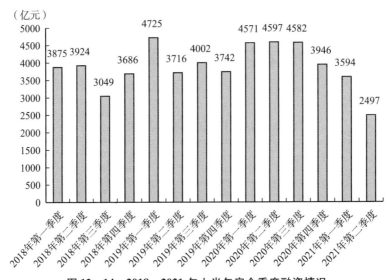

**图 12－14　2018～2021 年上半年房企季度融资情况**

资料来源：中国房产信息集团（CRIC）。

从月度融资来看，2021 年 1 月融资金额达到 1807 亿元，月度增幅较大。主要是因为年初融资金额相对宽松，且房地产企业在 2021 上半年达到偿债高峰。积极发放新贷款，偿还旧贷款。随着房地产融资环境的不断紧缩，房地产公司的融资额大幅下降。2～6 月房地产公司融资水平较低，每月融资额约 1000 亿元，5 个月平均融资额不足 1000 亿元。未来在持续的政策调控下，房地产公司的融资压力将持续，融资量将保持目前的低趋势。

## 第四节　2021～2024 年房地产企业风险定位矩阵分析

本研究根据 2021～2024 年房地产行业面临的政策调控、区域管控和房地产市场波动风险预判结果，结合房地产企业"三维"风险预警定位结果，分别构建房地产企业"二维"风险定位矩阵和"三维"风险定位矩阵。

### 一、2021～2024 年房地产企业"区域－政策"风险定位矩阵分析

#### （一）2021～2024 年房地产区域风险分析

根据本研究 2021～2024 年房地产行业"去库存"周期风险波动序列、政策因子和测度因子的预测结果，综合分析选取的样本城市地价走势变化（如图 12－15 所示），整体城市的地价走势持续上升，大多数城市的地价走势已达高位，可见房地产的势头尚在延续，商品房成交量还在持续走高。

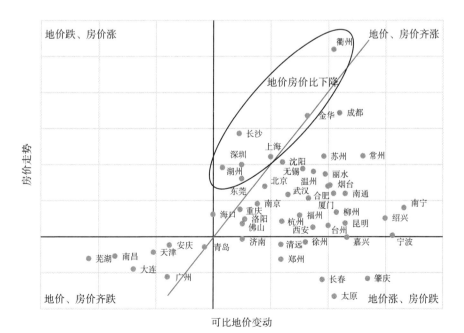

图 12－15　2021～2024 年房地产企业"去库存"风险定位矩阵

此外，对于不同能级城市的房地产行情加剧分化的形式，例如，一线和其他线城市现行交互的市场行情，一线成交占比稳中有降，二线城市同比涨多跌少，厦门、杭州、南京等涨幅居前，本研究进一步综合各城市房价走势，大致可将这些城市分为以下三类。

第一类：地价、房价均上涨的城市。该类城市有 34 个。就综合评判结果来看，北京、上海、深圳、杭州、宁波等 10 个城市排在前列，形成第一梯队，就城市区域划分来看，长三角城市占据了其中 6 席位置。高企的房价水平，以及严格的供给侧价格管控，是这些城市投资盈利空间的坚实保障，而更高的购买力水平和庞大的外来人口基数，则为这些城市带来了更强的需求的支持，但不同的是杭州、合肥等二线城市城建快速发展，供地规模更大，拿地机会也更多，而北京、上海、深圳等城市受限于市区土地资源不足等因素，拿地机会更为稀缺，需要警惕房地价差过小、利润空间不足的风险。

第二类：地价上涨、房价下跌的城市。该类城市有 7 个，建议择机进入，这部分城市典型如长春、郑州、太原等城市；这类城市由于购买力欠佳，房价的支撑性不足，因此在盈利方面表现不及其他城市。值得注意的是，这类城市商品住宅去化速度明显变缓，库存压力有明显上升之势，典型的如郑州，其近期商品住宅去化周期已超 18 个月，同比 2020 年同期已经翻番，去化压力显而易见。

第三类：地价、房价双双下跌的城市。芜湖、安庆、南昌、天津、青岛、大连、广州，这些城市受长三角一体化利好的影响，前些年房地产市场均保持较快速度发展，但由于近些年地价过快上涨，利润空间被极大地压缩，典型如南昌，前几年房企青睐有加、重仓的城市，库存规模过快上升，目前已经面临库存压力过大的风险。

**（二）2021~2024 年房地产政策风险分析**

2021 年上半年，中央从全局角度出发，严格执行"房住不炒、因城施策"的政策，全面、精准把控全国房地产市场。2021 年 1 月 6 日，住建部部长王蒙徽强调，要牢牢坚持房子是用来住的、不是用来炒的定位，不把房地产作为短期刺激经济的手段，时刻绷紧房地产市场调控这根弦，全面落实房地产长效机制，因地制宜、多策并举，促进房地产市场平稳健康发展。

本研究根据对行业"三维"周期风险波动拐点、政策因子的预测结果分析，2021 年后货币政策仍将保持宽松的主基调，地方调控政策继续保持稳定，限价政策可能进一步放开。信贷政策总体中性偏积极，住房融资环境或将分类放松。

同时，房地产长效机制改革将比市场预期更快、更快、更强。过去形成的"高负债、高杠杆、高周转"的房地产开发经营模式不可持续，"大量建设、大量消耗、大量排放"的城乡建设方式不可持续，既不适应高质量发展的要求，也积累了不少风险隐患。通过供需两端持续发力，将全面落实稳地价、稳房价、稳预期的房地产调控目标。

供应端主要涉及以下三点：其一，土地出让金划转税务部门征收，并非代表土地财政制度的终结，土地财政仍是地方政府重要的财政收入来源，而是出于防范并化解地方财政风险的考量，在一定程度上限制城投平台供地的非市场化行为，控制并压降地方政府杠杆率。其二，房地产企业的投资经营战略将发生质的变化。房地产行业可能将目标瞄准制造业，坚持保证质量增长的基本原则，适当的土地储备规模、高周转开发运营可能成为下一阶段的行业主旋律。其三，集中供地城市名单有望进一步扩容，有利于市场形成土地供应充足的一致预期，进而降低重点城市土拍热度，严防地价上涨推升房价上涨预期。受此影响，企业投资策略需重新调整，龙头房企凭借全国化布局、资金渠道多最为受益，行业内的优胜劣汰、企业间的兼并重组或将迫使中小房企业向非重点城市下沉。

需求端主要涉及以下三点：其一，热点城市调控政策常态化，进一步强化稳地价、稳房价、稳预期的长期调控目标。弱化住房的投资属性，积极支持居民自住及改善性购房需求，热点城市仍需出手重拳，全面打压投资、投机性需求。其二，严格落实房贷管理的"两道红线"，商业银行将严格把控个人住房贷款投放步调，进一步强化信贷资金用途管理，通过商业银行全面自查、监管部门排查问责，严防信贷资金通过各种渠道违规流入房地产市场，以此确保居民杠杆率不再继续上升。其三，基于税收法定原则，只有完成房地产税立法，才能全面免征收房地产税，理论上，距离房地产税全面征收似乎有较长时间周期。但我们认为，在目前形势下，房地产税或将分别推进，扩大试点城市范围，并体现一定的政策力度，而这一举措出台的速度和力度或将远超市场预期。随着住房持有成本的大幅增加，势必在北京、上海、深圳、杭州等资本聚集的主要城市抑制市场投机投资炒作氛围，引导潜在购房群体理性购房，逐步扭转长期以来房价易涨难跌的一致预期，让资金弃虚入实，投入到其他实体产业的研发生产和技术升级中，推动经济良性增长。

2021 年房地产调控政策如表 12 – 9 所示。

表 12 – 9 2021 年房地产调控政策

| 日期 | 出台部门 | 政策名称 | 主要内容 |
|---|---|---|---|
| 1 月 3 日 | 海南住建厅 | — | 海南近期对价外加价、捆绑销售、捂盘惜售、规避限购政策骗取购房资格等违法违规行为进行重点整治，对部分违法违规房企、中介机构及个人进行处罚。海口市住建局联合多部门，对当前群众反映价外加价、捆绑销售、捂盘惜售等违规销售行为较多的房地产开发企业进行集体约谈，要求严格执行房地产调控政策，对群众反映的上述违法违规问题要立即整改 |
| 1 月 4 日 | 央行 | 2021 年中国人民银行工作会议 | 稳健的货币政策更加灵活适度，金融支持稳企业保就业取得预期效果，宏观审慎政策框架进一步健全。继续做好"六稳""六保"工作，落实房地产长效机制，实施好房地产金融审慎管理制度，完善金融支持住房租赁政策体系 |
| 1 月 5 日 | 央行、住建部 | — | 参会房企除了去年 9 月已参与融资新规试点房企，亦包括部分去年未参与试点的房企，融资"三道红线"试点有望扩围 |
| 1 月 5 日 | 广州住建局 | — | 近期已按照工作计划，正在深入开展房地产市场秩序专项整治行动，严厉打击哄抬房价和虚假房源、虚假广告、虚假销售等违法违规行为，进一步整顿和规范房地产市场秩序，切实维护购房群众合法权益 |
| 1 月 5 日 | 合肥房管局 | — | 2021 年 1 月 5 日起，夫妻离异不满 2 年的，仍按原家庭核查，防止通过"假离婚"手段获取购房资格，有效封堵"假离婚"炒房漏洞 |

资料来源：中国房产信息集团（CRIC）。

同时，本研究认为 2021 年后会出现热点城市坚持调控力度不松劲，压力城市积极去库存为市场减压情况，具体如下：

1. 货币政策边际放松空间有限、房企融资分类放松、居民稳杠杆

本研究认为，2021 年下半年货币政策保持宽松的基调不变，但放松空间有限。坚决遏制房地产市场金融泡沫化，严防信贷资金过度流向房地产市场将成为货币政策调控的主旋律。

对于房地产而言，房地产贷款在金融机构贷款中比重较大，但在"坚持不将房地产作为短期刺激经济的手段"的基调下。但房地产贷款的体量决定了信贷的稳增长离不开房地产的稳定。因此本研究认为，房地产政策有望进一步放松，第四季度货币政策报告对于房地产金融的表述删除了2020 年以来一直使用的"保持房地产金融政策的连续性、一致性、稳定

性"，也在一定程度上表现房地产金融政策的边际放松倾向。然而对于那些高杠杆、高负债的经营性房地产公司，以及对土地一向持激进态度、屡禁不止的"地王"型房地产公司，仍需监督其有序去杠杆或稳杠杆，整体效益有限。居民部门仍需稳杠杆，确保居民杠杆率和负债率不再继续上升。

2. 地方政策维稳，为市场减压、房企纾困

本研究认为 2021 年下半年地方将继续因城施策，从新房市场看，主要从扩大限购年限、扩大限购人群范围；另外，出台新房摇号积分等制度，规范市场交易行为；同时，金融机构加强个人经营性贷款管理，防范信贷资金违规流入房地产市场。从二手房和租房市场看，主要通过制定规章或约谈中介企业，规范房源信息和价格发布，杜绝通过利用"学区"进行炒房，同时部分城市通过增加二手房转让增值税的免税年限来抑制投机性炒房行为。另外，15 个城市在 2021 年出台二手房指导价也对市场产生极大的威慑力。

这些收紧性措施基本都是针对需求端的调控为切入口，直面前期房地产市场出现明显升温的城市。而这些受调控城市的主要表现为，在春节过后楼市供销两旺，房价飙升，或在市场热度下出现炒作投机行为的导火索。

市场的迅速升温尤其是房价的再度快速上扬会使购房者对房价出现继续上涨的预期，不利于市场向稳定健康的方向发展，更不符合 2019 年中央经济工作会议就已提出的"稳地价、稳房价、稳预期"的长效管理调控机制。因此，通过限制需求和打击投机，达到稳房价和稳预期的终极目标，避免房价上涨引发资金过度进场造成金融性风险。此轮调控涉及城市也从最初的一二线热点城市向三四线城市所蔓延。

本研究认为，地方政策会继续保护市场，从市场主体争取市场，减轻企业纾困压力，尤其是南宁、沈阳、肇庆等土地财政依赖度较高的城市，以及镇江、衡阳等市场需求相对较弱的二三线城市，或在土地出让环节和房地产交易环节给予企业更大支持。

## 二、2021～2024 年房地产企业"二维"风险定位矩阵分析

通过利用卡尔曼滤波对 *ST 松江 2021～2024 年"二维"风险预警定位结果进行判断，绘制 2021～2024 年 *ST 松江"二维"风险定位矩阵，如表 12－10 所示。

表 12 – 10　　2021～2024 年 * ST 松江"二维"风险定位矩阵分析

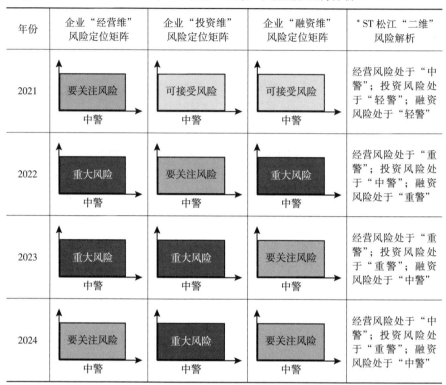

| 年份 | 企业"经营维"风险定位矩阵 | 企业"投资维"风险定位矩阵 | 企业"融资维"风险定位矩阵 | * ST 松江"二维"风险解析 |
|---|---|---|---|---|
| 2021 | 要关注风险　中警 | 可接受风险　中警 | 可接受风险　中警 | 经营风险处于"中警";投资风险处于"轻警";融资风险处于"轻警" |
| 2022 | 重大风险　中警 | 要关注风险　中警 | 重大风险　中警 | 经营风险处于"重警";投资风险处于"中警";融资风险处于"重警" |
| 2023 | 重大风险　中警 | 重大风险　中警 | 要关注风险　中警 | 经营风险处于"重警";投资风险处于"重警";融资风险处于"中警" |
| 2024 | 要关注风险　中警 | 重大风险　中警 | 要关注风险　中警 | 经营风险处于"中警";投资风险处于"重警";融资风险处于"中警" |

### 三、2021～2024 年房地产企业"三维"风险定位矩阵分析

通过利用卡尔曼滤波对 * ST 松江 2021～2024 年"三维"风险预警定位结果进行判断,绘制 2021～2024 年 * ST 松江"三维"风险定位矩阵,如表 12 – 11 所示。

表 12 – 11　　2021～2024 年 * ST 松江"三维"风险定位矩阵分析

| 年份 | 企业"三维"风险定位矩阵 | * ST 松江"三维"风险解析 |
|---|---|---|
| 2021 | $I_1$　$F_m$　$O_1$ | 经营风险处于"中警";投资风险处于"轻警";融资风险处于"轻警" |

续表

| 年份 | 企业"三维"风险定位矩阵 | *ST 松江"三维"风险解析 |
|------|------------------------|------------------------|
| 2022 | | 经营风险处于"重警"；投资风险处于"中警"；融资风险处于"重警" |
| 2023 | | 经营风险处于"重警"；投资风险处于"重警"；融资风险处于"中警" |
| 2024 | | 经营风险处于"中警"；投资风险处于"重警"；融资风险处于"中警" |

# 第五节　房地产企业的部门风险清单解析

## 一、*ST 松江的部门风险清单设计

*ST 松江的部门风险清单设计，如表 12 – 12 所示。

## 二、企业风险解析

### （一）宏观政策风险

当前宏观经济面临多重严峻挑战。国内新冠疫情反复令内需疲软，全球通胀高企抑制需求和投资，美联储加息带来世界经济增长下行压力。内稳增长目标实现存在较大困难，需要政策进一步加大调节力度。房地产政策应更加凸显稳增长要求，因城施策松动需求端限制政策，有效拉动投资与消费，促进内需增长。房地产行业作为国家宏观经济重点调控的对象，其所有企业需要对国家政策保持着高敏感性，对中央及地级政府的指导性政策，企业需要保持密切关注，加强自身柔性风险应对能力，及时调整以适应行业和市场形势，并及时调整产品结构以及发展节奏。

表 12－12　　　　　　　　**'ST 松江部门风险清单**

| 部门编号 | 部门名称 | 编号 | 风险类别一级风险名称 | 核心风险指标 | 风险描述 | 可能产生的后果 | 关键影响因素 | 风险责任主体 | 风险发生可能性 | 风险后果严重程度 | 风险重要性等级 |
|---|---|---|---|---|---|---|---|---|---|---|---|
| | | | | | | **风险识别** … | | **风险分析** | | | |
| 1 | 采购部门 | 1.1 | 经营性流动负债 | 预付账款 | 经营性流动负债越高,经营泡沫风险越低 | (1) 现金净流量为负,企业资金断裂,难以持续经营 (2) 持续净利润为负,无法持续经营,被证监会予以退市警告 | 应付款项 | 采购专员,财务主管 | 可能 | 较大 | $O_m$ |
| | | 1.2 | 经营活动现金流出量 | 应付账款 | 经营活动现金流出量越高,企业经营适配现金收益率越低 | | | 采购专员,财务主管 | 很可能 | 重大 | |
| | | | | 应付票据 | | | | | 很可能 | 重大 | |
| | | | | 购买商品、接受劳务支付的现金 | | | | 采购主管,财务主管 | 很可能 | 重大 | |
| | | | | 支付的各项税费 | | | | | 不太可能 | 较小 | |
| 2 | 生产部门 | 2.1 | 经营性流动负债 | 应付职工薪酬 | 经营性流动负债越高,经营泡沫风险越低 | 成本过高,导致企业利润为负,无法维持持续经营 | 生产成本 | 生产部门主管 | 不太可能 | 较小 | $O_m$ 中警 |
| | | | | 其他应付款 | | | | | 可能 | 较大 | |
| | | 2.2 | 经营性流动资产 | 存货 | 经营活动现金流动资产越高,经营泡沫风险越低 | | | 生产部门、财务主管 | 可能 | 较大 | |
| | | | | 其他应收款 | | | | | 可能 | 较小 | |
| | | 2.3 | 经营活动现金流出量 | 支付给职工以及为职工支付的现金 | 经营活动现金流出量越高,企业经营适配现金收益率越低 | | | | 不太可能 | 较小 | |

续表

| 风险识别 | | | | | | 风险分析 | | | | | |
|---|---|---|---|---|---|---|---|---|---|---|---|
| 部门名称<br>编号／名称 | 风险类别<br>一级风险<br>编号 | 名称 | …… | 风险描述 | 核心风险指标 | 可能产生的后果 | 关键影响因素 | 风险责任主体 | 风险发生可能性 | 风险后果严重程度 | 风险重要性等级 |
| 3<br>销售部门 | 3.1 | 经营性流动资产 | | 经营性流动资产越高，经营泡沫风险越高 | 应收票据 | 应收款项过多，导致企业坏账增加，影响企业业绩 | 应收款项 | 销售专员，财务主管 | 很可能 | 重大 | ⊙ᴹ<br>中警 |
| | | | | | 应收账款 | | | | 很可能 | 重大 | |
| | | | | | 预收款项 | | | | 很可能 | 重大 | |
| | 3.2 | 经营活动现金流入量 | | 经营活动现金流入量越高，企业经营适配现金收益率越低 | 销售商品、提供劳务收到的现金 | | | 销售专员，财务主管 | 很可能 | 重大 | |
| 4<br>财务部门 | 4.1 | 长期资产 | | 长期资产泡沫风险越高，企业投资值越高 | 长期股权投资 | （1）企业现有资金无法支撑企业发展，陷入发展动力不足的困境 | （1）经营现金留存收益值 | | 不太可能 | 较小 | Fᵇ<br>重警 |
| | | | | | 长期应收款 | | | 财务主管 | 可能 | 重大 | |
| | 4.2 | 非金融长期资本 | | 长期金融资本泡沫风险越高，企业投资值越低；权益资本泡沫风险越高，企业投资值越低 | 长期应付职工薪酬 | | | | 可能 | 较大 | |
| | 4.3 | 权益资本 | | | 实收资本（或股本） | | | 总经理，财务主管 | 不太可能 | 较小 | |
| | | | | | 资本公积 | | | | 不太可能 | 微小 | |
| | | | | | 未分配利润 | | | | 不太可能 | 微小 | |

续表

| 部门 | | 风险类别 | | | 风险识别 | | 风险分析 | | | | | |
|---|---|---|---|---|---|---|---|---|---|---|---|---|
| 编号 | 名称 | 一级风险 编号 | 名称 | …… | 风险描述 | 核心风险指标 | 可能产生的后果 | 关键影响因素 | 风险责任主体 | 风险发生可能性 | 风险后果严重程度 | 风险重要性等级 |
| 4 | 财务部门 | 4.4 | 金融性流动资产 | | 金融性流动资产越高，企业金融资产泡沫风险越高；金融资本越高，企业金融资产泡沫风险值越低 | 货币资金 | | | | 很可能 | 较大 | |
| | | | | | | 交易性金融资产 | | | 财务主管 | 不大可能 | 较小 | |
| | | | | | | 一年内到期的非流动资产 | | | | 不大可能 | 较小 | |
| | | | | | | 短期借款 | | | | 很可能 | 重大 | |
| | | 4.5 | 金融资本 | | | 交易性金融负债 | | | | 很可能 | 重大 | $F_n$ 重警 |
| | | | | | | 一年内到期的非流动负债 | (2) 在投资中可能会遭受收益损失，甚至本金损失的风险 | (2) 资本投资现金在险值 | 财务主管 | 很可能 | 重大 | |
| | | 4.6 | 经营风险在险现金值 | | 企业经营适配现金收益率越低，企业经营在险现金值越高 | 经营活动现金流出量 | | | 财务主管 | 很可能 | 重大 | |
| | | 4.7 | 投资风险在险现金值 | | (1) 企业资本投资现金值（NCFCI）越高资本投资在险现金值越高 (2) 企业基建投资现金值（NCFII）投资在险现金值越高 | 资本投资现金在险值 | | | 总经理、财务主管 | 很可能 | 重大 | |
| | | | | | | 基建投资风险在险现金值 | | | 总经理、财务主管 | 很可能 | 重大 | |

续表

| 部门名称 | | 风险类别 | | | 风险描述 | 核心风险指标 | 可能产生的后果 | 关键影响因素 | 风险责任主体 | 风险发生可能性 | 风险后果严重程度 | 风险重要性等级 |
|---|---|---|---|---|---|---|---|---|---|---|---|---|
| 编号 | 名称 | 一级风险编号 | 名称 | …… | | | | | | | | |
| | | | | | | | 风险识别 | | 风险分析 | | | |
| 4 | 财务部门 | 4.8 | 融资风险在险现金值 | | (1) 企业金融资本风险在险现金值（NCFFC）越大，企业金融资在险险值越大 | 金融资本风险在险现金值 | | (3) 基建投资现金在险值 | 财务主管 | 很可能 | 重大 | F₈ 重警 |
| | | | | | (2) 企业权益资本值（NCFEC）在险现金值，企业融资在险现金值越大 | 权益资本风险在险现金值 | | | | 很可能 | 重大 | |

资料来源：财政部《管理会计应用指引第 702 号——风险清单》（2018 年）。

## （二）市场风险

房地产行业目前已经放缓其总体增长速度。例如，在天津，房地产销售受地理位置的影响很大，城郊住房、学区和非学区住房之间存在明显差异。由于市场风险，房地产企业制定公司战略的方向应该更加注重产品营销，促进商品房流通，以此达到加速产品流通、加快撤出资金的目的，此外，房地产企业将通过增加产品附加值和提高产品质量来增强竞争力和抵御市场风险。

## （三）资金风险

政策对房价调控日益严格，限价政策与土地市场高热竞争环境下，房地产企业的利润空间被严重压缩，而筹集资金受监管影响逐年流出转负，导致杠杆水平较高的大中型房地产企业综合现金流及筹资现金流大幅承压。在"三条红线"出现后，现金流对于房地产企业而言更为关键。筹资端与经营端资金共同走弱导致了行业资金紧张。相较于以往仅经营端资金水平下行外，"三条红线"出现后的行业筹集资金同时表现弱势，一定程度放大了资金短缺的效果，筹集资金呈现流出态势。公司的融资成本面临着更大的压力。

## （四）退市风险

退市新规制定了更为完善的退市标准和程序，例如，在财务类指标中，退市标准由"连续三年或四年亏损等"，改为"连续两年净利亏损（扣非前后）且营收低于1亿元"，且一年触及财务类退市指标即被实施退市风险警示。取消暂停上市和恢复上市的环节，连续两年触及财务类退市标准直接予以终止上市。面临退市风险的房企的普遍特点是，在行业上升期未利用土地红利、金融红利扩大规模；在行业下行期由于规模较小、竞争力不足，盈利能力下降而试图转型；转型没有成功、主业长期无收入，现金只出不进，最后陷入资金链危机而不得不通过变卖主业资产或继续实施转型以维持生存。

## 三、风险部门应对措施

### （一）采购部门

（1）采购部门在改善组织结构、合理组织和配置人员的基础上，通过采用先进的生产模式和管理方法，以此降低经营活动现金净流量风险。

（2）采购部门对预选库的供应商进行资质审核，对通过审核的供应商进行评价，在同质同量的情况下，价格优者优先考虑，减少应付账款，进而降低经营活动现金流出量增加的风险。

**（二）生产部门**

生产部门在改善组织结构、合理组织和配置人员的基础上，通过采用先进的生产模式和管理方法，以此降低经营活动现金净流量风险。

**（三）销售部门**

（1）销售部门应组织专门人员清理应收账款，根据不同情况，在单位负责人的部署协调下，差异化、有重点地开展清算工作，加强对账，力争尽快回收资金。

（2）销售部门可根据产品的销售范畴、销售区域、销售渠道、销售队伍、广告媒介等因素对市场进行细分，以此拓宽产品的市场，提高销售量，降低经营活动现金净流量风险。

**（四）财务部门**

（1）财务部门应拓宽日常流动资金的筹资渠道，降低因日常流动资金缺乏引起的经营活动现金流出量增加风险。

（2）财务部门应建立项目投资管理团队，分析投资风险并拟定管理策略，规避投资管理失误，进而降低投资项目定价过高的风险。

（3）财务部门精简固定资产处置流程，保证固定资产处置流程简而不陋，最大化公司利益，降低资产流失率，从而降低现金流出量增加的风险。

（4）财务部门从实际情况入手，多方面分析筹资风险来源并拟定管理策略，与债权人及权益所有者进行适当接洽，建立可落地执行的筹资风险管理制度，降低融资偿还风险。

（5）财务部门积极主动地进行的融资战略的科学分析，选择最佳融资组合与时机，优化融资顺序与结构，降低融资结构错配风险。

# 关键概念释义

| 序号 | 关键概念 | 缩写符号 | 计算公式 | 释义 |
| --- | --- | --- | --- | --- |
| 1 | *ST 云城风险管理资产负债表附注 | — | — | 用于解析*ST 云城风险管理"三维"风险泡沫资产值 |
| 2 | *ST 云城风险管理现金流量表附注 | — | — | 用于解析*ST 云城风险管理现金流量"三维"风险在险现金值 |

续表

| 序号 | 关键概念 | 缩写符号 | 计算公式 | 释义 |
|---|---|---|---|---|
| 3 | 企业"三维"风险预警指标最优估计值 | — | — | 根据计算出的"三维"风险指数通过卡尔曼滤波估计出有警无警的最优估计值 |
| 4 | 区域风险分析 | — | — | 不同能级城市行情相对独立,分化持续加剧的现象 |
| 5 | 整体风险清单 | — | — | 根据矩阵定位分析结果,生成整体风险清单 |
| 6 | 部门风险清单 | — | — | 根据矩阵定位分析结果,生成部门风险清单确定各部门责任清单,详见表12－12 |
| 7 | "二维"风险定位矩阵 | — | — | 利用卡尔曼滤波对"二维"风险预警定位结果进行判断,生成"二维"风险定位矩阵 |
| 8 | "三维"风险定位矩阵 | — | — | 利用卡尔曼滤波对"三维"风险预警定位结果进行判断,生成"三维"风险定位矩阵 |

## 附录 2020 年房地产企业"三维"风险泡沫资产值原始数据

单位：万元

| 证券代码 | 公司名称 | 金融性流动资产 | 经营性流动资产 | 经营性流动负债 | 长期资产 | 短期金融资本 | 长期金融资本 | 非长期金融资本 | 权益资本 | 风险管理总资产 |
|---|---|---|---|---|---|---|---|---|---|---|
| 600239 | *ST 松江 | 129611.298 | 4972902.362 | 5045378.868 | 2904181.261 | 1565434.259 | 970972.789 | 264949.140 | 148460.543 | 2961316.052 |
| 600225 | *ST 松江 | 61057.393 | 493268.375 | 662707.258 | 400284.177 | 559379.791 | 125904.091 | 36038.982 | -691632.000 | 291902.686 |
| 600641 | 万业企业 | 433484.378 | 181103.361 | 81291.106 | 153372.552 | 1153.535 | 0.000 | 15290.619 | 1333873.146 | 686669.185 |
| 600565 | 迪马股份 | 707538.377 | 6384376.405 | 4714146.243 | 1080859.263 | 526604.228 | 939893.166 | 166496.979 | 2906477.606 | 3458627.802 |

# 参 考 文 献

［1］陈秉正．论风险管理理论与方法［J］．系统工程理论与实践，
　　　1999，19（4）：7－15.

［2］陈勇强．企业资本结构对筹资渠道和策略的影响研究［J］．企业
　　　经济与管理，2017（9）：141－146.

［3］国务院．"十四五"大数据产业发展规划［Z］.2021.

［4］国务院．"十四五"数字经济发展规划［Z］.2021.

［5］洪银兴．中国供给侧结构性改革——再谈结构性问题的本质
　　　［J］．经济管理，2016（5）：132－141.

［6］侯方宇，梁晨，吴天浩．政商关系扭曲背景下产业政策的治理效
　　　能［J］．南开管理评论，2018，21（3）：80－88.

［7］胡志颖．风险投资的参与影响了 IPO 公司的盈余管理［J］．当代
　　　财经，2018（6）：44－46.

［8］黄虹．管理会计研究的新方向与新趋势［J］．会计研究，2017
　　　（1）：1－8.

［9］刘斌，张永霞．产权性质对房地产企业去库存行为的影响：以政
　　　府干预为切口［J］．国际经济评论，2018，4（1）：45－56.

［10］刘运国．国内管理会计研究现状与国际研究的比较［J］．管理
　　　与决策，2019（1）：28－34.

［11］陆岷峰．商业银行实施金融风险管控与实施路径的选择［J］.
　　　国有经济管理，2017（20）：76－79.

［12］南斯 D R，库恩 T D，凯特尔 M E．（Financial distress and corpo-
　　　rate theories of the firm：Some empirical tests），1993.

［13］彭俞超．从企业金融投资如何影响股价崩盘风险的视角［J］.
　　　经济论坛，2018：67－68.

［14］任泽平．当前经济形势下企业去杠杆调查与思考［J］．经济评

论，2016（38）：4-19.

［15］任泽平．如何看待传统产能过剩的风险和机会［N］．上海证券报，2016-03-16.

［16］许瑾良．现代企业风险管理理论与咨询服务［J］．中国工业经济，2003（7）：5-9.

［17］约尼思 R L，福德 E. 哈里森．风险管理基础：识别、评估与控制［Risk Management：Foundations for a Changing Financial World］．化学工业出版社［McGraw-Hill Education］.

［18］中国人民银行，等．重点房地产企业的资金监测和融资管理规则［Z］．2020.

［19］中华人民共和国财政部．管理会计应用指引第700号——风险管理［S］．2018.

［20］中华人民共和国财政部．管理会计应用指引第701号——风险矩阵［S］．2018.

［21］中华人民共和国财政部．管理会计应用指引第702号——风险清单［S］．2018.

［22］中华人民共和国财政部．管理会计应用指引第901号——企业管理会计报告［S］．2017.

［23］中华人民共和国财政部．会计改革与发展"十四五"规划纲要［Z］．2021.

［24］Gill A. The Impact of Financial Risk Management on the Belief of Small Business Owners in Their Financial Performance［J］．Journal of Risk Research，2019（1）：1-18.

［25］Batty J. Cost Accounting and Cost Management［M］．London：Prentice Hall，1997.

［26］COSO. Enterprise Risk Management Intergrating with Strategy and Performance［Z］．2017.

［27］Culasso F，Gianfelici A. The Role of Management Accountants in Enterprise Risk Management：A Research Note［J］．Journal of Applied Accounting Research，2016，17（2）：229-244.

［28］ISO. ISO 31000：2018 Risk Management-Guidelines［S］．2018.

［29］IRM. ISO 31000 Risk Management［S］．2018.

［30］Lawrence W B. Cost Accounting Principles［M］．New York：Ronald Press Co, 1949.

[31] Lup F, Massaro M, Garofalo G. Risk management in SMEs: A Systematic Review of the Literature [J]. Journal of Risk Research, 2015, 18 (5): 582 –612.

[32] IMA. Management Accounting Competency Framework [R]. 2018.

[33] Merna T, Al-Thani F F. Corporate Risk Management [M]. John Wiley & Sons, 2016.

[34] Modigliani F, Miller M H. The Cost of Capital, Corporation Finance and the Theory of Investment [J]. The American Economic Review, 1958, 48 (3): 261 –297.

[35] Nijs J D. The Application of Risk Matrix in the Preliminary Risk Assessment of Natural Gas Pipeline Construction Project [J]. IOP Conference Series: Earth and Environmental Science, 2015, 26 (1): 12 –32.

[36] Smith C W Jr, Schultz T E. Some Thoughts on Risk Management, Tactical and Strategic [J]. The Journal of Risk and Insurance, 1985, 52 (4): 635 –638.

[37] Ross S A. Risk, Lack of Diversification, and the Long-term Demands for Shareholder Oversight [J]. Economic Abstracts, 1984, 77 (3): 22 –28.

[38] Uyar A, Kilic M, Cicek M. Internal Control and Risk Management in European Companies: Evidence from France and the UK [J]. Journal of Applied Accounting Research, 2017, 18 (2): 241 – 265.

# 后　　记

　　本研究在不断修正和完善的过程中终于完成了定稿。在全国哲学社会科学规划办公室的支持与安排下和笔者的持续研究下，国家社会科学基金重点项目"风险管理会计建构问题研究"终于付梓。对中国风险管理会计建构的研究，是一项长期、艰巨的任务，本书的出版，凝聚着课题组全体成员的多年来的心血和汗水。

　　本项目的研究系统设计由张友棠主持，负责课题的总撰工作。本课题初稿作者：上篇基础篇即第一章至第四章由张友棠、曹耀威、杨柳、周忆、陈瑜、董雪芹、周天皓、吉克作洛提供初稿，中篇行业篇即第五章至第八章由曹耀威、陈瑜、周忆、吉克作洛、王晓敏、提供初稿，下篇企业篇即第九章至第十二章由杨柳、董雪芹、周天皓、叶波、张璐提供初稿。

　　感谢匿名专家对本课题研究提供的宝贵修改意见。根据匿名专家的修改意见，课题进行第一次系统修改：上篇基础篇即第一章至第四章由张友棠、曹耀威、杨柳、周天皓、吉克作洛、韩子超、宋磊系统修改，中篇行业篇即第五章至第八章由曹耀威、吉克作洛、韩子超、张艳系统修改，下篇企业篇即第九章至第十二章由杨柳、周天皓、宋磊、付婧文系统修改。

　　在第一次系统修改的基础上，课题组特邀武汉大学、华中科技大学、中南财经政法大学、华中农业大学、武汉理工大学的会计学界同仁们提出了更加细化且专业的修改意见，课题组进行第二次系统修改：韩子超、宋磊、李灵溪、李林懋、李丽晴、汪玮珊、郜青磊提供系统修改稿件。由张友棠教授总纂统稿，韩子超、宋磊、李灵溪进行最终版本的修改和校对。

　　特别感谢武汉理工大学管理学院的同仁们对本项目的研究多次提出建设性的修改意见！研究成果如果能对中国风险管理会计的研究发展起到一定的推动作用，将是我们研究人员最大的欣慰！

《风险管理会计建构问题研究》课题组

2023 年于武汉·武昌·马房山

图书在版编目（CIP）数据

风险管理会计建构问题研究/张友棠著．－－北京：
经济科学出版社，2023.7
国家社科基金后期资助项目
ISBN 978 - 7 - 5218 - 4924 - 0

Ⅰ.①风… Ⅱ.①张… Ⅲ.①会计管理－风险管理－
研究 Ⅳ.①F233

中国国家版本馆 CIP 数据核字（2023）第 126436 号

责任编辑：周国强
责任校对：蒋子明 李 建
责任印制：张佳裕

**风险管理会计建构问题研究**

FENGXIAN GUANLI KUAIJI JIANGOU WENTI YANJIU

张友棠 著

经济科学出版社出版、发行 新华书店经销
社址：北京市海淀区阜成路甲 28 号 邮编：100142
总编部电话：010 - 88191217 发行部电话：010 - 88191522
网址：www. esp. com. cn
电子邮箱：esp@ esp. com. cn
天猫网店：经济科学出版社旗舰店
网址：http：//jjkxcbs. tmall. com
固安华明印业有限公司印装
710×1000 16 开 23 印张 400000 字
2023 年 7 月第 1 版 2023 年 7 月第 1 次印刷
ISBN 978 - 7 - 5218 - 4924 - 0 定价：128.00 元
（图书出现印装问题，本社负责调换。电话：010 - 88191545）
（版权所有 侵权必究 打击盗版 举报热线：010 - 88191661
QQ：2242791300 营销中心电话：010 - 88191537
电子邮箱：dbts@ esp. com. cn）